Treasures for Scholars Worldwide

謹以此書紀念王文錦先生九十周年誕辰

師顧堂叢書

蔣鵬翔 沈楠 編

儀禮正義

（一）

〔清〕胡培翬 撰

胡肇昕 楊大堉 補

廣西師範大學出版社
GUANGXI NORMAL UNIVERSITY PRESS

項目統籌：賓長初
策劃編輯：馬豔超
責任編輯：馬豔超
責任校對：肖承清　郭洋辰
責任技編：余吐艷　郭　鵬
美術編輯：楊　威

圖書在版編目（CIP）數據

儀禮正義：全6册 /（清）胡培翬撰；（清）胡肇昕，（清）楊大堉補. —影印本. —桂林：廣西師範大學出版社，2018.4
（師顧堂叢書）
ISBN 978-7-5598-0353-5

Ⅰ. ①儀… Ⅱ. ①胡…②胡…③楊… Ⅲ. ①禮儀—中國—古代 Ⅳ. ①K892.9

中國版本圖書館 CIP 數據核字（2017）第 238929 號

廣西師範大學出版社出版發行
（廣西桂林市五里店路 9 號　郵政編碼：541004
網址：http://www.bbtpress.com）
出版人：張藝兵
全國新華書店經銷
廣西廣大印務有限責任公司印刷
（桂林市臨桂區秧塘工業園西城大道北側廣西師範大學出版社集團有限公司創意産業園内　郵政編碼：541100）
開本：880 mm × 1 240 mm　1/32
印張：109.125　　插頁：14　　字數：3520 千字
2018 年 4 月第 1 版　　2018 年 4 月第 1 次印刷
定價：1500.00 元（全六册）

師顧堂據清咸豐二年
沔陽陸氏木犀香館刻
本景印原書框高一七
五毫米寬一三一毫米

影印説明

儀禮正義四十卷，清胡培翬撰，胡肇昕、楊大堉補，據上海圖書館藏清咸豐二年（一八五二）刻本影印。

胡培翬字載屏，一字竹邨，安徽績溪人，生於清乾隆四十七年（一七八二），卒於道光二十九年（一八四九），享年六十有八。竹邨少承家學，得祖父樸齋、從叔祖繩軒之教誨，成年後師事汪孝嬰、夏朗齋、淩次仲，又與胡墨莊、洪旌賢、郝蘭皋、朱蘭坡、陳碩甫、張嘯山等人相友善。嘉慶二十四年（一八一九）中進士，出王伯申門下，授内閣中書，充實録館詳校官，後擢户部廣東司主事。道光十年（一八三〇）因假照案罷官鐫級。道光十二年（一八三二）起，輾轉多地，主講於鍾山、涇川、婁東、雲間、惜陰等書院，弟子聲名較著者有汪梅村、楊雅輪。道光二十六年（一八四六）因病歸里，仍不輟述作。道光二十九年，背疽復發，遂歸道山。著有研六室文鈔十卷補遺一卷、

禘祫問答一卷、燕寢考三卷、胡少師年譜二卷（胡子繼補）等書。儀禮正義乃其一生精力所萃，亦清代儀禮學之集大成者。〔一〕

竹邨上羅椒生學使書云：「翬撰正義，約有四例。一曰補注，二曰申注，三曰附注，四曰訂注。何謂補注？鄭君康成生於漢世，去古未遠，其視經文多有謂無須注解而明者，然至今日，非注不明，故於經之無注者一一疏之。疏經即以補注也。何謂申注？鄭君之注，通貫全經，囊括衆典，文辭簡奥，必疏通而證明之，其義乃顯。昔人謂讀經憑注，讀注憑疏，是故疏以申注，乃疏家之正則也。然六朝唐人之作疏，往往株守注義，不參衆説，故有『寧言周孔誤，莫道鄭服非』之謡。又孔沖遠作五經正義，於禮則是鄭而非杜，於左傳則又是杜而非鄭，令人靡所適從，此豈非疏家之過乎？今惟求之於經，是非得失一以經爲斷，勿拘疏不破注之例，凡注後各家及近儒之説，雖與注異而可並存者則附録之以待後人之參考，謂之附注。其注義有未盡確者，則或采他説，或下己意以辨正之，

〔一〕關於胡培翬生平及著述，間有異説，今據陳功文胡培翬儀禮正義研究首章所言撮舉之。陳功文胡培翬儀禮正義研究，揚州大學二〇一一年博士學位論文。

必求其是而後已，謂之訂注。此翬作正義之大略也。」〔一〕正義撰作心曲，具載於此四例中。其書特點，約有三端：一、匯校集注，詳備之至。據陳功文胡培翬儀禮正義研究第五章第五節之統計，正義徵引文獻凡三百餘種，前人注禮，絕無如此廣博者；二、實事求是，態度公允。雖屢遭非議如敖君善、郝仲輿輩，苟其説有可取，亦皆平心采擇（部分固守鄭學者頗不滿於此）；三、格局開闊，觸類旁通。其師次仲治禮重例，竹邨得其精神，十七篇中相關儀節悉能比附，於是禮之本末歷歷可見。此三點言之易，行之難，而正義均切實做到，故曹叔彥禮經纂疏序盛贊曰：「胡氏之書融會全經，旁通午貫，參稽衆説，擇精語詳。自訓故名物、儀節器數、微言大義，以及傳記之參錯，同事相違，注義之深微，言不盡意，莫不廣尋道意，條貫科分。其盡思窮神之處，實能洞見本原，不墜周公之遺法。自國初以來，禮學之業，未有盛於先生者也。」〔二〕

竹邨治禮，始於清嘉慶十三年（一八〇八），上羅椒生學使書云：「憶翬從事禮經，自戊辰始，經今四十餘年矣。」其旅居京師時復夏朗齋先生書云：「前歲專力毛詩，以孔疏較他經特詳，然失之

〔一〕胡培翬研六室文鈔補遺，續修四庫全書第一五〇七册，第四八八頁。
〔二〕曹元弼禮經校釋，續修四庫全書第九四册，第五三八頁。

繁冗，且有毛鄭大指本自不異而疏强生分别者，有申傳申箋而不得其意者，讀之頗多不安於心。比入都來，見爲毛詩學者尚不乏人，獨三禮之書講求者少。今夏因校先祖儀禮釋官，取儀禮全經覆讀之，而賈氏之疏疎略失經注意者，視詩孔疏更甚焉，遂有重疏儀禮之志。然此事甚大，非淺學所能任，而以昔日辨聞於先祖，及丁卯、戊辰間從次仲師遊，竊窺涂徑，又有未敢自諉者。」〔一〕自此以後，潛心於斯。「初意專解喪服，故從喪祭諸禮起手。」〔二〕至道光二十五年（一八四五），「喪服經傳、士喪禮、既夕禮、士虞禮四篇已成，特牲饋食禮、少牢饋食禮、有司徹諸篇草稿粗具，其餘各篇皆經考訂，尚未排比。」「是年四月患風痹，猶力疾從事，左手作書。以族姪肇昕留心經學，命助校寫。己酉（一八四九）夏，嘗寄智書曰『假我數月，全書可成』。詎意背疽復發，遽於七月棄世。尚有士昏禮、鄉飲酒禮、鄉射禮、燕禮、大射儀五篇未卒業。」〔三〕

竹邨逝世時，既有五篇未完，則今本正義中此五篇係何人所作，自應辨析明白。陸笠夫爲初刻

〔一〕胡培翬研六室文鈔補遺，第四〇〇頁。
〔二〕胡肇智儀禮正義後跋，儀禮正義（儒藏精華編第四八册），北京大學出版社，二〇一六年，第一七九六頁。
〔三〕胡肇智儀禮正義後跋。

正義之主事者，其序云：「士昏禮及鄉飲酒禮、鄉射禮、燕禮、大射儀五篇十二卷，則其門人楊君大堉所補也。」言之鑿鑿，故後之清史列傳、徐菊人清儒學案、陳碩甫師友淵源記皆秉此論。然亦有據竹邨原稿補成之説，如胡季臨後跋云：「江寧楊明經大堉昔從先叔父學禮，因爲補綴成編。書中有『堉案』及『肇昕云』者，即二君之説，餘皆先叔父原稿。」有曉庭采輯之説，如胡子繼族兄竹邨先生事狀云：「乙巳春，又病偏中，右手不能握管，乃以左手著書。病中嘗謂培系曰『脱不幸填溝壑，他無所戀，惟儀禮正義未成，爲可惜耳』。培系從容言『兄盍命子弟輩助兄薈輯衆説，以俟折衷，爲力較省』。公瞿然曰『誰可者』。培系以從子肇昕對。公深以爲然，乃以士昏、鄉飲、鄉射、燕禮、大射諸篇授肇昕，命爲采輯諸説，鱗次排比，如有己見，并令附後。公易簀時，正義尚缺五篇，其後陸笠夫制府爲刊於江寧，屬公弟子楊君大堉爲之補纂，即據肇昕所輯之底本也。」〔一〕此椿公案，衆説紛紜，要以張文所考較爲可信，〔二〕即今本正義補纂部分率由曉庭輯録成編，其中容有竹邨原稿，或經雅輪改竄，故駁雜不一，未及他篇精純。雅輪剽竊之蹟固不能掩，然其傳書之功亦足稱焉，人

〔一〕見光緒重刊研六室文鈔卷首。

〔二〕張文儀禮正義補纂問題考論，中國典籍與文化二〇一四年第二期，第一一八至一二九頁。

心複雜，世事多艱，本非局外人所易道。今循其實，題作者爲「胡培翬撰，胡肇昕、楊大堉補」即可。

正義卷端有道光己酉（一八四九）羅椒生序，云：「世有好是書而刊布之者，其亦先生之志也夫。」則當時尚未付梓。陸光祖書後云：「道光己酉，先大父持節兩江。次年，延長洲陳碩甫先生校勘郝氏爾雅義疏、金氏求古録禮説、江氏韻書三種，爲家塾課讀，次第刊成。惟胡氏儀禮正義卷帙最繁，後付剞劂，工未竣而軍事遂起。癸丑（一八五三），先大父殉節金陵，全家避難山左，是書雖在姑蘇刻局，亦不遑過問其存否。甲寅（一八五四），自山左移寓袁江，子岷叔父至蘇取歸。己未（一八五九）旋里，以難於運載，寄存山陽友人處。中遇捻逆之亂，幸未毀棄。丁卯（一八六七），余北行過淮，始得移置京寓。其中間有殘蝕，重爲補刻成帙。惜原稿已佚，覆校莫由，亥豕傳訛，在所不免。因念家藏圖籍存於金陵節署者盡歸一炬。惟是書以刻事未蕆，幸免劫灰，且出自烽燹之餘，竟得完好如故。展讀斯編，不禁悲幸交集也。同治戊辰（一八六八）夏六月，沔陽陸光祖謹識。」〔二〕胡季

〔二〕陸光祖儀禮正義書後，儀禮正義（儒藏精華編第四八册），第一七八一頁。

臨後跋云：「書成，沔陽陸笠夫先生適總制兩江，聞之，訪以付梓。未幾而粵寇陷金陵，陸公殉節，書板與原稿不知所在。今年夏，聞陸公文孫泰初觀政比部，往詢之，知其書板已運京師，不勝竊幸。乃請以他物相易，而比部慨然允之，即將書板歸智，感何可言。……同治戊辰嘉平姪肇智謹記。」二跋叙正義刊板始末頗詳，因知該書完稿後先被攜至江寧，陸笠夫時任兩江總督，乃命陳碩甫詳校付梓於蘇州湯晉苑局（本書目録後有「蘇州湯晉苑局刊印」字樣），約咸豐二年（一八五二）刻成，遭太平軍亂，笠夫身亡，板片尚存蘇州。「據師友淵源記，胡培翬子肇潢嘗索版於湯氏，然未果。」〔一〕咸豐四年（一八五四），陸子岷始取回板片。咸豐九年（一八五九）復寄存於「山陽友人處」。文禄堂訪書記卷一「儀禮正義」條載丁俭卿跋云：「此書江督陸立夫先生刊板蘇州，剞劂甫竣，制軍殉金陵圍城之難，未及印行。哲嗣東畬太守攜至淮郡，余得見之，借印二十部，紬繹讀之，先睹爲快。……己未（一八五九）嘉平臘月入後二日，山陽丁晏記。」〔二〕正相吻合，蓋該書版成壬子，而初印於己未也。同治六年（一八六七），陸光祖將板片運至京師，并補刻其殘蝕者。該年趙撝叔入京，致書子

〔一〕柳向春儀禮正義成書考，文獻二〇〇五年第三期，第二〇五頁。
〔二〕王文進文禄堂訪書記，上海古籍出版社，二〇〇七年，第二二頁。

繼云：「竹邨先生儀禮正義板在京師，尚未刷印，聞之即往求刷印，而價值太昂，每部須六金，又必得刷十部或二十部。弟去年冒失入都，本無多資，兼以捻逆騷入直隸，百事驚散，書畫買賣無過問者，以致不能希冀。現惟俟荄老入都，再商辦法。又欲與西老言之，而既打把勢，復勸出買書錢，難以兼營並進。鄙意此書若失此機會，不印數十部出來，將來便成希世物。又欲晤侍郎商之，而苦不得見，或彼亦不願此事，已屬潘侍郎露其意矣。未知兄意以何者爲善，求即示。」〔一〕「儀禮正義刷印事，荄甫已言之季臨侍郎，頗允許，而渠大忙，當不能速辦，萬一悠忽過去又可惜。陸氏本欲印本發坊，爲廠肆坊賈以『無銷數』三字所沮，此事豈亦在天運中耶。」〔二〕「竹邨先生儀禮正義於八月間始設法假板刷印三十册，君家侍郎及潘少農各得數册，恐此後陸氏更秘不出，求之仍難。然盡一年之力，居然得讀此書，未必非竹邨先生有心默佑之也。」〔三〕所云侍郎即胡季臨，則板片之由陸歸胡，蓋撝叔促成者。同治八年（一八六九），胡氏「將此書與胡匡衷儀禮釋官合爲一種，重新刷

〔一〕羅振玉雪堂類稿，遼寧教育出版社，二〇〇三年，第六册第七八五頁。
〔二〕羅振玉雪堂類稿，第六册，第七八六頁。
〔三〕羅振玉雪堂類稿，第六册，第七八七頁。

印若干部行世，今各館所藏者多爲此本。因係同版所印，故版式行款一同南圖所藏本，然書版已經易主，故原版卷前之牌記已改爲『研六堂藏板』。」〔一〕

約而言之，正義初刻本係清咸豐二年（一八五二）蘇州湯晉苑局刻本，即陸笠夫原刻本。厥後有同治七年（一八六八）陸光祖遞修本。咸豐本與同治七年本之牌記均爲「木犀香館家刻藏板」。另有同治八年（一八六九）胡氏印本，牌記爲「研六堂藏板」，並刻「同治己巳重刊」字樣。然三者板片實出一源，而文禄堂訪書記卷一所記之「道光己酉木犀香館刻本」與增訂四庫簡明目録標注卷二所記之「道光五年木犀香館刊本」〔二〕均係耳食，未足憑信。此外尚有光緒年間刻成之皇清經解續編本，雖係翻刻，亦於底本誤字有所改正，故儒藏編纂與研究中心點校正義時，仍取參校焉。

正義諸本之中，咸豐原刻至爲難得，雖同治時人亦歎罕覯。續修四庫全書本即取南京圖書館藏咸豐刻本縮印而成，惜字小行密，間有漫漶，未愜人意。師顧堂據以影印之上海圖書館藏咸豐刻本版印清晰，紙墨精良，讀者自能知其佳處。原書之外，新增附録有三：胡曉庭訂正正義刻本之誤

〔一〕柳向春儀禮正義成書考，第二〇六頁。
〔二〕邵懿辰、邵章增訂四庫簡明目録標注，上海古籍出版社，一九七九年，第八六頁。

百餘條，由弟子宣鐸輯爲儀禮正義正誤一册，北京大學圖書館藏其民國九年（一九二〇）木活字印本，可據以推考正義補纂諸篇原貌，今取其過録本整理後附於卷末，此其一也。喬秀岩先生聞知此役，欣然以王文錦先生校記稿本之書影及其舊時所輯有關正義之文獻資料相贈。校記洞悉源流，引證精闢，資料介紹背景，評騭得失，皆有裨讀者匪淺，故與正義合刊，此其二其三也。

「憶培翬初治是經，每於静夜無人時取各篇熟讀之，覺其中器物陳設之多，行禮節次之密，升降揖讓裼襲之繁，無不條理秩然，每篇循首至尾，一氣貫注，有欲增減一字不得者。」〔一〕讀禮有此境界，能不令人神往。謹影舊槧，以表瓣香。本書爲紀念王文錦先生誕辰九十周年而製，亦師顧堂與廣西師範大學出版社合作之始，傳古之業，道阻且長，願與諸君共勉焉。

二〇一七年十一月　蔣鵬翔撰於湖南大學嶽麓書院

〔一〕胡培翬儀禮非後人僞撰辨，研六室文鈔卷三，第四〇〇頁。

凡例

一　本書據上海圖書館藏清咸豐二年陸建瀛刻本影印，底本闕葉及嚴重漫漶處已用同版其他印本抽換補足。

一　儀禮正義初付剞劂，不幸而罹兵事，遷延數年，始得刷印，故早期印本至爲罕覯。咸同之際，版片流轉四方，闕失、殘損不一而足，於是後來印本每有脱葉、漫漶之弊。同治中，胡氏後人拾遺補闕，乃成「己巳重刊」本，該本存世較夥，各地館藏習見之。惜當時著作、校補者皆已下世，舊稿久佚，覆核莫由，補刻時有新增之訛。今取初刻初印本、初刻後印本、補刊本及清經解續編本之書影樣張排比成編，輯爲「圖録」附於書末，俾讀者見此古籍流變之過程而體會所謂「觀察文獻動態」之意也。

一　圖録所收諸本中，初刻初印本書影得自日本東京大學東洋文化研究所倉石文庫，初刻後印本書影得自上海圖書館，補刊本書影得自首都圖書館，清經解續編本書影得自中國國家圖書館。

一　本書首列「全書目録」，包含卷數、篇名及頁碼。各册前列「本册目録」，包含本册卷數、篇名、分節及頁碼。

一　本書分節一以原書爲準，不敢擅增新解。惟喪服一篇，繁密精微，體例異於他章，而正義僅以「五服」略加區分，不免疏闊。今於目録中增以爲所服者之信息，庶便讀者檢尋，其抬頭則較胡書原分節語低一格，以示區別。

一　本書附録之王文錦先生校勘記係未完稿，僅卷一至卷九，未便分割比附正文，故另加整理，獨立成編，置於書後，并選印其原稿樣張，以存前賢手澤。

一　校勘記諸條原列頁碼、行數，係指其所據刻本之複印件而言，今改爲本書對應内容之頁碼、行數，以便參照使用。

一　校勘記原爲配合當時計劃之儀禮正義點校本而作，故其出文已經校改，而與刻本原文間有未合，非所據另有一新版本也，今存其舊，不據刻本回改。整理校勘記時新發現之文字錯訛，則試申編者管見，贅案語於頁底。

一　校勘記原稿各卷末或續有新增條目，今皆移入卷中對應位置。

一　校勘記原有删削、塗乙、改訂、增補之痕跡，今悉遵作者最終意見録入。

一　本書附録之儀禮正義正誤係據北京大學圖書館藏民國九年胡宣鐸活字印本之過録本整理而成。惜原書匆遽排印，疏於董理，故體例未周，引文簡漫，讀者當與正義原文比觀用之。

一　本書附録之參考資料係喬秀岩先生舊時所輯，文中公曆紀年及文後案語皆其手筆，今加覆校，置於書末。

全書目録

第一册

第二册

第三册

第四册

第五册

本册目録

記

卷三

記

卷六

卷七

記

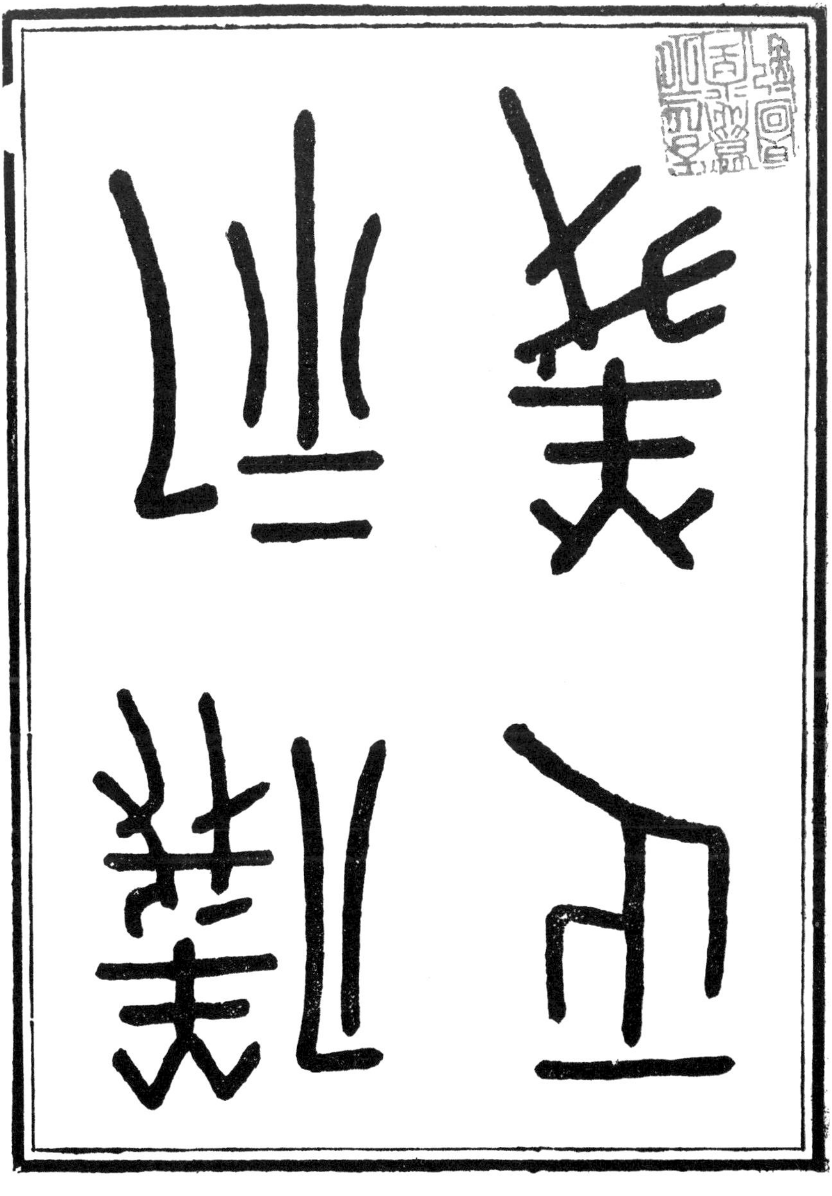

木犀香館
家刻藏板

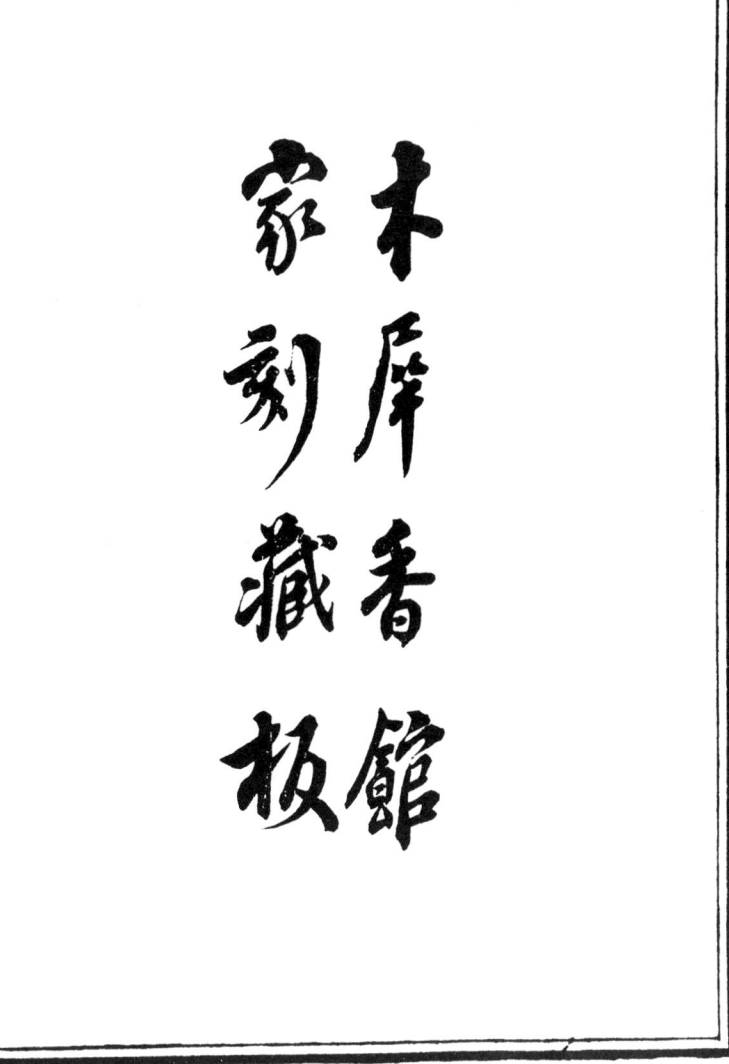

儀禮正義序

績溪戶部胡先生夙承家學邃精三禮以儀禮經爲周公作有幾闕而無僞託鄭注而後惟唐賈氏公彥疏盛行而賈疏或解經而違經旨或申注而失注意因參稽衆說覃精研思積四十餘年成正義若干卷先生自述其例有四曰補注補鄭君注所未備也曰申注申鄭君注義也曰附注近儒所說雖異鄭恉義可㫄通附而存之廣異聞袪專己也曰訂注鄭君注義偶有違失詳爲辨正別是非明折衷也夫禮者履也禮者體也使人約其心於登降揖讓進退酬酢之閒目以處義足以步目考中度衷昭明物則以

是觀其容而知其心卽其敬惰以考其吉凶之故春秋所
記其應如響故先王所以敎君子所以履莫不於是盡心
焉顧嬴秦滅學而後高堂生傳禮十七篇五傳而有大小
戴慶氏三家之學其時雖竝置博士而范史所紀至儒林
未有顯者賴康成鄭君本小戴之學又校以古經爲鄭氏
學而是經以明宊其爲百代師表也然自是鄭注孤行雖
有荀崧宊置博士之請而爲其學者絶少自王肅沈重黃
慶李孟悊而外如袁準孔倫十數家大都專解喪服而已
故賈氏竝疏二禮而儀禮不逮周禮之該洽卽儀禮一經
而衆篇亦不逮喪服之該洽觀其自序稱喪服南北章疏

甚多其解全經惟取裁黃李二家則其詳略之殊致亦以所本者多寡不同歟況自高堂生推士禮以合之天子後儒雖錯綜全經旁推午貫而先王制禮貴多貴少主減進文精意所存有非一端可例則卽鄭注以攷經文亦不免偶有歧合之殊而疏家例取專門卽有違失必爲曲解又所申釋必取經注正文彼此殊科或亦彊爲比傅則其解經而反違經旨申注而幷失注義亦勢所必然曷若無所依違期於大通哉雖然三代以上典物俱存服其服則帶裳韠舃之異等易明也履其地則堂室奧阼之殊方易識也揆其人則南鄉北鄉東面西面之異位易辨也舉其器

則几席筐篚尊俎觚觶之殊制易攷也故其時君子務察位稱之義而器數則有司存三代以後卽鄭君去古未遠而先王法物已罕有知者故其注禮時卽漢制以相譬況及賈疏時則并漢制亦多有不能知者如士冠禮缺項鄭注舉卷幘簂以證如頍之讀而賈疏則謂卷幘之狀不可知矣況其更歷千載乎是非旁搜博攷神與古會念釋所枉回翔反覆卽器數以攷詮理之存使精融形釋若親接古人而與之進退酬酢於其閒亦安能抉經之心析異同之見以折衷一是哉余於玆識先生爲之之勤研之之久而益信其所擇者精所成者大也昔鄭君自以年老乞於禮堂寫定經說後遂夢徵起起歲阨龍

蛇今先生亦力疾成書書甫成而遽歸道山後先之軌于
載同符然則先生紹業鄭君將於是在世有好是書而刊
布之者其亦先生之志也夫道光己酉十月順德羅惇衍
椒生氏撰

儀禮正義目錄

蘇州湯晉苑局刊印

儀禮正義卷一

鄭氏注

績溪胡培翬學

士冠禮第一

鄭目錄云童子任職居士位年二十而冠主人玄冠朝服則是仕於諸侯天子之士朝服皮弁素積古者四民世事士之子恆爲士冠禮於五禮屬嘉禮大小戴及別錄此皆第一

疏 正義曰儀徵大學士阮公撰十三經注疏校勘記於儀禮尤詳其自序云鄭氏曑古今文最爲詳覈語助多寡靡不悉紀今校是經寧詳無略用鄭氏家法也培翬撰正義一遵其說詳載各本經注異同其宋嚴州單注本爲宋本之最佳者現已重刻行世悉據錄焉○校勘記云自鄭目錄云至此皆第一毛及陳閩監本俱列疏前今案則是仕於諸侯天子之士近汪士鐘重刻單疏本無仕字誤朱氏儀禮經傳通解陳鳳梧單注本及各本俱有陸氏德明經典釋文以天子二字加於諸侯之上非朱子嘗辨之又云溫本亦誤冠禮於五禮屬嘉禮臧鏞堂日錄本冠下無禮字各本有此皆第一各本同通解作皆此爲第一今俱從各本○鄭目錄者鄭氏康成所作別爲

一書不入注內賈氏公彥作疏始引以散附各篇題之下今仍之隋書經籍志云三禮目錄一卷鄭氏撰梁有陶宏景注是別爲一書也嘉慶閒黃丕烈重刻宋嚴州單注本不載目錄可證云童子任職居士位年二十而冠者鄭意蓋以此爲士身加冠也然下又云古者四民世事士之子恆爲士朱子謂詳鄭意似謂士之子雖未仕亦得用此禮矣曲禮二十曰弱冠四十曰强而仕此常法也亦容有才質出衆當未冠之時卽已居士位者故鄭兼已仕未仕言之吳氏廷華儀禮疑義云徐以升謂下記云天子之子猶士也天子無生而貴者則自天子之子以下凡入學者皆可以士名之見此經爲天下之通禮其說是也鄭謂士之子恆爲士亦指學士言先祖樸齋先生諱匡衷鄭氏目錄校證云案士有已仕而有位者周禮上士中士下士是也有未仕者玉藻所謂居士王制所謂選士俊士是也今案據此則未仕者亦稱士經文士字實該之矣敖氏繼公儀禮集說謂此篇主言士冠其適子之禮今以經考之其曰主人玄冠朝服則其父固有位之士也又曰將冠者采衣紒則未仕爲士可知敖說近是然賈疏引喪服小功章大夫爲昆弟之長殤以證則固有年未二十而已任職居位者若

必專主未仕之士言又不若鄭說之該括矣萬氏斯大儀禮商云禮不下庶人故自士以上一依乎士禮以爲之準雖天子諸侯之子亦不得異焉彼諸侯之有冠禮止惟先君早世世子年幼爲君如魯襄邾隱者乃行之推此於天子亦惟幼而卽位如周成王者或有異焉故曰天子之元子猶士也則諸侯大夫之子可知案此說是也冠者將以責成人之道故年必以二十爲斷喪服十九以下則爲殤以其未成人也荀子謂十九而冠非矣曲禮曰男子二十冠而字內則曰二十而冠始學禮此禮之正也其有年未及二十而冠者則皆禮之變不足引以爲此經之證云主人玄冠朝服則是仕於諸侯天子之士朝服皮弁素積者此當以仕於諸侯絕句朱子云諸侯朝服以日視朝天子皮弁以日視朝皆君臣同服故言此篇言主人玄冠朝服則是仕於諸侯而爲士者若天子之士則其朝服當用皮弁素積不得言玄冠朝服也張氏爾岐儀禮鄭注句讀云其云仕於諸侯明非天子之士實則天子之士亦同此禮唯主人冠服有異今案冠昏喪祭切於民用周公制禮欲以通行天下故多就侯國言之然王朝之與侯國異冠服不異禮節張說是也云古者四民世事士之子恆爲士者齊語

文四民謂士農工商也云冠禮於五禮屬嘉禮者五禮吉凶賓軍嘉是也皆周禮大宗伯掌之冠屬嘉禮者大宗伯云以嘉禮親萬民下卽云以昏冠之禮親成男女是冠爲嘉禮也王氏應麟困學紀聞引三禮義宗云儀禮十七篇吉禮三凶禮四賓禮三嘉禮七軍禮皆亾案吉禮三特牲少牢有司也凶禮四喪服士喪旣夕士虞也賓禮三士相見聘覲也嘉禮七士冠士昏鄉飲鄉射燕大射公食也云大小戴及別錄此皆第一者大戴戴德小戴戴聖皆傳儀禮者一別錄劉向所作此三家篇第不同惟此篇則皆列爲第一以禮始於冠故耳今所傳之十七篇以士冠始以有司終卽別錄之次第而鄭用之旨也其大戴篇次士冠第一士昏第二士相見第三與別錄同以下則異士喪第四旣夕第五士虞第六特牲第七少牢第八有司徹第九鄉飲酒第十鄉射第十一燕禮第十二大射第十三聘禮第十四公食第十五覲禮第十六喪服第十七小戴篇次士冠第一士昏第二士相見第三鄉飲酒第四鄉射第五燕禮第六大射第七與別錄同以下則異士虞第八喪服第九特牲第十少牢第十一有司徹第十二士喪第十三旣夕第十四聘禮第十五公食第十六覲禮第十七具見賈疏中

皆鄭所不從也

儀禮【疏】正義曰：唐石經士冠禮第一下標儀禮鄭氏注五字，嚴本同。儀禮爲全部之總名，乃退在士冠禮下者，古人著書多以小題居上，大題列下，班氏之著漢書亦然，今仍之。又案士冠禮第一上，唐石經有儀禮卷第一五字，用隸體書，蓋後人所加，非鄭本之舊。不然，既退大題於下，何於上又書儀禮卷數乎？嚴本同，皆非也。○禮記明堂位曰：周公攝政六年，制禮作樂。故崔氏靈恩、陸氏德明、孔氏穎達及賈氏皆云儀禮周公所作。韓氏愈云：文王周公之法制具在於是。蓋亦以爲周公作也。孔子孟子所云學禮，即謂此書。朱子云：遭秦滅學，禮樂先壞，漢晉以來諸儒補輯，竟無全書。其頗存者三禮而已。周官一書，固爲禮之綱領；至其儀法度數，則儀禮乃其本經，而禮記郊特牲、冠義等篇乃其義疏耳。前此猶有三禮通禮學究諸科，王安石變亂舊制，廢罷儀禮而獨存禮記之科，棄經任傳，遺本宗末，其失已甚。張氏淳云：周禮古矣，然聖人設官分職之書也，至其所用以長以治者，豈能舍儀禮？禮記古矣，然皆釋儀禮之義，若祭義、冠義、昏義、鄉飲酒義、射義、燕義、聘義是也，豈得而先儀禮？虛氏云：禮記乃儀禮之傳。周禮雖得之於河閒獻王時，無有傳之者，武帝以爲末世瀆亂之書何休以爲六國陰謀之書至漢末乃行於世唯儀禮之書漢初已行高堂生傳之蕭奮蕭奮傳之孟卿孟卿傳之后蒼后蒼傳之戴德戴聖案此即鄭氏六藝論所謂五傳弟子也熊氏朋來云周禮大綱雖正其間職掌繁密恐傳者不皆周公之舊戴記固多格言而譌謬亦不免惟儀禮爲禮經之稍完者先儒謂其文物彬彬乃周公制作之遺今案據此諸說三禮惟儀禮最古亦惟儀禮最醇矣儀禮有經有記有傳記傳乃孔門七十子之徒之所爲而經非周公莫能作其閒器物陳設之多行禮節次之密升降揖讓裼襲之繁讀之無不條理秩然每篇自首至尾一氣貫注有欲增減而不能者今所存止十七篇以爲殘闕不全固有之矣若以爲出後人之僞撰則斷乎其未有也彼樂史徐積之說昝人已早辨之賈疏謂周禮是統心儀禮是履踐不知履踐必本於心外之有揖拜辭讓之文內之必有恭敬謙遜之實故魏氏了翁以爲儀禮一經非由外心以生凡肯人性之固有天秩之自然則以二禮分別外內非矣賈疏又謂儀禮亦名曲禮引禮器經禮三百曲禮三千爲證今案中庸作禮儀三百威儀三千漢書藝文志作禮經三百威儀三千其名大同小異舊解多以經

禮爲周禮曲禮爲儀禮然周禮三百六十是官名耳非禮之條目王氏應麟云朱文公從漢書臣瓚注謂儀禮乃經禮也曲禮皆微文小節如今曲禮少儀內則玉藻弟子職所謂威儀三千也後人多宗朱子之說則以儀禮爲曲禮非矣張氏淳云漢時未有儀禮之名豈漢後學者覩十七篇中有儀有禮遂合而名之歟方氏體云案漢藝文志曰禮古經傳曰士禮六藝論曰古文禮論衡曰佚禮隋經籍志曰古經釋文序錄曰古禮儀禮之名始見後漢書鄭康成傳其爲魏晉閒人所加可知今案儀禮古祇謂之禮漢書景十三王傳云河閒獻王所得書皆古文先秦舊書周官尚書禮禮記所謂禮卽儀禮也

鄭氏注

疏 正義曰 校勘記云注作註誤要義作著盧文弨云鄭氏注舊作註通部皆然案疏云言注者注義於經下若水之注物作注是也今案唐石經及嚴本俱作注從之○鄭氏者青州北海郡高密縣人名玄字康成漢尚書僕射鄭崇八世孫也後漢末徵爲大司農不就年七十四卒於家賈此疏云鄭崇之後而周禮疏又云鄭沖之孫考後漢書本傳云八世祖崇又漢書有鄭崇傳孫氏星衍云沖之名不見於史疑沖爲崇之誤也注者解經之名漢人解經有

名傳者若書孔氏詩毛氏是也有稱解詁解詁者服氏之左傳何氏之公羊是也鄭氏解詩名箋而他經則多稱注今三禮皆用鄭注而儀禮尤爲絕學云

士冠禮筮于庿門

筮者以著問日吉凶於易也冠必筮日於庿門者重以成人之禮成子孫也庿謂禰庿不於堂者嫌著之靈由庿神〔疏〕正義曰自此至宗人告事畢言筮日之事○張氏爾岐云將冠先筮日次戒賓至前期三日又筮賓宿賓前期一日又爲期告賓冠期前事凡五節今案舊本經不分章朱子作經傳通解始分節以便讀者至張氏爾岐句讀本分析尤詳此書分節多依張本而亦時有更易云○禮下本今本有一圈唐石經嚴徐本皆無之校勘記云案分段用圈非古也施之此處尤非所宜葛本別爲一行亦謬張氏淳儀禮識誤云士冠禮釋文云庿劉昌宗一音廟案庿古廟字引此以證經注不當復有從朝者冠禮一卷經注皆一自昏禮而下稍稍從朝是蓋後之鈔寫校勘者失於不審而已今悉改作庿從釋文今案唐石經嚴本俱作庿茲撰正義經文俱從唐石經注文俱從嚴本其或石經嚴本有誤則改從他本並注明於下○此士冠禮三字爲經之正文敖氏謂此目下文

所言之禮是也冠者加冠於首之名筮于廟門者淩先生諱廷堪禮經釋例云凡卜筮皆于廟門唯將葬則于兆南案士冠禮筮于廟門又云筮與席所卦者具饌于西塾注西塾門外西堂也又云布席于門中闑西閾外西面又前期三日筮賓如求日之儀特牲饋食禮筮日席于門中闑西閾外又前期三日之朝筮尸如求日之儀少牢饋食禮筮日筮于廟門之外明日朝筮尸如筮日之儀是凡筮皆于廟門也士喪禮卜日族長涖卜及宗人吉服立于門西東面南上又闔東扉主婦立于其內席于闑西閾外此卜日之門謂殯宮門也上經巫止于廟門外注凡宮有鬼神曰廟然則殯宮門卽廟門是卜亦于廟門也筮亦有不于廟門者士喪禮筮宅旣朝哭主人皆往兆南北面注兆域也又云命筮者在主人之右筮者東面抽上韇兼執之南面受命筮人許諾不述命右還北面指中封而筮注中封中央壤也是將葬筮宅則于兆南也今案筮宅不于廟門而于兆南者以窆就地筮之也少牢特牲皆云門外而此但云廟門者以下布席云闑外則亦在廟門外可知矣注云筮者以蓍問日吉凶於易也者蓍筮草也郭璞云上有蔭叢蓍下有千齡蔡曲禮曰龜爲卜筴爲筮筴卽蓍也周禮序官筮人鄭注問蓍曰筮其占易又其職云掌三易以

辨九筮之名又曰以辨吉凶故知筮日是以著問日之吉凶於易也賈疏云不筮月者夏小正二月綏多士女冠子娶妻時也旣有常月故不筮今案古無筮月之法賈說非也秦氏蕙田五禮通考云綏多士女專指昏言周禮仲春之月令會男女是也云冠子娶妻乃注家之誤耳下經云屨夏用葛冬皮屨可也則冠無常月明矣云冠必筮日於庿門者重以成人之禮成子孫也者案筮日於庿重其事也禮記冠義曰古者聖王重冠古者冠禮筮日筮賓所以敬冠事敬冠事所以重禮又曰已冠而字之成人之道也又曰成人之者將責成人禮焉也責成人禮焉者將責爲人子爲人弟爲人臣爲人少者之禮行焉將責四者之行於人其禮可不重與是其義也兼言成子孫者容祖在則祖爲冠主也云庿謂禰庿者禰庿父庿也周制天子七廟諸侯五廟大夫三廟上士二廟中士下士一廟必於禰者以其親也李氏如圭儀禮集釋云凡言廟者皆禰廟昏禮行事於廟記云受諸禰廟是也其非禰廟則舉廟名以別之若祖廟祧廟是也云不於堂者嫌蓍之靈由庿神者几廟有室有堂有庭有門禮有行於廟之室者祭祀陰厭之屬是也有行於廟之堂者儐尸之屬是也有行於廟之庭者納牲之類是也有行於廟之門者此筮日之類是也冠

禮三加皆行於廟堂此筮日不於堂而於門故云嫌蓍之靈由廟神明著自有神也江氏筠讀儀禮私記云注說陳用之非之而據郊特牲卜郊作龜於禰宮謂人君卜於禰宮之內大夫士筮於禰門之外案天地大祭不敢自專故須就禰宮卜之若其祭禰恐不然矣此經筮祭之辭具詳特牲少牢試以此辭命筮人於堂上其去廟與祇一牖之隔不幾視廟神爲無知乎注蓋通全經而釋之其說未可非也

主人玄冠朝服緇帶素韠

卽位于門東西面

主人將冠者之父兄也玄冠委貌也朝服者十五升布衣而素裳也衣不言色者衣與冠同也筮必朝服者尊蓍龜之道緇帶黑繒帶士帶博二寸再繚四寸屈垂三尺素韠白韋韠長三尺上廣一尺下廣二尺其頸五寸肩革帶博二寸天子與其臣玄冕以視朔皮弁以日視朝諸侯與其臣皮弁以視朔朝服以日視朝凡染黑五入爲緅七入爲緇玄則六入與【疏】正義曰李氏云門東門外之東程氏瑤田儀禮經注疑直云初疑席於闑西門東爲門左扉之東細繹之不然蓋兩門之東也主人卽位於此以待筮事吳氏廷華儀禮章句云西面者鬼神位在西鄉之○注筮必朝服尊蓍龜之道也毛氏汲古閣本如是嚴徐集釋楊氏服下俱有者字道

下無也字又黑繒帶也嚴本集釋俱無也字白韋韠也嚴
徐集釋俱無也字肩革帶博三寸嚴本集釋通解楊氏三
俱作二校勘記云案作二與玉藻合今俱從嚴本又玄冕
以視朔視視釋文作眂云本或作視下同嚴本作視　云主
人將冠者之父兄也者孟子曰丈夫之冠也父命之是冠
之事父爲主也兼言兄者容或父有廢疾使兄主其事云
玄冠委貌也者玄冠黑繒冠也注以爲委貌詳後云朝服
者十五升布衣而素裳也者襍記曰朝服十五升江氏永
鄉黨圖考云古未有棉花布以麻爲之布幅闊二尺二寸
十五升一千二百縷麻布之極細者也云衣不言色者衣
與冠同也者李氏云禮之通例衣與冠同色黃衣黃冠是
也裳與韠同色素積素韠是也此玄冠素韠故其服玄衣
而素裳今案經不云裳統於服中鄭知素裳者固以素韠
推而知之然亦有所本金氏榜禮箋云石渠論玄冠朝服
戴聖云玄冠委貌也朝服布上素下緇帛帶素韋韠鄭君
謂朝服素裳實本小戴說是也云筮必朝服者尊著龜之
道者楊氏復儀禮圖云朝服重於玄端冠時主人玄端爵
韠今此筮亦在廟不服玄端而服朝服是尊著龜之道也
然特牲筮日與祭同服玄端何又不尊著龜乎於是賈疏
申之云彼爲祭事著不可尊於先祖故同服此爲冠事著

可尊於子孫故異服其說殊牽强禮經釋例云考特牲饋食禮士筮當用玄端冠禮攝盛故用朝服特牲筮日筮尸宿尸宿賓皆用玄端正祭日賓及兄弟助祭皆攝盛用朝服士冠正冠日用玄端筮日筮賓宿賓爲期則攝盛用朝服蓋相變以爲禮也士冠禮注筮必朝服尊蓍龜之道則與特牲用玄端不合賈曲爲之解非經意也云緇帶黑繒帶者帶亦與衣同色也云士帶博二寸再繚四寸屈垂三尺者案玉藻曰士練帶率下辟鄭注率繂也辟讀如裨冕之裨裨謂以繒采飾其側人君充之大夫裨其紐及末士裨其末而已孔疏士用熟帛練爲帶繂謂緶緝也下裨者士則用緇唯裨下一垂者玉藻又曰大夫大帶四寸襍帶君朱綠大夫玄華士緇辟二寸再繚四寸鄭注襍猶飾也即上之裨裨也君裨帶上以朱下以綠終之大夫裨垂外以玄内以華華黃色也士裨垂之下外内皆以緇是謂緇帶大夫以上以素皆廣四寸士以練廣二寸再繚之孔疏繚繞也再度繞要亦四寸也今案玉藻注云是謂緇帶是謂者即指此經言也屈屈垂三尺亦據玉藻而知玉藻曰紳長制士三尺鄭注紳帶之垂者也言其屈而重也李氏云帶之反屈向上又垂而下者則有三尺也云素韠白韋韠者韠蔽膝也冕服謂之韍其他服謂之韠皆以韋爲之字

林云韋柔皮也鄭注乾鑿度云古者田漁而食因衣其皮先知蔽前後知蔽後後王易之以布帛而獨存其蔽前者重古道不忘本也凡韠皆同裳色其韍則有山火龍章之飾焉此韍與韠之分也韠以白韋爲之者朝服之韠也若士玄端服之韠則以爵韋爲之玉藻曰韠君朱大夫素士爵韋鄭注此玄端服之韠也凡韠必象裳色則天子諸侯玄端朱裳大夫素裳唯士玄裳黃裳襍裳也皮弁服皆素韠今案皮弁服用素韠自天子至士皆然故云皆也其朝服自上至下亦皆素韠其玄端服則唯大夫用素韠耳云長三尺上廣一尺下廣二尺其頸五寸肩革帶博二寸者玉藻文彼注云頸五寸亦謂廣也頸中央肩兩角皆上接革帶以繫之肩與革帶廣同凡佩繫於革帶此韠之形制也云天子與其臣玄冕以視朔皮弁以日視朝諸侯與其臣皮弁以視朔朝服以日視朝者案玉藻曰天子玄端而朝日於東門之外聽朔於南門之外鄭注端當爲冕字之誤也又曰皮弁以日視朝又曰諸侯皮弁以聽朔於大廟朝服以日視朝於內朝此鄭所據也但玉藻不言臣與兼言臣者欲見君臣同服且以見此朝服而筮者爲諸侯之士也云凡染黑五入爲緅七入爲緇玄則六入與者此釋經玄與緇之文也考工記鍾氏染羽三入爲纁五入爲緅

七入爲緇鄭注染纁者三入而成又再染以黑則爲緅又
復再染以黑乃成緇矣染布帛者染人掌之凡玄色者在
緅緇之閒其六入者與賈疏此經及爾雅不言四入及六
入士冠有朱紘之文鄭云朱則四入與是更以纁入赤汁
則爲朱以無正文故云與以疑之若不入赤而入黑汁則
爲紺矣若更以紺入黑則爲緅此五入爲緅是也若更以
此緅入黑汁則爲玄更以玄入黑汁則名七入爲緇矣但
緇與玄相類故禮每以緇布衣爲玄端也今案此注及疏
極明析然則鍾氏所云爲染黑法其爾雅一染謂之縓再
染謂之赬三染謂之纁乃染赤法也詳後爵弁服纁裳下
又案淮南子俶眞訓云以涅染緇
則黑於涅賈疏引作以涅染紺誤 **有司如主人服卽位于**
西方東面北上 有司羣吏有事者謂主人之吏所自辟
除府史以下今時卒吏及假吏是也 疏
正義曰校勘記云于徐本作於士昏禮至於某之室大射
儀士御於大夫鄭注皆云今文於爲于則於于二字互有
辨但俗本溷寫已久不可勝校今案唐石經嚴本俱作于
從之以後經從石經注從嚴本可也注府史以下也毛有
也字注末皆是也毛有皆字嚴徐集釋俱無○如主人服
亦朝服也有司朝服敬事也西方門外西方北上者有司

非一立位以北爲上也　注云有司羣吏有事者謂主人之吏所自辟除府史以下者賈疏案周禮三百六十官之下皆有府史胥徒不得君命主人自辟除去賦役補置之是也敖氏云有司卽下筮者卦者宰宗人之類先祖樸齋先生儀禮釋官云司主也凡事有專主之者謂之有司又云案鄭氏注大射及周禮司裘職皆云士無臣而特牲饋食禮有私臣則士有臣矣左傳士有隸子弟又云士臣皁蓋士得以其子弟及府史之屬爲臣也特其所臣者少有事私臣不足則同僚相佐助或假公臣爲之故特牲有公有司私士唯有公家之臣來給事者賈此疏以羣吏與屬吏不同羣吏爲府史胥徒屬吏爲君命之士然特牲注言屬吏而經言有司羣執事則兼公有司私臣而言府史之屬亦統之矣此篇經言有司不言公有司又下賓及贊者不在有司之列則有司皆士之私臣府史以下也褚氏寅亮儀禮管見云有司私臣皆可謂之有司但襄冠者所用人少或私臣已足故鄭專以主人所自辟除者言之云今時卒吏及假吏是也者是舉漢制以證沈氏彤云案漢書倪寬傳補廷尉文學卒史儒林傳置五經百石卒史黃霸傳補馮翊卒史皆作史今案鄭注各本俱作卒吏沈說存以俟考

筮與席所卦者具饌于西

塾筮所以問吉凶謂蓍也所卦者所以畫地記爻易曰六畫而成卦饌陳也具俱也西塾門外西堂也【疏】正義曰此筮也席也所卦者皆爲將筮陳之敖氏云席蒲筵也士用蒲席神人同　注云筮所以問吉凶謂蓍也者然則此蓍也而云筮者敖氏云以其用名之云所卦者所以畫地記爻者褚氏云注所以畫地記爻蓋據少牢卦以木之文敖氏補入書卦之具亦密具卽方也張氏惠言讀儀禮記云少牢卦以木畫地者此木也又下筮人書卦注云以方寫所得之卦則所卦者兼有木方二物今案方卽版也經云所卦者謂所用以畫卦書卦者褚張之說是也云易曰六畫而成卦者說卦傳文云饌陳也者謂陳設也詩卷阿疏饌謂供置之故其義爲陳也云具俱也者詩民具爾瞻毛傳云具俱也云西塾門外西堂也者以筮在門外故知爲門外西塾也必陳於西塾者以筮在闑西近其事也李氏如圭儀禮釋宮云夾門之堂謂之塾爾雅曰門側之堂謂之塾郭氏曰夾門堂也門之內外其東西皆有塾一門而塾四其外塾南鄉案士虞禮陳鼎在門外之右匕俎在西塾之西注曰塾有西者是室南鄉又案士冠禮擯者負東塾注曰東塾門內東堂負之北面則內塾北鄉也今案此云具饌于西塾爲門外西塾又下經曰舉鼎陳于門

外直東塾是門外有東西兩塾也又此篇云擯者負東塾爲內東塾士虞禮曰羞燔俎在內西塾上是門內有東西兩塾也所謂一門而塾四也聘禮曰賓立接西塾爲門外西塾又聘畢擯者負東塾爲門內東塾則人君之門亦有四塾也○賈疏云筮法依七八九六之爻而記之但古用木畫地今則用錢以三少爲重錢重錢則九也三多爲交錢交錢則六也兩多一少爲單錢單錢則七也兩少一多爲拆錢拆錢則八也張氏惠言云案此用錢所以記爻非代筮也以錢擲法未知始於何時禮經釋例云此卽京氏易項氏安世云以京易考之世所傳火珠林者卽其法也以三錢擲之兩背一面爲拆兩面一背爲單俱面爲交俱背爲重說與賈疏正同考世應飛伏游魂歸魂納甲等說俱見京氏易中然則近日錢卜猶是漢人舊學也

布席于門中闑西閾外西面闑門橜閾閫也古文闑爲槷閾爲蹙

〔疏〕正義曰張氏爾岐云布席將坐以筮也前具之西塾至此乃布之云門中者以大分言之闑西閾外則布席處也○注云門橜下毛本有也字嚴徐集釋俱無　云闑門橜者李氏云闑門中央所豎短木也程氏瑤田云橜以一條木爲之卽杙也爾雅之言杙也曰樴謂之杙在牆者謂之楎在地者謂之臬大者謂

之棖長者謂之閑然則杙之爲物大小長短不必同而以之爲門闑則其直者也云闑閫也者鄭注曲禮閫梱皆云門限閫與梱同則閾卽閫可知邢氏昺云閾謂門下橫木爲内外之限也其門之兩旁木則謂之棖棖闑之間則謂之中門今案以經考之玉藻曰公事自闑西私事自闑東曲禮曰由闑右有東西左右之稱則闑之爲中央豎木無疑也曲禮曰不踐閾玉藻曰不履閾閾言踐履則閾之爲門下橫木無疑也爾雅曰槷謂之闑則槷與闑爲一物亦無疑也惟梱之爲閾經無明徵然曲禮曰外言不入於梱内言不出於梱梱言不出不入是有限域之義故鄭解梱爲門限與閾同也程氏又云說文則曰闑門梱也梱門橛也橛弋也一曰門梱弋橛也是不謂梱爲門限之橫者而以闑之植於兩扉閒者亦呼之爲梱也至解閾字則曰閾榍也榍限也是固明知閾之與闑爲兩不相混所異者移閾之名梱者以名其闑爾然而梱之名斷在於閾則說文之云爲所聞異辭者也廣韻於闑字不曰門閫而曰門閫中是謂闑安門閫之中不謂闑卽閫也於閾字閫字則皆曰門限也可謂能別白黑而定之者矣云古文闑爲槷閾爲蹙者賈疏云遭秦燔滅典籍漢興求錄遺文之後有古文今文漢書云魯人高堂生爲漢博士傳儀禮十七篇是

今文也至武帝之末魯恭王壞孔子宅得古儀禮五十六篇其字皆以篆書是爲古文也古文十七篇與高堂生所傳者同而字多不同其餘三十九篇絕無師說祕在於館王氏應麟云康成不注遂無傳焉方氏體古文考誤云賈公彥謂儀禮五十六篇其字皆篆書是爲古文案昭帝女讀古文論語宣帝下太常博士時稱難曉若皆篆書則漢時人人能讀何云難曉乎此賈疏之誤也又云禮古經出魯淹中賈公彥顧以爲孔壁禮記不亦疎乎今案許氏說文序謂孔氏壁中書係古文與篆書不異賈說誠誤至經典釋文引鄭六藝論云後得孔氏壁中古文禮五十六篇是鄭亦以古文禮爲得於孔壁中又漢藝文志云禮古經者出於魯淹中及孔氏所云孔氏蓋即謂孔氏宅也胡氏承珙儀禮古今文疏義序云後漢書儒林傳云前書魯高堂生傳禮十七篇至梁人戴德及德兄子聖是爲德爲大戴禮聖爲小戴禮又云鄭玄本習小戴禮後以古經校之取其義長者順故爲鄭氏學是則鄭注所謂今文者乃小戴本所謂古文者則前書云古經出於魯淹中者也鄭君作注參用二本從今文者則今文在經古文出注者從古文則古文在經今文出注然有不言今古文但云某或作某者始當時行用更有別本此十七篇文字異同之由而今

文古文所以流傳也此節今文作闑闐古文作槷㙞鄭於經用今文之本而注明古文作某於下使後人有所稽考乃解經愼重之意然鄭從闑闐不從槷㙞者則以闑闐爲正字人所易曉也其注周禮匠人云槷古文臬假借字此古文之槷亦是假借而義又殊周禮匠人之槷與爾雅在地之臬同謂於平地中樹八尺之表以規識日景非門中之闑鄭注考工記甚明爾雅旣云在地者謂之臬又云橛謂之闑是臬與闑殊郭氏以門橛釋臬則繆矣說文槷作槸本義訓爲木相摩周禮假槷爲臬儀禮古文及穀梁傳置旃以爲槷皆假槷爲闑耳㙞字各本皆同段氏玉裁儀禮漢讀考以㙞爲閾謂漢人無㙞字祇用閾字又謂漢人多謂門限爲門切門切即閾也亦謂之閾言其界畫謂之閾言其迫切謂之閾胡氏承珙則以㙞爲墄引文選西京賦右平左墄薛綜注墄限也爲證要之閾墄亦皆閾之假俗也○張氏惠言云闑孔疏以爲門止有一頁則以爲有二案鄭注論語立不中門云立行不當棖闑之中央則鄭以爲一闑可知詳聘禮

筮人執筴抽上韇兼執之進受命于主人筮人有司主三易者韇藏筴之器今時藏弓矢者謂之韇丸也兼并也進前也自西方而前受命者當知所筮也

疏

正義曰儀禮釋官云筮人私臣掌筮者案許氏說文解字云天子著九尺諸侯七尺大夫五尺士三尺少牢疏引大戴禮三正記同士有著則得有筮人也襍記如筮則史練冠長衣以筮鄭注謂下大夫若士也筮史筮人也是則可證士有筮人矣筮人亦名筮史詳少牢禮敖氏謂宰宗人筮人之屬皆公家所使給事於私家者說未盼辨見特牲篇末張氏爾岐云兼執之者兼上韇與下韇而幷執之此時筮尚在下韇待筮時乃取出以筮今案韇有上下者下韇韇上承之上韇韇下冒之筴在韇中執筴即執韇也必抽上韇見著者示有事也特牲禮筮人取筮于西塾執之東面受命于主人士喪禮筮者東面抽上韇兼執之南面受命此皆士禮大略相同惟士喪筮于兆南南面受命爲異耳少牢禮史朝服左執筮右抽上韇兼與筮執之東面受命于主人彼言左右此不言其實一也○注主三易者毛本者下有也字嚴徐集釋俱無藏筴之器筴嚴本通解俱作筴案曲禮曰筴爲著則筴亦著也妄從各本作筴敖氏竝改經筴字爲筮尤非器下毛本有也字嚴徐集釋俱無盧氏文弨儀禮詳校云丸俗凡正世人疑爲凡疏矣 云筮人有司主三易者周禮筮人掌三易一曰連山二曰歸藏三曰周易𦼮筮得一卦而三人各據一易以占也儀禮

稱官云卜筮古者貴賤同用三兆三易洪範立時人作卜筮三人占則從二人之言鄭注卜筮各三人大卜掌三兆三易是鄭意謂卜則掌三兆者各一人筮則掌三易者各一人故金縢乃卜三龜士喪禮占者三人注以爲掌玉兆瓦兆原兆者是矣賈疏謂大夫卜筮同用一龜一易無所據也云韇藏筴之器今時藏弓矢者謂之韇丸也者說文韇弓矢韇也段氏注云左傳服注冰櫝丸葢也後漢書南匈奴傳引方言藏箭爲韇丸案絫呼之曰韇丸單呼之曰韇今方言所以藏弓謂之鞬或謂之𩏂丸與韇同此鄭以漢時之韇丸證經之韇也韇字从革葢以皮爲之云兼幷也者說文同云進前也自西方而前者鄉射禮賓少進注云少進差在前是以進爲前也筮人位本在西方今云進是自西面向東前行與特牲云東面受命一也云受命者當知所筮也者謂當知所筮之事也

宰自右少退贊命宰有司主政教者自由也贊佐也命告也佐主人告所以筮也少儀曰贊幣自左詔辭自右

（疏）正義曰右主人位之右宰本在西方今來至東方由主人之右贊命也李氏云少退後於主人葢不敢與主人竝也士喪禮亦云命筮者在主人之右惟特牲禮宰自主人之左贊命不由右者彼注云爲神求變也少牢不使人贊命

而自命之者賈疏云大夫尊屈士卑不嫌又特牲士喪贊命皆有辭此無辭者文不具朱子云所贊之辭未聞蓋當云某有子某將以來日某加冠於其首庶幾從之○注主政教者下毛本有也字嚴徐集釋俱無 云宰有司主政教者儀禮釋官云宰家宰私臣亦曰家相案國語趙簡子使少室周爲宰韋注宰家宰也宰本家臣之名而邑長亦稱宰故有家宰邑宰之姝喪服傳疏云孤卿大夫有采邑者其邑既有邑宰又有家宰若魯三卿公山弗擾爲季氏費宰子羔爲孟氏郕宰之類皆爲邑宰也陽貨冉有子路之等爲季氏家相亦名家宰若無地卿大夫則無邑宰直有家宰孔子爲魯大夫而原思爲之宰是直有家相者也此諸侯之士無地未必有邑宰但於私臣中擇其長者一人使主家之政教亦謂之宰特牲注云宰羣吏之長曲禮士不名家相卽此賈疏謂士無臣以屬吏爲宰失之矣云贊佐也者特牲注又云贊佐也達也云命告也者爾雅釋詁文云佐主人告所以筮也者謂告以所筮之事也云少儀曰贊幣自左詔辭自右者彼注亦云自由也謂 爲君受幣爲君出命也此鄭引以證自右贊命之義

筮人許諾右還卽席坐西面卦者在左卽就也東面受命右還北行就席卦者有司主

畫地識爻者疏正義曰說文許聽也諾應也筮人卽席坐西面蓍受命許行筮事也易曰大衍之數五十其用四十有九分而爲二以象兩掛一以象三揲之以四以象四時歸奇于扐以象閏五歲再閏故再扐而後掛又曰十有八變而成卦此筮法也少牢禮云史曰諾西面于門西抽下韇左執筮右兼執韇以擊筮又曰乃釋韇立筮此不言擊筮與釋韇者文有詳略而儀節當同卦者在左則亦西面可知士喪特牲少牢皆云卦者在左蓋皆在筮人之左也敖氏云少牢禮卦者在左坐此不言坐則是立也江氏筠讀儀禮私記云此說不然少牢筮人立筮卦者不言坐則嫌於不坐故特著坐文今此與特牲俱坐筮卦者之坐不言可知故文省耳褚氏云筮者雖有坐與立之異而卦者畫爻於地無不坐也盛氏世佐儀禮集編云卦者必坐便其畫地識爻也今案諸家駁敖之說甚是禮經釋例云凡筮士坐筮卿大夫立筮案特牲禮筮者許諾卽席西面坐卦者在左卒筮寫卦注士之筮者坐蓍短由便士冠禮筮者亦坐是士坐筮也少牢禮筮日史朝服受命于主人命畢史曰諾又云乃釋韇立筮注卿大夫之蓍長五尺立筮由便疏云以其蓍長立筮爲便對士之蓍三尺坐筮爲便若諸侯著七尺天子蓍九尺立筮可知少牢卿大夫

祭禮經云立筮故知卿大夫是立筮也又士喪禮筮宅但云筮人北面指中封而筮不云坐立此是士禮當亦是坐筮也至於士喪卜日之禮宗人還少退受命命畢許諾不述命還即席西面坐命龜興授卜人龜卜人坐作龜據此則卜禮士亦坐卜也而經文止此一事別無可證注云宗人不述命亦士禮略凡卜述命命龜異龜重威儀多也疏云言凡非一則大夫已上皆有述命蓋卜重於筮威儀多龜無長短之殊自無坐立之別而但以述命不述命爲異也○釋例又云案世所傳筮儀甚弇陋近王氏楙竑以爲非朱子作其言曰士冠禮特牲饋食少牢饋食禮筮者皆西面惟士喪禮筮宅以不在廟故筮者北面今直云筮者北面見儀禮朱子豈不見儀禮者而疏謬若是邪可謂先得我心者矣○注識爻者下毛本有也字嚴本集釋楊氏俱無　云即就也者本方言云東面受命右還北行就席者蔡氏德晉禮經本義云右還回身右轉也就席就闑西閾外之席詳蔡意則是右還即北行也吳氏疑義以爲從東面轉而南轉而西乃北行恐非云卦者有司主畫地識爻者爻有七八九六每得一爻以木畫地識之少牢所謂卦以木是也儀禮釋官云卦者亦私臣筮人之貳案少牢史掌筮注云卦者史之屬則此亦筮人之屬也其職主記

卦爻故目爲卦者以事名其官

卒筮書卦執以示主人

卒已也書卦者筮人以方寫所得之卦【疏】正義曰卒筮謂筮事畢也書卦謂六爻備已成卦體乃書之於版也執以示主人敖氏云執之不言筮人文省也今案特牲禮卒筮寫卦筮者執以示主人主人受視反之士喪禮卒筮執卦以示命筮者命筮者受視反之少牢禮卒筮乃書卦于木示主人各經詳略不同宜以特牲爲正褚氏云卦者書卦筮人執示於特牲經文明著之矣竊疑此禮及士喪禮皆然未必有異經文渾耳江氏筠云特牲注云卦者以方版寫之此注則云筮人以方寫所得之卦而寫卦遂有二人矣特牲禮筮者執以示主人士喪禮注則云卦者寫卦示主人而示卦又有二人矣案寫卦自是卦者事示卦自是筮人事俱宜與特牲同經惟特牲執示云筮人餘俱不云乃省文耳盛氏云注疏謂書卦執示皆筮人事姜氏兆錫謂皆卦者事俱未合賈疏又云士喪禮卦者自畫自示主人亦非也詳彼文亦是筮者執示但不言寫卦耳然既云執卦則其寫於版固不待言也○注寫所得之卦下毛本有也字嚴本集釋俱無校勘記云案特牲疏引亦無也字　云卒已也者爾雅釋詁文注又以書卦爲筮人非辨見上

主人受眂反

之反還也疏正義曰嚴本作眡或作眂非說文眂視皃也與眡別眡古文視○主人受眡則旣知其卦體仍以卦與筮人令占吉凶注云反還也者反與返通說文返還還也此注還還字與聘禮還玉于館之還音義同

筮人還東面旅占卒進告吉旅眾也還與其屬其占之古文旅作臚也疏正義曰案特牲禮筮者還東面長占卒告于主人占曰吉士喪禮東面旅占卒進告于命筮者與主人占之曰從少牢禮乃退占吉則史韇筮史兼執筮與卦以告于主人占曰從據此則占時東面諸篇皆然少牢雖無文亦東面可知褚氏云上言主人受眡反之則筮者向西行就有司西方之位乃還其身東面必言東面者明與筮時異向案進告吉者告於主人也○注臚下毛本無也字嚴本有云旅眾也者爾雅釋詁文云還與其屬其占之者謂與其屬主三易者其占之也高郵王文簡公經義述聞云旅序也旅占謂占者三人順其長幼之序以占也特牲饋食禮云長占注曰長占以其年之長幼旅占之疏曰從長者為始也是其明證鄉飲酒禮司正升相旅注曰旅序也燕禮士旅酌注曰旅序也今案以旅為序較勝眾義占者以易辭占其吉凶也王氏士讓儀禮糾解云案疏謂夏殷以不變為占周易以變

者爲占然周之占法原兼不變者如六爻皆不變則占本
卦彖内爲貞外爲悔孔成筮立衛元得屯泰伐晉筮得蠱
貞風悔山是也其占變爻者如畢萬得屯初敬仲得觀四
是也其兼變不變占兩彖者如晉文遇貞屯悔豫皆
利建侯是也賈説未旳云古文旅爲臚也者段氏云案古
旅臚通用論語季氏旅於泰山漢書作臚岱是也此鄭從
今文不從古文者鄭釋旅占爲衆占故不用臚陳之義周
禮司儀皆旅擯鄭意此時陳擯而不傳辭故易旅字爲臚
字臚陳之也皆各就其義之所近訓之

若不吉則筮遠日如初儀遠日旬之外

疏正義曰吳氏章句云凡筮吉事先筮旬内近日不吉則筮
旬外遠日賈以曲禮旬内外爲士與大夫之分未旳今案
此節經注俱與特牲禮同此疏及彼疏解近日遠日俱多
謬誤辨見特牲禮其解如初儀亦未合沈氏彤儀禮小疏
云初儀賈疏謂自筮於廟門以下至告吉敖繼公斷自筮
人執筴以下案此先云筮遠日如初儀然後云徹筮席宗
人告事畢則不吉而弗筮遠日事未畢也筮席未徹也故
特牲亦序宗人告事畢於筮遠日之下明筮遠日乃當日
幷筮也若非幷筮則如少牢所謂不吉則及遠日又筮日
如初者必於官戒乃退之下敘之矣敖説是從叔祖緜軒

先生諱匡憲讀經記云如初儀敖君善謂自筮人執筴以下張稷若謂自進受命於主人以下以駁賈說是矣然云受命於主人則已知所筮宰自右贊命則已告所筮豈此時筮遠日又須受命贊命乎恐敖張說亦未盡今案據此則初儀當自即席坐西面以下至告吉也

徹筮席 徹去也斂也

疏 正義曰張氏淳儀禮識誤云案釋文寫注作撤注字必與經同空皆作撤從釋文戴氏震校識誤云案說文無撤字徹通徹去古皆用徹撤乃後代俗書張氏不能訂正其非轉改徹以從撤疎矣今案唐石經嚴本經注俱作徹○徹筮席謂徹筮與席也前陳之於西塾今事畢則徹之他篇不言者省文注云徹去也斂也者案曲禮名徹重席鄭注徹去也徹之爲去本屬常解此復言斂者謂筮與席皆斂而藏之內則曰斂枕席簞是席亦云斂也

宗人告事畢 宗人有司主禮者

疏 正義曰宗人位在西方進東北面告主人也○注者字下毛本有也字嚴徐集釋敖氏俱無 云宗人有司主禮者儀禮釋官云宗人私臣掌禮及宗廟案掌禮之官天子謂之宗伯諸侯以下通謂之宗人周禮有都宗人家宗人左傳晉范文子反自鄢陵使其祝宗祈死鄭公孫黑肱有疾召室老宗人立段魯叔孫昭子齊於其寢使祝宗祈

奴國語魯公父文伯之母欲室文伯饗其宗老韋注宗
人主禮樂者楚屈到嗜芰有疾召其宗老而屬之韋注宗
老爲宗人者據此則大夫有宗人也周禮都家宗人皆王
朝所置諸侯大夫之宗人或自使其家臣爲之士雖卑亦
當有家臣主禮事者如大夫宗人之職樂記曰宗祝辨
乎宗廟之禮鄭注文王世子云宗人掌禮及宗廟是也

右筮日

主人戒賓賓禮辭許戒警也告也賓主人之僚友古者有吉事則樂與賢者歡成之有凶事則欲與賢者哀戚之今將冠子故就告僚友使來禮辭一辭而許再辭而許曰固辭三辭曰終辭不許也

疏 正義曰敖氏云戒賓亦朝服凡旣筮而有事如戒宿之類皆因筮服無變也此雖親相見其辭則皆擯者傳之宿賓放此張氏爾岐云主人筮日訖三日之前戒賓使來觀禮戒賓者主人親至賓大門外賓西面主人東面戒之其戒辭對辭竝見後○注則樂與賢者歡成之嚴本及各本俱作歡集釋作勸盧氏文弨云歡成正與下凶事哀戚相對勸字無義今案作勸非也一辭而許下毛本有也字嚴徐集釋俱無 云戒警也告也者案戒之本義訓警說文戒警也

此戒賓兼有告義故鄭又言告也以足之云賓主人之僚友者賈疏謂同官爲僚同志爲友是也然賓取賢德當合國黨僚友言之鄭舉一以例其餘耳云古者有吉事則樂與賢者歡成之冠昏之類是也有凶事則欲與賢者哀戚之喪禮是也云禮辭一辭而許者蔡氏德晉云賓許必禮辭以致謙也云再辭而許曰固辭三辭曰終辭不許也者禮經釋例云凡一辭而許曰禮辭再辭而許曰固辭三辭不許曰終辭案士冠禮主人戒賓賓禮辭許又冠禮畢請醴賓士昏禮納采問名之禮既畢請醴賓賓皆禮辭鄉飲酒請賓鄉射戒賓燕大射命賓鄉飲酒鄉射安賓賓皆禮辭鄉飲酒鄉射作相爲司正司正皆禮辭聘禮主國之君使卿郊勞聘賓禮辭郊勞畢聘賓將儐勞者勞者禮辭聘享正禮已畢未私覿之前主國之君使擯者請禮賓及私覿聘賓先以臣禮見儐者辭出請以客禮受聘賓皆禮辭介衆介覿先以臣禮見擯者辭出請以客禮受介亦禮辭聘禮既畢聘賓請問卿主國之君禮辭主國之君使卿歸饔餼賓朝服禮辭禮畢將儐使者使者禮辭士昏記不親迎壻請覿主人對曰不敢固辭是亦禮辭皆所謂一辭而許者是一辭而許曰禮辭也又士相見禮某也願見無由達某子以命命某見主人對曰某子命某見吾子有辱請

吾子之就家也某將走見賓對曰某不足以辱命請終賜見主人對曰某不敢爲儀固請吾子之就家也某將走見賓對曰某不敢爲儀固以請主人對曰某也固辭不得命將走見疏以此爲固辭則上文辭贄辭還贄皆固辭燕禮公與客燕曰寡君有不腆之酒以請吾子之與寡君須臾焉使某也以請對曰寡君君之私也君無所辱賜於使臣臣敢辭寡君固曰不腆使某固以請寡君君之私也君無所辱賜於使臣臣敢固辭寡君固曰不腆使某固以請某固辭不得命敢不從是亦固辭若下文致命則禮辭矣是再辭而許曰固辭也又士相見禮士見于大夫終辭其贄若嘗爲臣者則禮辭其贄注終辭其贄以將不親荅也禮辭一辭其贄而許也是三辭不許曰終辭也至於鄉飲酒鄉射燕禮大射儀之辭降辭洗雖較禮辭爲殺亦禮辭之屬也聘禮士介覿以臣禮見擯者辭禮請受賓固辭注賓爲之辭士介賤不敢以言通於主君固衍字當如面大夫也敖氏繼公曰一辭而得遂亦可謂之固又聘禮記私獻賓固辭注亦以固爲衍字考經所云固辭者蓋賓再辭而後公許故曰固也禮請受者一請賓固辭者再辭注未確敖說亦曲爲之解也又案士冠禮疏三辭而許則曰三辭若三辭不許則曰終辭引公食大夫戒賓上介出請入告

三辭又引司儀三辭以釋三辭而許之義而注所謂三辭
不許曰終辭者賈氏但覆述而已未嘗據經文以釋之也
考終辭二字士相見禮經與注皆有明文實可爲三辭不
許曰終辭之顯證賈氏不此之引而旁及注外之義何也

主人再拜賓荅拜主人退賓拜送退去也歸也【疏】正義曰盧氏文弨羣書拾
補云荅諸本上從竹譌唐石經從艸後並同今案嚴本亦
作荅○賓許而主人再拜謝其許也賓拜送不言主人荅
拜者凡拜送之禮送者拜去者不荅拜詳鄉飲酒賓出奏
陔主人送于門外再拜下　注云退去也歸也者鄉飲酒
主人退注云退猶去也此復
言歸者廣雅釋詁云退歸也

右戒賓

前期三日筮賓如求日之儀前期三日空二日也筮賓筮其可使冠子者賢者恆吉冠
義曰古者冠禮筮日筮賓所以敬冠事
敬冠事所以重禮重禮所以爲國本【疏】正義曰求日筮日也如求日之
儀如其筮于廟門以下至告事畢也唯命筮之辭有異張
氏爾岐云前者戒賓汎及僚友此又於僚友中專筮一人

使爲加冠之賓也疏云命筮之辭蓋云主人某爲適子某加冠筮某爲賓庶幾從之若庶子則云庶子某某愚意主人二字似未安亦言其銜位可耳今案特牲少牢筮尸不筮賓者祭所重者尸賓直助祭而已無庸筮也○注古者冠禮校勘記云者嚴徐鍾本俱作日誤今案嚴本作者不誤蓋作校勘記時未見原書係據顧廣圻校錄於鍾本簡端者採入故有此譌茲則取黃氏重刻嚴本逐一校對庶見眞面目云　云前期三日空二日也者期冠期也在冠期之前三日是中空二日也沈氏彤云注謂空二日者爲期一日宿賓宿贊冠者又一日也敖乃謂但空爲期之一日誤以宿賓贊與筮賓同日耳云筮賓筮其可使冠子者賢者恆吉者謂必擇其賢者筮之乃吉也王氏士讓云冠爲人道之始賓必取人倫中有德望者冠賓乃己之僚友宜素知之然不遽自決又不宜問第其可否以謀於人故決之鬼神今案注引冠義者證筮賓爲敬冠事也

右筮賓

乃宿賓賓如主人服出門左西面再拜主人東面荅拜宿進

也宿者必先戒戒不必宿其不宿疏正義曰朱子云此云者爲衆賓或悉來或否主人朝服宿賓言主人往而宿之以日下事如篇首言筮日於廟門也今案如主人服賓亦重其事也門左門東詳後禮經釋例云凡門外之拜皆東面西面故此賓西面再拜主人東面荅拜也詳孤子冠凡拜北面于阼階上節敖氏云西面再拜拜其辱也　注云宿進也者謂進之使來特牲少牢注皆云宿讀爲肅肅進也本爾雅釋詁宿爲古文夙宿又通速皆是豫召使來之義云宿者必先戒戒不必宿者案上主人戒賓所戒者廣其冠子之賓及贊冠者皆在戒內故云宿者必先戒其衆賓則但戒而不宿故知戒者不必皆宿也云其不宿者爲衆賓或悉來或否者朱子云鄭注本謂正賓或時不來則將不得成禮故雖已戒之而又宿之欲其必來其非正賓則不更宿蓋但使爲衆賓雖不悉來亦無闕事也疏與音皆非是爲只合作如字讀賓字句絕今案鄭意衆賓不宿者原不必其悉來賈則謂衆賓容有不來者故不宿與鄭背矣釋文音爲衆賓之爲於僞反則似合或悉來或否爲句故朱子辨之云主人朝服者經不言主人何服明與前同服故知朝服也○禮經釋例云凡戒賓宿賓宿者必先戒禮殺者則不宿鄉飲酒主人戒賓賓拜辱主人荅拜乃

請賓陳器之後主人速賓賓拜辱主人荅拜注速召也鄉射禮主人戒賓賓出迎再拜主人荅再拜乃請又主人朝服乃速賓注速召也士冠鄉飲鄉射皆先戒賓而後宿賓所謂宿者必先戒也速卽宿也特牲禮宿尸注凡宿或作速此其證也惟士冠速賓於前日鄉飲鄉射速賓於當日爲小異耳疏謂鄉飲鄉射皆有戒無宿非也若燕禮小臣戒與者大射君有命戒射宰戒百官有事於射者射人戒諸公卿大夫射司士戒士射與贊者前射三日宰夫戒宰及司馬公食大夫禮使大夫戒方是有戒無宿也又大射射人宿視滌疏以爲非戒宿之宿特牲饋食禮宿尸宿賓之前皆無戒疏以爲特牲文不具其實亦有戒疏說皆是也少牢禮筮日之後乃官戒又云宿前宿一日宿戒尸此戒尸也筮尸之後乃遂宿尸此宿尸也注云大夫尊儀益多筮日旣戒諸官以齊戒矣至祭前一日又戒以進之使知祭日當來疏云其大夫宿戒兩有士有宿而無戒是儀略故云大夫儀多也則又謂特牲有宿無戒與士冠疏文互異矣

乃宿賓賓許主人再拜賓荅拜主人退賓拜送

乃宿賓者親相見致其辭也疏正義曰但云賓許不云禮辭者以前戒已許故也 注云乃宿賓者親相見致其辭者張氏爾

岐云重言乃宿賓者上文言主人往行此禮此乃親致宿之之辭也辭並見後

宿贊冠者一人亦如之 贊冠者佐賓爲冠事者謂賓若他官之之屬中士若下士也宿之以筮賓之明日 疏 正義曰亦如之者如上宿賓賓如主人服以下云一人則其餘衆賓不宿可知

注云贊冠者佐賓爲冠事者卽下文坐櫛設纚卒紘諸事佐賓成禮者朱子云佐賓雖輕亦必擇其賢而習禮者爲之不來則亦有闕故並宿之使必來也云謂賓若他官之屬中士若下士也者漢書高帝紀注若及也此兩若字俱當作及字解謂賓之僚屬及他官之屬皆可爲贊也又言中士下士者鄭意以賓是上士則其屬中士及下士皆可爲之言此以見贊冠者當次於賓耳云宿之以筮賓之明日者案上經云前期三日筮賓下經云厥明夕爲期則宿賓贊明在冠前二日爲筮賓之明日矣必言於此者見宿賓與宿贊冠者同日也

右宿賓宿贊冠者

厥明夕爲期于廟門之外主人立于門東兄弟在其南少

退西面北上有司皆如宿服立于西方東面北上厥其也宿服朝

服疏正義曰厥明夕者謂宿賓贊之明日夕冠前一日之夕也爲期猶言約期也必於廟門之外以冠在廟故也不於廟內者別於冠日行冠事時也兄弟兼親族姻戚言在其南謂在主人之南相次而立於下也西面面向西東面面向東北上以北爲上統於廟也　注云厥其也者爾雅釋言文云宿服朝服者謂如主人宿賓時所服之朝服也此宿服指主人言云有司皆如之則主人之服可知矣兄弟不言服於下畢袗玄見之

擯者請期擯者有司佐禮者在主人曰擯在客曰介質正也宰告曰旦日正明行冠事

宰告曰質明行事

疏正義曰此云請期謂請早晚之期故宰告以質明行事也宰告者宰主贊命也　注云擯者有司佐禮者謂擯者卽上有司之屬爲之也儀禮釋官云案敖氏以有司爲筮者卦者宰宗人之類是舉類言之其實有司不盡此據經擯者請期注云擯者有司佐禮者又爵弁皮弁緇布冠各一匴執以待于西坫南注云執之者有司則是冠時凡主人之吏有事者皆得以有司目之也又云有司有二義一是事有常職者謂之有司一是事本無常職行禮時特

使人主其事亦目為有司後凡言有司者放此云在主人曰擯者擯主人所使擯賓者也云在客曰介者介客所用以為輔者也禮經釋例云所謂擯介者凡禮皆有之士冠禮擯者請期又云擯者玄端負東塾又迎賓擯者告士昏禮問名禮賓擯者出請事士昏記賓至擯者請又不親迎壻見擯者以摯出請受燕禮射人納賓注射人為擯者也今文曰擯者大射儀大射正擯擯者請賓又擯者命賓擯者反命擯者納賓公食大夫禮賓入大夫納賓注大夫謂上擯也又拜至擯者辭又賓三飯擯者退負東塾而立又公以束帛侑賓擯者進相幣公食大夫記卿擯由下此嘉禮之擯也士相見禮士見于大夫若嘗為臣者賓出使擯者還其贄於門外又賓對擯者對又始見於君若他邦之人則使擯者還其摯聘禮卿為上擯大夫為承擯士為紹擯又賓問卿下大夫擯聘禮記賓若私獻擯者人告覲禮嗇夫承命注嗇夫葢司空之屬也為末擯又擯者謁又擯者延之曰升又享擯者曰予一人將受之又禮畢擯者謁諸天子又諸侯覲于天子四傳擯此賓禮之擯也既夕禮公賵擯者出請入告又賓賵者將命擯者出請入告又賓奉幣擯者先入又賵畢擯者出請又贈者將命擯者出請此凶禮之擯也有司徹主人出迎尸宗人擯注賓客尸而

迎之主人益尊擯贊此吉禮之擯也皆在主人曰擯也七
冠禮冠畢乃醴賓以壹獻之禮贊冠者爲介注介賓之輔
飲酒之禮賢者爲賓其次爲介疏云此賓與饗禮同鄉
飲酒禮主人就先生而謀賓介注賢者爲賓其次爲介聘
禮記大夫來使無罪饗之其介爲介注饗賓有介者尊賓
行敵禮也據此則饗禮亦有介此嘉禮之介也聘禮受命
遂行上介及衆介俟于使者之門外又郊勞上介出請入
告又聘介皆入門左又上介覿士介覿又歸饔餼上介請
事又賓問卿上介特面衆介面又還玉上介出請又公館
賓賓辟上介聽命注聽命於廟門中西面如相拜者然也
覲禮上介皆奉其君之旂置于宮此賓禮之介也有司徹
乃議侑于賓以異姓宗人戒侑賓尸之禮尸如賓侑如介
此吉禮之介也皆在客曰介也至於聘禮郊勞歸饔餼還
玉之上介出請郎聘問禮之擯者出請也公館賓之上介
聽命郎覿面及私獻禮之擯者立於門中以相拜也此時
皆賓爲主人故上介所行皆擯者之禮矣釋例又云案士
冠禮疏云聘禮及大行人皆以在主人曰擯在客稱介亦
曰相司儀每門止一相是也士相見禮請還贄于將命者
注將猶傳也傳命謂擯相也疏云出接賓曰擯入詔禮曰
相一也故聘禮與冠義皆云每門止一相是謂擯介爲相

也考聘禮冠義皆無再門止一相之文唯周官司儀有之不知疏說何所本又鄉飲酒鄉射主人迎賓皆云主人一相迎于門外注相主人之吏鄉射注作主人家臣擯贊傳命者皆指擯者曰相唯司儀鄭注相謂主君擯者及賓之介故疏兼擯介而言也云質正也者小爾雅廣言文又周禮大司馬質明注同云宰告曰旦日正明行冠事者說文旦明也旦日謂明日也少牢禮云旦明行事注蓋本此段氏云說文日部晢字下曰昭晣明也从日折聲禮曰晣明行事案說文凡言禮皆謂儀禮是鄭本作質許本作晣也今案字異義同

告兄弟及有司擯者告也

疏正義曰李氏云兄弟者有司在列而猶告之者審慎重其事　注云擯者告也者以下文云擯者告期於賓之家故知此亦擯者告也

告事畢宗人告也

疏正義曰告事畢告爲期之事畢亦向主人告也　注云宗人告也者上經徹筵席時宗人告事畢此亦宜然

擯者告期于賓之家

疏正義曰賓不在列故至其家告之也言賓則贊可知敖氏云別言擯者事更端也

右爲期

夙興設洗直于東榮南北以堂深水在洗東夙早也興起也洗承盥洗者棄水器也士用鐵榮屋翼也周制自卿大夫以下其室爲夏屋水器尊卑皆用金罍及大小異〔疏〕正義曰冠至期三先陳設器服次主人以下即位次迎賓及贊冠者八乃行三加之禮禮加冠畢賓醴冠者冠者見于母賓字冠者凡九節而冠禮成賓出矣○注及大小異下聶氏崇義三禮圖有皆字嚴本無朱子云詳注文及字恐誤校勘記云案疏云及其大小異蓋謂論其質則尊卑皆用金罍及論其形制之大小則仍有異耳○直當也經曰直于東榮東西節也故鄉飲酒曰東西當東榮沈氏彤云正堂之旁爲東堂西堂東堂西堂之旁爲夾道夾道之旁爲都宮之牆則東榮正臨夾道故洗東有餘地可置水而當東榮上加東西二字亦非贅文萬氏寢廟圖屋兩旁無夾道疎也經又曰南北以堂深謂南北之節也釋文深申鴆反凡度淺深曰深鄉飲酒疏云堂深謂從堂廉北至房屋之壁堂下洗北去堂遠近深淺取於堂上深淺假令堂深三丈洗亦去堂三丈以此爲度沈氏云堂之深無明文陳氏禮書引尚書大傳曰士之堂廣三雉三分其廣以二爲內注云雉長三丈內堂東西序之內也是堂廣九丈序內六丈而堂之

深亦未及焉案考工記云周人明堂度九尺之筵東西九筵南北七筵五室凡室二筵疏引書傳云周人路寢南北九七雉東西九雉室居二雉知周人度堂寢之深廣皆以九與七差之也然則堂廣九丈者堂深室七丈室取二丈室之外室五丈以序內堂廣六丈九七差之堂之深尚室四丈六尺六寸有奇儀禮釋宮云士昏禮疏云碑在堂下三分庭一在北聘禮注云設碑近如堂深三分庭一在北設碑而俾如堂深則庭蓋三堂之深也聘禮疏云碑東當洗則洗西亦當碑而北去堂亦四丈六尺六寸有奇矣今案洗說推闡俱細禮經釋例云凡庭洗設于阼階東南南北以堂深天子諸侯當東霤卿大夫士當東榮案士冠禮設洗直于東榮南北以堂深水在洗東鄉飲酒鄉射設洗于阼階東南南北以堂深東西當東榮水在洗東特牲饋食設洗于阼階東南記設洗南北以堂深東西當東榮水在洗東少牢饋食設洗于阼階東南當東榮士冠禮醮用酒注洗庭洗當東榮南北以堂深此皆當東榮之洗言庭洗者別於北堂上內賓之洗士昏禮設洗于阼階東南經注不言當東榮及南北之節者文不具也其實亦當東榮之洗所謂卿大夫士之禮也燕禮設洗于阼階東南當東霤罍水在東注當東霤者人君爲殿屋也亦南北以堂深大

射儀設洗于阼階東南罍水在東公食大夫設洗如饗注
必如饗者先饗後食如其近者也饗禮亾燕禮則設洗于
阼階東南鄭氏以燕禮證之是公食大夫之洗當亦在阼
階東南也此皆當東霤之洗所謂天子諸侯之禮也卿大
夫士言當東榮天子諸侯言當東霤其實設洗皆在阼階
東南異其文不異其處也又士虞禮庭洗則設于西階西
南水在洗西篚在東者反吉也今案士冠禮設洗不言阼
階東南者省文也鄉飲酒義云洗之在阼其水在洗東祖
天地之左海也此洗與水設於東方之義也少牢云有枓
者據鄭注凡設水必用罍沃盥必用枓此不言者文不具
也吉禮水在洗東篚在洗西凶禮反吉則水在西篚在東
此不言篚者以冠禮醴觶俱在房不洗爵於此故無篚也
大射獻獲者則設洗於獲者之尊西北士虞卒哭餞尸則
設洗在廟門外尊東南者異於常禮也又有內洗設于北
堂亦名北洗詳士昏禮 注云夙早也者爾雅釋詁文與
起也者釋言文云洗承盥洗者棄水器也者古者盥手洗
爵皆一人抱水從上沃之故曰沃盥又曰沃洗其盥洗時
下注之水謂之棄水別有器承之使不溢地其器名曰洗
也云士用鐵者賈疏云案漢禮器制度洗士用鐵大夫用
銅諸侯用白銀天子用黃金也三禮圖引舊圖云洗高三

尺口徑一尺五寸足徑三尺中身小疏中士以鐵爲之大夫以上銅爲之諸侯白金飾天子黃金飾據此則天子諸侯之洗亦銅爲之但有飾爲異耳云榮屋翼也者詩斯干如鳥斯革毛傳革翼也榮在屋兩頭如鳥之張其兩翼故謂榮爲屋翼沈氏云賈謂即今之搏風朱子名厦屋說云橫棟盡外有版下垂謂之搏風榮翼乃接簷之名賈直指搏風誤又釋宮云說文曰屋梠之兩頭起者爲榮又曰屋櫋聯齊謂之檐楚謂之梠然則梠即檐而檐之東西起者乃曰榮耳案二說釋宮爲得其實謂檐爲榮乃本郭璞注上林賦所云南榮屋南檐者以說文核之郭亦誤也又士喪禮云升自前東榮降自後西榮前者南後者北由南北而言則曰東榮西榮由東西而言則曰前榮後榮故喪大記之西北榮與士喪禮之後西榮一也今案沈說蓋以說文爲據云周制自卿大夫以下其室爲夏屋者李氏云周制天子諸侯爲殷人四阿之屋東西南北皆有霤大夫以下爲夏后氏南北兩下之屋無東西霤而有東西榮案檀弓曰見若覆夏屋者矣鄭注夏屋今之門廡蓋漢時門廡亦兩下爲之故舉以爲證此經不言東霤而言東榮據大夫士宮室之制也云水器尊卑皆用金罍及大小異者經但言水不言盛水之器故注特明之敖氏因士冠諸篇不言

罍謂士之水器異於此儲氏辨之云士苟用他器則諸篇必一見以明其異而俱不言則用罍同也案經傳多以罍爲盛酒器說文櫑龜目酒尊刻木作雲靁象象施不窮也從木從畾又云罍櫑或從缶罍櫑或從皿段氏玉裁說文注云葢始以木後以匋或曰罍亦木器或瓦器而飾以金耳段氏又云爾雅彝卣罍器也小罍謂之坎然則罍有小大燕禮罍水在東則罍亦以盛水今案韓詩說云天子罍以玉諸侯大夫以金士以梓存以備考凡設洗必設水諸篇或言水在洗東或言罍水在東或言水在洗西大射獻獲者云水在洗北是有洗必有水也惟士昏禮設洗不言水則文不具耳

陳服于房中西墉下東領北上 墉牆

疏 正義曰陳服陳將冠者之衣服卽下爵弁服皮弁服玄端三服也房中東房中也大夫士寢廟之制室在中有東房有西房與諸侯同注疏謂大夫士有東房無西房其說非也辨見後江氏永鄉黨圖考云大夫士陳器服及婦人行禮常在東房經有直言房者省文耳非謂止有一房不必言東也方氏苞云贊者立於房中負東墉將冠者房中南面當戶近於西故服陳西墉下取之便也凡著衣必絜其領故東領亦取之便也今案東房之西墉卽室之東墉也北上者爵弁服在北皮弁

服次南玄端最南冠時先用卑服自南而北亦取之便也
○注牆下集釋有也字嚴本無　云墉牆者牆是總名以
經文考之凡室中房中與夾之牆則謂之墉堂上
之牆則謂之序堂下之牆則謂之壁其實一也　**爵弁服**
纁裳純衣緇帶韎韐　此與君祭之服襍記曰士弁而祭於
公爵弁者冕之次其色赤而微黑如
爵頭然或謂之緅其布三十升纁裳淺絳裳凡染絳一入
謂之縓再入謂之赬三入謂之纁朱則四入與純衣絲衣
也餘衣皆用布唯冕與爵弁服用絲耳先裳後衣者欲令
下近緇明衣與帶同色韎韐縕韍也士縕韍而幽衡合韋
爲之士染以茅蒐因以名焉今齊人名蒨爲韎韐韍之制
似韠冠弁者不與衣陳而言於上以冠名服耳今文纁皆
作熏　疏　正義曰爵弁爲士服之最尊者三加時服之禮之通
例衣與冠同色帶與衣同色裳與韠同色屨與裳同
色注毋言之然不盡然禮經釋例云亦有衣與冠不同色
者如士冠禮爵弁服純衣緇帶純衣與帶同緇色是也亦
有裳與韠不同色者如注既以朝服爲素裳而特牲饋食
記之朝服則緇韠是也亦有屨與裳不同色者玄端用黑
屨而裳則有玄裳黃裳襍裳之異是也注疏蓋舉其多者
言之耳故疏亦云其衣冠異色經即別言之今案韎韐即

韎色之韠詳下此陳爵弁服言衣言帶言韠言裳不言屨
者下經云爵弁纁屨是也或謂爵弁卽韋弁誤詳聘禮君
使卿韋弁歸饔餼下○注此與君祭之服與通典作助嚴
本及各本作與校勘記云案作與當讀去聲而釋文無音
疑作助是也今案集釋作與音預定從嚴本又再入謂之
赬入釋文作染下二字同嚴本俱作入張氏識誤云爾雅
有再染三染之文此鄭氏用染字之據也校勘記云鄭氏
旣據爾雅何以一入不稱染不若依今本概作入字爲是
又今齊人名蒨爲韎韐戴氏震校集釋謂韐衍文非也定
從戴氏侗六書故以韐字屬下句讀段氏云韎說文从韋
末聲五經文字亦作韎音末今人從未誤也　云此與君
祭之服者與君祭助謂助祭於公也云襍記曰士弁而祭
於公者鄭注弁爵弁也此引以證爵弁爲助祭服也云爵
弁者冕之次者賈疏云凡冕以木爲體長尺六寸廣八寸
績麻三十升布衣之上以玄下以纁前後有旒其爵弁制
大同唯無旒又爲爵色爲異又名冕者俛也低前一寸二
分故得冕稱其爵弁則前後平故不得冕名以其尊卑次
於冕故云爵弁冕之次也吳氏疑義云據說文弁本作覍
象形或作弁又釋名弁如兩手相合也爵弁與冕制異與
皮弁之制同今案據周禮左傳疏賈氏之說葢本漢禮器

制度吳氏以說文釋名駁之似亦可從江氏永云案大戴禮及東方朔荅客難皆云冕而前旒所以蔽明則無後旒可知謂前後皆有旒此因玉藻前後邃延而誤耳前後邃延謂板長尺六寸自延端至武前後皆深邃非謂後亦有旒也其說是矣云其色赤而微黑如爵頭然或謂之緅者案考工記鍾氏注云染纁者三入而成又再染以黑則爲緅緅今禮俗文作爵言如爵頭色也是也云其布三十升者論語麻冕孔注績麻三十升布以爲之鄭意爵弁與冕同故云其布三十升也江氏永辨之云三十升之說非是古布幅闊二尺二寸當今尺一尺三寸七分半若容三十升之縷二千四百則今尺一分之地幾容一十八縷此必不能爲者也孔意蓋謂古者朝服十五升冠當倍於衣不知冠升倍衣唯喪服斬衰三升冠六升則然自齊衰以下則非倍半之數矣禮無冠倍於衣之例孔誤釋耳麻冕之布亦不過十五升如今尺之一分容九縷已是細密難成矣云纁裳淺絳裳者絳是大赤纁則赤而有黄故云淺絳裳也云凡染絳一入謂之縓再入謂之赬三入謂之纁朱則四入與者案一入再入三入爾雅入俱作染是皆爲染絳法也沈氏彤云縓淺赬赬淺纁纁是三者皆由淺入深若更以纁入赤則爲朱詩七月我朱孔陽毛傳朱深纁是也

但緅頳纁之爲一入再入三入經有明文朱則四入無明
文故言與以疑之凡冕服皆玄上纁下爵弁爲冕之次故
亦纁裳也云純衣絲衣也餘衣皆用布唯冕與爵弁服用
絲耳者詩周頌絲衣其紑載弁俅俅弁爵弁也則爵弁服
之用絲衣可知矣此經及士昏禮純衣鄭皆以絲衣解之
周禮媒氏之純帛論語之今也純鄭皆讀爲緇又謂古緇
以才爲聲字亦作紂不同者一言其質一言其色也經義
述聞云純當讀黗廣雅黗黑也黗與純聲義相近是亦主
色言之餘衣謂皮弁服以下及褖衣之類皆用布也云先
裳後衣者欲令下近緇明衣與帶同色者言衣當在裳先
此退在裳後者欲令與緇帶連文見衣與帶同緇色非尊
裳而抑衣也褚氏云蔽乃有纁裳與冕服之裳同而尊之
之論豈爵弁之衣卑於裳邪褚說是矣云韎韐緼韍也士
緼韍而幽衡合韋爲之士染以茅蒐因以名焉今齊人名
蒨爲韎韐韍之制似韠者案此韍也而名韎韐者韎言其
色韐言其質鄭此注云韎韐緼韍也玉藻注云緼赤黄之
閒色所謂韎也是鄭以此經韎與玉藻緼同爲赤黄色名
說文韎茅蒐染韋也一入曰韎爾雅一染謂之縓說文縓
帛赤黄色韎與縓皆一入爲赤黄色而染韋則曰韎染帛
則曰縓因事異名也爾雅再染謂之頳三染謂之纁韎一

入淺於纁爵弁服纁裳而韎韐故說文云士無市有韐制如榼缺四角爵弁服其色韎賤不得與裳同是也市卽韍字韐卽韐字鄭云合韋爲之士染以茅蒐因以名焉者合韋爲之解韐字染以茅蒐因以名焉解韎字謂此韐合韋爲體而染以茅蒐其色赤黃因名韎也又云今齊人名蒨爲韎者蒨是茅蒐之別名謂染韎用茅蒐後人因謂茅蒐爲韎假今通古見韎之名義取於蒨也然鄭意固以韎名取於蒨非以韎韐名取於蒨蒨得名韎不得名韎韐賈此疏出注云韍之制似韠孔穎達詩瞻彼洛矣疏引此注云今齊人名蒨爲韎韐皆誤甚韐字義取合韋大夫以上亦用韋爲之而不名韐者據大夫以上有山火龍章之飾謂之韍士無飾則但謂之韐本其質而言之賈疏謂士無飾不得單名韍一名韎韐一名縕韍是也鄭云韐韍之制似韠者韎韐雖不得單名韍得單名韐士喪禮設韐帶注云韐帶韎韐緇帶是其證又韐與韠對韎是色名不得兼韎言似故單云韐文連韍言者因上引縕韍而及之謂韐與韍其制均似韠也必云制似韠者韐韍形象經傳無文韠之制具於玉藻襍記故鄭假以名焉或疑蒨不得名韎韐遂謂韐字爲衍文亦非韐與韍微異經固云韐不云韍鄭不當單云韍之制似韠戴侗六書故韎字下引鄭氏曰齊

人謂韐爲韎又韐字下引鄭康成曰韐韍之制似韠以韐字屬下爲句得其讀矣今依彼正之又詩韎韐有奭今本毛傳韎韐者茅蒐染草也一曰韎韐所以代韠也鄭箋韎韐者茅蒐染也茅蒐韎韐聲也韎韐祭服之韠合韋爲之其服爵弁服紂衣纁裳也今案傳草字疑韋之誤韎㫄從韋是以茅蒐染韋之名非直染草說文云韎茅蒐染韋也當依彼作韋孔氏正義引定本云一入曰韎韐一下當依定本有入字但以韎爲句說文云一入曰韎左傳疏引賈逵云一染曰韎國語注引三君云同一染卽一入一入曰韎蓋漢儒相傳之舊詁此二句傳釋韎字下云韐所以代韠也釋韐字孔疏韎韐連讀亦誤箋云韎韐者茅蒐染也茅蒐韎韐聲也者謂此韎韐以茅蒐染之故云韎茅蒐聲近韎也聲上韐字爲衍文左傳疏及國語注引皆云韎聲也無韐字茅蒐韎聲韋昭所謂急疾呼茅蒐成韎是也前人訓韎者多舉其義至鄭始兼著其聲以爲義由聲出與此注士染以茅蒐因以名焉今齊人名蒨爲韎者同皆單釋韎字下云韎韐祭服之韠合韋爲之始訓韐字疏連韐言聲者皆誤衍云冠弁者不與衣陳而言於上以冠名服耳者陳服在房中而緇布冠及皮弁爵弁之等皆人執之在堂下是不與衣同陳也今加爵弁於服上者是以爵弁

名其服非謂冠弁亦陳於房內也云今文纁皆作熏者段氏云此同音假借字鄉射禮大夫與士射袒薰襦則從今文也轉寫加艸頭耳凡所從古今文有彼此互異者以可參觀而得也胡氏云士昏禮玄纁束帛注同案云皆者葢合下文纁邉士昏禮則合下文纁裳纁袡等言之與禮經釋例云凡士冠三加士昏親迎士復士襲皆用爵弁服案士而用爵弁服攝盛也士復者卽士喪禮復者一人以爵弁服簪裳於衣是也士襲者卽士喪禮陳襲服爵弁純衣是也

皮弁服素積緇帶素韠此與君視朔之服也皮弁者以白鹿皮爲冠象上古也積猶辟也以素爲裳辟蹙其要中皮弁之衣用布亦十五升其色象焉

疏 陳之在爵弁服南再加時所服也皮弁服不言衣者衣與冠同色略之也言素積素韠者見裳與韠同色也亦言緇帶者士止有一緇帶故爵弁皮弁玄端三服皆陳之不言屨者下經云素積白屨是也 注云此與君視朔之服也者張氏爾岐云此視朔時君臣同服之服吳氏章句云注謂視朔之服其實他禮亦用之今案皮弁服亦用之於聘詳聘禮亦用之於蜡郊特牲曰蜡者索也歲十二月合聚萬物而索饗之也又曰皮弁素服而祭是也云皮弁者以白鹿皮爲冠象上古也

者禮運曰昔者先王未有麻絲衣其羽皮鄭注此上古之時也案後王易之以麻絲而皮弁猶用皮爲之如上古時李氏云古者以鳥獸之皮冒而句領皮弁象之是也必以白鹿皮者取其與衣色相稱也聶氏云舊圖云以鹿皮淺毛者爲之高尺二寸周禮王及諸侯孤卿大夫之皮弁會上有五采三采二采玉璂象柢唯不言士之皮弁有此等之飾案弁師注云一命之大夫及士韋弁皮弁之會無結飾是也云積猶辟也以素爲裳辟蹙其要中者案辟卽襞服注所謂辟兩側空中央也此之謂辟積祭服朝服辟積無數唯喪服三辟積也輔氏廣云禮服取其方正故裳用正幅而人身之要爲小故於要之兩旁爲辟積卽今衣摺也賈疏云素有三義若以衣裳言素者謂白繒卽此文之等是也畫繢言素者謂白色卽論語云繪事後素之等是也器物無飾亦曰素則檀弓云奠以素器之等是也今並存其說云皮弁之衣用布亦十五升其色象焉者禨記曰朝服十五升此皮弁衣雖無文亦與朝服同可知故云亦也皮弁色白衣亦色白是象之也鄭注士喪禮皮弁服亦云白布衣敖氏謂皮弁服用絲衣與鄭異吳氏紱江氏筠褚氏寅亮皆以爲可從禮經釋例云考聘禮公側授宰玉裼降立注論語曰素衣麑裘皮弁時或素衣其裘同可知

也郊特牲皮弁素服注亦云衣裳皆素則鄭氏已不能自守其前說襍記子羔之襲也素端一皮弁一是皮弁與素端爲二服孔氏正義曰盧云布上素下皮弁服賀瑒云以素爲衣裳也然則衣裳皆素者或素端歟周禮司服其齊服有玄端素端端亦別於皮弁而言之也今案據盧云布上素下則皮弁用布衣其說有自來矣當以鄭注爲正釋例又云凡士冠禮再加聘禮行聘還玉賓受饔餼覲禮郊勞士喪禮襲既夕禮乘車所載皆用皮弁服今案此皆見於經而可考者也至於聘禮受饔餼明日賓拜于朝拜饔與餼皆再拜稽首注此拜亦皮弁服案此經無明文注意蓋以受時皮弁則拜亦皮弁是拜饔與餼據注亦用皮弁服也

玄端玄裳黃裳襍裳可也

緇帶爵韠此莫夕於朝之服玄端卽朝服之衣易其裳耳上士玄裳中士黃裳下士襍裳襍裳者前玄後黃易曰夫玄黃者天地之襍色天玄而地黃士皆爵韋爲韠其爵同不以玄冠名服者是爲緇布冠陳之玉藻曰韠君朱大夫素士爵韋

疏正義曰玄端又卑於皮弁陳之在皮弁服南初加時所服也玄端卽玄衣端者取其正也金氏榜云衣以端名者有二其一後鄭云衣袂二尺二寸而屬幅是廣袤等也其袪尺二寸是謂玄端對朝服以上

侈袂者得名乃次於朝服之服其一鄭仲師云衣有襛裳者爲端對深衣以下連裳削幅者得名乃冕弁服朝服玄端通稱今案樂記言端冕則冕亦稱端左傳言端委論語言端章甫則朝服玄端皆可稱端但此經所陳則次於朝之服也玄裳黃裳襍裳三等裳以配玄端乃士服特牲饋會記云玄端玄裳黃裳襍裳可也皆爵韠與此同李云可也者三等士惟其所宜服者陳之裳雖有三而同用爵韠爵亦襍色也帶有二大帶以東衣革帶以繫韠繫佩舉韠則有革帶可知今案玄端不言冠者平時玄冠始冠則服緇布冠也不言屨者下經云玄端黑屨三等裳皆用黑屨者以玄裳爲正也禮經釋例云朝服注素裳鄉飲酒記鄉朝服而謀賓介注朝服素韠白屨燕禮記燕朝服于寢注同然則玄冠玄端玄裳黃裳襍裳緇帶爵韠黑屨者玄端服也玄冠玄衣緇帶素裳素韠白屨者朝服也此玄端與朝服之分也○注天地之襍色毛本色作也嚴徐本俱作色識誤云鄭氏正引易文不必改也爲色也字近色傳寫者誤耳校勘記云案漢時六經異文甚多張說未確今案黃氏丕烈亦以嚴本爲不誤　云此莫夕於朝之服者吳氏疑義云據賈疏引左傳昭十二年子革夕哀十四年子我夕本非常禮左傳亦無夕時玄端明文據玉藻朝玄端

夕湥衣則玄端爲大夫士私朝之服也今案玄端所用甚廣詳下云玄端即朝服之衣易其裳耳者玄端朝服皆用緇布衣其裳則朝服用素裳玄端用玄裳黃裳襍裳是易其裳也然朝服用素韠白屨玄端用爵韠黑屨則韠與屨亦易矣云上士玄裳中士黃裳下士襍裳者特牲記注同蓋以士有上中下三等故制三等裳以別之玄尊於黃而黃爲純色又尊於襍也此乃士之正服若大夫以上則有異大夫玄端用素裳天子諸侯用朱裳也云襍裳者前玄而後黃易曰夫玄黃者天地之襍色天玄而地黃者鄭以言襍必非一色故知前玄後黃而引易爲證也褚氏云天玄而地黃陽前而陰後故玄必在前黃必在後玄之幅必三黃之幅必四不可易也敖氏乃謂襍裳亦可前黃後玄謬甚云士皆爵韋爲韠其爵同者朱子云其爵同三字未詳盛氏云案注云其爵同者謂公侯伯之士皆一命子男之士皆不命也士雖有上中下三等而其爵則同故皆以爵韋爲韠云不以玄冠名服者是爲緇布冠陳之者此服冠時以配緇布冠則陳於皮弁服之南者乃爲緇布冠陳之不得名玄冠服矣故空其文而但云玄端也江氏承云朝服玄端及湥衣皆用玄冠雖不爲緇布冠陳亦不可以玄冠名服云玉藻曰韠君朱大夫素士爵韋者此皆爲玄

端服之韠鄭引以證經之爵韠也詳前主人玄冠朝服緇
帶素韠下禮經釋例云凡士冠禮賓主人兄弟擯者贊者
及冠者初加見君與鄉大夫鄉先生皆用玄端士昏禮使
者主人揖從者皆用玄端鄉飲酒鄉射之禮息司正皆用
玄端士祭禮筮日筮尸宿尸宿賓視濯視殺正祭尸主人
祝佐食皆用玄端今案此皆見於經而可考者也玄端有
用緇裳者昏禮納采使者玄端至注云有司緇裳賈疏以
緇裳即玄裳也玄端有用緇韠者見冠禮兄弟畢袗玄注
葢玄端而緇韠則謂之袗玄也又朝服亦有用緇韠者詳
特牲記釋例又云凡士冠禮筮日筮賓宿賓爲期皆用朝
服飲射燕食之禮皆用朝服聘禮本國君授使者幣使者
受命及釋幣于禰肆儀聘畢使者歸反命賓至所聘之國
展幣辭饔餼問卿上介問下大夫士介受餼主國之君使
卿郊勞宰夫設飧致士介餼卿接聘賓君不親食使大夫
致侑幣皆用朝服士正祭賓及兄弟助祭者皆用朝服大
夫祭禮皆用朝服案此亦皆見於經而可考者也至旣夕
記云復者朝服又云道車載朝服則亦士禮用朝服者今
備錄之○禮經釋例云論語公西華曰端章甫願爲小相
焉端即玄端小相即末擯也皆指士而言葢思以其所學
仕於列邦但願服士服爲諸侯之末擯以相禮而已此謙

辭也乃或者誤會下文宗廟會同非諸侯而何遂謂公西氏欲得國爲諸侯不知會同之禮諸侯當服禪冕豈有玄端章甫以見天子者乎明代時文家之不學可笑如此釋例又云案弁服吉者凡三等士冠禮陳冠服爵弁服一也皮弁服二也玄端三也玄端卽朝服之異其裳者故言玄端卽兼朝服也士喪禮陳襲服爵弁服一也皮弁服二也褖衣三也賈云褖衣則玄端又連衣裳是褖衣卽玄端也又周官司服凡兵事韋弁服一也荅韋弁稍次於爵弁或衣裳小異猶玄端之於朝服故言韋弁卽兼爵弁也又云眂朝則皮弁服二也又云凡甸冠弁服三也鄭氏注冠弁委貌其服緇布衣亦積素以爲裳諸侯以爲視朝之服是冠弁卽朝服也言朝服則兼玄端矣今案爵弁韋弁爲二服辨見前

緇布冠缺項青組纓屬于缺緇纚廣終幅長六尺皮弁笄爵弁笄緇組紘纁邊同篋

缺讀如有頍者弁之頍緇布冠無笄者著頍圍髮際結項中隅爲四綴以固冠也項中有緇亦由固頍爲之耳今未冠笄者著卷幘頍象之所生也滕薛名蔮爲頍屬猶著纚今之幘梁也終充也纚一幅長六尺足以韜髮而結之矣笄今之簪有笄者屈組爲紘垂爲飾無笄者纓而結

其縧纚邊組側赤也同篋疏正義曰張氏爾岐云此所陳謂此上凡六物隋方曰篋者飾冠之物非謂冠也此說是下文云爵弁皮弁緇布冠各一匴則冠弁各用匴盛之不在篋矣詳下敖氏云經言纚於缺項二笄之閒以見三加同一纚也案下再加之時云正纚如初則不易纚矣缺項纚纚笄紘同篋貯之者待冠時隨各冠取用也 注結項中貫疏無中字屬猶著著下通典有也字今之幘梁也集釋無也字今俱從嚴本足以韜髮韜釋文作弢識誤云士昏禮注之縚髮釋文亦云本又作弢不爲弢則爲縚今之爲韜韜未知孰據校勘記云案說文韜劒衣也弢弓衣也二字音義相近故古多通用如六韜一作六弢是也弢本訓滑因弢而轉爲弢從省也縚則韜之俗字今案集釋作韜與嚴本同不誤謂此上凡六物嚴本徐本通典集釋俱如是通解要義毛本此下俱有以字釋文摘以上二字爲音張氏識誤遂改此爲以豈此以二字不竝存歟黃氏謂嚴本不誤今從之 云缺讀如有頍者弁之頍者段氏云毛詩有頍者弁傳云頍弁貌鄭注禮時未箋毛詩云著頍圍髮際云頍象生於卷幘則頍是一物非爲弁貌葢注禮多用三家詩三家詩或釋頍爲簂也云緇布冠無笄者著頍圍髮際結項中隅爲四綴以固冠也者皮弁爵弁有

笄而緇布冠無笄故於冠武下別制頍圍髮際結於項中謂之缺項缺與頍同其上四隅綴於武以固冠也缺項唯緇布冠有之玄冠則不用而纓屬於武矣是以內則不言缺項然則缺項自別爲一物若如後儒解項爲冠項讀缺爲如字謂當冠項之處有不合者故名缺項則缺項卽指冠言之下屬於缺者卽屬於冠何以冠在匴而纓在篋乎其說必不然矣云項中有緇亦由固頍爲之耳者此申上結項中之義也緇卽結也項中有結亦以固頍耳云今未冠笄者著卷幘頍象之所生也者是舉漢法爲況廣雅䌸帉幘也䌸與卷同釋名云幘賾也下齊眉賾然也急就篇注云幘常在冠下或單著之獨斷云幘者古之卑賤執事不冠者之所服也續漢書輿服志云未入學小童幘句卷屋者示尚幼小也王石臞先生諱念孫廣雅疏證云卷與頍一聲之轉也胡氏承珙云輿服志云古者有冠無幘其戴也加首有頍所以安物此亦以頍爲固冠之物名也云滕薛名蔮爲頍者劉氏台拱端臨遺書云案蔮各本誤作蔮釋文亦誤釋名云簂恢也恢廓覆髮上也魯人曰頍頍傾也著之傾近前也齊人曰幌飾形貌也字從竹亦從巾作幗滕薛在漢爲魯之南境劉熙以頍爲魯語與鄭合段氏又云今本簂從艸作蔮誤廣韻十八隊簂筐也亦作幗

然則箇即說文檲字廣韻別出箇字引儀禮此注作箇由
禮注轉寫誤耳鄭知缺訓箇者以經云青組纓屬于缺知
之近放繼公江愼修戴東原氏讀缺項如字今案敖說雖
與鄭殊然謂別以緇布一條圍冠而後不合則猶以缺項
爲固冠之物也自萬氏斯大謂冠後兩開不相屬爲缺項
吳氏廷華蔡氏德晉盛氏世佐因之皆以缺項即冠後非
別有一物說愈紛而義愈遠矣沈氏彤亦辨萬說之誤當
以鄭注爲正屬猶著者謂屬與著同以物相連附之名經
云青組纓屬于缺者謂以青色之組二條爲纓著於缺項
之兩旁冠時垂於頤下結之也云纚今之幘梁也者亦舉
漢法爲況開元禮義鑑云古者以黑繒爲纚先韜髮而後
加冠幘卷梁故鄭引漢法申之漢書注纚織絲爲之然則
緇纚即以緇色繒爲纚也纚所以韜髮江氏永云纚即內
則之縱古人不露髮必韜而結之繞爲髻乃著冠云終充
也者古布帛每幅闊二尺二寸廣終幅者謂充其幅之闊
以爲廣而長則六尺也云足以韜髮而結之矣者謂纚之
廣長足以韜髮而結之內則疏引盧氏云纚所以裹髻承
冠以全幅疊而用之是也云笄今之簪者釋名云笄係也
所以係冠使不墜也文選招隱詩注簪笄也所以持冠也
又謝靈運詩注簪以玉爲笄也古曰笄今曰簪是也天子

諸侯以玉爲笄大夫以下蓋用象爲之喪事則用櫛笄榛笄詳喪服記云有笄者屈組爲紘垂爲飾無笄者纓而結其條者案有笄者爲皮弁爵弁也二弁有笄加冠後以笄橫貫之以固冠用組爲紘以一條繫於笄左頭繞頤下自右屈向上仰屬於笄繫之有餘因垂爲飾故襍記注冠有笄者爲紘也無笄者卽緇布冠也纓說文云冠系也餘詳上云纁邊組側赤也者纁是淺赤色謂組以緇爲中以纁爲邊而織之故云組側赤也云同篋謂此上凡六物者缺項靑組纓屬于缺共爲一物緇纚爲二物皮弁笄爲三物爵弁笄爲四物緇組紘纁邊皮弁爵弁各一則爲二物是六物也云隋方曰篋者篋與匧同說文匧藏也匧或從竹作篋史記正義篋箱類也云隋方者蓋長方而不正方故釋文云狹而長也

櫛實于簞簞笥也

疏 正義曰櫛所以理髮內則釋文云櫛梳也說文櫛梳比之總名也段氏注云疏者爲梳密者爲比玉藻曰櫛用樿櫛髮晞用象櫛據孔疏以樿爲白理木象爲象牙是櫛有二此蓋用象櫛與 注云簞笥也者簞笥皆竹器鄭注曲禮及論語俱云圓曰簞方曰笥此乃訓簞爲笥者亦對文異散則通也實于簞者謂以簞盛櫛也

蒲筵二在南筵席也

疏 正義曰蒲筵二者此筵以蒲葦爲之

二者賈疏云一爲冠子卽下云筵于東序少北是也一爲醴子卽下云筵于戶西南面是也在南者程氏恂云通指上篋在服南次簞次筵筵最南也注云筵席也者謂筵卽席也鄭注周禮序官司几筵云鋪陳曰筵藉之曰席蓋初鋪在地一重爲筵其上重卽謂之席義取相承藉也又布席亦謂之筵詳下文筵于東序下釋名筵衍也舒而平之衍衍然也

側尊一甒醴在服北有篚實勺觶角柶脯醢南上

側猶特也無偶曰側置酒曰尊側者無玄酒服北者纁裳北也篚竹器如笭者勺尊斗所以斞酒也爵三升曰觶柶狀如匕以角爲之者欲滑也南上〔疏〕正義曰注勺尊升嚴者篚次尊籩豆次篚古文甒作廡本及各本皆作升金氏曰追儀禮正譌云賈疏謂此尊料斞酒者也是注升本作斗後魏以來字多別體升斗字幾不辨故致誤如此黃氏丕烈儀禮校錄云沈氏彤校正作斗今從之又所以斞酒也集釋單疏要義毛本俱作斞嚴本作斞黃氏云斞蓋斞之壞字 云側猶特也無偶曰側者側與特皆一訓獨故云無偶也張氏惠言云賈謂禮之大例稱側有二一者無偶特一爲側此側尊昏禮側載聘禮側襲之類是一者聘禮云側受几者側是旁側之義也案聘禮禮賓公側受几于

序端注不言側義其文與側授宰玉正同亦是無偶之義
非旁側也凡儀禮一經側字皆作特訓今案側亦訓旁見
廣雅釋言側亦訓邊見史記索隱玉藻大夫側尊用棜士
側尊用禁鄭無注孔疏亦以旁解之然此經之側尊當依張
說為是又云側者無玄酒者古人設尊多用兩其一係玄
酒卽明水又示不忘古玉藻曰凡尊必上玄酒是也此則無
玄酒但用一尊故云側云置酒曰尊者置酒謂之尊猶布
席謂之筵皆是陳設之名非謂酒器側尊一甒醴猶言特
設一甒醴耳甒是盛醴器名方言甒甖也周魏之閒謂之
甒鄭注旣夕云甒瓦器禮記禮器曰君尊瓦甒孔疏云此
瓦甒卽燕禮之公尊瓦大也詳燕禮禮經釋側云凡醴尊
皆設于房中側尊無玄酒案士冠禮陳服于房中西墉下
又云側尊一甒醴在服北是設於房中也士昏禮禮亦云側
尊甒醴于房中是醴尊皆在房中也醴事質而禮盛故特
尊無玄酒也亦有不尊於房中者聘禮記醴尊于東箱瓦
大一有豐是聘禮主君禮賓醴尊則在東箱也亦有不側
尊者士虞禮尊于室中北墉下當戶兩甒醴酒此是反吉
以醴代玄酒故醴酒竝設不側尊不於房中非醴尊正例
也敖氏云醴尊設於房臣禮也國君則於東箱盎據聘禮
記言之云服北纁裳北也者此上陳三服先陳爵弁服而

纚裳最在北故知在服北爲在纚裳北也云篚竹器如笭
者案三禮圖引舊圖云篚以竹爲之長三尺廣一尺深六
寸足高三寸如今小車笭今案說文篚只作匪而篚則訓
爲車笭段氏注云釋器曰竹前謂之禦後謂之蔽竹前竹
後許所謂車笭也笭之言櫺也言其聆曨也然則篚葢竹
器之疎櫺而不密者故鄭云如笭也許書專以篚爲車笭
字而筐匪之匪不從竹後世篚匪字多用篚故段氏云匪
篚古今字又云漢書作棐應劭曰棐竹器也方曰箱隋曰
棐隋者方而長也又案三禮圖謂篚有葢以儀禮諸篇考
之似未確此經云實勺觶角柶少牢云勺爵觚觶實于篚
又鄉飲酒有上篚下篚皆以盛爵又燕禮大射君臣異篚
其單言篚者臣篚也言膳篚者君篚也注云言膳篚者君
象觚所饌也堂下之篚常設於洗西堂上之篚設於尊南
此篚設於房中則在尊北篚近洗者便於取爵以洗近尊
者便於取爵以酌凡皆盛酒器之篚也又士虞禮有盛食
之篚又有盛玉幣之篚孟子所謂實玄黃於篚是也云勺
尊斗所以斟酒也者斗與枓同賈疏云案少牢罍水有枓
與此勺爲一物故云尊斗對彼是罍枓所以斟水則此爲
尊斗所以斟酒也今案詩賓之初筵賓載手仇鄭箋仇讀
曰斟斟者挹酒於尊之名詳少牢司宮概豆籩勺爵觚觶

下云爵三升曰觶者爵是飲器之大名對文爵與觚觶角散有異散文亦得通稱爵故注主爵言之三曰觶詳特牲記云柶狀如匕以角爲之者欲滑也者鄭司農注周禮玉府云角柶角匕也說文匕部云匕一名柶木部柶下云禮有柶柶匕也廣雅柶匕也是柶亦名匕鄭不直云匕而云如匕者蓋見十七篇中扱醴扱鉶用柶而匕飯匕牲體用匕二者自當有異下文云加柶覆之面葉又云加柶面枋則柶有葉有枋注云葉柶大端張氏爾岐云柶類今茶匙葉即匙頭或云柶之盛物處謂之葉然則柶頭亦當爲淺斗狀以挹物其形有似於匕視匕飯匕牲體之匕爲小耳故鄭不直云匕而云如匕也段氏說文注云常用器曰匕禮器曰柶此說似未確王氏廣雅疏證云柶有醴柶有鉶柶吉事用角柶喪事用木柶士冠禮角柶士喪禮東方之饌其實醴酒角觶木柶少牢禮上佐食羞兩鉶皆有柶三禮圖引舊圖云柶長尺櫼博三寸曲柄長六寸漆赤中及柄端今案喪禮楔齒用角柶者以始死時喪具未備故仍用生人吉時所用之柶也三禮圖又謂醴柶用角爲之鉶柶用木爲之然士喪禮醴柶亦用木則其說不足據矣禮經釋例云凡扱醴扱羹之器皆曰柶士冠禮賓醴冠者士昏禮女父醴使者舅姑醴婦聘禮主國之君醴聘賓授

醴者皆加柶受醴者皆以柶祭醴三士昏禮記祭禮始扱
一祭又扱再祭是扱醴之器謂之柶也公食禮賓祭正饌
扱上鉶以柶徧擩之注扱以柶扱其鉶菜也士虞記鉶芼
有柶少牢禮尸飯之先設羊豕兩鉶皆有柶尸扱以柶祭
羊鉶遂以祭豕鉶嘗羊鉶有司徹主婦獻尸尸坐以羊鉶
之柶挹羊鉶遂以挹豕鉶是扱鉶羹之器亦謂之柶也士
虞特牲尸入但云祭鉶嘗鉶不云扱以柶者文不具也醴
有糟鉶羹有菜故皆以柶扱之今案匕制詳少牢虞人概
甒甗匕下云南上者篚次尊籩豆次篚者籩豆卽脯醢也
李氏云一籩一豆者籩實脯而豆實醢今案脯醢亦詳少
牢司宮概豆籩下程氏瑤田云案饌於西墉下服南篋篋
南簞簞南篚服北尊尊北篚篚北籩豆云古文無作甒者
廡是門廡兩下爲之段氏云古文字少假借故以廡爲甒
說文瓦部不錄甒者從禮古文也小戴記四十九篇多從
今文是以有甒無廡如禮器君尊瓦甒喪大記士容瓦甒
皆是今案廣雅云甒瓶也甒旁瓦乃後人所加後人又省
作無
耳

爵弁皮弁緇布冠各一匴執以待于西坫南南面東

上賓升則東面 爵弁者制如冕黑色但無繅耳周禮王之皮弁會五采玉璂象邸玉笄諸侯及孤卿

三

大夫之冕皮弁各以其等爲之則士之皮弁又無玉象邸
飾緇布冠今小吏冠其遺象也匴竹器名今之冠箱也執
之者有司也坫在堂角 疏 正義曰宋本釋文云匴本或作
古文匴作篹坫作檐 算校勘記云通典作算與或本
合今本釋文算誤作篹段氏云史記鄭莊傳餽遺人不過
算器食徐廣曰算竹器疑算卽匴之假借注玉堪嚴本堪
作琪通解楊圖同周禮弁師釋文云堪本亦作琪是二字
通又無玉象邸飾汪氏中云邸字疑衍又古文匴作篹坫
作檐毛本兩作字俱作爲徐本上作字作下作爲嚴本
集釋俱作作篹釋文要義毛本俱作篹嚴徐集釋俱作篹
檐嚴本毛本俱作襜釋文作檐張氏識誤云廣韻檐與簷
同垝謂之坫故或爲襜今從襜非也校勘記云釋文檐今
本亦誤作襜黃氏校錄以嚴本作襜爲誤段氏漢讀考胡
氏承珙亦皆以襜爲誤今從檐 ○ 冠弁是禮之主重於他
服故執之而不陳且他服適房自著而已冠弁必俟賓加
之故執以待事各一匴則執之各一人西坫南者堂廉西
頭之南在堂下也執匴者賓未入南面賓升堂則東面以
向賓也東上謂執爵弁匴者在東皮弁緇布冠以次而西
東面則以北爲上不言北上者省文也 注云爵弁者制
如冕黑色但無繅耳者周謂弁師掌王之五冕皆玄冕朱

裏延紐五采繅十有二就注繅合五采絲爲之繩垂於延

毋一帀而貫五采玉十二旒則十二玉也鄭以爵弁之制

與冕大同唯無繅旒爲異吳氏疑義云上注言爵色赤而

微黑或謂之緅下纁屨注則以爲與纁同色此又第以爲

黑色者蓋因弁師五冕皆玄此注既以爲如冕故以黑言

之不覺自爲矛盾耳云周禮王之皮弁會五采五璂象邸

玉笄者弁師文鄭注會縫中也璂讀如綦綦結也皮弁之

縫中毋貫結五采玉十二以爲飾謂之綦邸下柢也以象

骨爲之云諸侯及孤卿大夫之冕皮弁各以其等爲之者

亦弁師文此鄭引以證皮弁之制也云則士之皮弁又無

玉象邸飾者鄭蓋據各以其等爲之之文推之弁師注又

云皮弁則侯伯璂飾七子男璂飾五玉亦三采孤則璂飾

四三命之卿璂飾三再命之大夫璂飾二玉亦二采故知

降殺至士無玉象飾矣云緇布冠今小吏冠其遺象也者

續漢書輿服志云進賢冠古緇布冠也文儒者之服也公

侯三梁中二千石以下至博士兩梁自博士以下小吏私

學弟子皆一梁故鄭云今小吏冠其遺象今謂漢時也聶

氏云緇布冠始冠之冠也大夫士無緌諸侯始加緇布冠

續緌自士已上冠訖則敝去之不復著也然庶人猶常著

之故詩云彼都人士臺笠緇撮謂彼都邑人有士行者以

縰布爲冠撮持其髮今案詩毛傳縰撮縰布冠也云匴竹器名今之冠箱也者說文匴渌米籔也渌米之籔非可以盛冠許蓋與鄭異義廣韻匴冠箱也一切經音義三引風土記云笈如冠箱而卑者也云執之者有司也者前注云有司羣吏有事者故知有司是執事之人此執匴者卽有司也云坫在堂角者禮坫有四爾雅垝謂之坫郭注在堂隅與此注坫在堂角者同旣夕記曰設棜于東堂下南順齊于坫據此則坫當在東西堂之隅蓋統一堂而論之必以東堂盡東西堂盡西之處爲隅儀禮凡言坫者皆謂堂隅之坫一也明堂位曰反坫出尊此反爵之坫二也又曰崇坫康圭此亢圭之坫三也內則曰士於坫一此庋食之坫四也反坫崇坫皆在廟中兩楹之閒賈氏釋士喪禮云堂隅有坫以土爲之又云或謂堂隅爲坫則其說不能定矣江氏永云堂之四隅卽爲坫非別有土爲之也反坫以反爵崇坫以康圭乃是燒土爲之案論語皇疏云反坫築土爲之形如土堆禮記疏略同江說是矣庋食之坫在寢內亦當以土若木爲之云古文匴作纂坫作檐者胡氏承珙云說文竹部贊字注云竹器也从竹贊聲讀若纂此當與簨同字今案明堂位曰薦用玉豆雕簨鄭注簨籩屬也則非盛冠之物矣又檐者屋檐聯不在堂角故鄭於此二

字俱從今文不從古文也

右冠日陳設

主人玄端爵韠立于阼階下直東序西面玄端士入廟之服也阼猶酢也東階所以荅酢賓客也堂東西牆謂之序疏正義曰主人言玄端爵韠不言裳者以三等士皆用此禮冠子裳有玄黃襍之異故不言也必言爵韠者見其爲玄端也若緇韠則不得名玄端如下兄弟服是也張氏爾岐云主人服此服立阼階下以待賓至其立處與堂上東牆相直注云玄端士入廟之服也者案特牲士祭用玄端故知爲士入廟之服此冠禮行於廟故服玄端也不言冠者方氏苞云篇首朝服用玄冠則玄端之冠不待言矣云阼猶酢也東階所以荅酢賓客也者說文阼主階也段注云階之在東者東階謂之阼階猶西階謂之賓階有主賓相酢之義故注以酢釋之云堂東西牆謂之序者爾雅釋宮云東西牆謂之序鄭加堂字於上者見儀禮經內所言東序西序乃堂上東西牆之名也

兄弟畢袗玄立于洗東西面北上兄弟主人親戚也畢

猶盡也袗同也玄者玄衣玄裳也緇帶韠位在洗東
退於主人不爾韠者降於主人也古文袗爲均也【疏】正義
日王氏困學紀聞云案後漢書輿服志秦郊祀之服皆以
袀玄蓋袀字誤爲袗釋文之忍反亦誤段氏云案經注袗
字皆袀字之誤參與勻篆體易譌說文衣部曰袀玄服也
从衣勻聲今本譌爲袗參聲賴文選閒居賦注可證今案
袗當爲袀王段說是也胡氏承珙說亦同九經古義禮經
釋例亦皆以袗爲袀　注云兄弟主人親戚也者謂親族
婣戚也古人通謂婚婣爲兄弟則兄弟兼外婣在內云畢
猶盡也者爾雅釋詁云畢盡也云袀同也玄者玄衣玄裳
也緇帶韠又云古文袀爲均也者案昏禮女從者畢袗玄
袗亦當爲袀彼注云袀同也同玄者上下皆玄段氏云注
以同釋袀以同玄釋袀玄者此據其字之從勻而言袀均
字皆取勻會意不從古文作均者經言衣服則字從衣爲
切近也許釋袀爲玄服而鄭不同者許蓋禮家舊說也春
秋左氏傳云均服振振賈服杜等皆爲袀服賈云袀同也
劉逵注吳都賦亦引左氏袀服振振注袀同也杜注左傳
云戎事上下同服此說袀皆同鄭也服虔注左傳云袀服
黑服也見閒居賦注此說袀同許也鄭於此經不釋袀爲
玄者經云袀玄必二字各義倘袀亦訓玄則但言玄可矣

月令孟冬乘玄路注曰今月令曰乘袗路似當爲袀則袀可訓玄鄭未嘗廢其說惟此儀禮之袀字作袀而義同均字從今文義從古文也胡氏承珙云左傳均服振振釋文云均字書作袀漢書律曆五行二志引皆作袀淮南子齊俗訓尸祝袀袨高誘注云袀純服袨黑齊衣也是袀本純服之名純服者謂衣裳同色非袀即是玄此經畢袀玄謂兄弟皆服玄衣玄裳純玄之服爲袀玄故鄭訓袀爲同周禮司几筵疏引賈逵左傳注訓袀爲同呂覽悔過篇今袀服回建高誘注亦云袀同也皆與鄭合今案袗訓禪不訓同經文若作袗則注義不可通矣故知爲袀之誤也鄭兼言緇帶韠者緇與玄近不獨衣裳玄而帶韠亦玄以見上下皆玄之爲同玄義與昏禮注正同也云位在洗東退於主人者主人立於堂下直東序兄弟立於洗東直東榮而皆西面是退在主人後也云不爵韠者降於主人也者上文主人玄端爵韠今兄弟不爵韠而緇韠是降於主人也禮經釋例云玄端用爵韠若緇韠則謂之袀玄其服又次於玄端矣程氏恂云經特起袀玄之文爲不爵韠言之猶昏禮女從者畢袀玄爲不纚笄言之也○方氏苞云玉藻無君者不貳采謂未仕及去位者衣裳上下同色也此兄弟蓋未仕者袗玄卽所謂不貳采也衆皆袗玄卽閒有已

仕者亦降服以從同故曰畢也敖氏謂盡服玄端則經文
宏曰畢玄端此經於主人擯者之中特揭袗玄而昏禮於
從者曰畢玄端於女從者曰畢袗玄則異制明矣今案敖
氏之說沈氏彤褚氏寅亮亦皆駁之是也至不貳采之義
周一氏學健及沈氏說俱與方同可備一解惟皆不知袗為袀之誤耳

擯者玄端負東塾 東塾門內東堂負之北面

疏 正義曰擯者即前為期節注所云有司佐禮者是也與主人同玄端不必同裳故略之下贊者玄端亦然 注云東塾門內東堂者詳前具饌于西塾下敖氏謂塾之崇過於堂褚氏駁之云塾基必稍高於門故有門堂之稱然必卑於正堂斷無反崇於堂之理又云東塾西塾遙與東西堂不相直其廣也與東西房等廣於東西堂四之一云負之北面者以向主人也負背立也詳覲禮天子袞冕負斧依下

將冠者采衣紒在房中南面 采衣未冠者所服玉藻曰童子之節也緇布衣錦緣錦紳并紐錦束髮皆朱錦也紒結髮古文紒為結

疏 正義曰在房中亦謂在房內耳非謂在房東西之中也南面則固當戶而立矣然據特牲鄭注云東房房中之東當夾北則房戶不正當房南壁之中孔氏廣森禮學卮言謂東房戶必近西西房戶必近東乃可

以達於堂而東房內之東西房內之西則皆正當夾室牆後是也然則在房中南面者謂在所陳器服之東南面而立也○注童子之節也節毛本作飾嚴徐集釋楊敖俱作節校勘記云案作節與玉藻合　云采衣未冠者所服者言采衣爲童子未冠者之常服故將冠時服此以待也云玉藻曰童子之節也緇布衣錦緣錦紳并紐錦束髮皆朱錦也者彼注亦引此經爲證孔疏釋節爲禮節又云緇布衣者謂用緇布爲衣錦緣錦紳并紐者謂用錦爲緇布衣之緣又用錦爲紳帶并約帶之紐皆用錦也錦束髮者以錦爲總而束髮也皆朱錦者言童子所用之錦皆朱色童子尚華示將成人有文德云紒結髮者謂結髮爲之盧氏植云童子紒似刀環敖氏云紒露髮爲紒也凶時謂之髽吉時謂之紒內則言男子未冠者亦用纚此乃紒者爲將冠去之又云曲禮曰童子不衣裘裳不裳則是連裳於衣如深衣制也云古文紒爲結者段氏云案說文糸部有結無紒此從古文不從今文也是以說文髟部髮臥結也髽悉結也髮簪結也字皆作結紒結古今字皆卽後世髻字鄭君從今文是以少牢禮注周禮追師弁師注禮記襍記注皆作紒與說文異

右主人以下卽位

賓如主人服贊者玄端從之立于外門之外外門大門外疏正義

曰賓如主人服尊卑同也贊者玄端義詳前擯者玄端下
從隨也從之謂從賓而至於主人門外也吳氏章句云凡
言贊者皆謂賓贊冠者王氏士讓云是時衆賓亦從之西
方東面北上主人之贊者先時已入不隨賓入也○注末
外字嚴本集釋通解楊氏毛本俱有敖氏無今案經云立
于外門之外則門外義已明注特釋外門二字耳敖是也
今仍嚴本而附辨於此　云外門大門外者曲禮孔疏云
天子五門諸侯三門大夫士二門所謂二門者大門寢門
也是大門對寢門爲外門矣此冠禮行於
廟則對廟門爲外門故云外門大門也　擯者告告者出請入告

疏正義曰注云出請入告者謂出請事於賓入告主人也
褚氏云敖謂此賓乃主人戒宿而來故不出請事葢破
注出請之言今案經言擯者告
省文耳其實亦當出請敖說非　主人迎出門左西面再拜

賓荅拜左東也出以東爲左入以東爲右疏正義曰此門卽大門也禮經
釋例云凡迎賓主人敵者於

大門外外主人尊者於大門內案禮之通例大綱則迎於大門內外細月則迎於廟門內外此例以大門爲主而以廟門附注之士冠禮賓立于外門之外注外門大門主人迎出門左士相見禮主人出迎于門外此門亦大門此賓主人皆士聘禮君使卿朝服用束帛勞賓迎于舍門之外此卽所舍之大門外又卿致館賓迎再拜此卽所館之大門外又君使卿歸饔餼賓迎於外門外儐使者賓出迎則迎于廟門外又賓問卿迎于外門外又君使卿還玉賓迎于外門外還境報享賓迎則皆於廟門外考聘禮君與卿圖事遂命使者是聘賓卿也此賓主人皆卿公食大夫禮大夫相食迎賓於門外此大夫兼卿而言此賓主人皆大夫覲禮王使人勞侯氏迎于帷門之外又天子賜侯氏以車服迎于外門外考郊勞使大行人見鄭注賜車服使諸公王臣與侯氏皆天子臣也皆賓主人相敵者故皆迎於大門外也聘禮賓皮弁聘公皮弁迎賓于大門內注公不出大門降於待其君也禮賓公出迎賓敖氏繼公曰出廟門也公食禮賓朝服卽位于大門外如聘公如賓服迎賓于大門內注不出大門降於國君又燕禮記若與四方之賓燕則公迎之于大門內注四方之賓謂來聘者也考公則主國之君賓則異國之臣皆主人之尊者故迎於大門內也

聘禮執圭行享私覿賓皆入廟門公皆在廟門內惟禮賓
公出廟門迎又士昏禮納采使者至主人迎于門外注門
外大門外禮賓經云主人迎賓于廟門外此使者注謂夫
家之屬若羣吏使往來者又親迎壻至于門外注婦家大
門之外又云主人玄端迎于門外此主人注謂女父也此
主人尊者而迎于大門外以賓客接之故盛其禮也鄉飲
酒禮主人一相迎于門外鄉飲酒義云主人拜迎賓於庠
門之外此經云一相迎者疏謂主人於羣吏中立一賓相使
傳賓主之命主人乃自出迎賓於大門外也鄉射禮賓及
門主人一相出迎于門外與鄉飲酒禮同考鄉飲酒主人
諸侯之鄉大夫也鄉射主人州長及鄉大夫也而賓皆處
士賓主不敵而迎於大門外者尊賢故具賓主正禮也鄉
飲酒禮賓若有遵者主人迎注主人迎之於門內也鄉射
禮大夫若有遵者則入門左主人降注迎大夫於門內也
不出門別於賓此遵者是諸公大夫賓主人相敵而出門迎之
於門內者辟正賓也又士昏記不親迎壻見主人出門左
西面壻入門東面注出門出內門入門入大門出內門不
出大門者異於賓客也此又殺於親迎成主人之尊也敖
氏云荅拜不言再可知也　注云左東也出以東為左入
以東為右者李氏儀禮釋宮云特牲饋食禮注曰凡鄉內

以入爲左右鄉外以出爲左右以入爲左右則門西爲左
門以東爲右鄉飲酒禮賓入門左燕禮卿大夫皆入門右是
也以出爲左右則門東爲左門西爲右士冠禮主人迎賓
出門左西面士虞禮側亨于廟門之右是也闑東曰闑右
亦入者言之也案特牲注與此注義正同禮經釋例云爲士
相見疏云凡門出則以西爲右以東爲左入則以東爲右
以西爲左依賓西主東之位也葢主人就東階客就西階入
主人之位常在東故入門右即東也賓之位常在西故西入
門左即西也士虞記餕尸尸出門右即出門西也考門制
二扉之閒有一闑入門左者由闑西入門右者由闑東也
今案以上皆泛言賓客出入之法若臣之見君則出入皆
由闑東曲禮所謂大夫士出入君門由闑右是也詳後

主人揖贊者與賓揖先入贊者賤揖之而已又與賓揖先入道之贊者隨賓 疏 正義

曰注云贊者賤揖之而已者對上主人迎賓再拜於贊者
揖而不拜是賤於賓也云又與賓揖先入道之者以前拜賓
訖今又揖賓是爲將先入道之也云贊者隨賓者以後更
不見與贊者行禮之文故知隨賓入也經但言主人以先入
不言賓入又不言入門左右者省文禮經釋例云凡入門
賓入自左主人入自右皆主人先入案士相見禮賓奉摯

入門左鄉飲酒禮賓厭介入門左介厭衆賓入衆賓皆入門左鄉射禮賓厭衆賓衆賓皆入門左又大夫若有遵者入則入門左聘禮賓入門左此大門也及廟門納賓入門左介皆入門左又行享賓入門左此皆廟門公食大夫禮大夫納賓賓入門左此大門也卒食賓入門左此廟門是入門賓皆入自左也又士相見禮主人揖入門右有司徹主人揖先入門右敖氏繼公曰凡主人與客揖而先入皆入門右也是入門右主人皆入自右也至於士冠禮迎賓入主人與賓揖先入注先入入道之士昏禮納采主人迎賓揖入大門廟門同親迎主人揖入賓執鴈從鄉飲酒禮賓至主人揖先入鄉射禮賓至主人以賓揖先入聘禮郊勞賓至揖先入此時勞者爲賓賓爲主人勞者奉幣入聘公揖入禮賓公出迎賓以入歸饔餼賓迎于外門外揖入及廟門賓揖入此亦賓爲主人還玉同大夫奉束帛入問卿大夫迎于外門外大夫先入及廟門大夫揖入賓奉束帛入還玉賓帥大夫以入公食大夫禮及廟門公揖入賓入經不云左右者文不具也其實皆賓入門左主人入門右也又凡入門經皆書主人在先賓在後是知皆主人先入也經或云先入或但云入亦文不具也曲禮曰凡與客入者每門讓於客客至於寢門則主人請入爲席然後出迎客客固

辭主人肅客而入主人入門而右客入門而左卽此例矣**每曲揖**周左宗廟入外門將東曲揖直廟將北曲又揖〔疏〕正義曰注云周左宗廟者周禮小宗伯文鄭言此者以見廟在寢東入大門必曲行乃得至廟也云入外門將東曲揖直廟將北曲又揖者曲折也蔡氏德晉云凡廟在大門內之東入大門折而東行爲一曲望廟門折而北行爲二曲故入外門將東曲主人與賓揖直廟將北曲主人與賓又揖是爲每曲揖也聘禮行聘時賓入大門公揖入每門每曲揖又賓問卿大夫先入每門每曲揖諸侯三門入廟在中門內固有每門矣大夫與士同二門彼言每門此不言每門者大夫三廟廟門外當更有都宮之門士無之故不言每門也餘詳聘禮**至于廟門揖入三揖至于階三讓**入門將右曲揖將北曲揖當碑揖〔疏〕正義曰至于廟門揖入此廟門外之揖也三揖至于階此廟門內之揖也禮經釋例云冠于禰廟案此云至于廟門揖入上云厥明夕爲期于廟門之外下云賓出主人送于廟門外皆不云何廟惟筮于廟門注廟謂禰廟則經所云廟者皆指禰廟而言廟是冠禮行于禰廟也敖氏云揖入主人揖而先入門右西面也賓入門左贊者衆賓皆入門左東面北上注云入門將右曲

揖將北曲揖當碑揖者禮經釋例云凡入門將右曲揖北
面曲揖當碑揖謂之三揖案士冠禮至于廟門揖入三揖
注入門將右曲揖將北曲揖當碑揖士昏禮納采使者至
至廟門揖入三揖注入三揖者至內霤將曲揖既曲北面
揖當碑揖鄉飲酒禮主人與賓三揖注三揖者將進揖卽
入門將右曲揖當陳揖卽將北曲揖陳堂塗也陳與門不
相直故入門必再曲然後當陳也當碑揖士冠禮疏云主
人將右欲背客空揖將北曲與客相見又揖碑是庭中大
節碑在堂下三分庭一在北又空揖是知三揖據此而言
也昏禮及聘禮鄉飲酒入三揖注雖不同皆據此三節爲
三揖義不異也案聘三揖小異詳下又士昏禮親迎至于
廟門揖入三揖鄉射禮主人以賓三揖皆行皆無注亦此
三揖也又聘禮三揖注君與賓也入門將曲揖既曲北面
又揖當碑揖據上文及廟門公揖入立于中庭與鄉飲酒
鄉射賓主相敵竝入者不同此節疏文刊本鐇誤不可讀
詳其意蓋謂入門將曲揖者公先在庭南賓既入門將曲
揖主君賓既曲北面又揖主君二者主君皆向賓揖之再
揖訖主君亦東面向堂塗曲而北行當碑乃得賓主相向
而揖是以得君行一臣行二非謂賓入門時主君更向內
靁相近而揖也公食大夫禮及廟門公揖入賓入三揖注

每曲揖謂右曲揖北曲揖當碑揖相人偶亦是公先揖入賓後入主尊賓卑與聘禮立于中庭小異又聘禮主君使卿歸聘賓饔餼之禮及廟門此廟門謂聘賓所舍之廟也賓揖入大夫奉束帛入三揖皆行此賓主相敵而聘賓先入者注以為賓與使者揖而入使者止執幣賓俟之於門內謙也疏云聘時主君揖入立于庭尊卑法此賓與使者敵故賓在門內謙也又聘賓問卿卿受于祖廟賓主相敵及廟門亦大夫先揖入然後賓奉束帛入三揖皆行竊謂主人先入道賓也凡禮皆然似不必別求其義也釋例又云案堂塗與門不相直而與階相直故主人入門至內霤將右曲就堂塗則賓主必相背故揖至堂塗俱曲而北面則賓主又相見故再揖當碑則將及階矣故三揖非此固無緣相揖也敖氏曰三揖者於入門左右之位揖參分庭一在南揖參分庭一在北揖與注乖違不可從也今案程氏恂褚氏寅亮亦皆以敖說為非又經云至于階三讓鄭無注禮經釋例云凡升階皆讓賓主敵者俱升不敵者不俱升案聘禮歸饔餼至于階讓注讓不言三不成三也凡升者主人讓于客三敵者則客三辭主人乃許升亦道賓之義也使者尊主人三讓則許升矣今使者三讓則是主人四讓也公雖尊亦三讓乃許升不可以不下主人也

古文曰三讓疏云三讓三辭成也今有三讓大夫郎升無三辭則不成三也又云案周禮司儀云諸公之臣相爲國客大夫郊勞三讓登聽命又云致饔餼如勞之禮卽得行三讓之禮此中古文云三讓與彼合問卿節注亦云古文曰三讓鄭不從古文也是凡升階皆讓也士冠禮至于階三讓主人升立于序端西面賓西序東面注主人賓俱升立相鄉士昏禮納采至于階三讓主人以賓升西面賓升西階當阿東面疏云禮之通例賓主敵者賓主俱升若士冠與此文是也是賓主敵者俱升也又壻親迎至于階三讓主人升西面賓升北面不相鄉亦尊卑法鄉飲酒禮至于階三讓主人升賓升主人大夫賓士此賓主不敵而亦俱升者盛其禮尊賓使與敵者同也鄉射禮及階三讓主人升一等賓升注三讓而主人先升者是主人先讓於賓不俱升者賓客之道進宜難也聘禮至于階三讓公升二等賓升注先賓升二等亦欲君行一臣行二公食大夫禮至于階三讓公升二等賓升注遠下人君覲禮郊勞至于階使者不讓先升注不讓先升奉王命尊也升者升壇疏云以帷宮無堂可升是賓主不敵者不俱升也聘禮歸饔餼至于階讓大夫先升一等賓從升堂大夫郎歸饔餼使者也又聘賓償歸饔餼使者賓升一等大夫從升堂注賓

先升敵也賓謂聘賓此時聘賓爲主人益歸饔餼時大夫
奉主君之命來則使者尊故大夫先升已致命訖則賓尊
故聘賓先升也又聘賓問卿之禮至于階讓賓升一等大
夫從升堂大夫主國之卿也注賓先升使者尊此皆賓主
敵而不俱升者尊其君故尊使者也又士昏禮疏云鄉飲
酒鄉射皆主尊賓卑故初至之時主人升一等賓乃升至
卒洗之後亦俱升考鄉飲酒經文但云主人升無一等二
字與鄉射不同疏說誤也釋例又云有司徹迎尸侑揖乃
讓主人先升自阼階尸侑升自西階注沒霤相揖至階又
讓此旣祭儐尸之禮與賓客略相同也又曲禮曰主人就
東階客就西階客若降等則就主人之階主人固辭然後
客復就西階主人與客讓登主人先登客從之蓋古經師
釋禮之辭亦可
與經相證也

主人升立于序端西面賓西序東面

主人賓俱
升立相鄉（疏）正義曰序端序頭賓不言升省文注云主人賓
俱升立相鄉者以經云西面東面知之也俱升義
詳上節敖氏云主人立於序端北當序也賓在西序負序
也主人不立於東序者辟子之坐且不參冠禮也褚氏云
賓蓋在西序端也文省耳此非昏禮之賓安得在主人北
敖氏蓋欲破注相鄉之說而誤盛氏云序端不言東西序

不言端文互見也今案盛氏文互見一語最明下經云筵于東序少北注云少北辟主人則序端之位安得云辟子乎敖說非

贊者盥于洗西升立于房中西面南上

盥于洗西由賓階升也立于房中近其事也南上尊於主人之贊者古文盥皆作浣〔疏〕正義曰程氏瑤田云汪肇漋謂經文是贊者盥升爲句無于洗西三字三字乃注譌入經者案此說精確觀賈疏無正文句可見當據疏刪正浦氏鏜云于洗西三字衍賈疏云贊者盥于洗西無正文若經有此三字便是正文何云無也戴氏震說同案唐石經及各本皆有此三字未敢遽刪然諸家之說自確也○注云盥於洗西由賓階升也者朱氏大韶云儀禮詳校載汪肇漋說曰注本以此二句釋經盥升二字若謂以由賓階升釋盥於洗西則方位不相當矣段氏經韻樓集曰賈疏以洗西句絕甚誤注盥於洗爲句西字下屬贊者是賓黨不當入門而右洗在東故知自西而東仍自東而西也注於洗二字以明贊者之東大韶謹案此句補明經義也以經但云盥故云盥于洗西經但云升故云由賓階升知於洗西者以鄉飲鄉射皆主人盥于洗北賓盥于洗南故知贊者在洗西阼階惟主人升降其餘無論賓黨主黨皆由西階故知由賓階升今

案汪說朱說是也洗是承棄水之物盥是別挹水於罍以沃之不於洗盥也若如段說以於洗爲句則文義有難安矣敖氏云盥者重冠禮故將執事而自潔清也盥于洗西者以洗西無篚故得辟正賓而盥於此也說亦通云立于西房中近其事也者以纚笄櫛等俱陳於房待冠時贊者取以奠於筵端故知立於此爲近其事也云南上尊於主人之贊者此贊冠者止一人而云南上明與主人之贊者爲序主人敬客故尊之而在主人贊之上也朱子云贊者西面則負東墉而在將冠者之東矣盛氏云此篇起宿賓節止醴賓節言贊者十有三言主人之贊者一而於始末二節特書曰贊冠者則凡不言者可知然其中有兼主贊言者此節是也兼故下言主人之贊者以別之有兼主贊衆賓言者醴賓節是也兼故下言贊冠者以別之今案盛說頗有分曉云古文盥皆作浣者胡氏承珙云案說文盥澡手也瀚濯衣垢也瀚或從完作浣是瀚浣一字與盥義別此經之義當爲澡手則盥是正字故鄭疊古文不從也

右迎賓及贊冠者入

主人之贊者筵于東序少北西面主人之贊者其屬中士若下士筵布席也東序

主人位也適子冠於阼少北辟主人疏正義曰注云主人之贊者其屬中士若下士者詳前宿贊冠者一人下鄭意以主人之贊者與賓贊者位略同也敖氏以主人之贊者爲私臣褚氏云注謂其屬中士若下士者以贊冠者止降賓一等耳其位亦不甚懸其非私臣可知云筵布席也者布席謂之筵猶設尊謂之尊此筵爲冠子也云東序主人位也適子冠於阼者鄭意以東序爲主人之位而東序郎在阼階之上故又引冠義適子冠於阼以見著代之義筵于東序而西面則其位負東序矣云少北辟主人者江氏筠云父於東序冠子而其位少北者則又是子之義不敢正居主位猶父在之不由阼耳今案適子冠於阼此經筵于東序是也庶子則冠於房戶之外詳後庶子冠節

將冠者出房南面南面立於房外之西待賓命疏正義曰注云南面立於房外之西者李氏云昏禮母南面於房外女出於母左知房外南面者皆於房戶外之西其房外之東則南當阼階矣云待賓命者下文賓揖將冠者郎是命也

贊者奠纚笄櫛于筵南端贊者賓之贊冠者也奠停也古文櫛爲節疏正義曰筵南端者郎東序筵之南頭也冠事已至故取纚笄櫛奠於此以待用也不言纓紘等物文不具

也纚笄同篋櫛實簞經但言纚笄櫛則是已從篋簞取出其篋簞不在筵端可知也　注云贊者賓之贊冠者前宿贊冠者注云佐賓爲冠事者此萛纚笄櫛及下櫛設纚皆是佐冠之事故云賓之贊冠者也云萛萛停也者考工記匠人凡行萛水鄭司農云萛讀爲停是萛有停義故此及士昏禮坐萛觶注皆訓萛爲停也云古文櫛爲節者段氏云此從今文不從古文者亦謂櫛爲正字節爲假借字也櫛周禮作榔案注凡言皆者如上文古文盥皆作浣謂此篇盥字三見皆然不言皆者如此經上文櫛實于簞不

賓揖

言古文作節至此言之則惟此一字古文作節耳

將冠者將冠者即筵坐贊者坐櫛設纚即就設施疏正義曰是時賓在西序端將冠者在房外蓋東北面揖之使就筵也將冠者即筵西面坐贊者亦坐櫛者爲之理髮也櫛訖則以纚韜之朱子云古人坐法以膝著地兩蹠向後如今之跪經凡言坐皆然　注云即就者詳前云設施者說文設施陳也

賓降主人降賓辭主人對主人降爲賓將盥不敢安位也辭對之辭未聞疏正義曰注云主人降爲賓將盥不敢安位也者賓之降爲將有事盥以自潔主人則以賓爲己事而降不敢安於其位而從之

降也云辭對之辭未聞者謂辭與對皆有辭經記無文故未聞也注上辭字爲辤受之辤下辭字謂辭說之辭今多混作辭辨見聘禮記蔡氏德晉云賓辭辭以主人無事不必降也主人對對以勞賓降盥不敢不從降也○禮經釋例云凡禮盛者必先盥案士冠禮初加賓盥卒壹揖壹讓升再加賓盥如初士昏禮婦至舉者盥又舅姑入于室婦盥饋此冠昏之盥也鄉飲酒鄉射禮主人獻賓盥洗注已盥乃洗爵致潔敬也又云卒洗升復降盥賓酢主人同又介酢主人降洗卒洗主人盥注盥者當爲介酌燕禮大射主人獻賓盥洗卒洗升復降盥賓酢主人同又主人獻公盥洗升此燕飲之盥也公食禮設正饌公降盥此食禮之盥也士喪禮飯含小歛奠大斂奠朝夕奠經皆云盥凶事無洗但設盆盥而已此喪禮之盥也士虞禮陰厭祝盥升又佐食及執事盥特牲饋食禮陰厭主婦盥于房中又云宗人遣佐食及執事盥少牢饋食禮將祭士盥舉鼎又陰厭視盥于洗升自西階主人盥升自阼階有司徹主人獻尸降洗卒洗降盥此祭禮之盥也考士冠禮醴冠者贊者洗于房中注盥而洗爵疏云凡洗爵者必先盥盥有不洗爵者此經直云洗明盥手乃洗爵故鄭云盥而洗爵則經云洗爵者皆盥而後洗不云盥者文不具也釋例又云凡

賓主相敵者降則皆降案鄉飲酒禮主人獻賓取爵于篚降洗賓降注從主人也卒洗升復降盥賓亦降賓酢主人賓降洗主人降卒洗升復降盥如主人禮主人酬賓降洗賓降升主人卒觶復降洗賓降如獻禮主人獻介降洗介降介酢主人降洗主人復阼階辭如初鄉射同唯無介燕禮主人獻賓此主人以宰夫爲之降洗賓降卒洗升復降盥賓降賓酢主人賓以虛爵降主人降卒洗升復降盥主人降主人酬賓主人降洗賓降大射同有司徹主人獻尸主人降洗尸侑降卒洗升復降盥尸侑降主人受尸酢尸降洗主人降自阼階卒洗升復降盥主人降主人酬尸降洗爵尸侑降卒洗尸升侑不升主人先卒觶降洗尸降聘禮介面卿介降拜大夫降辭此皆賓主相敵者降則皆降也有司徹祭畢賓尸之禮尸如賓侑如介尸侑皆賓不似正祭時尸尊故亦與主人俱降如鄉飲酒也鄉飲酒鄉射主人獻衆賓不備升降之禮者衆賓卑也燕禮大射主人獻公公不降者公尊也公會大夫禮公降盥賓降公辭賓主不敵亦降者主君尊賓也燕禮大射主人獻卿獻大夫皆云主人洗升不云降者蓋卿大夫之位本在堂下主人酬賓之後亦降復位也獻士獻庶子不備升降之禮者卑也有司徹主婦獻尸洗于房中不降者婦人之禮變於

男子也聘禮歸饔餼聘賓儐使者賓降降堂受老束錦將以授使者大夫即使者止注止不降使之餘尊也

賓盥卒壹揖壹讓升主人升復初位

揖讓皆壹壹者降於初古文壹皆作一〔疏〕正義曰賓盥卒者盥畢也初位即東序端之位斯時升亦主人先而賓從之賓不言復初位者以賓升即至筵前故也注云揖讓皆壹者降於初者初謂初升堂時三揖三讓然後升此壹揖壹讓為降殺於初也云古文壹皆作一者胡氏承珙云一與壹古今文皆互用一貫疏雖云壹一為得通然於經文必從壹不從一者正以一為奇數二為偶數壹為鄭始初之義再為重複之詞故凡與二對舉者從一為協與再對舉者從壹為它經之文有再讓無二讓有再拜無二拜明乎此可以知鄭意矣○禮經釋例云凡降洗降盥皆壹揖壹讓升案鄉飲酒鄉射主人獻賓賓降洗主人降卒洗壹揖壹讓以賓升又降盥賓降卒盥亦壹揖壹讓升賓酢主人卒洗揖讓如初升降盥盥如主人之禮主人酬賓降賓降卒洗揖讓升主人卒觶訖又降洗賓辭降如獻禮升鄉飲酒獻介鄉射獻遵皆揖讓升降洗如賓禮升特牲主人獻賓降阼階西面拜賓如初洗賓辭洗卒洗揖讓升是皆壹揖壹讓也燕禮大射主人獻賓賓酢主人降洗降盥皆賓

揖先升主人乃升主人酬賓降洗卒洗亦揖升不讓鄉飲酒鄉射是賓主人正禮故揖讓俱升燕禮大射則宰夫爲主人故賓揖不讓先升也公食大夫卒盥壹揖壹讓公升賓升此賓是異國之臣故公先升也有司徹主人降洗降盥尸侑亦降卒洗卒盥經但云揖不云讓禮殺也鄉飲酒鄉射主人獻衆賓卒洗升有司徹主人受尸酢卒洗卒盥升主人獻長賓卒洗升皆不揖不讓禮又殺也燕禮大射獻卿獻大夫獻士升不揖讓者盛禮不在己也至於鄉飲酒獻賓畢賓降立於階西當序東面獻介畢介降立於賓南獻衆賓衆賓之長升受者三人畢降復賓南東面位鄉射同但無介至一人舉觶時始揖讓升蓋亦壹揖壹讓也

賓筵前坐正纚興降西階一等執冠者升一等東面授賓正纚者將加冠宜親之興起也降下也下一等升一等則中等相授冠緇布冠也【疏】正義曰筵前將冠者筵前也執冠者東面授則賓西面受也授時亦以匴既授則以匴退　注云正纚者將加冠宜親之者贊者既爲設纚矣既此賓復正之者以將加冠宜親其事也云興起也者謂既正纚而起立將降階取冠也云降下也者爾雅釋言文云下一等升一等則中等相授者禮器曰天子之堂九尺諸

侯七尺大夫五尺士三尺舊說士堂高三尺階三等程氏
瑤田云階三等者連堂廉而言若除堂廉言之則九尺之
堂其階上八等七尺者六等五尺者四等三尺者二等也
所謂盡等不升堂者當是盡其廉下之等而不踐廉以升
堂也而士喪禮注乃曰盡階三等之上則不升堂者已踐
廉矣張氏惠言云注下文賓降三等受爵弁注云降三等下
至地降三等而下至地則凡階上等即堂廉也案公食禮
大夫食賓受醬湆等皆自阼階降堂受授者升一等注云
降堂謂止階上則堂廉上也士昏禮廟見婦降堂取笲菜
注降堂階上也婦人無降階之事則在堂廉上又可知蓋
堂之界以庪為限庪以前即為階自堂而出至階廉即為
降堂降一等乃為降階在階之上等接簷下為盡階不升
堂然則堂更當崇於階乃有升降之節堂高數尺但就階
廉為度耳中等者中隔也謂不竝等即為中等今案階三
等程氏張氏俱以為連堂廉言之是也此經賓降一等則
在二等之上執冠者升一等則在三等之上授者受者不
竝等而立即為中等然則注云中等相授即謂隔等相授
張說亦是至程氏引喪服小記中一以上段氏引中月而
禮以釋此注中字謂中等為閒一等則階有四等矣恐非
又鄉射云上射先升三等下射從之中等所謂中等則當

如程段所云也**賓右手執項左手執前進容乃祝坐如初乃冠興復位贊者卒**進容者行翔而前鶬焉至則立祝坐如初筵前興起也復位西序東面卒謂設缺項結纓也【疏】正義曰項冠之後前冠之面也下皮弁亦云右執項左執前則此項非缺項明矣乃冠謂以緇布冠加於將冠者之首興謂賓也○注行翔而前鶬焉鶬通典作鏘云進容者行翔而前鶬焉者翔謂行而張拱鶬謂容貌舒揚鶬與蹌同詳聘禮記此謂賓進至筵前特正其容儀爲冠者取法也云至則立祝者此釋經乃祝之文謂先祝而後加冠也云坐如初坐筵前者初時賓筵前坐此亦如之云復位西序東面者謂復賓初升時西序端東面之位也云卒謂設缺項結纓也者纓即屬於缺倈加冠後乃可結之此贊者亦賓之贊冠者也方氏苞云經不言卒纓以兼治其屬於缺者統言卒乃可以該之今案卒謂終其事也**冠者興賓揖之適房服玄端爵韠出房南面**復出房南面者一加禮成觀衆以容體【疏】正義曰此但言冠者不言將以已加冠也揖之適房使釋采衣服玄端服也李氏云冠於堂服於房以冠爲重也方氏苞云據經乃冠者自服而出

蓋被服束帶納履等事自成童已習爲之敖氏謂皆贊者
爲之未知何據○注容體通典體作儀　云復出房南面
者一加禮成觀眾以容體者上出房南面以待加冠此復
出房南面者則以一加禮成服成人之服使眾觀知也朱
子云觀示也禮記冠義曰冠而后服備服備而后容體正
顏色齊辭令順吳氏疑義云出房以待再加不特觀眾而
已今案吳
說亦是

右始加

賓揖之卽筵坐櫛設笄賓盥正纚如初降二等受皮弁右
執項左執前進祝加之如初復位贊者卒紘如初爲不見者言也卒紘
謂繫屬之〔疏〕正義曰賓揖之謂揖冠者使卽筵坐也斯時贊者
亦坐經不言者省文櫛設笄亦贊者爲之櫛者以
將加皮弁必先脫去緇布冠恐髮亂故重櫛也賈疏云設
笄有二種一是紒內安髮之笄一是皮弁爵弁及六冕固
冠之笄今此櫛訖未加冠卽言設笄者宜是紒內安髮之
笄也又云其固冠之笄則賓於加弁時自設之今案魏書

劉芳傳載王肅曰喪服稱男子免而婦人髽男子冠而婦人笄則男子不應有笄芳曰此專謂凶事也非謂男子無笄禮內則稱子事父母雞初鳴櫛纚笄總以茲而言男子有笄明矣肅以芳言爲然案內則笄總之笄卽安髮之笄賈說是也敖氏不信二笄之說以此笄卽爲上所陳之皮弁笄褚氏云設笄在正纚前安得指爲皮弁笄江氏筠亦辨之但安髮之笄緇布冠亦有始加不言者互見爲義也賓盥正纚如初不更言設纚則止一纚矣復位仍復西序之位也　注云如初爲不見者言也者以其儀節已見於前而經省文不復重見則言加如初以括之李氏云不見謂辭對主人升復位之類云卒紘謂繫屬之者謂加弁訖興以紘繫於笄之左頭遶頤下屈而上屬於右頭是也

賓揖之適房服素積素韠容出房南面容者再加彌成其儀益繁

疏正義曰興冠者興也敖氏云上不見皮弁之衣故此亦不言之皆省文也　興　注云容者再加彌成其儀益繁者上加緇布冠時亦正其容體但經不言容至再加乃言之是儀益繁也王氏士讓云始加云進容乃祝言賓之自正以容再加云容見冠者之敬其威儀也

右再加

賓降三等受爵弁加之服纁裳韎韐其他如加皮弁之儀

降三等下至地〔疏〕正義曰降二等受皮弁降三等受爵弁他謂卒紘容出　高氏愈謂其服彌尊其敬彌至是也不言純衣亦省文　禮經釋例云凡士禮冠昏喪祭皆攝盛案士冠禮再加皮弁服三加爵弁服冠畢乃易服服玄冠玄端爵韠奠摯見於君遂以見於鄉大夫鄉先生注謂皮弁服與君視朔之服爵弁服與君祭之服惟玄端爲士之正服常服見君必易玄冠玄端者明皮弁爵弁二服是攝盛非士所常服也此冠禮之攝盛士昏禮納采用雁周禮大宗伯以禽作六摯大夫執雁士執雉士當用雉而用雁者攝盛也注謂取其順陰陽往來者非也又云主人爵弁纁裳緇袘乘墨車婦車亦如之注墨車漆車士而乘墨車攝盛也疏云爵弁用助祭之服親迎以爲攝盛周禮司服士之服自皮弁而下如大夫之服爵弁尊於皮弁非士服明矣經又云女次純衣纁袡注次首飾也今時髲也周禮追師掌爲副編次純衣絲衣考士妻當服纚笄宵衣則次而純衣亦攝盛也此昏禮之攝盛士喪禮復者一人以爵弁服

又云陳襲事于房中纁極二爵弁服純衣皮弁服褖衣緇
帶韎韐考極唯公射始有之此攝盛也旣夕禮大遣奠厥
明陳鼎五于門外注士禮特牲三鼎盛葬奠加一等用少
牢也注謂盛葬奠卽攝盛之意也旣夕記薦乘車載旜載
皮弁服注通帛爲旜孤卿之所見亦攝焉此乘車當亦攝
盛用墨車注以爲棧車疑非君賵賓奠幣於棧此謂柩車
非乘車也此喪禮之攝盛士虞禮特牲饋食禮尸飯畢皆
三獻考飲酒之禮士一獻大夫三獻士祭而三獻者攝盛
也此祭禮之攝盛冠昏爲人道之始喪祭爲人道之終故
皆攝盛與他禮不同後儒但知昏禮爲攝盛而不知冠與
喪祭亦然故多岐說也　注云他謂卒紘容出者謂唯卒
紘容出如再加皮弁之儀也經獨言其他明餘禮節如賓
盥降升之類皆與始加同故略之五禮通考引五經名義
云士冠三加始緇布冠欲其尚質重古次皮弁欲其行三
德三行次爵弁欲其承事神明○禮記玉藻曰玄冠朱組
纓天子之冠也緇布冠繢緌諸矦之冠也陳氏澔云天子
始冠之冠則玄冠而以朱組爲纓諸矦雖是緇布冠卻用
襍采之繢爲纓緌爲尊者飾耳非古制也陳氏祥道禮書
云諸矦始加緇布冠繢緌次加皮弁三加爵弁四加玄冕
天子則始加玄冠朱組纓次加皮弁三加爵弁四加玄冕

五加袞冕矣郊特牲言玄冠朱組纓天子之冠緇布冠繢緌諸侯之冠鄭氏皆以爲始冠之冠家語稱成王冠祝雍辭曰去幼志心袞職而賈公彥孔穎達皆言天子當加袞冕則始終之所加與士異也家語曰王太子之冠亦擬諸侯四加則天子五加可知矣今案諸侯四加天子五加蓋據傳記推而言之其玄冠朱組纓云云乃玉藻文陳氏引作郊特牲誤

徹皮弁冠櫛筵入于房 徹者贊冠者主人之贊者爲之【疏】正義曰將醴冠者故徹去此等入於房冠緇布冠也但言徹皮弁緇布冠者以爵弁冠者服以受醴至見姑姊訖乃易服也　注云徹者贊冠者主人之贊者爲之者以其上文主人之贊者設筵賓贊冠者奠櫛故知此徹是賓黨主黨之贊者爲之也

右三加

筵于戶西南面 筵主人之贊者戶西室戶西【疏】正義曰此筵爲醴子也冠醴子筵於戶西與昏之禮賓筵於戶西者同以其成人尊之設席南面以東方爲上也褚氏云戶西廟中最尊之位自尸而外惟賓居之

故下記云醮於客位加有成也敖謂遠避主人非特失旨
且背記文　注云筵主人之贊者以上文筵于東序經明
云主人之贊者故知此筵亦同也云戶西室戶西者凡五
架之屋棟北楣下爲三閒中爲室東西爲房房之南壁止
一戶室則有戶有牖戶在東牖在西故戶西牖東之地爲
正中爾雅所謂戶牖之閒謂之扆是也鄭恐人疑爲房戶
故特明之李氏云寢廟以室爲主故室戶專得戶
名凡言戶者皆室戶若房戶則兼言房以別之

贊者洗于房中側酌醴加柶覆之面葉洗盥而洗爵者昏禮曰房中之洗在北堂直室東隅篚在洗東北面盥側酌者言無爲之薦者面前也葉柶大端贊酌者賓尊不入房古文葉爲擖

【疏】正義曰注古文葉爲擖陳閩監葛擖俱誤作揭校勘記云案擖當作擸說詳聘禮段氏云擖當作㯿字之誤也舊籍皆譌葛如獵作獦臘作臈鑞作鍻躐作蹋鬣作鬛皆是聘禮經注皆從手作擸而廣韻集韻二十九葉俱云㯿柶端擸理持也然則禮經古本㯿從木明矣少儀執箕膺擖亦當作㯿校勘記謂當從手作擸二者不同耳○云洗盥而洗爵者凡洗爵必先盥手故注云然云昏禮曰房中之洗在北堂直室東隅篚在洗東北面盥者此昏禮記文鄭以經云洗於房

中故引昏禮房中有洗以證之萬氏斯大讀贊者洗洗爲句後人頗惑其說惟沈氏彤江氏筠辨之之最力沈氏云贊者洗之洗爲酌醴而洗觶也觶實於篚篚置房中與醴同在服北則洗於房中固其所宜萬氏以洗絕句而謂就庭中之洗洗觶失之矣江氏云萬駁鄭注云昏禮舅洗於南洗姑洗於北洗男女有別之義也冠禮無婦人與事贊者何容別洗況考上文陳器第云設洗直于東榮無北堂別置洗之文筠案經惟昏禮見北洗之文然其所設之處至下記始見之而經初不言也其餘如特牲少牢云主婦盥于房中主婦洗于房中俱是北洗而其上文陳器皆止云設洗於阼階東南初不及其在房中者然則凡北堂設洗經皆不見之不得執以相難至於房中之文見於經者句讀總於中字絕未有於字之上爲句而以此三字貫下連讀者又不應此處獨與他處異也聘禮宰夫佐酌鄭注謂洗升實觶者彼乃醴尊於東箱未聞在房者而然也蓋婦人無堂下位故不得用庭洗男子得立於房中則亦得用房中之洗其有婦人與事則此洗非所宜用無婦人亦得用之今案沈江二說足破萬氏之謬北堂設洗詳昏禮記云側酌者言無爲之薦者無爲之薦謂無人爲之薦脯醢也鄭意以贊者自酌自薦爲側吳氏疑義云側卽上文側尊側

字彼注以側爲特謂無玄酒也此經言側酌醴亦謂特酌醴而無玄酒其義甚明與脯醢何涉注以側酌爲贊者獨自酌之其說可通若謂兹以明下文脯醢爲贊者獨自薦之則鑿矣今案吳說是也云面前也者謂葉在前柶在後也書顧命大輅在賓階面面傳亦云面前也葉柶大端者詳前賓勺觶角柶下經云加柶覆之者蓋未用時覆於觶上用時則仰也李氏云柶醴匕也其兩端枋細而葉大贊者面葉以授賓賓迎受得面枋以授冠者冠者亦迎受得面葉以扱醴也云贊酌者賓尊不入房者賓尊在堂不入房故房中酌醴等事皆贊者爲之下文薦脯醢注以爲贊冠者薦則此贊亦贊冠者也云古文葉爲擖者段氏云士冠士昏注皆云古文葉爲擖而聘禮以柶兼諸觶尙擸擸郎擖字聘禮從古文冠昏禮從今文也所從不一者葉是本字謂平面如木葉然櫼是假借字皆可從也聘禮注不云今文擸爲葉者可互見也必知擸是擖非者擸與葉同部葛聲不同部也

賓揖冠者就筵筵西南面賓受醴于戶東加柶面枋筵前北面

戶東室戶東今文枋爲柄

【疏】正義曰李氏云父醴子而賓主之者以父子不可行揖拜之禮猶燕禮以宰夫爲主人也褚氏云面枋者訝受也贊

酌時已言加柶此復言者蓋因下面枋而連言之耳敖氏謂見其更爲之非也觀昏禮主人受醴面枋不言加柶自明　王氏士讓云賓致醴辭當在筵前北面冠者將受觶之際　注云戶東室戶東者以其贊者酌醴自房出賓當於室戶東受之不得以爲房戶也云今文枋爲柄者胡氏承珙云案說文柄柯也枋木作車此經之義作柄爲近然古音方聲丙聲同部從方從丙字多通故鄭於冠昏二篇從古文作枋而於少牢禮又依今文作柄也

冠者筵西拜受觶賓東面荅拜筵西拜南面拜也賓還荅拜於西序之位東面者明成人與爲禮異於荅主人

疏　正義曰注賓還荅拜於西序之位葛本脫還字集釋西序誤作東序云筵西拜南面拜也者以上云冠者就筵筵西南面知之吳氏云凡筵西拜皆南面云賓還荅拜於西序之位東面者明成人與爲禮者賓旣授觶還西序端東面荅之不云拜送觶者以冠者幼故賓不先拜送俟其拜受而荅拜之明成人而與爲禮也云異於荅主人者李氏云凡賓荅主人拜於西階上北面又主人禮賓皆云拜送此云荅拜亦異於主人

薦脯醢贊冠者也

疏　正義曰脯籩實醢豆實昏禮注云薦進也凡醴必用籩豆詳上　注云贊冠者也謂此脯醢贊冠者

薦之冠者卽筵坐左執觶右祭脯醢以柶祭醴三興筵末坐啐醴建柶興降筵坐奠觶拜執觶興賓荅拜建柶扱柶於醴中其拜皆如初古文啐爲呼

疏 正義曰以柶祭醴三毛本三誤二建柶唐石經嚴徐集釋敖氏俱作建注建柶同通解毛本建俱作捷蓋因釋文而誤改錢氏大昕云士昏禮婦受醴亦有坐啐醴建柶之文則作建爲是禮經釋例云士昏聘禮皆云建柶當從石經也注扱柶於醴中扱釋文作捷云本又作插亦作扱今案嚴本及各本多作扱蓋用釋文亦作之本也戴氏震校集釋云唐初已非一本毋庸改扱爲捷盧氏文弨云釋文云云正指注言後人誤會乃改經之建柶爲捷柶失之矣校勘記云案集釋云建陸作捷蓋其誤自李氏始 左執觶者以右手祭故左手執觶也以柶祭醴三詳士昏記筵末筵之西端也啐嘗也祭則坐於筵中啐則坐於筵末拜則降筵也降筵則在筵西矣此爲拜而降以席上不拜也觶亦爲拜而暫奠與奠於薦東者異李氏云祭謂取少許祭先世造此食者不忘本也凡醴不卒觶啐之而禮成上拜拜受觶此拜拜禮成其卒觶者則卒觶乃拜曾子問曰將冠子冠者至聞齊衰大功之喪

如之何孔子曰內喪則廢外喪則冠而不醴徹饌而埽卽位而哭如冠者未至則廢內喪謂同門者冠者謂賓及贊者也廢者喪成服因喪而冠敖氏云祭脯醢以脯祭擩醢而祭之　者注云建柶扱柶於醴中者扱與插同謂祭畢不用以柶插於醴中也敖氏云建猶立也建者上葉下枋盛氏謂上枋下葉似盛氏是云其拜皆如初者謂冠者筵西南面拜賓西序端東面荅拜與上受觶同故云如初禮經釋例云凡醴皆用觶不卒爵士冠禮賓醴冠者筵末坐啐醴建柶興降筵坐奠觶拜士昏禮女父醴使者西階上北面坐啐醴建柶興坐奠觶遂拜又舅姑醴婦降席東面坐啐醴建柶興拜聘禮主君醴聘賓降筵北面以柶兼諸觶向擸坐啐醴是凡醴皆用觶但啐之而已不卒爵也舅姑醴婦降席東面坐啐醴賓醴冠者但云筵末坐啐醴不云東面女父醴使者西階上北面坐啐醴主君禮聘賓但云北面坐啐醴不云西階上皆文不具也醴事質如羹之有大羹湆酒之有明水故啐而不卒爵從其質也至聘禮禮賓有庭實用束帛與冠昏不同者蓋國君之禮又盛矣盛氏云不卒觶者糟醴不可盡也云古文啐爲呼者段氏云案呼與啐音義皆隔必是誤字當是古文啐爲啐之誤如古文酳作酌今禮酳皆誤酌也

右賓醴冠者

冠者奠觶于薦東降筵北面坐取脯降自西階適東壁北面見于母

薦東薦左凡奠爵將舉者於右不舉者於左適東壁者出闈門也時母在闈門之外婦人入廟由闈門

疏正義曰此奠觶亦於筵上故下云降筵也取脯或以爲祭脯褚氏云特牲少牢俱云賓取祭以降則祭脯也此篇下文卒醮云取籩脯如初則是籩內之脯非祭脯也不敢取祭餘者以見母敬也凡已祭者不復實取於籩今案褚說是也必取脯者明其見醴也士昏記賓右取脯歸執以反命與此相類降自西階父在不敢由阼也注云薦東薦左凡奠爵將舉者於右不舉者於左故者此其薦卽籩豆也敖氏云籩豆而云薦者上經云薦脯醢故因其事名之省文後皆放此禮經釋例云醴不卒爵故奠於薦左注謂不舉者於左是也醴子之席筵於戶西南面故注以薦東爲薦左也士昏禮女父醴使者奠于薦左注薦左籩豆之東賓席亦南面故注以薦左爲籩豆之東也舅姑醴婦婦奠于薦東婦席戶牖閒南面也聘禮主君醴聘賓北面奠于薦東注糟醴不啐當作糟醴不卒爵則與奠於

薦東經文相應也又此篇醮用酒冠者奠爵於薦東此禮雖用酒不用醴亦但啐酒而已不卒爵與醴同異於飲酒正禮故亦奠於薦左也今案飲酒正禮亦將舉者於右不舉者於左但其儀節較醴爲更繁耳詳鄉飲酒記云適東壁者出闈門也時母在闈門之外婦人入廟由闈門者爾雅宮中之門謂之闈郭注謂相通小門也言宮中則廟與寢皆有之鄭氏敬謂如此則廟反在宅右萬氏斯大亦謂非左祖之制皆非也東壁堂下東牆也冠者降自西階由西而東折而北乃得見母故知適東壁者出闈門也時母在闈門之外者江氏筠云惟房中乃婦人位今旣因贊者在房而不得位於此則其不入闈門明矣褚氏云廟中未有無事而入者母在闈門外無疑二說是也禰記曰夫人至入自闈門故知闈門爲婦人出入所由也

母拜受子拜送母又拜婦人於丈夫雖其子猶俠拜

疏 正義曰母拜受受脯也子拜送而母又拜俠拜也或疑母無拜子之理萬氏斯大云孔疏謂奠廟之脯重從尊者處來故拜之非拜子也呂氏謂母有從子之義故屈厲敬以伸斯須之敬王氏謂此適子代父承祖與祖爲正體故禮之與衆子異愚以爲皆非也案禮婦人之拜有二肅拜也手拜也肅拜者足不跪微俯其躬而肅之

如今婦人揖也手拜者足跪地而拜如今婦人拜也少儀曰婦人吉事雖有君賜肅拜君賜至重尚止肅拜況其他乎故知此受脯俠拜亦肅拜也今案禮記冠義曰見於母母拜之見於兄弟兄弟拜之成人而與爲禮也成人而與爲禮一語即是定解孔疏以下諸說紛如萬氏駁之是已至謂俠拜爲肅拜亦是也唯謂子先揖而後拜送旣拜而更揖歟經不相符耳特牲饋父拜子昏舅姑饗婦則拜婦禮各有宜也或又疑子無見父父與賓之文儀禮紃解云父冠其子延賓以重其事父自爲主而涖之即是見也賓旣與冠者成禮於堂矣亦不必更行見賓之禮是也　注云婦人於丈夫雖其子猶俠拜者禮經釋例云凡婦人於丈夫皆俠拜俠拜者丈夫拜一次婦人則拜兩次也士冠禮冠者取脯見于母母拜受子拜送母又拜又見姑姊如見母注與姊亦俠拜也士昏禮婦見舅姑執笲棗栗自門入升自西階進拜奠于席舅坐撫之與荅拜婦還又拜注還又拜者還於先拜處拜婦人與丈夫爲禮則俠拜又贊醴婦婦東面拜受贊西階上北面拜送婦又拜又啐醴拜贊荅拜婦又拜皆俠拜也士昏記不親迎壻見主婦一拜壻荅再拜主婦又拜注必先一拜者婦人於丈夫必俠拜少牢禮主婦亞獻酳拜獻尸尸拜受主婦西面拜送醻有

司徹主婦拜獻尸尸拜于筵上受主婦西面拜送爵不賓尸之禮尸酢主婦拜受爵尸荅拜主婦反位又拜注婦侑爵拜亦皆侑拜至於特牲主婦亞獻主婦致爵于主人主婦自酳少牢尸酢主婦主婦獻祝主婦獻兩佐食有司徹主婦獻侑主婦致爵于主人主婦自酢賓致爵于主婦受爵送爵啐酒卒爵皆不侑拜特牲主婦亞獻注不侑拜士妻儀簡耳少牢主婦亞獻卒爵有司徹主婦獻尸啐酒卒爵不賓尸之禮尸酳主婦卒爵亦不侑拜皆降殺之義少牢主婦獻祝祝拜受爵主婦荅拜注不侑拜下尸也餘可類推矣

右冠者見於母

賓降直西序東面主人降復初位初位初至階讓升之位（疏）正義曰注云初位初至階讓升之位者程氏瑤田云案主人初立於阼階下直東序西面此云復初位卽其位也賓主階上立位在序端則階下立位亦宜直東西序與賓主位必相對也且至階讓升處賓主皆然非位也鄭注蓋誤今案程說是也張氏惠言亦辨之

冠者立于西階東南面賓字之冠者對對應也其辭未

聞[疏]正義曰王氏士讓云案冠者立于西階東乃西階下之東也是時尊者旣降卑者豈得獨升冠者乃見母後經無升階之儀足以見之矣今案南面薦在賓北也禮記冠義曰已冠而字之成人之道也鄭注字所以相尊也記於下乃云見母似見母在字後者記文隨舉爲義其實次序當以此經爲正賈疏云未字先見母字訖乃見兄弟之次等急於母緩於兄弟也　注云對應也者漢書注對謂應對是也云其辭未聞者謂對之辭未聞也

右賓字冠者

賓出主人送于廟門外不出外門將醴之[疏]正義曰張氏爾岐云此下冠禮旣成賓出就次以後諸事冠者見兄弟見贊者見姑姊爲一節易服見君見鄉大夫鄉先生爲一節主人醴賓爲一節凡三節

請醴賓賓禮辭許賓就次此醴當作禮禮賓者謝其自勤勞也次門外更衣處也以帷幕簟席爲之[疏]正義曰此請醴賓蓋主人於送時請之賓許而後就次不出外門也敖氏云請者有白於人而恭孫之辭也○注此醴當作禮下嚴徐集釋通解敖氏俱有禮賓者謝其自勤勞也九字毛本脫以帷幕以毛本誤必嚴

徐集釋通解要義敖氏俱作以　云此醴當作禮者下若
不醴注醴亦當作禮士昏禮出請醴賓注此醴亦當爲禮
贊醴婦注醴當爲禮褚氏云經於醴賓醴婦字皆爲醴注
必讀爲禮者葢推優禮於人之意不欲質言之也賈疏謂
天子禮諸侯用醴不云醴賓足破不必改禮之論云禮賓
者謝其自勤勞也者胡氏承珙云鄭旣破醴爲禮故禮賓
之禮卽易字說之昏禮注云此醴亦當爲禮禮賓者欲厚
之又贊禮婦者以其婦道新成親厚之其易字說經竝與
此經同醴辭曰注則不破從禮惟禮於阼注疊今文作醴
不用賈疏云以其言醴則不從兼於醮言禮則兼醴醮二法
故也然則此若不醴正是不兼於醮故當作醴而注仍破
從禮者疑此注本是前文乃醴賓以壹獻之禮注寫者誤
移於此然彼處疏云此醴亦當爲禮不言可知也則在賈
時已誤矣今案此以若不醴爲當作禮是也云次門外更
衣處也者此門外卽廟門外以經云就次不更言出門可
知也更衣處謂可於此更換衣服且小息也鄭注周禮序
官掌次云次自修止之處又其職云凡祭祀張尸次鄭司
農云尸次祭祀之尸所居更衣帳與此注義同此冠禮賓
有次聘禮賓亦有次射有射次喪有喪次覲禮受舍于朝
亦謂次也義詳各篇下云以帷幕簟席爲之者帷幕用布

簟席用葦言二者皆可爲次也李氏云聘禮記以帷士或用簟席**冠者見于兄弟兄弟再**見贊者西面拜則見兄弟東面拜贊者後賓出

拜冠者荅拜見贊者西面拜亦如之疏正義曰敖氏云兄弟與贊者皆先拜之亦重冠禮也今案重冠禮卽謂重其成人而與爲禮也亦如之者謂如其再拜而冠者荅拜也此兄弟兼外姻言義已詳上非謂兄與弟也吳氏章句乃分別兄弟解之或又謂見弟則亦見妹皆誤　注云見贊者西面拜則見兄弟東面拜者經但言見贊者西面不言見兄弟面位故注明之贊者位在西方兄弟位在洗東也云贊者後賓出者以當與冠者爲禮也贊者出亦就次待禮可知**入見姑**

姊如見母入入寢門也廟在寢門外如見母者亦北面姑與姊亦俠拜也不見妹妹卑疏正義曰注亦俠拜也集釋無也字嚴本有　云入入寢門也廟在寢門外者廟在寢東與寢別門又姑姊當在寢不在廟故知自廟而言入爲出廟門而入寢門也云如見母者亦北面姑與姊亦俠拜也者上經見母北面母俠拜故知經言如者亦如其北面及俠拜也鄭分姑與姊爲二或據左傳疏云古人謂姑爲姑姊妹父之姊爲姑姊父之妹爲姑妹謂

冠禮之姑姊卽姑竝引列女傳魯義姑姊梁節姑姊以駁鄭注今案姑姊姑妹後世容有此稱周公制禮則無之爾雅亦周公作而釋親篇止云父之姊妹爲姑不云姑姊姑妹其證一也儀禮喪服篇多言姑姊妹若以爲姑姊姑妹則是父之姊妹有服而己之姊妹無服周公制禮何獨遺之其證二也白虎通云父之昆弟不俱謂之世父父之女昆弟俱謂之姑何也姑當外適人疏故總言之其證三也況姑姊姑妹均屬父行冠者冠畢何獨見父之姊而不見父之妹以是知此篇之姑姊當如鄭說未可易也云不見妹妹卑者案白虎通云姊尊妹卑其禮異也注葢本此邶風泉水詩曰問我諸姑遂及伯姊言姑姊而不言妹斯可證已

右冠者見兄弟贊者姑姊

乃易服服玄冠玄端爵韠奠摯見于君遂以摯見于鄉大夫鄉先生易服不朝服者非朝事也摯雉也鄉先生鄉中老人爲卿大夫致仕者

[疏]正義曰奠摯釋文摯作贄云本又作摯唐石經嚴本俱作摯校勘記云案摯贄今本錯出字俱從手後不悉校鄉大夫鄉當作卿唐

石經嚴本俱作鄉劉端臨遺書云陸德明釋文鄉字無音
至禮記冠義則云鄉大夫鄉先生竝音香自此以後儀禮
禮記各本皆作鄉即石經亦然由今考之此經及冠義皆
當作卿大夫作鄉誤也卿大夫謂見爲卿大夫者鄉先生
謂已爲卿大夫而致仕者見君之次偏見卿大夫如國語
趙文子冠偏見六卿是也賈疏釋注云鄉先生鄉中老人
爲卿大夫致仕者先生亦有士鄭不言者經云卿大夫不
言士故先生亦略不言據此知賈所見儀禮本作卿大夫
也孔疏云見於卿大夫謂往朝之卿大夫也是孔所見禮
記本亦作卿大夫孔以往朝對致仕者文義甚明而今本
正義亦竝改作鄉今案劉氏從賈孔作卿段氏玉裁張氏
敦仁顧氏廣圻及校勘記俱從陸作鄉經義述聞以劉爲
是云宋明道本國語韋注引禮旣冠奠摯於君遂以摯見
卿大夫其字正作卿則韋所見儀禮禮記皆作卿大夫不
作鄉可知此足正陸氏釋文之誤又云初學記禮部下引
儀禮正作卿大夫則唐時固有不誤者不獨賈孔也案述
聞證據甚確其段張顧說述聞悉加注辨之詳彼書內不
具錄胡又盧氏文弨程氏瑤田朱氏大韶皆斷從劉說字
當作卿無疑石經考文提要已定作卿今從之鄉先生先
毛本誤作見注爲卿大夫致仕者卿鍾陳通典通解楊氏

俱作鄉嚴本集釋毛本俱作卿校勘記云作鄉爲是○易服者易去爵弁服而服玄冠玄端也言玄端必言玄冠者以別於始加之緇布冠也奠謂奠之於地不親授也禮經釋例云凡卑者於尊者皆奠而不授若尊者辭乃授案士冠禮奠摯見于君士昏禮親迎賓升北面奠鴈再拜稽首士相見禮士見于大夫若嘗爲臣者奠摯再拜主人荅壹拜注奠摯尊卑異不親授也又始見於君士大夫則奠摯再拜稽首此男子之禮又士昏禮婦見舅執笲棗栗自門入升自西階進拜奠于席注奠之者舅尊不敢授也又見姑受笲服脩升進北面拜奠于席此女子之禮是卑者於尊者皆奠而不授也又聘禮聘後賓卽館卿大夫勞賓賓不見大夫奠鴈再拜上介受勞上介亦如之此賓因公事未行辭之故奠摯也又士昏禮不親迎壻見入門東面奠摯再拜出注奠摯者壻有子道不敢授也此卑者先奠而不授也又云擯者以摯出請受注欲使以賓客禮見又云壻禮辭許受摯入主人再拜受壻再拜送出此女父辭壻乃授也聘禮賓覿入門右北面奠幣再拜稽首此聘賓先以臣禮見奠而不授也又云擯者辭賓出擯者以幣出又云擯者請受賓禮辭聽命又云振幣進授此主君辭聘賓乃授也又上介覿皆入門右東上奠幣皆再拜稽首此

上介先以臣禮見賓而不授也又云擯者辭介逆出擯者以幣出又云擯者請受介禮辭聽命又云介振幣自皮西進北面授幣此主君辭上介乃授也又上介面卿入門右賓幣再拜此上介先賓而不授也又云大夫辭擯者反幣又云介奉幣入大夫揖讓如初介升大夫再拜受此主國之卿辭上介乃授也覿禮侯氏入門右坐奠圭再拜稽首注卑者見尊奠摯而不授此侯氏覲天子先奠而不授也又云擯者謁注謁猶告也上擯告以天子前辭欲親受之如賓客也又云侯氏坐取圭升致命王受之玉此天子辭侯氏乃授也又四享奠幣再拜稽首此侯氏享天子先奠而不授也又云擯者曰予一人將受之侯氏升致命王撫玉侯氏降自西階東面授宰幣此天子辭侯氏乃授也天子不親受使宰受之殺於覲時幣也皆卑者先奠而不授尊者辭乃授盖以客禮待之也又聘禮士介覲入門右奠幣再拜稽首擯者辭介逆出擯者執上幣以出禮請受賓固辭注固衍字又衆介面卿入門右奠幣皆再拜大夫辭介逆出擯者執上幣出禮請受賓辭又聘禮記賓若私獻東面坐奠獻再拜稽首擯者東面坐取獻舉以入告出禮請受賓固辭注固亦衍字此皆尊者雖辭終不敢授禮又殺也賓私獻奠而不授注以爲竝受者則以擯者東面知之

釋例又云授受之例卑者先賓而不授猶之入門例先入
門右拜例先堂下再拜稽首也至尊者辭之乃授猶之入
門例尊者辭之乃入門左拜例尊者辭之乃升成拜也其
實賓而不授爲卑者之正禮猶之入門右爲卑者入門之
正禮堂下再拜稽首爲卑者拜之正禮也飲酒之禮獻酢
皆授酬則賓而不授亦此例也今案禮經釋例末條以入
門例拜例兼明卑於尊之禮比例尤精卿大夫劉氏謂見
爲卿大夫者引國語趙文子冠偏見六卿爲證其說甚確
案國語趙文子冠見欒武子范文子韓獻子知武子等皆
有訓辭蓋亦古禮如是敖氏依譌本作解之云鄉大夫
鄉之異齊者也或曰鄉大夫即主治一鄉者其說無據
義述聞已駮之冠者畢必賓摯見君竝見卿大夫鄉先
生者禮記冠義謂以成人見是也　注云易服不朝服者
非朝事也者鄭注禮記云服玄冠玄端異於朝服也與此注
義同敖氏云不朝服者以其未仕也褚氏云敖氏主士冠
其子故云未仕不知士之子苟未仕冠後亦未必賓摯見
君鄭義爲長云摯雉也者士摯用雉見周禮大宗伯云鄉
先生鄉中老人爲卿大夫致仕者案尚書大傳云大夫士
七十而致仕歸其鄉里大夫爲父師士爲少師卽此所云
鄉先生也注不云士者義已詳前其實鄉先生中亦當有

士也

右冠者見君及卿大夫鄉先生

乃醴賓以壹獻之禮壹獻者主人獻賓而已卽燕無亞獻者獻酢酬賓主人各兩爵而禮成特牲少牢饋食之禮獻尸此其類也士禮一獻卿大夫三獻禮賓不用柶者泲其醴內則曰飲重醴清糟稻醴清糟黍醴清糟粱醴清糟凡醴事質者用糟文者用清

疏 正義曰此醴亦當爲禮朱子云注不言改字說見上非不具也陳氏禮書云旣冠乃禮賓贊者皆與蓋君子之於人勞之必有以禮之故昏禮享送者鄉飲息司正祭禮償尸冠禮禮賓其義一也○注禮賓不用柶者毛本禮賓誤作賓醴嚴徐集釋通解俱作禮賓飲重醴清糟稻醴清糟黍醴清糟粱醴清糟案稻醴以下十二字今本俱脫嚴徐集釋通解俱有敖氏無末清糟二字陸氏云糟劉本作菹酒音糟盧氏文弨云飲重醴下朱李誤衍清糟二字今案內則重醴下本無清糟二字　云壹獻者主人獻賓而已卽燕無亞獻者經云壹獻明無亞獻故知惟主人獻賓而已程氏恂云壹獻之後有燕者主人樂得嘉賓而安燕以洽之也昏

禮。禮賓一人，可無燕。聘禮禮賓無燕者，燕在後也。云獻酢酬賓主人各兩爵而禮成者，謂主人獻賓，賓酢主人，主人將酬賓，先自飲訖，乃酌以酬賓，賓奠而不舉，是獻賓酬賓酢主人主人先自飲爲各兩爵而禮成也。鄭必知有酢有酬者，以下言主人酬賓知之也。云特牲少牢饋食之禮獻尸此其類也者，謂獻尸之禮與獻賓略同，亦具獻酢酬也。云士禮一獻卿大夫三獻者，以大行人子男饗禮五獻差之，則卿大夫三獻，士止一獻。然特牲主人初獻，主婦亞獻，賓長三獻，士禮亦得備三獻者，方氏苞云：士惟祭備三獻，鄉大夫賓與州長教射，雖國政，賓不過一獻，故冠昏不得蹌也。云禮賓不用栖者泲其醴者，郊特牲曰「縮酌用茅，明酌也」，鄭注謂和之以明酌，朿之以茅，縮去滓也。酌此注言泲之義。鄭以此經無用栖之文，故知此醴爲已泲之醴也。凡糟醴不卒爵，此一獻之禮有酢有酬，須卒爵，故用已泲之醴，不用糟也。云內則曰飲重醴稻醴清糟黍醴清糟粱醴清糟者，此鄭引以證醴有清有糟。清是已泲者，糟是未泲者。彼注云：重，陪也。陪設之也。糟，醇也。清，泲也。致飲有醇者有泲者是也。云凡醴事質者用糟文者用清者，謂若冠醴子無獻酬，是質，故用糟；此禮賓有獻有酢有酬，是文，故用清也。○王氏士讓云：案全經獻酢酬之禮各有異同，當詳辨之凡行禮之序獻爲先酢次之酬又次之蓋主獻賓賓酢主主復自飲而酬賓賓奠之此其大概同也而每異焉有行一獻之禮者賓主各兩酌而禮成無亞獻如冠醴賓之類是也有共成一獻而奠酬者若舅姑之饗婦舅獻之婦酢之姑酬之婦奠之而禮成矣其外舅外姑之饗壻也視此蓋外舅獻之壻奠之外姑酬之壻奠之而禮成也至若鄉飲酒之儀不同矣惟賓備獻酢酬尊之也於介則獻酢而未酬於衆賓則獻而不酢酬鄉射之於衆賓亦獻而不酢酬皆以次而省也燕禮又異矣其獻賓也君使宰夫代之臣莫敢與君亢禮也其賓酢主之後主未酬賓而遂獻公者尊君也其皆有獻而無酬酢者樂工以下是也若夫大射之禮有獻於未射之先者於賓於公於孤卿於大夫也尊之也有獻於旣射之後者於庶子左右正內小臣之屬也卑之也有射未終而獻者於服不於釋獲於獲者也因其所有事也聘而禮賓儀甚優也然獻以醴而無酢酬者則以行於享之後覿之先儀尚多未暇盡歡也公食大夫雖設酒而無獻酢酬者主於食也士虞主人獻尸尸惟酢主而不酬至三獻利成別無酢酬之儀者未吉也至若饋食祭禮上自尸賓下至佐食旁及兄弟內及宗婦則主人皆有獻而主婦有亞獻者其酬酢之儀繁矣其可

儀禮正義卷一　冠　三

强以爲同乎更爲通論行酢之禮凡酢者皆承獻爵而荅
之也其有賓親酌酢主者禮之敵鈞也有授主人爵而主
自實爵酢者此介之下一等不敢親酌也尊者於主人亦
不親酌何也主人卑不敢煩尊者也其有受酢而更爵者
縢宰於公不敢襲至尊也婦之酢舅亦必更爵者男女不
相因也主人於主婦亦更爵酌酢者明夫婦之別也主婦
於主人不更爵而自酌酢者敬而親之也尸之酳主人必
祝酌授之者正祭之尸尊不親酌也賓尸而尸親酳主人
者非正祭則尸卑也三獻獻主人而尸受三獻之爵酌以
酢之者尸遂賓欲行禮之意也凡此皆酢之異同者也若
乃禮成於酬其異同又可得而言矣有至酬而徹筵者禮
事畢也有至酬而加幣者申厚意也賓不盡主之歡故至
酬而奠爵尸欲神惠之均故至酬亦奠爵酬必先之飲之
問也酬不拜洗禮之殺也旅酬亦名酬而非正獻之酬無
算爵之酬則繼乎旅酬也復有酌而無酢酬者此則以醮
名又與是禮異也然則酒也者以行禮也獻酢酬者行禮
之節也行之於冠昏和之於飲射洽之於燕食通之於聘
覲達之於祭祀緣情循分以爲多寡隆殺古之人相觀而
習之是故可與酬
酢可與祐神也

主人酬賓束帛儷皮

飲賓客而從之以
財貨曰酬所以申

暢厚意也束帛十端也儷正義曰賈疏云尊卑獻數多
皮兩鹿皮也古文儷爲離〔疏〕少不同及其酬幣惟於眞酬
一節行之而已褚氏云幣言酬賓必行於眞酬之節矣賈
說不可易敖氏謂衽賓受獻之時非也　注云飲賓客而
從之以財貨曰酬所以申暢厚意也者財謂幣帛貨謂金
玉此注釋酬字通上下言之酬而用玉者惟天子諸侯爲然
禮器曰琥璜爵鄭注謂天子酬諸侯諸侯相酬以此玉將
幣也餘詳聘禮致饗以酬幣亦如之下此酬賓以束帛儷
皮而家語公冠酬賓束帛乘馬大戴禮酬幣朱錦綵四馬
則諸侯禮與士異也云束帛十端也者凡物十曰束束帛
束錦束脩皆以十爲數也周禮媒氏凡嫁子娶妻入幣純
帛無過五兩鄭注五兩十端也必言兩者欲得其配合之
名襍記曰納幣一束束五兩兩五尋然則每端二丈案據
此注五兩卽十端特言之異耳云儷皮兩鹿皮也者案士
昏禮注云儷兩也聘禮儷皮注同春秋傳曰鳥獸猶不失
儷是儷爲兩也知儷皮爲鹿皮者惠氏棟云說文麗旅行
也鹿之性見食急則必旅行从鹿丽聲禮麗皮納聘蓋鹿
皮也譙周古史考云伏犧制嫁娶以儷皮爲禮今案許所
謂禮卽儀禮也許所見本作麗鄭本作儷字雖不同而可
通用云古文儷爲離者月令宿離不貸注離讀如儷偶之

儷是二字本通白虎通嫁娶篇引士昏禮作束帛離皮葢用古文也

贊者皆與贊冠者爲介

贊者衆賓也皆與亦飲酒爲衆賓介賓之輔以贊爲之尊之飲酒之禮賢者爲賓其次爲介

疏　正義曰敖氏云言此於酬賓之後明酬幣惟用於正賓也沈氏彤云鄉飲酒記云主人之贊者不與無算爵然後與此亦當然　注云贊者衆賓也皆與亦飲酒爲衆賓者朱子云贊者謂主人之贊者也恐字誤作衆賓耳今案下云贊冠者爲介卽前經宿贊冠者一人乃賓之贊者也則此贊者爲主人之贊者甚明贊者皆與謂主人之屬凡有事於冠者皆得與於飲酒也鄭云衆賓者飲酒之禮有賓有介有衆賓旣云贊冠者爲介則主人之贊者自在衆賓之列矣故云亦飲酒爲衆賓非謂戒而不宿之衆賓也惟上衆賓也句殊未分曉故朱子辨之若戒而不宿之衆賓有來觀禮者則亦與於飲酒亦在衆賓之列也云介賓之輔以贊爲之尊之者言介所以輔佐賓賓者尊亞於賓以贊爲介是尊贊也云飲酒之禮賢者爲賓其次爲介詳鄉飲禮言此以見尊之之意也

右醴賓

賓出主人送于外門外再拜歸賓俎一獻之禮有薦有俎其牲未聞使人歸諸賓家也

（疏）正義曰前冠畢向有醴賓之事故賓出廟門不出大門此賓出出大門也禮經釋例云凡送賓主人敵者於大門外案士冠禮醴賓畢賓出主人送于外門外再拜士昏禮女父醴賓畢賓降授人脯出主人送于門外再拜敖氏繼公曰門者外門也士相見禮賓退主人送于外門外再拜又還贄出主人送于門外再拜鄉飲酒禮賓出奏陔主人送于門外再拜鄉射禮陔作賓出眾賓皆出主人送于門外再拜皆是大門外聘禮歸饔餼畢賓送于外門外再拜又問卿私面畢賓出大夫送于外門外再拜覲禮賜車服使者出侯氏送再拜此皆賓主人相敵或尊賓使與相敵者前迎於大門外故送亦於大門外也聘禮郊勞賓送再拜前迎于舍門外此亦當送於舍門外也覲禮郊勞使者降以左驂出侯氏送于門外再拜前迎于帷門外此亦當送於帷門外也又士冠禮賓字冠者後賓出主人送于廟門外注不出外門將醴之禮未畢者其迎送皆於廟門外也又聘禮還玉畢大夫出賓送不拜前迎于外門外不拜此送亦當於外門外不拜也聘禮公出送賓及大門內賓出公再拜送公食大夫禮賓出公送于大門

內再拜此皆賓主不敵者前迎於大門內故送亦於大門內也又士昏記若不親迎壻見畢出主人送再拜敖氏繼公曰送謂送於外門外竊謂此說非也前迎主人出門左注云出門出內門則此送亦當於內門外外門內也又案士虞禮賓出主人送拜稽顙注送拜者明於大門外也又士虞記餞尸賓出主人送拜稽顙注送賓拜於大門外特牲饋食禮賓出主人送于門外以士虞證之當於大門外經不云迎賓但云送賓者祭禮之賓壓於尸也士喪禮上篇小斂奠賓出主人拜送于門外注廟門外也又大斂奠賓出主人拜送于門外下篇設遷祖奠賓出主人送于門外以小斂奠注證之皆當送於廟門外送於廟門外與吉禮異也又上篇君使人弔主人迎于寢門外賓出主人拜送于外門外下篇公賵主人釋杖迎于廟門外賓出主人送于外門外尊君之使故迎於寢門外又云貳車畢乘主人哭拜送亦當送於外門外也君親至益尊故迎送皆於大門外也有司徹尸出侑從主人送于廟門之外拜前迎尸侑于廟門外故送亦於廟門外也又不賓尸之禮衆賓出主人拜送于廟門外注不言長賓者下大夫無尊賓也大夫尊於士又無尊賓故送於廟門外不於大門外也此皆異於賓客正禮者也釋例又云凡拜送之禮送者拜去

者不荅拜案鄉飲酒禮賓出奏陔主人送于門外再拜鄉射禮陔作賓出衆賓皆出主人送于門外再拜注門東面拜也不荅拜禮有終也聘禮禮畢賓出公再拜送賓不顧注公旣拜客趨辟君命上擯送賓出反告賓不顧於此君可以返路寢矣論語説孔子之行日君召使擯色勃如也足躩如也賓退必復命日賓不顧矣又聘賓問卿面卿及介面卿畢賓出大夫送于外門外再拜賓不顧注不顧言去公食大夫禮畢賓出公送于大門內再拜賓不顧注初來揖讓而退不顧退禮略也示難進易退之義擯者以賓不顧告公公乃還也特牲饋食禮祝告利成之賓出主人送于門外再拜注拜送賓也凡去者不荅拜疏云總解諸文主人拜送賓皆不荅拜鄭注鄉飲酒云禮有終是也有司徹尸出侑從主人送于廟門之外拜尸不顧注拜送之疏云儐尸尸之禮尸侑賓也故孔子云賓不顧矣有司徹又日拜侑與長賓亦如之衆賓從注從者不拜送也不儐尸之禮衆賓出主人拜送于廟門外乃反注拜送賓也者亦拜送其長不言長賓者下大夫無尊賓也疏云賓尸時鄭注言從者不拜送則此云拜送者拜送其長可知皆送者拜去者不荅拜也有司徹尸亦然者賓尸之禮尸如賓侑如介也他如士冠禮醴賓畢賓出主人送于外門外再

拜士昏禮納采問名主人送于門外再拜士相見禮賓見主人賓退主人送于門外再拜還贄亦然皆此例也士冠禮戒賓宿賓賓皆云主人退賓拜送鄉飲酒禮主人戒賓主人退賓拜辱介亦如之不云主人荅拜者亦禮有終也速賓亦然鄉射禮戒賓速賓皆云主人退賓送再拜此皆主人至賓之門賓送之則賓爲送者主人爲去者聘禮郊勞勞者揖皮出乃退賓送再拜致館設飧卿退賓送再拜歸饔餼大夫降執左馬以出賓送于外門外再拜此皆主君使人於聘賓則聘賓爲送者使者爲去者覲禮王使人郊勞使者降以左驂出侯氏送于門外再拜王賜侯氏車服使者出侯氏送再拜此皆天子使人於侯氏則侯氏爲送者使者爲去者故經皆不云荅拜也　注云一則獻之禮有薦有俎者薦謂脯醢經不言薦鄭知有薦者吳氏疑義云昏禮禮賓聘禮禮聘使皆有薦此禮知有薦之明證也今案前賓醴冠者云薦脯醢則此有必矣云其牲未聞者盛氏謂此醴以乾肉載之冠子者不殺禮之正也吳氏疑義以爲牲當用豚如醮子沈氏彤則云有俎必有特牲鄉飲鄉射取擇人而用狗此冠禮戒賓宿賓亦有擇人之義當亦用狗未知孰是云使人歸諸賓家也者解經歸賓俎爲歸諸賓家也必歸賓俎者厚之也○張氏爾岐疑此經數

事謂冠不告廟見母不見父見贊者不見賓言歸俎不言載俎今案不言載俎張氏以爲文不具是也不見父與賓說已見前至冠不告廟奏氏蕙田云文王世子冠取妻必告有明證矣盛氏云曲禮言取妻者齊戒以告鬼神而士昏禮亦不具卽此例也○朱子云此章以上正禮已具以下皆禮之變

右送賓歸俎

卷一終

儀禮正義卷二

鄭氏注

績溪胡培翬學

若不醴則醮用酒若不醴謂國有舊俗可行聖人用焉不改者也曲禮曰君子行禮不求變俗祭祀之禮居喪之服哭泣之位皆如其國之故謹修其法而審行之是酌而無酬酢曰醮醴亦當爲禮

〔疏〕曰正義此至卒醮取籩脯以降如初言不醴而醮之事○案醴爲太古造法酒爲後世造法醴濁酒淸醴質而酒文也據行禮之本意則質爲重故冠禮以醴爲正而醮亦並行焉張氏爾岐云醴醮二法其異者醴側尊于房醮兩尊于房戶之間醴用觶醮用爵醴篚從尊在房醮篚從洗在庭醴待三加畢乃一舉醮每一加卽一醮醴薦用脯醢醮每醮皆用脯醢至三醮又有乾肉折俎醴贊冠者酌授賓賓不親酌醮則賓自降取爵升酌酒醴者每加入房易服出房立待賓命醮則每醮訖立筵西待賓命醴者每加冠必祝醴時又有醴辭醮者加冠時不祝至醮時有醮辭其餘儀節並不異也○注不改者也集釋者作舊嚴本及各本俱作者校勘記以作者爲是而審行之是也毛本有也字嚴徐

集釋俱無

云若不醴謂國有舊俗可行聖人用焉不改者也者聖人謂周公言周公制禮醴子以醴而復有用酒者蓋因其國有舊俗可行用焉不改故並著之於經朱子謂此以下爲禮之變是也引曲禮者即以證不改舊俗之義案曲禮曰君子行禮不求變俗鄭注求猶務也不務變其故俗重本也謂去先祖之國居他國孔疏此云不變俗謂大夫出在他國不變已本國之俗案鄭荅趙商以爲衞武公居殷墟故用殷禮即引此云君子行禮不求變俗如鄭之意不變所往之國舊時風俗與此注不同然則不求變俗鄭有兩解此注所引蓋謂不變他國舊俗王制曰修其教不易其俗齊其政不易其宜是也孔疏又云祭祀之禮者即夏立尸殷坐尸周旅酬六尸及先求陰陽犧牲騂黑之屬也居喪之服者殷雖尊貴猶服旁親周則以尊降其服哭泣之位者殷不重適以班高處上周世貴正嗣孫居其首皆如其國之故者謂故俗也今案鄭引曲禮至謹修其法而審行之即云是者謂曲禮所云是不改舊俗也孔疏據夏殷立論蓋謂夏殷之子孫不變夏殷之舊俗與此注所引義姝賈疏乃謂此經醮用酒爲夏殷冠子之法朱子云不醴而醮乃當時國俗不同有如此者如魯衞之幕有縿布祔有離合皆周禮自不同未必夏殷法也其說誠是

劉氏倣以醮用酒專爲庶子冠法盛氏云如以此節爲醮
庶子經當云若庶子則醮用酒而下文亦不應別見庶子
冠法矣朱子謂庶子一醮以酒安得有若此及殺牲之盛
禮哉然則劉說亦非矣蓋制禮惟醴而已其或舊俗有用
醮者聖人以其無大害理故亦錄於禮經以聽民之擇用
也又盛氏謂自此以下皆爲記文詳後記下云酌而無酬
酢曰醮者或謂醮與釂通曲禮長者舉未釂鄭注盡爵曰
釂荀子禮論篇利爵之不醮也楊注醮盡也是也然說文
以醮爲冠娶禮與釂異義此云無酬酢者吳氏紱云醴無
酬酢冠禮醴子昏禮醴賓醴女醴婦聘禮醴賓皆是也亦無
有有酬酢者冠禮醴賓鄭氏以爲清醴是也若醮則皆無
酬酢此經及昏父醮子命之迎使人醮庶婦是也云醴亦
當爲禮者醴與酒對上云醴此云酒是也醴亦與醮對用
醴謂之醴用酒謂之醮是也此經醴字不必改禮說已詳
前

尊于房戶之閒兩甒有禁玄酒在西加勺南枋房戶閒者房西室戶東也禁承尊之器也名之爲禁者因爲酒戒也玄酒新水也雖今不用猶設之不忘古也（疏）正義曰此設尊亦當在陳服之後與醴子同敖氏云兩甒一酒一玄酒也玄酒在西尊而上也加勺加於二尊之上而覆之也玄酒

亦加勺者不以無用待之也南枋爲酌者北面覆手執之便也 注云房戶閒房西室戶東也者凡言戶者皆室戶以經云之閒明在東房與室戶之閒故知房西室戶東也云禁承尊之器也者禁以承尊經云有禁明兩甒俱有也云名之爲禁者因爲酒戒也者詳特牲記又豐亦承尊器詳燕禮云玄酒新水也雖今不用猶設之不忘古也者李氏云古未有醴酪以水當酒之用後世以其色玄故謂之玄酒又云凡醴無冪甒亦不用冪從醴質蔡氏云醴一甒無禁無玄酒有勺在篚不加於尊甒則兩甒有禁有玄酒加勺尊上此其異也禮經釋例云凡設尊賓主人敵者於房戶之閒君臣則於東楹之西並兩壺有玄酒有禁案士冠禮醮用酒尊于房戶之閒云云鄉飲酒禮尊兩壺于房戶閒斯禁有玄酒在西特牲禮尊于戶東玄酒在西注戶東室戶東少牢禮司宮尊兩甒于房戶之閒注房戶之閒房西室戶東也飲酒與祭皆尊於房戶之閒者旣祭獻賓及酢酬旅酬無算爵皆具賓主如飲酒之禮也鄉射禮尊于賓席之東兩壺斯禁左玄酒皆加勺鄉射不云房戶之閒者蓋鄉射於序序有堂無室無室則無房戶故但云尊于賓席之東鄉射上經云乃席賓南面東上注不言於戶牖之閒者此射於序是也鄉飲酒疏云設酒之尊皆於顯

處見其文是以此及醮子與鄉射特牲少牢有司徹皆在
房戸之閒敖氏繼公曰不言戸牖閒者可知也記云出自
東房有東房西房則中有室而席賓於戸牖之閒也明矣
皆與注異有司徹既祭儐尸之禮因少牢正祭之酒但攝
之而已不更設尊故疏亦以為在房戸之閒也燕禮司宮
尊于東楹之西兩方壺左玄酒南上公尊瓦大兩有豐注
於東楹之西予君專此酒也玉藻曰唯君面尊玄酒在南
順君之面也大射儀司宮尊于東楹之西兩方壺膳尊兩
甒在南有豐膳尊即燕禮公尊君之尊也兩方壺臣之尊
也君臣不同尊尊君也皆有玄酒故君臣皆兩尊注云酒
在北尊統於君南為上也唯君面尊言專惠也燕禮大射
皆臣與君行禮故尊於東楹之西也曲禮侍飲於長者孔
穎達正義曰陳尊之所貴賤不同若諸侯燕禮大射設尊
在東楹之西自北嚮南陳之酌者在尊東西嚮以酌者之
左為上尊尊面有鼻鼻向君示君專有此惠也若鄉飲酒
及卿大夫燕則設尊陳于房戸之閒東西列尊尊面嚮南
酌者嚮北以西為上尊時主人在阼西嚮賓在戸西牖前
南嚮使賓主得夾尊示不敢專惠也尊于房戸之閒但云
鄉飲酒不云鄉射較賈氏為精矣釋例又云案燕禮疏云
少儀云尊壺者面其鼻鄭注鼻在面中言嚮人也據燕禮

向君而言少儀又云尊者以酌者之左爲上尊鄉飲酒云尊兩壺于房戶之閒玄酒在西又鄉射云尊于賓席之東兩壺斯禁左玄酒鄭注設尊者北面西曰左此皆據酌者北面而言若據設尊之人及尊面而言卽南面以右爲尊詳疏意以爲鄉飲鄉射設玄酒之位與燕禮若有異者考鄉飲鄉射尊面向南則以西爲上燕禮大射尊面向東則以南爲上經側固不異也

洗有篚在西南順

洗庭洗當東榮南北以堂深篚亦以盛勺觶陳於洗西南順北

疏 正義曰注云洗庭洗者以別於北堂之洗也爲上也 醮不言設洗者敖氏云醮而設洗之節亦與醴同惟有篚爲異此見其異者耳今案醴之篚在房醮之篚在庭此有其異也云當東榮南北以堂深者之說已詳前云篚亦以盛勺觶者王氏士讓云三醮皆用爵勺加在尊上篚中非解并無勺也注誤耳張氏惠言云房中之篚有勺者醴尊不加勺故也此尊旣加勺則勺不在篚注連言之誤今案爵觶通稱篚有勺者褚氏謂勺先實於篚後加於尊則注說亦可通云陳於洗西者據經有篚在西言之也云南順北爲上也者此篚蓋縱設之以北爲上特牲記注謂南順統於堂也是也據此則篚似有刻識爲首尾矣此篚在庭爲下篚又在堂爲上篚詳鄉飲禮

始加醮

用脯醢賓降取爵于篚辭降如初卒洗升酌始加者言一加一醮也加冠於東序醮之於戶西同耳始醮亦薦脯醢賓降者爵在庭酒在堂將自酌也辭降如初如將冠時降盥辭主人降也凡薦出自東房

〔疏〕正義曰朱子云始加二字乃疊見前始加緇布冠一章之禮醮用脯醢乃題下事其實賓荅拜後乃薦之也敖氏云卒洗亦當壹揖壹讓乃升今案此章於其儀文之與醴同者皆云如初則醴爲正禮益可見矣　注云始加者言一加一醮也者注以經云始加卽云醮明是一加一醮與醴行於三加之後乃薦脯醢者異矣云加冠於東序醮之於戶西同耳者上冠子筵于東序醴子筵于戶西此經不言故注補之明一加一醮雖異而其行禮處所則與用醴者同也醮之於戶西卽所謂醮於客位者據此則鄭不專以醮爲冠庶子法明矣云始醮亦薦脯醢者明每醮皆有脯醢也云賓降者爵在庭酒在堂之將自酌也者爵實于篚在洗西是在庭也酒尊于房戶之閒是在堂也上醴子者醴在房贊者酌授賓賓無升降之節此醮則賓自酌故須降取爵于篚以洗洗畢乃升酌也云辭降如初如將冠時降盥辭主人降也者謂上將冠時賓降盥主人降賓辭主人對也但前將冠時賓降止爲盥

手此則兼爲洗爵雖有不同而其辭主人降之節亦如之也云凡薦出自東房者禮經釋例云凡脯醢謂之薦出自東房粢士冠禮疏云醴尊在房脯醢出自東房酒尊在堂脯醢亦出自東房鄉飲鄉射特牲少牢薦者皆出東房故注云凡以該之考士冠禮陳服于房中又云脯醢南上房中卽東房也鄉飲酒記薦脯五脡出自左房鄉射記薦脯用籩醢以豆出自東房特牲禮豆籩鉶在東房少牢禮餼豆籩與篚于房中又陰厭主婦薦自東房此皆疏所已言者也公食禮設正饌宰夫自東房授醢醬又云宰夫自東房薦豆六有司徹主人獻尸主婦自東房薦非菹醢又云主婦興取籩于房又主婦獻尸興入于房取糗與腶脩執以出又主婦致爵于主人設糗脩如尸禮又主人獻長賓宰夫自東房薦脯醢又不儐尸之禮主婦亞獻反取籩于房中執棗糗又云婦贊者執栗脯此皆疏所未言者也燕禮大射聘禮以及有司徹主人獻侑主人受尸酢主婦獻侑主婦受尸酢不儐尸之禮主婦獻祝主婦致爵于主人賓致爵于主婦所薦籩豆經雖無文則皆出自東房可知也薦亦有不在東房者特牲記云賓與長兄弟之薦自東房其餘在東堂其餘謂眾賓兄弟之薦是也若士虞禮餼兩豆菹醢于西楹之東醢在西一鉶亞之從獻兩豆亞之

四籩亞之則是反吉非恆例矣**冠者拜受賓荅拜如初**贊者筵於戶西賓升揖冠者就筵乃酌冠者南面拜受賓授爵東面荅拜如醴禮也於賓荅拜贊者則亦薦之【疏】正義曰注云贊者筵於戶西至東面荅拜者因經但言拜受荅拜未言節次面位故約醴子之文以明之見醮與醴同也云如醴禮也者釋經如初之文也云於賓荅拜贊者則亦薦之者上醴禮云賓東面荅拜下卽云薦脯醢明醮禮亦當於賓荅拜時薦之也張氏爾岐云賓亦筵前北面釋醮辭訖冠者乃南面拜受

冠者升筵坐左執爵右祭脯醢祭酒興筵末坐啐酒降筵拜賓荅拜冠者奠爵于薦東立于筵西冠者立俟賓命賓揖之則就東序之筵【疏】正義曰朱子云此正醮禮也下兩醮及後章三醮凡言如初者皆謂如此禮也李氏云不卒爵者從醴禮張氏爾岐云降筵奠爵而後拜執爵興賓乃荅拜拜訖冠者乃奠爵薦東其節亦與醴同今案上醴禮云冠者奠觶于薦東降筵北面坐取脯此奠爵薦東云立于筵西唯此爲異耳　注云冠者立俟賓命者沈氏彤云上一加入房易服訖而出南面者立於房戶外之西待命也此立于筵西待

命者以不但易服出房而又醮訖故筵西便也云賓揖之則就東序之筵者賓揖之卽所謂賓命也就東序之筵謂當更加皮弁也

徹薦爵筵尊不徹

徹薦與爵者辟後加也不徹筵尊三加可相因由便也

疏 正義曰注云徹薦與爵者辟後加也者謂後加更須設薦爵故徹之也敖氏云徹之亦贊冠者也每醮禮畢必徹薦爵者所以新後醮之禮若不相因然是也云不徹筵尊三加可相因由便也者吳氏章句云可相因者則不徹上祇一醴故醴畢見母而盡徹此三醮故其節不同

加皮弁如初儀再醮攝酒其他皆如初

攝猶整也整酒謂撓之今文攝爲聶

疏 正義曰朱子云此如初儀者如前再加一章之儀也下條放此再醮攝酒其他皆如初言惟攝酒異於始醮其他皆如之也　注云攝猶整也整酒謂撓之者胡氏承珙云說文攝引持也引持亦整理之義故鄭君訓攝爲整惠氏棟云漢書匈奴傳單于以徑路刀金留犂撓酒應劭曰撓和也鄭以攝酒有攪撓之事故舉漢法以明之今案有司徹司宮攝酒注云更撓益整頓之賈疏云因前正祭之酒更撓攪添益整新之也然則此攝酒亦謂因始醮之酒撓益整頓之示新也此經再醮言攝酒三醮不言攝下若殺章再醮

不言攝三醮言攝酒皆省文互見其實再醮三醮皆攝酒
也云今文攝爲聶者胡氏云攝正字今文省作聶猶爾雅
攝虎㬹釋文云
攝又作聶是也

加爵弁如初儀三醮有乾肉折俎嚌之其他如初北面取脯見于母

乾肉牲體之脯也折其體以爲俎嚌嘗之 疏 正義曰朱子云
初儀見上三醮唯攝酒及有乾肉折俎嚌之爲異其他皆
如始醮也北面取脯見於母敖氏云著此者見其與醴同
也 注云乾肉牲體之脯也者案周禮腊人掌乾肉凡田
獸之脯腊膴胖之事鄭注大物解肆乾之謂之乾肉若今
涼州烏翅矣薄析曰脯捶之而施薑桂曰腶脩腊小物全
乾據此則乾肉與脯腊腶脩俱別此云牲體之脯謂以牲
體乾之如脯沈氏彤云但取於脯之乾不取其薄析是也
云折其體以爲俎者賈疏云或爲豚解而七體以乾之謂
之乾肉及用之將升於俎則節折爲二十一體與燕禮同
故總名乾肉折俎也盛氏云折俎用乾肉不殺故也今案豚
解之法陳氏祥道據士喪禮特豚四鬄去蹏兩胉脊謂四
鬄者殊左右肩髀而爲四又兩胉一脊而爲七是也體解
之法朱子謂折脊爲三曰正脊曰脡脊曰橫脊兩胉各三
曰代脅曰長脅曰短脅凡六兩肱各三曰肩曰臂曰臑凡

六兩股各三曰髀曰肫曰胳凡六通爲二十一體是也陳氏去兩髀而以兩觳足之非是辨見少牢禮佐食遷肵俎于阼階西下又案宣十六年左傳曰王享有體薦宴有折俎杜注宴則體解節折升之於俎亦謂折爲二十一體也若骨折與節折異骨折則特牲記所言是也云嚌嘗之者說文嚌嘗也禮記襍記下鄭注嚌啐皆嘗也嚌至齒啐入口是也以上醮○**若殺則特豚載合升離肺實于鼎設扃鼏**特豚一豚也凡牲皆用左胖煑於鑊曰亨在鼎曰升在俎曰載載合升者明亨與載皆合左右胖離割也割肺者使可祭也可嚌也今文扃爲鉉古文鼏爲密疏正義曰殺殺牲也此又醮禮之盛者亦因其舊俗而行之也醮用乾肉折俎盛於禮殺牲又盛於折俎而冠不以盛禮先之者聖人制禮欲其盡人可行故示以淳朴之意也注云特豚一豚也者以一訓特亦猶特牲饋食之爲一豕也說文豚小豕也沈氏彤云不用豕而用豚豚未成牲而將成牲於冠義類也云凡牲皆用左胖者禮經釋例云凡牲皆用右胖唯變禮反吉用左胖案鄉飲酒記賓俎主人俎介俎皆右體進腠鄉射記亦云皆右體也進腠注右體周所貴也此嘉禮用右胖也特牲記尸俎右肩臂臑肫胳少牢禮司馬升羊

右胖髀不升注上右胖周所貴也又司士升豕右胖又將祭載俎上利升羊載右胖下利升豕其載如羊有司徹司馬牝羊亦司馬載載右體又云司士牝豕亦司士載亦右體此吉禮用右胖也是凡牲皆用右胖也既夕禮大遣奠陳鼎其實羊左胖豕亦如之注反吉祭也士虞記豚解升左肩臂臑肫胳脊脅又云升左胖是變禮反吉始用左胖也至於特牲記賓骼注骼左骼也賓用左骼體者下尸也有司徹侑俎羊左肩左肫豕左肩折侑用左體者亦下尸也主婦俎羊左臑主婦用左體者因折作俎無體故下主人也此皆禮之殺者不用右胖其餘皆用右胖也士冠禮注凡牲皆用左胖當作右胖左字蓋傳寫之誤褚氏云諸吉禮皆升右胖而此注不言凡則是解全經之通例何反背經而云左斯不然矣賈不悟其爲乃據夏殷法曲說也盛氏世佐盧氏文弨張氏惠言亦皆以云左爲右之誤云煑於鑊曰亨在鼎曰升在俎曰載者此因經言載合升而分別其義也凡牲煑於爨上之鑊謂之亨由鑊而實於鼎謂之升由鼎而盛於俎謂之載李氏云牲體在俎亦得升名下云脊升折俎少牢云升羊載右胖是也云載合升者明亨與載皆合左右胖者加載於合升之上見不獨合升於鼎而亨與載亦皆合左右胖也敖氏以載爲衍文沈氏彤以

特豚載爲句謂俎爲載也豚合升不合載張氏惠言云若
合升而不竝載則經當明之如昏禮盥饋合升側載也沈
說非是敖去載字則升者將不載乎叓非矣釋例云士昏
禮初昏陳鼎其實特豚合升注合升合左右胖升於鼎也
士喪禮大斂奠陳鼎豚合升注合升合左右體升於鼎冠
禮人道之始昏禮男女之始大斂人道之終故皆合升左
右胖異於他禮也陳氏祥道云豚則吉凶皆合升用成牲
則升其胖而去髀吉升右而凶升左云離割也割肺者使
可祭也可嚌也者肺必割之而後可祭可嚌但肺有二種
一曰舉肺爲食而設割之使不絕中央少許又名離肺又
名嚌肺是也一曰祭肺爲祭而設割斷之使絕又名刌肺
又名切肺是也儀禮諸篇多舉肺祭肺竝言此但言離肺
不言刌肺蓋省文耳肺爲氣主周人尚之故與牲體同實
於鼎也云今文扃爲鉉古文鼏爲密者此注但曇今古文
而未解扃鼏之義案士昏禮注云扃所以扛鼎鼏覆之公
食禮注扃鼎扛所以舉之者也儿鼎鼏蓋以茅爲之長則
束本短則編其中央或謂此注有扃鼎扛所以舉之者也
鼎覆之十二字考嚴本及各本皆無蓋移後篇之注於前
耳未足據段氏儀禮漢讀考云扃篆作鼏以冂野之冂爲
聲音古熒切鼏以一下垐之冖爲聲音莫狄切說文鼎部

曰鼏以木横貫鼎耳舉之从鼎冂聲周禮廟門容大鼏七箇卽易玉鉉也又曰鼏鼎覆也从鼎冖冖亦聲葢許叔重原文如是二形相似轉寫遂但存其一又云說文金部鉉字下曰所以舉鼎也易謂之鉉禮謂之鼏則許氏所據古文禮作鼏甚明十七篇內本皆鼏鼏迻文後人因兩字易混遂易鼏爲扃王石臞先生云此臆說不可從說文鉉字注禮謂之鼏當作周禮謂之鼏與鼏字注引周禮正合鄭注明言今文扃爲鉉則古文乃是扃字非鼏字儀禮今文作鉉而許不引者已云易謂之鉉則不須更引儀禮至古文作扃乃鼏之偺字側不當引之故不引也左氏暄云扛鼎之具說文作鼏而鄭與許異者以儀禮古文已假偺用扃字說經嫌於改字故從古文說文鼏字注云以木横貫鼎耳則字不當從金又爻辭鼎王鉉王亦非可以扛鼎也豈扛鼎之具飾以金飾以玉與惠氏棟云今文扃爲鉉是扃卽鉉也顏師古謂扃貫於鉉則是以鉉爲鼎耳誤矣胡氏承珙云禮經今文作鼏者正字古文作密者假偺字鄭於貫鼎之扛皆從古文作扃不從今文作鉉於一覆鼎之葢皆從今文作鼏不從古文作密此則其側之畫一者也今案鼎自一至十二數有多寡由禮有隆殺也此云實於鼎則一鼎也楊氏儀禮旁通圖一鼎特豚士冠醮子士昏婦盥

饋士喪小斂奠用之三鼎豚魚腊特牲祭昏禮其牢喪禮
大斂奠朔月奠遷祖奠用之五鼎羊豕魚腊膚少牢祭聘
禮致飧衆介玉藻諸侯朔月用楊氏云少牢五鼎大夫之
常事又有殺禮而用三鼎者如有司徹乃升羊豕魚三鼎
腊為庶羞膚從豕陳于門外如初以其繹祭殺於正祭故
用少牢而鼎三也又士禮特牲三鼎有以盛葬奠加一等
用少牢者如旣夕遣奠陳鼎五于門外是也又七鼎牛羊
豕魚腊腸胃膚公食下大夫用之九鼎牛羊豕魚腊腸胃
膚鮮魚鮮腊公食上大夫用之楊氏云上大夫九俎九俎
九鼎也牛羊豕曰大牢凡七鼎九鼎皆大牢而以魚腊腸
胃膚配之者為七又加鮮魚鮮腊者為九又十鼎正鼎七
牛羊豕魚腊腸胃膚陪鼎三膷臐膮聘禮致飧上介用之
十二鼎正鼎九牛羊豕魚腊腸胃膚鮮魚鮮腊陪鼎三膷
臐膮聘禮宰夫設飧卿歸饔周禮膳夫王日一舉用之楊
氏云凡十鼎十二鼎皆合正鼎陪鼎也郊特牲云鼎俎奇
而籩豆偶以象陰陽若十鼎十二鼎正陪別數則為奇也

始醮如初 亦薦脯醢徹薦爵筵尊不徹矣〔疏〕正義曰朱子云初謂前章之始醮也吳氏章句謂如初兼醴及醮言非　注云亦薦脯醢徹薦爵筵尊不徹矣者是亦據前章之始醮言不兼醴也

再醮兩豆葵

葅蠃醢兩籩栗脯蠃醢蜹蝓醢今文蠃爲蝸疏正義曰朱子云再醮唯攝酒加豆籩爲異不言

如初者可知也今案葵葅蠃醢周禮饋食之豆也栗脯周禮加籩之實也前止一豆一籩此兩豆兩籩者敖氏云於此加其豆籩以起三醮之禮示禮隆有漸也○注蜹蝓醢釋文嚴徐集釋通解敖氏作蜹毛本誤作蛻校勘記云此字从虫虍聲　云蠃醢蜹蝓醢者以蠃爲蜹蝓周禮醢人注同郎爾雅釋魚曰蚹蠃蜹蝓是也云今文蠃爲蝸者段氏云說文蠃字下云一曰虒蝓也蝸字下云蠃也蝓字下云虒蝓也然則蝸與蠃同物而異名周禮作蠃儀禮古文同今文作蝸禮記從今文者也故內則作蝸醢徐仙民禮記蝸音蠃此據周禮及儀禮古文顏師古議其未達又云蝸者蠃類而非一失於考之不詳今案鄭以蠃字近古故疊今文不用也爾雅郭注謂蜹蝓卽蝸牛熊氏朋來以內則之蝸乃古螺字蠃卽螺亦作蝸韻書云蚌屬非蝸牛之蝸其說與郭異矣

三醮攝酒如再醮攝酒如再醮則再醮亦攝之矣加

加俎嚌之皆如初嚌肺俎嚌之嚌當爲祭字之誤也祭俎如初如祭脯醢疏正義曰朱子云初謂上章之三醮也今案加俎謂加豚俎三醮亦兩豆兩籩如再醮而又有豚俎

俎焉三加彌尊故三醮禮彌盛也嚌肺卽離肺也殺牲而後有肺則嚌肺不在如初中故退在下也 注云攝酒如再醮則再醮亦攝之矣者此據經以明再醮之亦攝酒也再醮不言者省文說已詳前云加俎嚌之嚌當爲祭字之誤也者賈疏云經有二嚌不破如初嚌之嚌唯破加俎嚌之字者以祭先之法祭乃嚌之又不空有二嚌故破加俎之嚌爲祭也胡氏承珙云鄭讀經文加俎嚌之皆如初爲句嚌肺爲句故旣破上嚌爲祭卽云祭俎如初如祭脯醢則疏當云不破嚌肺之嚌此乃云不破如初嚌之嚌轉似以嚌肺與上皆如初連文誤矣今案鄭破上嚌爲祭卽云祭俎如初如祭脯醢是爲祭俎言之其實經云皆如初所包尚廣不止祭俎一事也上章三醮有乾肉折俎嚌之其他如初明折俎不在如初中故別云其他謂薦脯醢及降洗升酌至祭酒諸儀也此經云皆如初亦兼薦脯醢及祭脯醢祭酒等事加俎雖與初異而祭之之法亦與初祭脯醢者同故統言皆以概之賈疏謂三醮用再醮之籩豆再醮不徹薦唯徹爵而已乃臆說不可從後儒多辨之○又案朱子不取鄭改字之說謂上章之俎無肺而此章有肺故又特言所嚌者肺而不嫌於複出則此嚌字當從本文爲是陸氏亦云嚌讀如字嚌肺釋上嚌之爲嚌肺也說與

鄭異今竝存之**卒醮取籩脯以降如初**（疏）正義曰如初謂見母也方氏苞云有加俎而取籩脯者執以見母濡肉非所宜蔡氏德晉云籩脯籩中之脯取籩脯見母以別於薦脯也薦脯已嚌籩脯未嚌今案必取籩脯者恐其褻爾○以上殺牲而醮

右醮用酒之禮

若孤子則父兄戒宿父兄諸父諸兄（疏）正義曰自此至直東塾北面言孤子冠法○此孤子謂適子無父者也敖氏云孤子雖尊於家然未冠不可與成人爲禮於外故戒宿賓客則諸父若兄爲之惟言父兄戒宿則筮日筮賓爲期之事皆將冠者自主之可知注云父兄諸父諸兄者謂諸伯叔父及諸從兄之屬是也

冠之日主人紒而迎賓拜揖讓立于序端皆如冠主禮于阼冠主冠者親父若宗兄也古文紒爲結今文禮作醴（疏）正義曰此主人謂孤子將冠者也上經云將冠者采衣紒此但言紒而不言采衣者曲禮曰孤子當室冠衣不采純采是也然則亦不用錦束髮可知矣迎賓拜揖讓立于

序端謂前主人迎賓西面再拜賓荅拜以至三揖至階三
讓主人升立于序端諸儀此雖將冠者亦一一皆如爲子
加冠之主人也敖氏云孤子未冠而於此乃行成人之禮
者無父則得伸其尊也諸父若兄不主其事者家無二主
也禮于阼楊氏云父在時冠于東序醴于戶西此則冠于
東序醴于東序也令案醴不於戶西客位者以父沒不敢
以賓客禮自居故冠在阼禮亦在阼也上經冠子筵于東
序少北張氏惠言云此孤子冠當正在阼階不少北也敖
氏謂禮爲賓與冠者行禮非是然則有父加冠則將冠者
紒而俟于房孤子則紒而迎賓自爲主有父加冠則受醴
於室戶西孤子則醴于阼此其異也　注云冠主冠者親
父若宗兄也者親父冠者之父宗兄則適兄也注意蓋謂
庶子父不在而冠則適子可爲之主耳言宗者以其承大
宗小宗而言是適也昏禮記曰支子則稱其宗弟稱其兄
鄭義疑本此云古文紒爲結詳前云今文禮爲醴者或謂
宜從古文作禮或謂宜從今文作醴諸說紛紛胡氏承珙
云賈疏謂鄭不從今文者以其言醴則不兼於醮言禮則
兼醴醮二法此說是也若昏禮賓人授如初禮謂如納采
授鴈之禮聘禮賓拜禮于朝乃拜夫人之歸禮又禮玉東
帛乘皮乃報彼君之享禮皆與醴酒無涉故鄭皆從禮不

從醴也

凡拜北面于阼階上賓亦北面于西階上荅拜

疏正義曰阼階上西階上各專階也拜言凡者謂醴若醮時拜受啐拜及荅拜之類也此孤子冠賓主皆北面專階而拜異於父在時醴與醮之拜也故氏云此賓主相拜之正位也禮經釋例云凡門外之拜皆東西面堂上之拜皆北面案士冠禮宿賓賓如主人服出門左西面再拜主人東面荅拜又賓至主人迎出門左西面再拜賓荅拜亦東面拜士昏禮親迎主人玄端迎于門外西面再拜賓東面荅拜特牲饋食禮宿尸尸如主人服出門左西面主人辟皆東面北上主人再拜尸荅拜又宿賓賓出門左西面再拜主人東面荅再拜又視濯視牲主人及子姓兄弟即位于門東如初注初筮位也即門外西面之位又云賓及衆賓即位于門西東面北上又云主人再拜賓荅再拜三拜衆賓衆賓荅再拜又祭日主人及賓兄弟羣執事即位于門外如初主人拜賓如初此皆大門外之拜士昏記若不親迎主人出門左西面注出內門壻入門東面注入大門奠摯再拜出此內門外之拜是門外之拜皆東西面也又士冠禮戒賓宿贊冠者士相見禮迎賓鄉飲酒鄉射禮戒賓速賓迎賓聘禮致館公食大夫禮戒賓亦皆門外之拜經不云

東面西面者文不具也又送賓及爲人使者不答拜而主人門外之拜當亦西面面也士冠禮孤子冠凡拜北面于阼階上賓亦北面于西階上荅拜士昏禮納采賓致命主人阼階上北面再拜又西醴賓主人北面再拜賓西階上北面荅拜又親迎賓升北面奠鴈再拜稽首鄉飲酒禮拜至主人阼階上當楣北面再拜賓西階上當楣北面荅拜鄉射作荅再拜又主人獻賓賓西階上北面坐卒爵興坐奠爵遂拜又賓酢主人主人適阼階上北面坐卒爵興坐奠爵遂拜又云阼階上北面再拜崇酒鄉射無北面二字文不具也又主人酬賓阼階上北面坐奠觶遂拜又云賓西階上荅拜鄉射作北面荅拜又主人獻介介西階上北面拜又云主人介右北面拜送爵又云介降席北面坐卒爵興坐奠爵遂拜鄉射禮旅酬主人阼階上北面拜又云賓主人之西北面拜送又二人舉觶西階上北面皆坐奠觶拜鄉飲酒不云北面文不具也燕禮主人升自西階賓右北面至再拜又主人獻賓賓西階上北面坐卒爵興坐奠爵遂拜又賓酢主人主人北面拜受爵又主人酬賓賓降筵北面荅拜賓降筵三字大射作西階上聘禮賓致命公左旋北向擯者進公當楣再拜又賓覿升公北面再拜特牲饋食禮西階上獻賓賓北面拜受爵有司徹主人授尸几東

楹東北面拜又云尸與侑皆北面荅拜又尸西楹西北面
拜洗主人東楹東北面奠爵荅拜又主人酌獻尸尸北面
拜受爵主人東楹東北面拜送爵又尸拜告旨主人北面
于東楹東荅拜又尸北面卒爵拜主人北面于東楹東荅
拜又主人酌獻侑侑西楹西北面拜受爵主人在其右北
面荅拜又侑北面于西楹西卒爵拜又尸酢主人主人拜
洗尸北面于西楹西荅拜又主人東楹東北面拜受爵尸
西楹西北面荅拜又主人北面于阼階上卒爵拜又尸侑
皆北面于西楹西主人北面于東楹東再拜崇酒尸侑皆
荅再拜又上賓三獻西楹西北面拜送爵又主人酬尸東
楹東北面拜尸西楹西北面荅拜又獻賓于西階上主人
在其右北面荅拜又主人酌酢于長賓西階上北面賓在
左主人坐奠爵拜賓荅拜又尸作三獻之爵三獻北面荅
拜又酌獻侑三獻北面荅拜又酌致主人三獻東楹東北
面荅拜又尸酢三獻西楹西北面拜受爵又二人舉觶西面
楹西北面東上坐奠爵拜又尸北面于阼階上酬主人主
人在右坐奠爵拜主人荅拜是堂上之拜皆北面也又士
冠禮賓醴冠者冠者筵西拜受觶賓東面荅拜有司徹尸
酢三獻尸升筵南面荅拜此皆堂上拜而不北面者辟正
主也又士昏禮婦見舅姑升進北面拜又贊醴婦婦東面

拜受贄西階上北面拜送有司徹主婦獻尸侑及受尸酢皆西面拜致爵于主人則北面拜此則婦人之禮雖堂上拜不皆北面異於男子也釋例又云凡賓主人禮盛者專階不盛者不專階案士冠禮孤子冠凡拜北面于阼階上賓亦北面于西階上荅拜士昏禮納采賓升西階當阿東面致命主人阼階上北面再拜禮華醴賓揖讓如初升主人北面再拜亦于阼階上賓西階上北面荅拜鄉飲酒鄉射賓至主人升賓升主人阼階上當楣北面再拜賓西階上當楣北面荅拜主人獻賓拜洗受爵送爵告旨卒爵賓酢主人拜洗受爵送爵卒爵崇酒主人酬賓先卒觶及受賓觶送觶皆主人阼階上拜賓面階上拜聘禮公升二等賓升西楹西東面歸饔餼及問卿皆賓主專階有司徹迎尸主人先升自阼階尸侑升自西階西楹西北面東上主人東楹東北面拜至尸荅拜主人又拜侑侑荅拜主人獻尸送几受几拜洗受爵送爵告旨卒爵主人受尸酢拜洗受爵卒爵崇酒主人酬尸先卒觶受觶皆主人于東楹東拜尸于西楹西拜東楹東卽阼階上也西楹西卽西階上也公食大夫拜至賓雖降階拜辭之始升成拜然亦各拜於其階是禮盛者則專階也鄉飲酒主人獻介介受爵送爵卒爵介酢主人實爵卒爵崇酒皆介於西階上拜主人

于介右拜同拜于西階上鄉射禮主人獻大夫卽遵者受爵送爵卒爵大夫酢主人實爵卒爵祟酒亦大夫於西階上拜主人于大夫右拜鄉飲酒鄉射主人獻衆賓于西階上衆賓之長升拜受者三人主人拜送注拜送爵於衆賓右是亦同在西階上也燕禮大射賓主人皆升自西階主人賓右至再拜賓荅再拜主人獻賓拜洗送爵受爵告旨卒爵賓酢主人拜洗受爵送爵卒爵主人酬賓先卒爵受爵送爵皆賓于西階上拜主人于賓右拜燕禮大射公席于阼階上不與賓行獻酢之禮別使宰夫為主人故不敢專階而與賓同行禮於西階上也若主人獻公則降自西階于阼階下拜獻卿獻大夫獻士亦同于西階上拜有司徹主人獻侑侑于西楹西拜主人于侑右拜是禮不盛者則不專階也又特牲饋食禮主人獻賓受爵送爵卒爵及酳酢賓皆于西階上拜主人于賓右拜祭畢飲酒殺於飲酒正禮故不專階也至於有司徹獻長賓略同鄉飲酒獻衆賓之儀故亦同在西階上也**若殺則舉鼎陳于門外直東塾北面**孤子得申禮盛之父在有鼎不陳於門外【疏】正義曰殺亦謂殺牲盛氏以此為孤子冠之變禮是也陳于門外廟門之外也當東塾謂鼎在東塾之南也考士昏禮期初昏陳三鼎于

寢門外東方北面北上特牲少牢亦云北面北上此但云北面不云北上則止一鼎爾賈疏以爲三鼎非也○注孤子下敖本有尊字嚴本無校勘記云敖葢以意加不可從云孤子得申禮盛之父在有鼎不陳於門外者鄭意以門外之禮盛上若殺則特豚節不云陳於門外是乃父在之禮故知孤子無父得申禮盛之也或謂冠而殺牲本爲其子故不陳於門外孤子自主冠則陳於門外示特殺以盡敬於賓而非爲己說亦可通賈疏乃謂陳鼎在外者賓客之禮在內者私家之禮案士昏禮陳三鼎于寢門外特牲禮陳鼎于門外少牢禮陳鼎于廟門之外此皆私家之禮而陳鼎在外則賈說不足據矣禮經釋例云公食大夫禮甸人陳鼎七當門南面西上此陳於門外而南面者也至於士喪禮小斂奠大斂奠朔月奠旣夕禮陳鼎皆門外西面士虞禮陳三鼎于門外之右北面北上入設于西階前東面北上則又禮之變不可引以爲據也敖氏云大夫士陳鼎于門外皆北面惟喪奠西面國君陳鼎南面天子未聞此說得之○李氏云大戴禮曰公冠自爲主迎賓揖升自阼立於席北旣醴降自酢其餘自爲主者其降也自西階以異其餘皆與公同也曾子問曰父没而冠則已冠埽地而祭於禰已祭而見伯父叔父而後饗冠者饗冠者

謂禮賓也今案大戴禮所云可證孤子自爲主之禮曾子
問所云則直可補此經之闕也周氏學健云已祭而見伯
父叔父則知伯叔父
不得爲冠主明矣

右孤子冠

若庶子則冠于房外南面遂醮焉 房外謂尊東也不於阼階非代也不醮於客位
成而不尊【疏】正義曰上經所云適子無父者冠法也此經所云
庶子父在者冠法也敖氏謂父沒則其禮同於適
恐非方氏苞云適兄在而庶弟冠於阼其義何居觀庶婦
之不饋則知庶子不得與適同矣今案遂醮焉者謂冠於
房外醮亦於房外也敖氏云若不醮而醴其位亦如之此
說甚是周公制禮以醴爲正醮則因其舊俗而行之經因
上醴醮竝言故隨舉醮言之與言醮於客位者同互文耳
非謂庶子冠但得用醮而不得用醴也賈疏牽涉夏殷謂
三代庶子皆同用醮非矣又謂周庶子一醮夏殷庶子三
醮更屬支離敖氏云經惟言冠而遂醮略無異文則是三
加三醮皆與上文適子之禮同惟以冠醮在房外爲異案
敖說是也褚氏云適子有當用醮者曾子問孔子曰天子

賜諸侯大夫冕弁服於大廟歸設奠服賜服於是乎有冠醮無冠醴鄭注服賜服酌用酒尊賜也不醴明不爲改冠改冠當醴之皇氏云諸侯大夫未冠總角從事當冠之年因朝天子而賜之服故歸遂不改冠然則適子用醴庶子用醮之說固不足信矣　注云房外謂尊東也者上經云尊于房戶之閒謂尊在房西室戶東此在房戶之外而南面故知在尊東也云不於阼非代也者下記曰適子冠于阼以著代也此庶子不於阼是非代故也云不醮於客位成而不尊者記曰醮于客位加有成也是適子於客位因其成人而尊之此因冠之處醮焉不於客位是成而不尊也

右庶子冠

冠者母不在則使人受脯于西階下（疏）正義曰敖氏云言於此者見以上冠者之禮同也張氏爾岐云母不在謂有他故非沒也使人受脯當於後見之褚氏云母沒則無所謂使無所謂受矣被出而嫁則已絕於廟亦不得行此禮矣不在當依賈疏歸寧疾病之訓爲正今案不在謂不在闈門之外耳王氏

士讓謂母或有外喪之服未除不入廟預嘉事可備一說或以不在爲母亾謨甚母亾則當與父沒同埽地而祭矣吳氏疑義云西階下盞就取脯降處授之不至東壁也

右見母權法

戒賓曰某有子某將加布于其首願吾子之教之也吾子相親之辭吾我也子男子之美稱古文某爲謀【疏】正義曰周公作經先載行禮節次而以諸辭類載於後蓋欲其儀節易明也自此至某敢不宿與乃戒賓宿賓之辭又有祝辭醴辭醮辭字辭列後王氏士讓云辭與記異記乃讀經者所附辭則作經時著爲定式之文便於士大夫承用亦即經也今案昏禮諸辭俱載記中與此篇異敖氏嘗疑之沈氏彤云案冠禮諸辭卽經也昏禮經未及辭故於記補之冠禮經詳昏禮經略故記補其未備未可一例論也○某有子某賈疏云上某主人名下某子之名加布初加緇布冠也敖氏云冠禮三加乃惟云布者取其始加而質者言之謙也今案教之謂教以加冠之禮也　注云吾子相親之辭者經不直云子而云吾子是親之之辭也云吾我也

者爾雅釋詁文說文吾我自稱也云子男子之美稱者賈疏云古者稱師曰子又公羊傳云名不若字字不若子是也云古文某爲謀者胡氏承珙云案以某代名金滕惟爾元孫某已然此本無正字皆假借爲之說文某酸果也古書多借此爲代名之字謀亦从某聲故古文又作謀鄭以代名之字書傳相承作某故不從古文耳

賓對曰某不敢恐不能共事以病吾子敢辭病猶辱也古文病爲秉【疏】正義曰共事謂供給冠事敖氏云不能共事則冠禮不成故云病吾子 注云病猶辱也古文病爲秉者段氏云病不訓辱而可通於辱故曰猶辱秉則病之假借字也丙聲秉聲古音同部

主人曰某猶願吾子之終教之也賓對曰吾子重有命某敢不從敢不從許之辭【疏】正義曰重有命謂再有命也重訓再見史記索隱 注云敢不從許之辭者敢不從謂不敢不從是許之也李氏云此所謂一辭而許曰禮辭也

宿曰某將加布于某之首吾子將莅之敢宿

○以上戒

賓對曰某敢不夙興莅臨也今文無對【疏】正義曰注云莅臨也者莅亦作涖詩采芑方叔

涖止毛傳涖臨也云今文無對者胡氏承珙云案上文戒賓賓辭及賓許皆有對此宿賓亦當有對故不從今文○以上宿

右戒賓宿賓之辭

始加祝曰令月吉日始加元服令吉皆善也元首也疏正義曰前始加冠時云進容乃祝此令月吉日以下即始加之祝辭也再加三加不言祝省文○注首也首通典作長　云令吉皆善也者爾雅釋詁云令善也說文吉善也云元首也者左傳僖三十三年晉先軫入狄師免冑狄人歸其元面如生孟子曰勇士不忘喪其元是元爲首也上經云某有子某將加布于其首故知加元服爲加首服也棄爾幼志順爾成德壽考惟祺介爾景福爾女也既冠爲成德祺祥也介景皆大也因冠而戒且勸之之文如是則有壽考之祥大女之大福也疏正義曰壽考惟祺集釋作維○朱子云順古與慎通用張氏爾岐云幼志幼年戲弄之志也棄禁絕之也順成德安養其成人之德也今案幼志即左傳所謂童心棄謂除去也注

云爾女也者女與汝通表記靖共爾位鄭注爾汝也云旣冠爲成德者旣冠責以爲人子爲人弟爲人臣爲人少者之禮皆成人之德也云祺祥也者爾雅釋言文云介景皆大也者介與景皆訓大見爾雅釋詁詩小明介爾景福毛傳介景皆大也云因冠而戒者棄爾幼志是戒也云且勸之女如是則有壽考之祥大女之大福也者祝以有是德郎有是福是勸之也李氏云家語成王冠頌曰令月吉日王始加元服去王幼志服袞職欽若昊天六合是式率爾祖考永永無極此周公之制也○張氏云服蒲北反福筆勒反與德叶

再加曰吉月令辰乃申爾服辰子丑也申重也

疏正義曰古謂吉月爲月朔此云吉月令辰謂月辰皆善耳與上令月吉日互言以成文無異義也注云辰子丑也者左傳成九年浹辰之閒而楚克其三都孔疏從甲至癸爲十日從子至亥爲十二辰故周禮縣治象浹日而斂之謂周甲癸十日此言浹辰謂周子亥十二辰然則自子至亥皆爲辰此注云子丑者隨舉以示人也云申重也者爾雅釋詁文

敬爾威儀淑愼爾德眉壽萬年永受胡福胡猶遐也遠也遠無窮古文眉作麋

疏正義曰敖氏云淑善也眉壽豪眉也人年老必有豪

眉秀出者張氏爾岐云敬爾威儀正其外也淑慎爾德謹其內也內外夾持順成成德者當如是 注云胡猶遐也遠也遠無窮者惠氏棟云詩隰桑云心乎愛矣遐不謂矣禮記引此詩遐作瑕鄭注瑕之言胡也遐胡互訓古音通互詳少牢禮胡壽保建家室下云古文眉作麋者惠氏云大戴禮王言篇孔子愀然揚麋盧注麋一作眉荀子非相云伊尹之狀面無須麋楊注麋與眉同漢書皆以麋爲眉蓋古字簡少通用至漢猶然也今案眉正字麋假字故鄭從今文

三加曰以歲之正以月之令咸加爾服 正猶善也咸皆也皆加女之三服謂緇布冠皮弁爵弁也 疏 正義曰注皆加女之三服加毛本誤作如云正猶善也者上注云令吉皆善也此正亦是善故云猶善士喪禮決用正王棘注云正善也是正有善義云咸皆也者爾雅釋詁文

兄弟具在以成厥德 厥其 疏 正義曰此注嚴徐集釋通解俱有集釋其下有也字他本脫○此云兄弟具在下醮辭云兄弟具來見觀瞻攸繫也敖氏云厥指兄弟能成兄弟之德則正身齊家之事也張氏爾岐云兄弟具在成此冠禮是成其德也今案成德當指冠者言張說是也 注云厥其者詳前

黃耇無疆受天之慶

黃黃髮也耇凍棃〔疏〕正義曰慶賜也○注嚴本作凍棃監也皆壽徵也彊竟本棃作棃盧氏文弨羣書拾補云凍作凍謠棃棃可通或作犂謠云黃黃髮也耇凍棃也者詩行葦序云外尊事黃耇鄭箋同云皆壽徵也者爾雅釋詁曰黃髮齯齒鮐背耇老壽也詩行葦疏引舍人曰黃髮老人髮白復黃也孫炎曰黃髮髮落更生者似舍人說是耇者說文云老人面凍棃若垢詩疏引孫炎曰耇面凍棃色如浮垢也是皆爲壽徵也云彊竟者詩七月萬壽無彊毛傳彊竟也○張氏爾岐云首三句爲一聯服叶德慶叶彊音羌正令二句又自相叶

右加冠祝辭

醴辭曰甘醴惟厚嘉薦令芳嘉善也善薦謂脯醢芳香也〔疏〕正義曰此醴辭謂冠訖醴冠者之辭也敖氏云醴言厚見其未沛　注云嘉善也者爾雅釋詁文**拜受祭之以定爾祥承天之休壽考不忘**休美也不忘長有令名〔疏〕正義曰拜受祭之謂拜受觶祭脯醢祭醴也此敎其行禮下三句祝之也張氏爾岐云定祥承休與易凝命之旨相類天人之理徵見於此○注休美也

三字今本脫嚴徐集釋通解敖氏俱有　云休美也者釋詁文云不忘長有令名者敖氏云壽考不忘者謂至於壽考而人不能忘之也此蓋古人祝頌之常語詩亦多用之

右醴辭

醮辭曰旨酒既清嘉薦亶時 亶誠也古文亶爲癉 疏 正義曰此不醴而醮者之辭也醮有一加一醮故醴辭一而醮辭有三又醮有不殺及殺之異而其辭則同也　注云亶誠也者爾雅釋詁文云古文亶爲癉者段氏云古文用假借字癉勞病也

始加元服兄弟具來孝友時格永乃保之 善父母爲孝善兄弟爲友時是也格至也永長也保安也行此乃能保之今文格爲嘏凡醮者不祝 疏 正義曰注格至也集釋至作致嚴本及各本俱作至云善父母爲孝善兄弟爲友者爾雅釋訓文云時是也格至也永長也者皆釋詁文云保安也者詩南山有臺保艾爾後毛傳保安也云行此乃能保之者張氏爾岐云孝友時格孝友極其至也敎以盡孝友之道乃可長保之也云今文格爲嘏者胡氏承珙云格有至訓本爾雅嘏不訓

至故鄭不從今文少牢禮以嘏于主人注古文嘏爲格彼是福慶之辭字當作嘏故又不從古文作格耳經義述聞云格假字也嘏正字也大福曰嘏孝友時嘏言唯孝友之人是福也其福久而不失故又曰永乃保之之字正指嘏言也下文字辭曰宜之于假永保之注曰假大也案假亦與嘏通宜之于嘏猶言福祿宜之也永受保之之字亦指嘏言也敖繼公訓格爲感格尤誤謹案從今文作嘏則之字較有著落似勝鄭說云凡醮者不祝者李氏云醮者於醮乃有辭冠時不祝楊氏云三加三醮旣有醮辭則不用祝辭也張氏云醮者不祝祝謂用酒以醮者每加冠畢但用醮辭其方加冠時不用祝辭也詳醮辭始加元服等句與祝辭相類兼用之則複矣賈以爲醮庶子不用祝辭罄會注意今案諸說是也敖氏謂醮者亦祝則豈始加元服等句旣用於加冠時又用於醮乎必不然矣王氏士讓褚氏寅亮已辨之○李氏云來古音力之反案與時之叶

再醮曰旨酒既湑嘉薦伊脯

湑清也正義曰敖氏云獨言脯者欲協音耳亦舉其所伊惟也疏上言之也凡一籩一豆則先脯後醢注云湑清也者說文湑莤酒也詩鳧鷖爾酒旣湑箋云湑酒之泲者也是湑不訓清但莤之泲之則酒清故此注直云湑清

也云伊惟也者爾雅釋詁云伊維也惟與維通乃申爾服禮儀有序祭此嘉爵承

天之祜祜福也疏正義曰注云祜福也者釋詁文三醮曰旨酒令芳籩豆有

楚旨美也楚陳列之貌疏正義曰醮辭三章皆從旨酒說起明其不用醴也　注云旨美也者說文同云楚陳列之貌者詩賓之初筵籩豆有楚毛傳楚列貌與此義同案籩豆亟醮皆更設之賈謂三醮用再醮之籩豆非也辨見前

咸加爾服肴升折俎肴升折俎亦謂豚疏正義曰注云肴升折俎亦謂豚者敖氏云折肴謂乾肉若豚也今案上文不殺而醮有乾肉折俎殺而醮云加俎嚌之是二者皆有俎鄭恐人疑此肴升折俎專指不殺者言之故云亦謂豚謂兼若殺在內蓋不殺與殺均用此醮辭也或謂此醮辭與三百篇文句多相似乃後人襲詩辭爲之非周公作經之舊不知周公因舊俗而制醮禮自當有其辭安知非後之作詩者襲取禮經而用之平

承天之慶受福無疆疏正義曰王氏士讓云首章言孝友本也次章言禮儀有本而後有文終之以受福無疆勉其以德獲福也○慶音羌張氏爾岐云亦兩句叶

右醮辭

字辭曰禮儀旣備令月吉日昭告爾字昭明也疏正義曰此賓直西序東面與冠者爲字之辭也禮儀旣備謂三加已畢也注云昭明也者說文昭日明也是昭有明義爰字孔嘉髦士攸宜爰於也孔甚也髦俊也攸所也疏正義曰此孔嘉之字實髦士所宜也注云爰於也釋詁文云孔甚也髦俊也攸所也皆爾雅釋言文○李氏云嘉古音姬與宜字叶宜之于假永受保之曰伯某甫仲叔季唯其所當于猶爲也假大也宜之是爲大矣伯仲叔季長幼之稱甫是丈夫之美稱孔子爲尼甫周大夫有嘉甫宋大夫有孔甫是其類甫字或作父疏正義曰通典仲上有伯字集釋唯作惟案自字辭曰至此經注分節悉依嚴本其徐本鍾本集釋楊氏竝與嚴同今本以字辭至孔嘉爲一節髦士至于假爲一節永受至所當爲一節注亦隨經而分與古本異校勘記云案備與字爲一韻嘉與宜爲一韻假與甫爲一韻此鄭氏分節之意也通解誤讀古韻割裂經注今本依之非矣注云于猶爲也謂于與爲

同義詳聘禮記賄在聘于賄下云假大也者爾雅釋詁文云宏之是爲大矣者鄭訓于爲爲訓假爲大故言宏之爲大矣朱子云假恐與嘏同福也注說非是經義述聞據藝文類聚禮部下通典禮十六竝引作宏之於嘏亦謂嘏大福也詳前醮辭孝友時格下云伯仲叔季長幼之稱者如論語周有八士以伯仲叔季分別長幼之次是也此仲叔季唯其所當七字非字辭乃作經者於辭外申言之謂辭稱伯某甫者特舉伯爲例其實伯仲叔季當隨長幼異稱李氏云唯其所當者當其次則稱之今案如次仲則稱仲某甫次叔則稱叔某甫次季則稱季某甫也檀弓曰幼名冠字五十以伯仲周道也賈疏謂二十爲字之時未呼伯仲至五十乃加而呼之朱子曰案檀弓孔疏云人年二十冠而加字如曰伯某甫者年至五十耆艾轉尊則又舍其某字而直以伯仲別之與此賈疏不同疑孔說是云甫是丈夫之美稱者說文甫男子美稱也鄭氏詩甫田箋云甫之言丈夫也是也云孔子爲尼甫者見左傳哀十六年云周大夫有嘉甫者嘉亦作家見左傳桓十五年云宋大夫有孔甫者見左傳桓二年云是其類者舉以證經某甫之稱也云甫字或作父者段氏云此古同音通用春秋經孔父家父檀弓尼父字皆作父是也胡氏承珙云鄭君注禮

凡不言占今文言或作或爲者蓋當時又別有本存之所以通俗又下記章甫殷道也注甫或爲父今文爲斧士相見禮若父則游目注今文父爲甫者段氏云斧與父甫同音故今文假斧爲甫胡氏云此又假俗中之假俗也至士相見禮之父今文又俗甫爲之此雖於義易明然不如各仍其正字故皆壘而不用今案某甫鄭多釋爲且字詳士喪禮哀子某爲其父某甫筮宅下顧氏炎武云備與字一韻嘉與宜一韻假與甫一韻古人文字錯綜不必二句一韻也案前引校勘記所云即本顧說臧氏庸謂字辭終於永受保之自曰伯某甫以下十一字皆爲記者之言恐非

右字辭

屨夏用葛玄端黑屨青絇繶純純博寸

屨者順裳色玄端黑屨以玄裳爲正也絇之言拘也以爲行戒狀如刀衣鼻在屨頭繶縫中紃也純緣也三者皆青博廣也

疏 正義曰此以下言三服之屨也左氏暄云周禮屨人注襌下曰屨複下曰舄古今注以木置屨下乾腊不畏泥溼故曰舄以是知屨舄屨

之異名也但有禪下複下用木之異耳今案屨與舄異而
履爲通名說文云履足所依也又云屨履也韻會云舄履
也是屨舄皆可稱履矣經不敘屨於三服後者一以屨賤
宜別言之一以屨制繁若竝言之恐失輕重之義故退屨在
篇末也經言夏用葛則冬用皮可知故下經又言冬皮屨
可也賈氏謂春則從冬秋則從夏張氏爾岐謂春秋熱則
從夏寒則從冬張說較勝葛屨見詩亦見周禮屨人據鄭
注屨人謂天子諸侯吉事皆舄其餘惟服冕衣翟著舄耳
然則士無舄亦無舄矣此玄端黑屨初加緇布冠時所用
之屨也○注屨者順裳色敖無者字嚴本及各本俱有
云屨者順裳色者謂屨與裳同色猶之衣與冠同色也云
玄端黑屨以玄裳爲正也者玄端有玄裳黃裳襍裳之不
同而同用黑屨者以其黑與玄同色故云以玄裳爲正也
云約之言拘也以爲行戒狀如刀衣鼻在屨頭者士喪禮
襲時乃屨綦結于跗連約注云約屨飾如刀衣鼻在屨頭
上周禮屨人鄭注約謂之拘著舄屨之頭以爲行戒然則
約者屨飾在屨頭上其狀如漢時刀衣鼻有孔得穿繫於
中其義則取於拘拘止足以爲行戒也若無約則謂之鞮
屨見周禮鞮鞻氏注云繶縫中紃也者屨人注同案禮記
襍記紃以五采注紃施諸縫中若今時條也是紃卽條謂

儀禮正義　卷二　冠二

屨牙底相接之縫中綴條以爲飾也云純緣也者屨人注亦同謂屨口緣邊也云三者皆青者以經云青絇繶純明是絇繶純三者皆用青色也此及下白屨皆以繡次爲飾也云博廣也者謂緣之廣一寸也

素積白屨以魁柎之緇絇繶純純博寸

魁蜃蛤柎注者 疏 正義曰柎宋本釋文從手旁也嚴徐作者敖氏作之集釋及今本作也○此素積白屨再加皮弁時所用之屨也素積素裳而白屨亦順裳色也絇繶純皆緇緇亦黑色也 注云魁蜃蛤者周禮掌蜃曰祭祀共蜃器之蜃鄭注飾祭器之屬也鄭司農云蜃可以白器令色白又曰共白盛之蜃鄭注謂飾牆使白之蜃也今東萊用蛤謂之叉灰云考工記㡛氏注鄭司農引此經亦云魁蛤也段氏以爾雅釋魚魁陸解之案郭注引本草云魁狀如海蛤則魁陸爲此經的解萬氏斯大謂魁以木爲之今俗制屨者之模範乃謬說也云柎注者段氏云周禮司市其附于刑者歸于士注故書附爲柎杜子春云當爲附然則此經柎之亦當爲附之也古柎付附三字通用注者周禮瘍醫注云注謂附著藥則此亦謂附著之也

爵弁纁屨黑絇繶純純博寸

爵弁屨以黑爲飾爵弁尊其屨飾以繢次 疏 正義曰此爵弁纁屨

三加爵弁時所用之履也爵弁纁裳而纁履亦順裳色也
不言纁裳者賈氏謂嫌與六冕同玄衣纁裳故不以衣裳
而以首服見履是也　注云爵弁履以黑爲飾爵弁尊其
履飾以繢次者案考工記曰畫繢之事襍五色東方謂之
青南方謂之赤西方謂之白北方謂之黑天謂之玄地謂
之黃青與白相次也赤與黑相次也玄與黃相次也鄭注
此言畫繢六色所象及布采之第次繢以爲衣又曰青與
赤謂之文赤與白謂之章白與黑謂之黼黑與青謂之黻
五采備謂之繡鄭注此言刺繡采所用繡以爲裳又鄭注
履人云凡舄之飾如繢之次凡履之飾如繡次也賈疏謂
對方爲繢次比方爲繡次案對方者謂青與白赤與黑玄
與黃也比方者謂青與赤赤與白白與黑黑與青也上黑
履以青爲飾白履以緇爲飾如繡次則纁履當以白爲飾
而乃以黑爲飾者尊爵弁故飾履加繢次與舄同也○朱
子云三履經不言所陳處注疏亦無明文疑亦在房中故
旣加冠而適房改服卽得竝易履而出也但不知的在何
處疑服旣北上則或各在其裳之南也敖氏云此履先卑
而後尊以三加之次言之也三屨陳之蓋在其裳之西盛
氏云朱子謂履在裳南者據經服北上言也敖氏謂在裳
西者據經服東領言也蓋服旣東領則裳與帶韠以次而

而屨當在其末敖說近是

冬皮屨可也

疏正義曰敖氏云皮屨不見其色與飾同於上可知案餘巳詳上

不屨繐屨

繐屨喪屨也縷不灰治曰繐

疏正義曰敖氏云不屨之屨著屨之稱也然則不屨即謂不著矣注云繐屨喪屨也者李氏云喪服有繐衰知繐屨喪屨也曾子問曰如將冠子而未及期日而有齊衰大功之喪則因喪服而冠除喪不改冠禨記曰以喪冠者雖三年之喪可也大功之末可以冠子可以嫁子父小功之末可以冠子可以嫁子可以取婦己雖小功既卒哭可以冠取妻下殤之小功則不可今案據曾子問有因喪而冠之禮因喪而冠可用喪屨此經所云乃平常冠法則不得用喪屨也然考喪服繐衰不用繐屨他亦無用繐屨者則繐屨喪屨之說似有難明惟敖氏云繐乃布之疏者以之為屨則輕涼也言此者嫌夏時冠或得用之繐非吉布而冠則嘉禮之重者是以不宜屨此屨也此說得之云縷不灰治曰繐者賈疏云斬衰冠六升傳云鍛而勿灰則繐衰四升半不灰治可知餘詳喪服繐衰傳下

右屨

記冠義【疏】正義曰賈疏云凡言記者皆是記經不備兼記
經外遠古之言熊氏朋來云十七篇惟士相見
大射少牢饋食有司徹四篇不言記其有記者十有三篇
然冠禮之記有孔子曰其文與郊特牲所記冠義正同其
餘諸篇惟旣夕之記略見於喪大記之首章喪服之傳與
大傳中數語相似餘記自與小戴冠昏等六義不同何二
戴不以禮經所有之記文而傳之也十三篇之記必出孔
子之後子夏之前蓋孔子定禮而門人記之故子夏爲作
喪服傳而並其記亦作傳焉張氏爾岐云此記已有孔子
曰當在孔子後不知定誰所錄冠義又記中小目餘篇不
復言某義者或欲舉一例餘也又戴記亦有冠義又後儒
所爲故與此異也盛氏云凡爲記者有三有記經所未備
者有記禮之變異者有各記所聞頗與經義相違者記經
所未備者周公之徒爲之與經並行者也記禮之變異則
非周之盛時之書矣其在春秋之際乎至於各記所聞者
則七十子後學所記也今案諸家發明記義各有所見故
並錄之又盛氏謂此篇之經至歸賓俎而止矣自若不醴
則醮用酒以下皆記也以昏禮較之此若不醴及下文若
殺猶昏禮記若不親迎也若孤子若庶子及冠者母不在
猶昏禮記庶婦及宗子無父之類屨制一節亦似昏禮記

摯不用死腊必用鮮之類皆記經所未備至諸辭則昏禮俱屬記內尤爲明證案此經古本相傳已久未可據易而其說則可存參云 **始冠緇布之冠也大古冠布齊則緇之其緌也** 大古唐虞以上緌纓飾未之聞大古質蓋

孔子曰吾未之聞也冠而敝之可也 亦無飾重古始冠冠其齊冠白布冠者今之喪冠是也 疏 正義曰大古嚴本作大注同集釋亦作大今本大作太盧氏詳校從大注大古質蓋亦無飾毛本無蓋亦二字嚴徐集釋通解要義敖氏俱有白布冠者毛本冠下無者字嚴徐俱有○此以下至末與郊特牲所引冠義悉同唯字句小異耳彼文作始冠之緇布之冠也多一之字冠禮三加先加緇布冠故以爲始冠之冠也大古冠布齊則緇之此釋緇布冠所由來也郊特牲疏云大古之時其冠唯用白布常所冠也若其齊戒則染之爲緇彼注云齊則緇之鬼神尚幽闇也其緌也孔子曰吾未之聞也此引孔子之言以明有緌之非也郊特牲疏云玉藻緇布冠繢緌則緇布冠有緌者皇氏云此經所論謂大夫士故緇布冠無緌諸侯則位尊盛飾故有緌也今案皇說蓋本玉藻注然孔子云未聞是緇布冠古未有加緌之事玉藻所云論者

多以爲非古制則諸侯亦不得有緌矣冠而敝之可也此亦孔子之言緇布冠冠訖不復用故可敝棄之也聶氏云自士以上冠訖不復著然庶人猶常著之故詩云彼都人士臺笠緇撮案毛傳云緇撮緇布冠也郊特牲注云三代改制齊冠不復用也又玉藻曰始冠緇布冠自諸侯下達冠而敝之可也鄭注本大古耳非時王之法服也與郊特牲注義同自諸侯下達謂自諸侯至士皆用緇布冠也不言天子者以天子始冠用玄冠也江氏永云後世之玄冠用縕不用布故始冠之緇布冠既冠可敝注疏未明言玄冠用縕則可敝之義不明當補　注云大古唐虞以上者以下云三王共皮弁素積知大古在三王前故云唐虞以上郊特牲注亦云唐虞以上曰大古也云緌纓飾者陳氏奐云內則冠緌纓鄭注緌纓之飾也孔疏結纓頷下以固冠結之餘者散而下垂謂之緌據此孔疏則纓緌一物張氏惠言儀禮圖云疑緌者別爲絲組既結纓乃著於纓之兩端玉藻疏云惟績緌爲異其青組纓與士同是孔亦以緌纓爲二物矣又玄冠紫緌注云緌當用績諸侯玄冠丹組纓而緌當用績則鄭亦以纓緌爲二也云未之聞大古質蓋亦無飾者襍記曰大白冠緇布之冠皆不蕤蕤與緌同鄭注不緌質無飾也是也云重古始冠冠其齊冠者緇

布冠古之齊冠重之故始冠不用玄冠而用緇布冠也云白布冠者今之喪冠是也者大古唯服白布冠後制毋追之等則以白布冠爲喪冠也郊特牲注亦云大白即大古白布冠今喪冠也

右記用緇布冠之義

適子冠于阼以著代也醮于客位加有成也 醮夏殷之禮每加於阼則醮之於客位所以尊敬之成其爲人也 【疏】正義曰嚴徐集釋俱有此注杜加有成也下楊氏有醮夏殷至於客位十五字今本竝脫又注阼下則字集釋作階非○郊特牲注云東序少北近主位也案阼是主位故冠於此以著代敖氏云著明也明其代父也禮記冠義注云適子冠於阼若不醴則醮用酒於客位敬而成之也戶西爲客位庶子冠於房戶外又因醮焉不代父也今案適子醴於客位醮亦於客位記不言醴而言醮者欲見醮與醴雖殊而於客位則同以别於庶子也此注極明析注云醮夏殷之禮者此賈疏所本然朱子已辨之矣未可從蓋醴質而醮文三代之禮毎由質而趨於文未有由文而趨於質也云毎加於阼則醮之於客位者謂一加則一醮也此專主醮

禮言之不若禮記注之包括云所以尊敬之成其爲人也
者郊特牲注云每加而有成成人之道也成人則益尊醮於
客位尊之也二注解有成義異亦禮記注爲長敖氏云加
猶尚也尊也尊其有成人之道故以客禮待之張氏爾岐
云加有成加禮於有成德者也姜氏兆錫云加嘉同適子
冠於阼醴於戶西醮用酒亦如之凡以嘉之也今案此數
說不解加爲加冠甚是否
則與下三加彌尊句複矣

右記重適子之義

三加彌尊諭其志也 彌猶益也冠服後加益尊 諭其志者欲其德之進也 疏 正義曰 嚴徐集
釋俱有此注 楊氏有諭其志者二句今本並脫○郊特牲 諭作喻義同 注云彌猶益也者彌與益殊而義可通於
益故云猶益呂覽高注亦云彌猶益也云冠服後加益尊 者謂始加緇布冠次加皮弁皮弁尊於緇布冠三加爵弁
爵弁又尊於皮弁是益尊也云諭其志者欲其德之進 也者張氏爾岐云教諭之使其志存修德每進而上也

冠而字之敬其名也 名者質所受於父母冠成人 益文故敬之也今文無之 疏 正義曰 注故敬

之也今文無之下五字今本俱脫嚴徐集釋俱有云名者質所受於父母冠成人益文者子生三月父名之旣冠賓字之字以代名是益文也云故敬之也者張氏爾岐云敬其名敬其所受於父母之名非君父之前不以呼也云今文無之者案郊特牲作冠而字之有之字與古文合故鄭從古文○禮記冠義曰故冠於阼以著代也醮於客位三加彌尊加有成也已冠而字之成人之道也與此大同而文有詳略葢記禮者傳聞之異耳

右記三加及冠字之義

委貌周道也章甫殷道也毋追夏后氏之道也委猶安也言所以安正容貌章明也殷質言以表明丈夫也甫或爲父今文爲斧毋發聲也追猶堆也夏后氏質以其形名之三冠皆所服以行道也其制之異同未之聞

疏 正義曰毋追唐石經嚴本閩監宋本釋文俱作毋毋今本釋文徐陳俱作母注同校勘記云案古人書毋毋不甚有別故釋文遇毋字必有音曲禮音義曰毋字與父母字不同俗本多亂讀者皆朱點母字以作無音非也可見二字蒙溷已久凡可以意會者今不盡校也注首或謂委貌爲玄冠嚴徐集釋俱

無此七字通解及今本有金氏曰追云此乃鄭注郊特牲文因通解參取兩注傳寫者不察而誤衍於此耳甫或爲父葛本爲作謂猶堆也陸氏云堆本或作堆同皆所常服嚴本無常字○江氏筠云委貌三句是據經緇布冠而推言之周弁殷冔夏收據爵弁而言退皮弁在下者以上二者三代異制冔異名皮弁則無異故也今案江說本郊特牲疏張氏爾岐謂此因玄冠畢易服玄冠故記之蓋重古始冠服緇布冠其後即服玄冠二說皆通前注日主人玄冠注玄冠委貌也玉藻注同續漢書輿服志注云石渠論玄冠朝服戴聖曰玄冠委貌也是鄭所本矣　注云委猶安也言所以安正容貌冠者鄭訓委爲安而又申言安正容貌以明冠名委貌之義也委貌亦單言委穠記言委武玄縞左傳言晏平仲端委立于虎門是也云章明也殷質言以表明丈夫也者鄭注書堯典平章百姓亦訓章爲明詩甫田箋云甫之言丈夫故以表明丈夫解冠名章甫之義也華甫或爲父今文作斧者詳前伯某甫下江氏永云公西言端章甫猶云端委孔子言長居宋冠章甫之冠魯人歌衮衣章甫爰得我所似當時章甫與委貌亦通行可通稱也云毋發聲也者史記集解引漢書音義亦云毋發聲語助又釋名作牟追廣雅作無追毋牟無三字聲同云追猶

堆也者惠氏棟云案追古堆字枚乘七發曰踰岸出追李善曰追亦堆字今爲追古字假借說文云𠂤小阜也徐鉉曰今俗作堆河東風陵堆戴延之謂之風堆案此與釋文堆本作塠合云夏后氏質以其形名之者以委貌章甫皆言其義此追與堆同是言其形也云三冠皆所服以行道也者郊特牲注云常所服以行道之冠也孔疏行道謂養老燕飲燕居之服敖氏訓道爲制恐非云其制之異同未之聞者謂其制或異或同未聞也鄭在漢時既未之聞則後世如三禮圖等書所云三冠制相似皆漆布殼以緇縫其上蓋有難於徵信者矣

周弁殷冔夏收

弁名出於槃槃大也言所以自光大也冔名出於幠幠覆也言所以自覆飾也收言所以收斂髮也其制之異亦未聞

【疏】正義曰白虎通云弁之爲言攀也所以攀持其髮也詩文王曰常服黼冔毛傳冔殷冠也五經文字云冔字林作冔緟經典相承隸省作冔史記五帝紀云帝堯黃收純衣或謂收以持笄王制曰有虞氏皇而祭夏后氏收而祭殷人冔而祭周人冕而祭似冔收即冕矣然此記與弁連言殷冠禮三加爵弁不加冕則二者當與弁同也江氏筠云凡經專言弁者類皆指爵弁䙰記大夫弁而祭於己士弁而祭於公下云士弁而親迎是也爵弁既非冕制而與

冔收連言者葢冕飾至周始備冔收二者周制以弁例之如殷士祼將服冔周士祭於公用弁其一也又殷人冔而葬周人弁而葬亦其一也今案說文弁冕屬也夏曰收殷曰冔周曰弁公羊傳宣元年何注云夏曰收殷曰冔周曰弁加旒曰冕此可證弁冔收同類矣○注齋所服而祭也嚴徐集釋俱無此六字通解及今本有盧氏文弨云郊特牲疏全引此兩節注文而無或謂委貌爲玄冠及齋所服而祭也兩句尤可證其制之異亦未聞嚴徐集釋俱有亦字今本無異葛本誤作畢異下敖氏有同亦二字盧氏云郊特牲疏引此注有亦字當補正今案王制疏引亦有亦字　云弁名出於槃槃大也冔名出於幠幠覆也者古音弁與槃冔與幠相近故取聲近之字解之云收言所以收斂髮也者卽就字之本義解之也

三王共皮弁素積質不變

疏　正義曰皮弁素積解巳詳前郊特牲注云所不易於先代孔疏以其質素故三王同服無所改易也亦據此注質不變申之說苑云皮弁素積百王不易

右記三代冠之同異

無大夫冠禮而有其昏禮古者五十而后爵何大夫冠禮之有據時有未冠而命爲大夫者周之初禮年未五十而有賢才者試以大夫之事猶服士服行士禮二十而冠急成人也五十乃爵重官人也大夫或時改取有昏禮是也

疏正義曰自此至德之殺皆推明士冠禮可以上達之故此節特言大夫無冠禮也有昏禮帶說古者二句乃申明大夫無冠禮之由下云古者生無爵死無謚注云古謂殷此云古據注則謂周初時也○注或時改取毛本取作娶嚴徐集釋通解敖氏俱作取　云據時有未冠而命爲大夫者時謂周末作記之時未冠而命爲大夫其冠亦從乎士而已大夫不空有冠禮故非之云周之初禮年未五十而有賢才者試以大夫之事猶服士服行士禮者此正明古者必五十而后爵也云二十而冠急成人也五十乃爵重官人也者周公制禮五十始命爲大夫服官政此注正明冠必二十爵必五十之義也云大夫或時改取有昏禮是也者三十而取五十而爲大夫則大夫不空有昏禮然或五十後改取則空有之故注云是也

公侯之有冠禮也夏之末造也造作也自夏初以上諸侯雖父死子繼年未滿五十者亦

服士服行士禮五十乃命也至其衰末上下相亂篡弒所由生故作公侯冠禮以正君臣也坊記曰君不與同姓同車與異姓同車不同服示民不嫌也以此坊民民猶得同姓以弒其君也〔疏〕正義曰郊特牲云諸侯之有冠禮夏之末造也此言不獨大夫無冠禮雖公侯作諸無也字張氏爾岐云此言不獨大夫無冠禮雖公侯冠禮亦夏末始作非古也據注訓造爲作則末字當一讀近徐師會解郊特牲云末造猶言末世則二字連讀盛氏云夏之末造也句法與檀弓魯禮之末失也相似當於末字一讀徐說非盛氏又云大夫以上本無冠禮而王藻記天子諸侯始冠之冠家語記成王冠頌及公侯冠禮左傳載魯襄公冠事國語載趙文子冠事然則諸侯冠禮始於夏末天子冠禮始於周初大夫冠禮其始於周之季世乎郊特牲孔疏謂此記直云諸侯不云天子又下云天子之元子猶與士同則天子冠禮由來已久但無文以明之案此臆說也家語言天子冠禮而直以成王之事實之且曰此周公之制也足徵其所自起矣惟其先有諸侯冠禮而後有天子冠禮故大戴禮公冠篇云天子擬焉今案天子諸侯之冠詳家語並錄其文備考家語冠頌郕隱公旣卽位將冠使大夫因孟懿子問禮於孔子孔子曰雖天子之元子猶士也其禮無變天下無生而貴者故也行冠事必

於祏廟以祼享之禮將之以金石之樂節之所以自卑而
尊先祖示不敢擅也懿子曰天子未冠即位長亦冠乎孔
子曰古者王世子雖幼其即位則尊爲人君人君治成人
之事者何冠之有懿子曰然則諸侯之冠異天子歟孔子
曰君薨而世子主喪是亦冠也已人君無所殊也懿子曰
今邾君之冠非禮也孔子曰諸侯之有冠禮也夏之末造
也有自來矣今無譏焉天子冠者武王崩成王年十有三
而嗣立周公居冢宰攝政以治天下明年夏六月既葬冠
成王而朝於祖以見諸侯示有君也周公命祝雍作頌曰
祝王辭達而勿多也祝雍辭曰使王近於民遠於年嗇於
時惠於財親賢而任能其頌曰令月吉日王始加元服去
王幼志服衮職欽若昊命六合是式率爾祖考永永無極
此周公之制也懿子曰諸侯之冠其所以爲賓主何如孔
子曰公冠則以卿爲賓公自爲主迎賓揖升自阼立於席
北其醴也則如士饗之以三獻之禮既醴降自阼階諸侯
非公而自爲主者其所以異皆降自西階玄端與皮弁異
朝服素韠公冠四加玄冕祭其酬幣於賓則束帛乘馬王
太子庶子之冠擬焉皆天子自爲主其禮與士無變饗食
賓也皆同○注五十乃命也五徐本作吾誤篡殺所由生
釋文作殺云本又作弑亦作試嚴徐陳本通解亦俱作殺

下同以殺其君也毛本也作者嚴徐集釋俱作也　云造作也者謂作此禮也郊特牲注云言夏初以上諸侯雖有幼而即位者猶以士禮冠之亦五十乃爵命也至其衰末有末成人者多見篡弑乃更即位則爵命之以正君臣而有諸侯之冠禮與此注略同晉書禮志云儀禮公侯之有冠禮夏之末造也王鄭皆以為夏末上下相亂篡弑由生故作公侯冠禮是王亦與鄭同矣引坊記者證篡弑之事也

天子之元子猶士也天下無生而貴者也

元子世子也無生而貴皆由下升

疏　正義曰郊特牲無猶字天下無生而貴者也明天子之元子與士同故冠用士禮也褚氏云上既言大夫與諸侯無自身之冠禮此　又明冠子亦用士禮雖天子之元子尚然況等而下之乎　注云元子世子也者元者長也鄭必解為世子者明其有繼體之尊也云無生而貴皆由下升者郊特牲注云明人有賢行著德乃得貴也惠氏棟云此說與易合乾初為元士象傳曰時乘六龍以御天皆由下升也今案白虎通云王者太子亦稱士何舉從下升以為人無生得貴者莫不由士起是注說所本矣

繼世以立諸侯象賢也

象法也為子孫能法先祖之賢故使之繼世也

疏　正義曰此下二節又

覆解諸侯大夫所以無冠禮之意張氏爾岐云諸侯繼世而立疑其生而貴矣實以其象賢乃立之天子元子亦以象賢乃享天位均非生而貴者也故其冠皆用士禮也注云象法也者象與像同象賢二字亦見書微子之命篇

以官爵人德之殺也殺猶衰也德大者爵以大官德小者爵以小官

疏正義曰官與爵有殊王制論定然後官之任官然後爵之是也張氏云凡以官位爵人皆以德爲等殺爵以待有德安得有生而貴者乎注云殺猶衰也德者惠氏棟云衰猶差也荀子云相地而衰政注衰差也九章算術謂差分爲衰分然則殺謂德有等差故鄭又云德大者爵以大官德小者爵以小官也或解殺爲隆殺之殺謂後世擇人任官不及上世民各推其賢者奉之以此爲德之殺恐非○盛氏云朱子解自繼世以立諸侯以下別爲一義以其爲鍇簡也竊疑此與郊特牲文同不應兩處皆屬鍇簡沈氏彤云先儒疑爲鍇簡非也去此三節則義不明備今案盛沈之說似是

右記大夫以上冠皆用士禮之義

死而謚今也古者生無爵死無謚今謂周衰記之時也古謂殷殷士生不爲爵死

不爲謚周制以士爲爵死猶不爲謚耳下大夫也今記之時士死則謚之非也謚之由魯莊公始也【疏】正義曰謚今本作謚唐石經嚴本俱作謚盧氏文弨云謚說文本作謚今竝當作謚○沈氏彤云此因上冠而字之敬其名也而類及之今案沈說是也表記曰先王謚以尊名檀弓曰幼名冠字五十以伯仲死謚周道也是謚法至周始備然士死猶不爲謚其有謚則起於後世故記之以明今古之變耳　注云今謂周衰記之時也者以記云今也明是作記者據其時而言故知今謂周衰作記之時也云古謂殷殷士生不爲爵死不爲謚者郊特牲注云古謂殷以前也大夫以上乃謂之爵死有謚也是士無爵無謚矣白虎通云公卿大夫者何謂也內爵稱也內爵稱公卿大夫何爵者盡也各量其職盡其才也又云何以知士非爵禮曰四十强而仕不言爵爲士至五十爵爲大夫故知士不爲爵也云周制以士爲爵死猶不爲謚耳下大夫也者周禮小宗伯曰賜卿大夫士爵則儐孟子言周室班爵祿而云上士一位中士一位下士一位則周固以士爲爵矣又大史曰小喪賜謚鄭注小喪卿大夫也言卿大夫而不及士又白虎通云卿大夫老歸死者有謚何謚者別尊卑彰有德也卿大夫歸無過猶有祿位故有謚也亦不言及士則士

死不爲謚明矣是下於大夫也云今記之時士死則謚之非也者言非禮也云謚之自魯莊公始也者禮記檀弓曰魯莊公及宋人戰於乘邱縣賁父御卜國爲右馬驚敗績公墜佐車授綏公曰末之卜也縣賁父曰他日不敗績而今敗績是無勇也遂死之圉人浴馬有流矢在白肉公曰非其罪也遂誄之士之有誄自魯莊公始也王氏士讓云鄭注引魯莊公誄縣賁之事似未確蓋謚與誄有辨誄者不必皆謚故哀公誄孔子但稱尼父仍字之而不謚汪氏肇潀云周制下大夫士皆無謚是以孔子爲下大夫有誄無謚魯莊公誄縣賁父是誄也非謚也誄與謚不同鄭誤以誄爲謚今案周禮大祝注云誄謂積累生時德行以賜之命是與易名之典異也○此記所引冠義之文自始至末詞義高古實勝禮記冠義篇蓋不知誰人所作要必孔子之徒爲之是以傳習者多儀禮作記者錄其文以爲士冠之記而戴記又取以入郊特牲篇也不然何以二者無異辭乎

右記士爵謚今古之異

卷二終

儀禮正義卷三

鄭氏注

受業江寧楊大堉補

士昏禮第二

鄭目錄云士娶妻之禮以昏爲期因而名焉必以昏者取其陽往而陰來日入三商爲昏昏禮於五禮屬嘉禮大小戴及別錄此皆第二

〔疏〕正義曰昏嚴本作昬唐石經作昏說文日冥也从日氏氏者下也段氏玉裁注字从氏省爲會意絕非从民聲爲形聲也唐人作五經文字乃云緣廟諱偏旁隼式省从氏凡泯昏之類皆从氏以昏類泯其亦傎矣今案據此當以作昏爲正从民作昬非也或加女旁作婚亦俗體耳娶釋文作取陽上釋文有取二字羣書拾補云三禮考注同今據增減目錄本陽上有取字昏禮昏下無禮字○鄭云士取妻之禮者鄭以此篇主言士禮士二十而冠冠而後娶故昏次於冠也敖氏曰此篇主言士之適子娶妻之禮儀禮釋官云案此篇主言士之昏禮亦兼已仕未仕者言大夫無冠禮而有昏禮鄭氏謂大夫或時改娶也其天子諸矦早娶亦有其禮今皆亾耳云以昏爲期因而名焉者下經云期初昏陳三鼎

于寢門外又記云凡行事必用昏昕注用昕使者用昏
婿也案昏禮有六一曰納采二曰問名三曰納吉四曰
納徵五曰請期六曰親迎自納采至請期五禮皆遣使
者行之必用昕者賈疏謂昕卽明之始君子舉事尚早
是也壻之親迎則用昏故注云用昏壻也壻親迎用昏
因名其禮爲昏禮自天子以下禮之隆殺不同而其名
昏則同故禮記哀公問言天子諸侯親迎之禮曰大昏
周禮大司徒言聚萬民之政曰多昏是上下皆名昏也
云必以昏者取其陽往而陰來者三禮札記云晝爲陽
夜爲陰昏是陰陽交接之時故云取其陽往而陰來也
白虎通云所以昏時行禮何示陽下陰也昏亦陰陽交
時也云日入三商爲昏者賈疏云商謂商量是漏刻之
名故三光靈曜亦日入三刻爲昏不盡爲明案馬氏云
日未出日没後皆云二刻半前後共五刻今云三商者
据整數而言其實二刻半也惠氏棟云三光靈曜當作
考靈曜今案周禮司寤疏云日入三刻爲昏不盡三刻
爲明則不盡下當有三刻二字禮經釋例云王氏應麟
曰詩正義云尚書緯謂刻爲商夏文莊蓮華漏銘五夜
持宵三商定夕蓋取此蘇子美亦云三商而眠高春而
赴義與賈疏同皆作商量之商讀如式羊切阮侍郎元

云三商日入後計刻漏之數商算至三次也今籌算法有初商再商三商之制古法或與之同考士昏記凡行事必用昏昕昏昕者卽今之曚影限也以時憲術考之大陽未出之先已入之後距地平一十八度皆有光以一十八度爲曚影限然北極出地有高下大陽距赤道有南北故曚影刻分隨時隨地不同其隨時不同者二分之刻分少二至之刻分多也隨地不同者愈北則刻分愈多愈南則刻分愈少也若北極出地五十度則夏至之夜半猶有光愈高則愈不夜矣南至赤道下則二分之刻分極少而二至之刻分相等赤道以南則反是古人推步之術甚疎不論何地何時皆以二刻半爲昏昕之人條其說今不可復用矣云昏禮於五禮屬嘉禮者詳士冠禮目錄下褚氏寅亮云杜佑謂康成主男必三十娶女必二十嫁王肅以爲男十六可娶女十四可嫁三十二十言其極耳今案三十二十而嫁娶者周官掌萬民之判衆庶之禮也喪服經有爲夫姊之長殤士大夫之禮也左傳十五而生子國君之禮也又鄭氏嫁娶必以仲春王肅以爲秋冬嫁娶之時孫卿曰霜降逆女冰泮殺止家語霜降而婦功成嫁娶者行焉冰泮而農桑起昏禮殺於此束晳云春秋二百四十年天王娶后

魯女出嫁夫人來歸大夫逆女自正月至十二月悉不以得時失時爲褒貶何限於仲春季秋以相非哉士昏禮請期辭曰惟是三族之不虞卜得吉日便相配合先賢以時月爲限恐非至當說似圓通然三十娶二十嫁之文不特見于周官卽曲禮內則諸文亦彰彰可據白虎通云男三十筋骨堅強任爲人父女二十肌膚充滿任爲人母合爲五十應大衍之數生萬物也是也自春秋時風俗婾薄有不待年而卽恣欲者于是不得已乃遷就爲早昏之禮以杜其漁色之端禮之本義豈若是乎又嫁娶必以春者白虎通曰天地交通萬物始生陰陽交接之時故仲春之月令會男女其文見於周官二月綏多士女其文見於大戴禮夏小正士如歸妻迨冰未泮其文見於邶風今舍經不從而信苟卿王肅等言祗見其惑已又曰娶妻不先告廟者示不必安也蓋因昏禮篇無告廟之文耳然左傳楚公子圍娶于鄭之辭曰圍布几筵告于莊共之廟而來明言告廟矣陳氏禮書謂旣納采問名然後歸卜於禰旣卜然後納吉當在告廟之日遂引卜郊受命于祖廟作龜于禰宮注云受命退乃卜以爲卜昏之禮亦如之案隱八年左傳杜解云禮逆婦必先告祖廟而後行鄭忽先逆婦而後告廟

故曰先配而後祖正義引鄭司農以配爲同牢食也先食而後祭祖無敬神之心故曰誣其祖孔氏謂鄭而從杜其實告廟而後行與夫祭祖而後同牢禮皆無其文毛氏奇齡云昏義壻至主人几筵于廟而拜迎于門外婦家亦告廟且迎壻入廟行事則婦至可知矣又納采納吉問名納徵請期五禮婦家俱告廟行事歷載士禮而壻家未嘗一告廟則壻家行事皆不載矣而白虎通即曰娶妻不先告廟何鹵莽耶賈氏以爲士大夫諸侯天子禮各不同恐亦周旋之說耳吳氏廷華云篇內器服之屬無一定之等如用鴈爲大夫之摯墨車爲大夫之車其餘如爵弁與禁又俱爲士禮注以墨車爲攝盛疏以女從顈黼爲假盛愚謂若以攝盛言則車服等俱應從大夫禮胡又有攝不攝之分則攝盛特說經者之不得已之辭耳又云器服等不過錯舉士大夫禮以爲之準俾行禮者得六禮大節所在奉而行之餘則各引其分而爲之具聖人制禮之義大略如此方氏苞云親迎昏以爲期蓋必已成夫婦而後可見于舅姑若早至而不見所尊則嫌于慢故必近夜爲宜案納徵疏云大夫無冠禮而有昏禮若試爲大夫及幼爲大夫者依士禮若五十而爵改娶者大夫昏禮玄纁及鹿皮則同于士

餘有異者無文以言也記云無大夫冠禮而有其昏禮恐此篇是也疏以爲試爲大夫及幼爲大夫者依士禮非周禮疏亦有改娶之說大抵皆因曲禮三十壯有室五十命爲大夫服官政故作此周旋耳萬氏充宗云先王之制仕者世祿不世官官有尊卑祿有厚薄因是以思卿之子孫卽食卿之祿大夫之子孫卽食大夫之祿旣食卿大夫之祿卽行卿大夫之禮固不必身爲卿大夫也大夫之有昏禮曷足怪若以爲備改娶聖人豈預爲此不祥之目哉其說是也但萬氏尚未攷此篇之卽大夫昏禮耳

昏禮下達納采用鴈

達通達也將欲與彼合昏姻必先使媒氏下通其言女氏許之乃後使人納其采擇之禮納采而用鴈爲摯者取其順陰陽往來詩云取妻如之何匪媒不得昏必由媒交接設紹介皆所以養廉恥

疏 正義曰徐本通典集釋要義楊氏注無達字及納采而三字○褚氏寅亮云朱子謂下達二字爲用鴈而發言士庶皆得用鴈攝盛之意也如此則宏云納采用鴈下達文義與三年之喪自天子達同方順今無上事而啟口卽云下達古人立言恐不若是仍當主使媒下通其言之說至用鴈之文注與六摯絕不相涉若云士許用

大夫之摯以攝盛則天子諸侯大昏合二姓之好以爲宗廟社稷之主何反降用大夫之所執乎又案白虎通云用鴈者取其隨時南北不失其節明不奪女子之時也又取飛成行止成列明嫁娶之禮長幼有序不相踰越也沈氏彤曰下達下字當去聲讀如周易男下女之下蓋自請期以上皆壻父下女父之事故文在家壻父未有不爲之下者故使媒氏下達乃壻父自下之始也注云將欲與彼合昏姻必先使媒氏下通其言女氏許之乃後使人納其采擇之禮者周禮地官有媒氏職諸侯之國亦有媒氏傳通男女使成昏姻也云用鴈爲摯取其順陰陽往來者江氏筠讀儀禮私記云方氏苞獨指爲舒鴈夫鴈不再偶是以取之蓋郊特牲所謂一與之齊終身不改之義也舒鴈則無所取矣盛氏世佐云士摯當用雉而雉不可生致故舍雉而用鴈記云摯不用死是也引詩者證須媒氏下達之義也云昏必由媒交接設紹介者五禮自納采以下皆使使往是交接設紹介也云皆所以養廉恥者孟子曰不待父母之命媒妁之言則父母國人皆賤之曲禮曰男女非有行媒不相知名坊記曰男女無媒不交說文云媒謀也謀合二姓也妁斟酌二姓之稱凡此皆所以備禮通情養成男女使係其廉恥也

主人筵于戶西

西上右几主人女父也筵爲神布席也戶西者尊處將以先祖之遺體許人故受其禮於禰廟也席西上右設几神不統於人席有首尾【疏】正義曰女家將受納采之禮先設神坐乃受之章氏協夢云設筵者雖非主人而主人必親涖之故以主人立文也褚氏寅亮云女父在父爲主人祖在祖爲主人若父祖俱殁則有事於宗子之廟而以宗子爲主人孔氏穎達謂女家每事告廟則男氏將行六禮必皆告廟不徒卜而已其說似女氏可不問卜者然攷左傳懿氏卜妻敬仲其妻占之曰吉又晉獻公筮嫁伯姬于秦遇歸妹之睽則卜並皆用矣壻家亦惟納吉請期有卜他禮則否士用漆几是時主人及擯者立位與冠禮同吳氏廷華云戶室戶也至南鄉牖在西戶東戶西卽牖之東蓋堂之中也賓曰東上此曰西上陰陽之義也　注云右設几者几神所憑也人道東上而左几此神道取地道尊右之義西右也云席有首尾者上其首也西上神道也賈疏云公食大夫記蒲筵萑席皆卷自末是也

使者玄端至使者夫家之屬若羣吏使往來者玄端士莫夕之服又服以事其廟有司緇裳【疏】正義曰玄端禮服使者以鴈來也注云使者夫家之屬若羣吏使往來者玄端士莫夕之服者吳氏廷華云此使者當

是周禮媒氏男父使來納采故曰使至奉男父命至門外也莫夕之說非巳見士冠禮又冠禮止言贊者與贊冠而不言其爲何如人其以贊冠爲降主人一等者特注說耳此疏竟以彼注爲經謬矣至云主人是下士屬是不命之士尤謬據周禮典命公侯伯之士一命子男之士不命如賈說是大國上中下士之外又有不命之士小國不命之士以上又有上中下士不顯與典命經文悖乎據下記士受皮疏云此不命府史之等與子男不命者別又以旣夕禮士受馬爲胥徒不知何據要之使者是媒氏不可以屬吏言也且下賓升疏以此爲賓主敵則又何屬之可言盛氏世佐云使者亦士也故玄端服士冠禮擯者及贊者皆服玄端是也云有司緇裳者賈疏云士冠禮惟有三等之裳玄裳黃裳襍裳此云緇裳卽玄裳矣

擯者出請事入告

擯者有司佐禮者請猶問也禮不必事雖知猶問之重愼也

疏 正義曰敖氏云賓之將命者入告擯者告主人乃出請事也其辭葢曰某也使某請事凡賓非主人之所戒速而來者則有請事之禮凡請事西面入告東面大夫士之禮也　注云禮不必事雖知猶問之重愼也者吳氏廷華云擯者當是私臣將命者前巳有媒氏通言今使者在門當知有昏事而猶問之故曰重愼也

主人如賓服迎于門外再拜賓不荅拜門外大門外不荅拜者奉使不敢當其盛 疏 正義曰張氏爾岐云當亦如士冠禮主人迎賓主人西面賓東面此時賓自執鴈凌氏釋例云凡迎賓主人敵者則迎于大門外士冠禮賓立于外門之外主人迎出門左其賓注謂主人之僚友其主人注謂將冠者之父兄士相見禮主人出迎于門外此賓主人皆士士昏禮納采使者至主人迎于門外注門外大門外又親迎壻至于門外注婦家大門之外又云主人玄端迎于門外此主人注謂女父也此主人尊者而迎于大門外以賓客接之故盛其禮也又士昏記不親迎壻見主人出門左西面壻入門東面注出門出內門入門入大門出內門不出大門者異於賓客也此又殺於親迎成主人之尊也注云門外大門外者賈疏云大夫士惟有兩門寢門大門而已廟在寢門外之東此下有至于廟門明此是大門外可知也云不荅拜者奉使不敢當其盛禮者吳氏廷華疑義云主人再拜者亦西面拜辱使者爲男氏納采不敢當賓禮故不荅拜非卑之謂也賈疏謂士卑無君臣之禮故不荅拜非也

揖入至于廟門揖入三揖至于階三讓入三揖者至內霤將曲揖

旣曲北面揖當碑揖〔疏〕正義曰注云入三揖者至內霤者李氏如圭云內霤門內霤也霤屋檐滴處云將曲揖旣曲北面揖當碑揖者賈疏云凡入門三揖以其入門賓主將欲相背故須揖賓主各至當塗北面相見故亦須揖至碑碑在堂下三分庭之一在北是庭中之節故亦須揖敖氏云與賓揖先入也揖入之後亦每曲揖不著之者此與上篇皆士禮其同可知吳氏廷華云碑在中庭當云二分庭一在北賈疏本下記言之不知彼原非中庭此注明言當碑不當取以爲證

主人以賓升西面賓升西階當阿東面致命主人阼階上北面再拜

阿棟也入堂深示親親今文阿爲庪〔疏〕正義曰褚氏寅亮云賓降等者主人先升固已卽敵者亦主人先升也聘禮賓儐卿賓升一等大夫升面卿大夫大夫升一等賓從之又曲禮主人與客讓登主人先登客從之皆賓主敵而主先升之證先升者道之也道之故曰以若賓尊于主則賓先升不必銜君命也燕禮大射禮宰夫爲主人以辟正主故賓先升考之禮無賓主俱升法賈疏似失之　注云阿棟也者胡氏承珙云考工記門阿之制五雉注阿棟也鄉射記云制五架之屋正中曰棟次曰楣前曰庪鄭以棟訓阿者非謂棟

有阿名謂屋之中脊其當棟處名阿耳阿之訓義爲曲說
文阿一曰曲阜也其在宮室則凡屋之中脊其上穹然而
起其下必卷然而曲其曲處則謂之阿棟隨中脊之勢亦
有卷然穹然之形故易於棟言隆禮鄭以棟爲阿考工記
殷人四阿重屋注四阿若今四柱屋又王宮門阿之制五
雉疏云謂門之屋兩下爲之其脊高五丈夫屋有四柱兩
下必皆於中脊分之則阿爲中脊卷曲之處明矣中脊者
棟之所承故鄭以當阿爲當棟也此經云賓當阿東面致
命主人阼階上北面再拜程氏易田云主人在阼階上接
賓賓乃獨入堂深而至於棟賓主不相對於授受行禮不
便故知阿當在楣而不在棟按古人所稱東階上西階上
者必非僅指階前數尺之地焦氏循謂兩楹在楣棟之間
東楹之東西楹之西自階至房戶之前通可謂之階上引
燕禮小臣設公席于阼階上西鄉而其下又云樂正由楹
內東楹之東告于公以此爲自階至房戶前皆名階上之
證其說甚確然則此納采之賓當阿東面主人阼階上北
面本不甚縣絶況賓致命之後主人再拜之時賓必還辟
不荅拜淩氏廷堪云凡爲人使者不荅拜士昏禮納采授
鴈略用聘享授玉授璧之例拜時使者當亦三退負序然
則此賓致命後退至楹閒主人拜後亦從阼階上至楹間

故經云授于楹閒南面無嫌於授受不順也今文阿爲庪者即說文之厃字厂部厃仰也从人在厂上一曰屋梠也秦謂之桷齊謂之厃木部曰楣一者秦名屋櫋聯也又曰齊謂之檐楚謂之梠然則厃與檐一物庪即厃亦屋檐之名鄭於聘禮公側襲受玉于中堂與東楹之閒注入堂深尊賓事也及此經皆取入堂深爲義故不從今文歟按主人北面再拜者拜其納采之命許之也

授于楹閒南面

授于楹閒明爲合好其節同也南面竝授也

疏正義曰程氏易田云云楹閒著東西之節案公食大夫禮若不親食使大夫致之豆實實于甕陳于楹外簋實實于篚陳于楹內兩楹閒兩楹閒者總謂甕篚蓋楹內楹外著南北之節楹閒著東西之節不知者乃謂楹內楹外楹閒是三處其故在誤解楹閒爲南北之節謂其處必正當兩楹案聘禮階上授受東西之節有四法一爲賓主敵體在兩楹閒賓面卿受幣于楹閒是也一爲賓主雖敵體而所趨者君命則在堂中西鄉歸饔餼于聘賓受幣堂中西賓問卿堂中西是也一爲賓臣主君則直趨君位當東楹賓覿進授幣當東楹公禮賓受幣當東楹是也一爲賓主雖君臣而所執者君之器則在中堂與東楹之閒聘賓致命公側襲受玉于中堂與東楹之閒是也以上四事若

以楹爲南北之節則必不能出而在楹南矣于楹閒堂東堂西三者非可言而於所謂堂東楹者亦謂其不在楹南乎此可決授受之節當楹閒也朱大韶云疏以經云南面不辨賓主故知南面竝授也聘禮歸饔餼節大夫東面致命賓降階再拜稽首大夫辭升成拜受幣堂中西北面賓儐大夫節賓奉幣西面大夫東面賓致幣大夫對北面當楣再拜稽首受幣于楹閒南面注賓北面授尊君之使又賓問卿節大夫受幣堂中西北面賓面卿節大夫受幣于楹閒南面注賓亦振幣進北面授經三云楹閒南面注於昏禮云竝授於聘禮則以爲訝受疏通之曰雖是敵者于兩楹之閒或有訝受者皆是相尊敬之法此大夫南面賓北面雖是敵體尊大夫故訝受案聘禮注是也曲禮記雖云卿與客竝然後受而禮經固無竝授受法惟聘禮宰執圭屈繅自公左授使者使者受圭同面垂繅以受命旣述命同面授上介聘畢歸使者執圭垂繅北面上介執璋屈繅立于其左宰自公左受玉此同面相授受也蓋於君前皆北面故授由其右受由其左其餘無同面者公食大夫禮公授宰夫受帛以侑賓受聘當東楹北面賓北面受則公南面授可知聘禮賓覿振幣進授當東楹北面賓北面受則公南面授可知歸饔餼與問卿皆奉其君之命而致

公幣也故受於堂中之西而北面與受於公所同儐使者與面卿私幣也故受於兩楹之閒而南面賓與卿體敵不南面授者禮固無竝授受法也此使者奉其主人之命來納采不南面授者嫌於君使於大夫同也言受者南面則授者北面可知授當爲受字之誤也文承主人再拜下自然言主人受不當言使者授聘禮諸條皆主受者言其例自明鄭不審授爲受之譌故以南面屬之使者解爲竝面授與聘禮注異耳又案受禮於授受之節或東西面或南北面賓主相對經竝不言訝惟聘禮醴賓公東南鄉外拂几三卒進西鄉賓進訝受几于筵前進猶前也訝迎也公前就賓故賓前迎受几也又賓執左馬以出上介受賓幣從者訝受馬公食大夫禮從者訝受皮蓋從者在上介之後賓出從者前迎受之故於上介言受獨於從者言訝受士喪禮下篇若無器則梧受之蓋賓東面主人西面宰在主人之北由北而西南必稍前受之故亦言主訝惟此四處言訝則訝受與對面相授受者義亦別但相傳以爲訝受耳注云南面竝授也者盛氏世佐云凡堂上授受摯幣之法主人尊則近東楹賓尊則近西楹於楹閒南面竝授敵者之禮也此使者卑於主人而用敵禮者以其奉壻父之命故也

賓降出主人降授老鴈老羣

吏之尊者（疏）正義曰注云老羣吏之尊者者吳氏廷華云老即趙魏之老者蓋家臣之長注以老爲羣吏之尊者即上文屬吏說似未確又士冠禮賓出主人送于廟門外此亦當然也案授老鴈後不見有還鴈之儀疑主人旣授老鴈老即以授賓將命者下文賓執鴈即前所執之鴈也經不言還鴈文不具耳敖氏云授鴈於階下旣則進立於中庭

右納采

擯者出請 不必賓之事有無（疏）正義曰賓出未去有事可知故出請也 **賓執鴈請問名主人許賓入授如初禮** 問名者將歸卜其吉凶古文禮爲醴（疏）正義曰褚氏寅亮云記西面對注云對賓以女名則孔穎達以爲問母姓者然矣問名而以誰氏問不敢斥言也主人則直對以三月之名此亦與卜得吉日而先請期於女氏之意同所謂小讓如僞吳氏廷華云據內則三月之名合男女言則女固有名女何氏則父之氏耳但未有已納采而猶不知其氏者疏云婦人不以名行明本不問三月名其說較勝敖氏云

初禮三揖以下之儀也此雖俟
於中庭亦有三揖與聘禮同

右問名

擯者出請賓告事畢入告出請醴賓此醴亦當爲禮 禮賓者欲厚之 疏 正義曰此下至送于門外主人禮賓之事又請者不敢必賓事之無敬之至賓告事畢則可以出矣不出者其擯者留之歟蔡氏德晉云凡行重禮者事畢必醴之以致殷勤也敖氏云醴與醴子之醴同擯者請醴賓亦以其降等也若敵者則主人自請之 注云此醴亦當爲禮禮賓者欲厚之者賈疏云士冠禮賓爲醴字彼已破從禮故云亦此以醴酒醴賓不從醴者以大行人上公再祼而酢侯伯一祼而酢子男一祼不酢及以酒禮之用齊禮之皆不依酒醴爲名皆取相禮故知此醴亦爲禮敬之禮不取用醴爲醴之義也吳氏廷華云注因司儀王用鬯禮賓不言鬯而言禮是亦理之可通者若賈疏謂凡言禮者皆是上下之辭且與儐字別則卿大夫所謂以禮禮賓之又何說邪據士冠禮主人戒賓注以賓爲主人之僚友冠畢則禮賓是敵者亦曰禮不得以上下爲說至謂聘禮卿亦云無擯者案彼

經聘享之後賓朝服問卿受幣無儐彼注以辟君爲訓蓋
賓與卿名位相敵所謂無擯正敵者曰擯之謂也但彼經
問卿只言擯未嘗言禮則賈疏得禮辭正義
有擯禮兩名之說又未可信矣**賓禮辭許**一辭疏曰不
言擯入告可知賓亦就次　注云禮辭一辭者蔡氏德晉
云一辭而許者醴賓之常法案賓禮辭許者亦謂其爲使
而醴之與平時宴**主人徹几改筵東上側尊甒醴于房中**
饗之事不同也
徹几改筵者鄉爲神今爲人側尊亦言無玄正義曰校
酒側尊於房中亦有篚有籩豆如冠禮之設疏勘記云陸
氏云鄉本又作嚮案嚮正字鄉今之向字　注云鄉爲神
今爲人者於戶西禮神坐易他席而布之徹几亦易他几
於後授賓也張氏爾岐云改筵改西上而東上也爲人設
則東上者統於主人也云側尊亦言無玄酒者醴象大古
質故士冠禮與士昏禮之等皆無玄酒也云亦有篚有籩
豆如冠禮之設者此下云贊者酌醴加角柶明有篚盛之
又云贊者薦脯醢則有籩豆可知但冠禮尊在服北南上
則此尊與篚亦南上故云如冠禮之設也韋氏協夢云徹
與改皆有司爲之云主人
者亦謂主人親涖其事耳**主人迎賓于廟門外揖讓如初**

升主人北面再拜賓西階上北面荅拜主人拂几授校拜拂拭也拭几者尊賓新之送賓以几辟北面設于坐左之西階上荅拜也校几足辟逡〔疏〕正義曰盧弨弓云校緣避明諱改作挍遁古文校爲枝釋文遁徐本集釋敖氏俱作巡通解楊氏俱作遁張氏云鄭於儀禮用逡遁字十有一開寶釋文獨於此作巡諸釋文本皆作遁枝徐本集釋俱作技通解作枝○賈疏云如初升者如納采時三揖三讓也主人拂几者案有司徹主人西面左手執几縮之以右手推拂几三二手横執几進授于戸前凡敵者拂几皆若此卑於尊者則內拂之几授几之法卑者以兩手執几兩端尊者則以兩手於几閒執之授受皆然受時或受其足或受於手皆横受之及其設之皆旋几縱執乃設之於坐南北面陳之位爲神則右之爲人則左之不坐設之者几輕故也敖氏云復迎之禮更端也主人拜至賓荅拜爲己也几所以安體賓雖不隱几主人猶進之崇優厚也几校未詳以有司徹執几之法推之則校者其謂左廉歟云以几辟者嫌辟時或釋几也凡自敵以下其於拜者皆辟經不盡見之也左之在席上之東也設几於左便其右也授几於筵前

西面拜送亦於阼階上北面吳氏廷華云賈疏謂昏禮有相親之義案拜至特主人敬賓之意竝無相親義若云相親則聘禮何嘗不是親睦聘禮私覿拜至則醴賓亦當拜至文省耳若云不相親故不拜則豈有不親於醴而又獨親於覿之禮又此疏賓主不敵等說卽前節注意且旣以爲此賓不敵而其言拂几也則曰敵且尸尊主卑旣以有司徹爲外拂又據聘禮謂卑於尊者內拂前後矛盾經明言授校其爲兩手執之可知乃又轉一說曰昏禮異於餘禮豈不支離又云此言先授後拜則主人旣授而拜几方在客手不能荅拜故必設几後乃荅至受醴時主方執醴故賓先拜受賓受後主人始拜送情理不過如是賈疏忽創爲非己所得及己所當得等語謬矣至主拜賓拜俱有相辟之禮聘禮賓覿再拜公少逡 則不特卑始辟尊也況是經賓本不卑乎烏得傅會其說 注云校几足古文校爲枝者胡氏承珙云校蓋骹之俗字說文骹脛也與旣夕注校脛也訓同祭統夫人執校注校豆中央直者也豆有跗而無足故謂其中央直者爲校几則有足故士昏注以校爲几足也古文作枝枝者四體謂之四肢說文胑或作肢逸周書孟子又作枝枝釋名胑肢也似木之枝格也几之有足猶人之有四肢故校亦謂之枝歟鄭以肢兼手足骹則

專於足歷故不從古文

贊者酌醴加角柶面葉出于房

贊佐也佐主人酌事也贊者亦洗酌加角柶覆之如冠禮矣出房南面待主人迎受古文葉作擖

疏 正義曰迎受釋文作梧授从木張氏引釋文从手各本注疏聘禮公食大夫禮从木旣夕禮从手未知孰是說文無捂字有啎字訓逆也旣夕疏云捂遻也遻逆二義相近疑捂即牾之俗體而梧又其段借通用者也盧文弨曰陸捂授二字譌今案公食大夫禮及旣夕經旣有梧受之言張氏引旣夕乃作捂授又引玉篇捂受也捂授謂授其所受也鄭於旣夕注云謂對相授不委地則經似當作授則張說不爲無據而此處釋文授字亦未必譌也○淩氏釋例云士冠者賓醴冠者贊者洗于房中側酌醴加柶覆之面葉又賓授醴于戶東加柶面枋冠者筵西拜受觶士昏禮女父醴使者贊者酌醴加角面葉出于房主人受醴面枋筵前西北面賓拜受醴此皆酌者面葉以授醴者所以然者醴者尊不自酌必由酌醴者授之凡訝受皆對面相授受酌醴者面葉以授醴者則醴者始得面枋以授受醴者受醴者受之乃得前其葉以扱醴而祭也士昏禮舅姑醴婦贊者酌醴加柶面枋出房席前北面婦東面拜受此則酌者徑授受醴者所以然者舅姑益

尊不自酌併不自授徑由酌者授之故面枋以便受醴面葉而祭也 注云酌加角柶覆之如冠禮矣者士冠禮贊者洗于房中側酌醴加柶覆之此與之同故知如冠禮 **主**吳氏廷華云贊者私臣之屬酌醴酌醴尊以賓觶也

人受醴面枋筵前西北面賓拜受醴復位主人阼階上拜送主人西北面疑立待賓即筵也賓復位於西階上北面明相尊敬此筵不主爲飲食起 疏正義曰敖氏云西北面以賓在西階上不可背之也醴子醴婦皆北面者以其立於席西也賓拜亦於西階上復位俟旣薦乃升席於賓之拜也主人少退主人拜送賓亦如之張氏爾岐云主人執醴筵前西北面以待賓賓拜於西階上乃進筵前受醴受訖復西階北面之位主人乃於阼階拜送此醴古人受爵送爵相拜之法大率如此 注云主人西北面疑立者吳氏廷華云疑立者無事而立此經主人方在受醴獻賓之時何暇疑立又鄉飲酒禮言賓西階上拜主人少退賓進受爵此賓拜主人亦當少退又曷能疑立云此筵不主爲飲食起者賈疏云此筵爲行禮故拜及啐皆於西階不知凡筵皆爲行禮焉有素爲飲食而設者若以拜啐必於西階始爲行禮之筵則士冠禮醴子曰冠者筵末坐

啐醴降筵坐奠觶拜是拜啐皆於筵前彼何嘗非行禮之
筵而拜啐皆不在西階賈說尙可信哉要之拜啐於西階
上皆是敬主之義啐於西
階蓋有不敢當此筵之義**贊者薦脯醢**進薦（疏）正義曰此贊
氏寅亮云凡祭於脯醢之豆閒籩疑卽擯者褚
爲竹豆故脯雖籩實亦得名豆**賓卽筵坐左執觶祭脯**
醢以柶祭醴三西階上北面坐啐醴建柶興坐奠觶遂拜
主人荅拜卽就也左執觶則祭以右手也凡祭於脯醢之
豆閒必所爲祭者謙敬示有所先也啐嘗也嘗
之者成主人意建猶正義曰李氏如圭云公食大夫豆
扱也興起也奠停也（疏）多者祭於上豆之閒知凡祭皆於
籩豆之閒也張氏爾岐云賓卽筵坐而祭醴南面坐也啐
醴則西階北面之位奠觶遂拜亦於西階遂拜者因事曰
遂坐奠不起而遂拜也吳氏廷華云旣言興復言坐者坐
如曲禮坐而遷之之坐賈疏所謂跪也興而跪跪而奠觶
遂以拜也啐於西階不敢以賓禮自居也注云凡祭於
脯醢之豆閒者賈疏謂祭脯醢置之皆於豆閒此及冠禮
鄉飲酒鄉射燕禮大射皆有脯醢則在籩豆之閒此注不
言籩者文省耳云成主人意者主人設饌望賓美之今客

嘗之告旨是成主人意也**賓卽筵奠于薦左降筵北面坐取脯主人辭**薦左籩豆之東降下也自取脯者尊主人之賜將歸執以反命辭者辭其親徹疏正義曰卽筵奠解者以取脯當北面禮貴相變也主人辭者蓋見賓珍己之物而取之則以不腆辭之賈疏云此奠于薦左不言面位下贊醴婦奠于薦東注奠于薦東升席奠之此云奠于薦左明皆升席南面奠之也又祭酒亦皆南面竝因奠酒之面奠之則冠禮禮子亦南面奠之聘禮禮賓賓北面奠者以公親執束帛待賜己不敢稽留故由便疾北面奠之也鄉飲酒鄉射酬酒不祭不舉不得因祭而奠於薦東也燕禮大射重君物君祭酬酒故亦北面奠　注云執以反命者下記賓右取脯左奉之乃歸執以反命是也**賓降授人脯出主人送于門外再拜**人謂使者從者授於階下西面然後出去疏正義曰盛氏世佐云上云主人辭此不言賓對者文省耳張氏爾岐云前迎於門外是大門外此送亦大門外　注授於階下西面者以賓位在西授脯文在出上故知西階下西面

右醴使者

納吉用鴈如納采禮歸卜於廟得吉兆復使使者往告婚姻之事於是定疏正義曰徐本婚作昏案昏嫁宜作昏婚姻宜作婚古或俱用昏字凡今本經注作婚者石經徐本俱作昏○郝氏云問名而後納吉者慎重不迫禮之序也乃昏姻之約自納采問名時定矣故昏辭曰吾子有惠貺室請納采如必問名始卜倘卜不吉可中廢乎故用禮通其義而已張氏爾岐云如納采禮其揖讓升階致命授鴈及主人醴賓取脯出門之節並皆如之

右納吉

納徵玄纁束帛儷皮如納吉禮徵成也使使者納幣以成昏禮用玄纁者象陰陽備也束帛十端也周禮曰凡嫁子取妻入幣純帛無過五兩儷兩也執束帛以致命兩皮爲庭實皮鹿皮今文纁皆作熏疏正義曰李氏如圭云五兩玄三纁二也象陽奇陰耦也天子加以大璋諸侯加以穀圭庶人則用緇帛無纁用緇者婦人陰也納徵用幣故又謂之納幣何休云玄纁取其順天地鹿皮所以重古沈氏彤云鄭周禮注云五

兩十端也必言兩者欲得其配合之名襍記云納幣一束
束五兩兩五尋然則每端二丈彼疏云古者二端相向卷
之共爲一兩五兩故十端也又案鄭襍記注云十箇爲束
貴成數兩兩者合其卷是謂五兩八尺曰尋五兩五尋則
每卷二丈也合之則四十丈今謂之匹猶匹偶之云歟彼
疏云一束謂十箇兩箇合爲一卷是束五兩也天之正色
蒼而玄地之正色黃而纁聖人法天地以制衣裳而別其
色故禮法之重者莫不上玄而下纁記云皮帛必可制納
幣以玄纁重昏禮使制爲盛服也又鄭周禮媒氏注純實
緇字古緇以才爲聲納幣以緇婦人陰也凡取禮必用其
類士大夫乃以玄纁束帛此經注用玄纁象陰陽備也然
則玄爲陽而緇爲陰矣又鄭注此經纁裳緇袘云緇緣者
象陽氣下施是緇亦陽也案考工記畫繢之事襍五色東
方謂之青南方謂之赤西方謂之白北方謂之黑天謂之
玄地謂之黃凡五而有六者玄與黑同而異也五方之色
單而天之色乃全乎五方之色玄入黑而爲緇則諸色潛
藏獨見其方之色而已故說文但訓緇爲黑而康成以爲
陰類也然所見者雖獨北方之色而天之色實含諸其中
故禮服緇與玄恆互用而康成又以緇爲陽象不等諸專
象北方之黑也蓋專象北方之黑不以青赤黃諸色爲裏

或曰凡昏禮無貴賤皆陰陽備鄭乃謂惟士大夫之幣象之豈庶民獨不當象之乎謂娶禮必用其類而以緇則士大夫何爲而不用其類乎形謂言非一端各有所當專用緇則取象幽陰兼用玄纁則取陰陽之備皆昏禮之義類庶人取其細而不取其大下士也然不用黑而用緇則以緇之中仍備陰陽之色耳又案士冠禮所陳三服玄端玄裳乃服之下者然在庶人爲上法昏禮攝盛則庶人與其妻皆可服玄而納幣以緇者緇又降於玄也昏禮幽陰故取象北方之色謂象婦人陰者非也蔡氏德晉曰納徵禮最重故特用皮帛而不用鴈

右納徵

請期用鴈主人辭賓許告期如納徵禮主人辭者陽倡陰和期日宜由夫家來也夫家必先卜之得吉日乃使使者往辭卽告之〔疏〕正義曰壻家得吉乃不敢直以告女家而必請之者示聽命於女家尊之也案此遞言三禮同節皆如納采惟鴈與皮帛爲異耳

右請期

期初昏陳三鼎于寢門外東方北面北上其實特豚合升去蹄舉肺脊二祭肺二魚十有四腊一肫髀不升皆飪設扃鼏

期取妻之日鼎三者升豚魚腊也寢壻之室也北面鄉內也特猶一也合升合左右胖升於鼎也去蹄蹄甲不用也舉肺脊者食時所先舉也肺者氣之主也周人尚焉脊者體之正也食時則祭之飯必舉之貴之也每皆二者夫婦各一耳凡魚之正十五而鼎減一爲十四者欲其敵偶也腊兔腊也肫或作純純全也凡腊用全髀不升者近竅賤也飪孰也扃所以扛鼎鼏覆之古文純爲鈞髀爲脾今文扃作鉉鼏皆作密

疏 正義曰注通解徐本俱作孰熟孰諸本錯出後不悉校徐本作杠釋文集釋通解俱作扛依注例鼏上當有古文二字案儀禮扃鼏屢見恐經注俱有誤說文鼏注云以木横貫鼎耳舉之則鼏卽扃耳不得爲兩字又金部鉉字注易謂之鉉禮謂之鼏是鉉字惟易有之禮經安得有鉉今本儀禮覆尊則爲冪覆鼎則爲鼏鼏釋文則多作鼏或强爲分別曰冪字从巾覆尊以巾則稱冪覆鼎以茅故不得稱冪冪然則扃字從戶何以得施於鼎賈氏云鄭兼下絲冪總疊之故云皆可見覆鼎

覆尊皆作冪矣又士喪及旣夕冪用疏布古文皆作密是
古文無分尊鼎尤其明證也案扃鼎二字古文當爲扃密
古文當爲冪幎鄭於上字從古下字從今當注云今文扃
爲鼏古文幎爲密鼏之從冂乃諸聲非會意也古葢音冥
冥扃聲相近故通作扃又音瞑瞑鉉聲相近故別作鉉○
此又下盡合巹一節論夫家欲迎婦之時預陳同牢之饌
也賈疏云東方北面是禮之正但數鼎故云北面北上則
此及少牢是也特牲陳鼎于門外北面北上當門而不在
東方者辟大夫故也今此亦東方不辟大夫者重昏禮攝
盛也鼎不言北上直云北面士冠所云是也凡鼎陳于外
者北面爲正阼階下西面爲正士喪禮小斂陳一鼎于門
外西面面者喪禮少變在東方者未忍異於生時於大斂
及朔月奠旣夕陳鼎皆如小斂奠門外皆西面者亦是喪
禮變也士虞陳三鼎于門外之右北面北上入設于西階
前東面北上不言東者旣葬鬼事變吉故也公食陳鼎七
當門南面東上者以賓是外人向外統之集釋云肺有二
其一舉肺離割之使食時可祭可嚌又名離肺嚌肺其一
名祭肺刌切之以祭又名刌肺切肺祭時二肺俱有生人
食惟有舉肺此具二肺者鬼神陰陽也郝氏云北面鼎面
向北也北上自北陳而南豚鼎在北也全升全體解折孰

於鑊而升於鼎去蹄去四蹄甲舉猶食手舉食之也肺爲氣之主脊爲體之正食先舉之將食先祭之所食之肺脊與所祭之肺皆升之鼎者也全禽之乾者曰腊謂兔也肫當作純一純一雙也少牢云腊一純而鼎是也髀尾骨也內則云兔去尻故不升於鼎褚氏寅亮云豚合升則豚解爲七體而左右胖皆升矣觳亦連於骼脊則分爲二令夫婦各二增脊之一而爲八去魚之一而爲十四合偶數也經明云腊一純而敖氏謂用一胖不惟失同牢之義且近凶禮矣吳氏廷華云下婦饋言合升側載者下兩俎分載之此一俎合載之也案肺當兼舉肺祭肺以舉肺亦祭故以祭概之兩者各二則四也豚只一肺此有四者析之父醮子當在此時合有胖升者夫婦各一肺也若祭則升右下文皆坐祭之薦黍稷肺肺即此祭肺贊爾黍稷授肺脊即此舉肺脊也牲一身前有肩臂臑後有肫胳脊中央有三脊正脡橫脊取中央正脊故曰體之正兔腊也者牛牢用麋脂士兔腊可知凡牲體用一胖腊則左右體脅相配共爲一體故得全名特牲少牢亦用全大斂士虞皆用左胖不全者𧗠禮略注肫作純純全也古文純爲鈞者胡氏承珙曰今文作肫本純之段借當時蓋別有作純之本故云肫或作純純全也下即就純字釁之云古文純爲鈞周禮司

几筵司農注純讀爲均服之均鄭於此不從古文作鈞者
蓋以少牢之純爲正字鈞音與純稍遠惟肫音與純相近
故但取純訓其字則仍從今文作肫耳 **設洗于阼階東南**
云髀爲脾者髀正字脾同音段借字
洗所以承盥洗 疏 正義曰設洗之節詳於前篇故此略之
之器棄水者 吳氏廷華云設洗必兼水水在洗東文
省耳 **饌于房中醯醬二豆菹醢四豆兼巾之黍稷四敦皆蓋**
醯醬者以醯和醬生人尚褻味兼巾之者六豆共
巾也巾爲禦塵蓋爲尚溫周禮曰食齊視春時 疏 正義曰盧
弨弓云石經菹各本同○聶氏崇義云舊圖云敦受一斗
二升漆赤中大夫飾口以白金案九嬪職云凡祭祀贊玉
齍注玉齍玉敦也受黍稷器然則天子八簋之外兼用敦
也又少牢禮曰主婦執一金敦黍有蓋凡設四敦皆南首
注敦有首者尊器飾也飾象龜形周之禮飾器各以其類
又明堂位曰有虞氏之兩敦夏后氏之四璉殷之六瑚周
之八簋注皆黍稷器制之異同未聞今依孝經說與簠簋
容受竝同上下內外皆圓爲異褚氏寅亮云饌亦兼夫婦
菹醢敖謂葵菹蝸醢以士用饋食之豆籩也聶氏云覆饌
巾士大夫以緇布纁裏二者夫婦各一四者夫婦各二

注云醓醬者以醓和醬者李氏如圭云醬以醓和之故名醓醬下經直言醬也惟公食大夫禮及此禮有醓醬吳氏廷華云醬合醓言是用醓釀成者膳夫醬合醓醓言醓人則曰齊醓菹麋醓人則曰醬醓菹是葢有用醓而成者亦有不用醓而成者注所謂和即釀之義葢以二者相襍之謂也賈疏殊混

大羹湆在爨

大羹湆煮肉汁也大古之羹無鹽菜爨竈也周禮曰羹齊視夏時今文湆皆作汁

疏 正義曰盧召弓云竈也二字各本皆譌作火上今從宋本改正○敖氏云此上牲之肉汁也以其重於他羹故曰大復曰湆者嫌羹當用肉也注云大古之羹無鹽菜者左傳桓二年傳大羹不致郊特牲云大羹不和謂不致五味故知不和鹽菜唐虞以上曰大古三王以來更有鉶羹則致以五味雖有鉶羹猶存大羹不忘古也今文湆皆作汁者五經文字云湆從泣下肉大羹也湆從泣下曰幽陰也今禮經相承多作下字段氏玉裁云儀禮音義引字林云湆羹汁也玉篇廣韻同然則本無異字肉之津液如幽溼生水也羅氏有高云湆之爲肉汁者古文段借字音入聲讀若液說文液汁也古文借爲液故湆可訓汁今案此二說是也其汁字古人多叚和叶字如周禮大史協事注杜子春云書亦或爲協或爲汁又大行人協

辭命注故書協爲汁鄉士汁日刑殺司農注
汁合也和也故鄭於此仍依古文作湆耳**尊于室中北**
墉下有禁玄酒在西綌冪加勺皆南枋墉牆也禁所以庪
甒者玄酒不忘古
也綌粗葛今疏正義曰張淳云釋文冪作鼏後徹尊冪鄉
文枋作柄飲酒鄉射尊綌冪同案今本釋文仍作冪
作冪是也然賈氏於前節疏云鄭兼下綌冪總疊之則兩
處之文同矣鼏則皆鼏冪則皆冪明無尊鼎之別集釋校
云周禮有冪人說文作幎云周禮有幎人是冪卽幎之變
體粗集釋徐本通解楊敖俱作麤○敖氏云士虞禮云尊
于室中北牖下當戶此東西之節宜如之尊不言其器如
上篇可知案尊皆用酒此爲夫婦三酳而設下注所謂內
尊也玉藻士用禁玄酒在西不用也南枋便於酳也不言
篚者爵在外篚此不重設也注云禁所以庪甒者玄酒
不忘古也者士冠禮云甒此亦士禮雖不言無然尊亦甒
也庪承於甒云禁者因爲酒戒也古謂黃帝以前以禮運
云汙尊而抔飲謂神農時雖有
黍稷未有酒醴以水爲玄酒也**尊于房戶之東無玄酒篚**
無玄酒者略之也夫婦酳於內尊其餘
酌於外尊合巹破匏也四爵兩巹凡六
在南實四爵合巹

爲夫婦各三酳一升曰爵【疏】正義曰敖氏云無玄酒則惟一尊而已無玄酒用一尊且不尊於房戶之間又不冪皆遠下尊者也篚實爵巹主酳夫婦也乃設於此者非常禮因有尊而爲之耳凡設此篚於堂者必在尊南鄉飲酒禮云設篚于禁南東肆吳氏廷華曰上二句言外尊蓋贊酌以自酢者初酳再酳自爵三酳合巹贊自酢亦用此爵案無玄酒者玄酒非當飲之酒特陳之以表不忘古耳故無鬳再陳也巹半匏蓋分一匏爲二不用則仍合爲一也一再酳用爵夫婦各二故四三酳用巹不設篚於室者室隘不能容也此有醮子之禮盛氏世佐云此尊爲媵御設也古人房室皆在東南房戶之東則東序也不曰東序而曰房戶之東尊統於戶不統於牖也

右將親迎豫陳饌

主人爵弁纁裳緇袘從者畢玄端乘墨車從車二乘執燭前馬主人壻也壻爲婦主爵弁而纁裳玄冕之次大夫以上親迎冕服冕服迎者鬼神之鬼神之者所以重之親之纁裳者衣緇衣不言衣與帶而言袘者空其文明其與袘俱用緇袘謂緣袘之言施以緇緣裳象陽氣下施從

者有司也乘貳車從行者也畢猶皆也墨車漆車士而〔疏〕
乘墨車攝盛也執燭前馬使從役持炬火居前炤道
正義曰二嚴本通解楊敖俱作貳士而乘墨車疏無而字
從楊敖徐本作徒○自此至俟于門外論親迎之節集釋
曰注言冕服迎者鬼神之者言敬此夫婦之道如事鬼神
也凡昏各用其上服五冕色俱玄故謂之玄冕爵弁則士
之上服也襍記曰士弁而親迎盛氏世佐云士昏用上服
以爵弁則天子以下皆用上服以五冕色俱玄故總稱玄
冕也賈疏云五等諸侯亦不過玄冕始誤敖氏云此禮據
壻家而言故以壻爲主人爵弁者以親迎當用上服也此
言緇袘不言衣帶韠與前篇互見也從者謂在車及執燭
者也張氏爾岐云帶一韠命大夫冕而無旒士變冕爲爵弁故
云冕之次大夫乘墨車士乘棧車大夫車故注
云攝盛巾車注云棧車不革鞔而漆之則士乘之棧車亦漆
但無革鞔爲異吳氏廷華云士冠禮爵弁服纁裳純衣緇
帶韎韐玄端玄裳黃裳襍裳緇帶爵韠此但言緇袘者蓋
彼此見義也注以言其文明與衣帶同色鑿矣又據士喪
禮言貳車白狗攝服是士明有貳車也賈疏謂士無貳車
誤案下經女從者畢袗玄注謂從者爲姪娣則此從者亦
主人之娣若姪也賈疏謂爲僕隸之屬非是又墨車有革

或取其膠固亦用鴈之義注攝盛之說存參

婦車亦如之有裧亦如之者車同等士妻之車夫家共之大夫以上嫁女則自以車送之裧車裳幃周禮謂之容車有容則固有蓋

疏正義曰婦車壻家往迎婦車之車亦執燭前馬也裧襜通車衣也吳氏廷華云親迎爲六禮之一親迎者即鵲巢所謂百兩御之百兩迎之焉有夫家不共車而自乘其車之理此經壻車婦車並舉其爲夫家所共甚明注謂大夫以上自以其車送之非也賈疏引左氏反馬據左傳有反馬說注謂禮送女留其送馬三月反馬此或是送女之人所乘如下所謂送者或載嫁女服器之車俱未可知又鵲巢詩所謂迎御亦正夫家共車之證賈乃以爲自乘其車何其瞶瞶要之親迎之義謂夫家自以其車迎之耳若自乘其車則往就矣烏得曰迎盛氏世佐云如之者如其乘墨車而下之儀也嫁時之車王后重翟上公夫人厭翟侯伯子男夫人翟車孤卿以下至士皆與夫同惟有裧爲異注裧車裳帷周禮謂之容車有容則固有蓋者周禮謂之容詩謂之帷裳一名童容容者以爲車之容飾也帷裳者以其帷障車之旁如裳也其上有蓋謂之童容四旁垂而下謂之裧其實一物也男子立乘有蓋無裧婦人坐乘重自蔽故有蓋復有裧敖云以布

爲之想當然耳又云在上曰裧在下曰裳帷此惟有裧而
已以裧與裳帷爲二非也鄭注襍記云裧謂鼈甲邊緣裧
固在旁不在上沈氏彤云襍記其輤有裧緇布裳帷注裧
謂鼈甲邊緣裳帷圍棺者則裧與裳帷明非一物詩疏云
裳帷以帷障車之旁如裳上有蓋蓋有衣四旁垂而下謂
之襜是也且昏禮以有裧爲盛爲裧非凡婦人車所有也
衞風云漸車帷裳則帷裳乃凡婦人車有之其爲二物明
矣旣夕記注又云裧於蓋弓垂之此得其實又容與蓋相
配則容是在上之襜
非在旁之裳帷也

至于門外婦家大門之外（疏）正義曰賈疏云注知是大門之
外者以下有揖入乃在廟廟在
大門內故知此爲入大門外也

主人筵于戶西西上右几

主人女父也（疏）正義曰顧氏炎武曰主人爵弁纁裳緇袘
筵爲神布席注主人壻也壻爲婦主主人筵于戶西注
主人女父也親迎之禮自夫家而行故壻稱主人至於婦
家則女父又當爲主人故不嫌同辭也女父爲主人則壻
當爲賓故曰賓東面荅拜注賓壻也對女父之辭也至於
賓出而婦從則變其文而直稱曰壻壻者對父之辭也曰
主人曰賓曰壻一人而三異其稱
可以見禮時爲大而義之由內也

女次純衣纁袡立于房

次首飾也今時髮髢也周禮追師掌爲副編次純衣絲衣女從者畢袗玄則此衣亦玄矣爲袡亦緣也袡之言任也以纁緣其衣象陰氣上任也凡婦人不常施袡之衣盛昏禮爲此服喪大記曰復衣不以袡明非常

【疏】正義曰徐本集釋則此衣亦玄矣無衣字通解有與疏合○注不言裳者以婦人之服不殊裳是以內司服皆不殊裳彼注云婦人尚專一德無所兼連衣裳不異其色是也注云周禮追師掌爲副編次者彼注云副之言覆所以覆首爲之飾其遺象若今步搖矣編編列髮爲之其遺象若今假紒矣次次第髮長短爲之所謂髲髢謂如少牢主婦髲鬄也又云外內命婦衣鞠衣襢衣者服編衣祿衣者服次其副惟於三翟祭祀服之士服爵弁助祭之服以迎則服士之妻亦服祿衣助祭之服也玉藻有鞠衣襢衣祿衣注諸侯之臣皆分爲三等其妻以次受此服公之臣孤爲上卿大夫次之士次之侯伯子男之臣卿爲上大夫次之士次之其三大夫以下內命婦則三夫人自闕翟而下九嬪自鞠衣而下世婦自襢衣而下女御自祿衣而下嫁時以服之諸侯之夫人無助天子祭亦得各申上服與祭服同也云以纁緣其衣者褚氏寅亮云內司服注婦人連衣裳不異其色豈於嫁時反異其色而衣緇裳纁邪吳草廬所

云裳下襮與集說同誤注以纁緣衣之解不可易云婦人
不常施袡之衣盛昏禮爲此服者此純衣卽褖衣是士妻
助祭之服尋常不用纁爲袡今用之故云盛昏禮爲此服引喪大記者證袡爲非常服也

姆纚笄宵衣在其右　姆婦人年五十無子出而不復嫁能以婦道教人者若今時乳母矣纚縚髮笄今時簪也纚亦廣充幅長六尺宵讀爲詩素衣朱綃之綃魯詩以綃爲綺屬也姆亦玄衣以綃爲領因以爲名且相別耳姆在女右當詔以婦禮

疏　○正義曰釋文縚本亦作𢄼聶氏髮下有纚也二字○姆蓋齒德兼優之婦可爲女之師表者或爲乳母或爲幼時撫育之人更有老而無夫老而無子無所歸依而德行猶堪導人者可勝斯任　注云姆婦人年五十無子出不復嫁者夫無子被出非事所常有若專藉此爲保母豈得盡人而有乎褚氏寅亮云此與下婦纚笄綃衣以俟見及特牲主婦纚笄綃衣服並同注謂姆以綃爲領終未安綃衣本在六服下姆執禮事可以服之郝氏云纚黑縚裹髮也笄加簪以縚髻也宵衣黑色衣女子宵衣猶男子玄端宵小也列采爲夏全黑爲宵猶俗謂青衣爲小衣也盛氏世佐云婦人褖衣因男子之玄端玄端一名褖衣士喪禮陳襲事于房云爵弁服皮弁服褖衣是也男子

之服惟爵弁服用絲餘皆用布則婦人褖衣亦當用布宵衣次於褖衣其用布可知宵衣士妻之正服其上服褖衣純衣與褖衣制同而用絲乃嫁時盛服非常服也褖衣玄宵衣亦玄而謂之宵者以褖衣是后御於王之服三夫人以下御於王當衣宵衣詩云肅肅宵征以其宵時所衣故名宵衣歟其所以異於褖者少牢饋食禮主婦被錫衣侈袂說者謂侈袂大袖之衣然則宵衣之制其袖狹小爲異餘則同也考士服之玄端袂長二尺二寸袪尺二寸大夫以上侈之蓋半而益一其袂三尺三寸袪尺八寸宵衣與褖之異亦猶是矣云纚縚髮者此纚亦如士冠禮以繒爲之廣充幅長六尺以縚髮而紒之姆所以異於女者女有纚兼有次姆則有纚而無次也云宵讀爲詩素衣朱綃之綃者胡氏承珙云鄭於此易經文作綃而特牲禮主婦纚笄宵衣注綃綺屬也此衣染之以黑其繒本名宵詩所謂素衣朱宵記有玄宵衣蓋以士昏禮說宵綃段借已明故於特牲不妨依經作宵弁引詩及記皆轉從禮經作宵以見宵俗作綃爲經典通用之例特牲疏謂詩及禮記皆本作宵字非也

女從者畢袗玄纚笄女從者謂姪娣也詩云諸娣從之祁祁如雲袗同也同玄者上下皆玄

被穎黼在其後穎禪也詩云

素衣朱襮爾雅云黼領謂之襮周禮曰白與黑謂之黼天
子諸侯后夫人狄衣卿大夫之妻刺黼以爲領如今偃領
矣士妻始嫁施禪黼於領上 疏 正義曰婦人之服未有以
假盛飾耳言被明非常服 黼爲衣者敖氏謂以黼爲
禪衣而被於玄衣之上亦猶婦之加景非也昏禮惟攝盛
車服乃有異爾此固從者安得別製異服注黼領之說是
也江氏筠曰注謂施穎黼於領上假大夫妻之盛飾據經
上云女從者畢袗玄所謂袗者乃無上衣之謂玉藻袗絺
綌不入公門是也如別有衣加之則不名爲袗矣然則經
之言袗正以示別於加景而立文也案賈疏引郊特牲繡
黼丹朱中衣謂天子諸侯中衣有黼領上衣則無之今此
婦人事華飾故於上衣則有之中衣則無也此亦是言袗
及言穎之義又案敖氏謂此女從者亦玄衣然據經上從
者畢玄端之文知無不實著其名者今此乃異其文當是
以被黼之故蓋古人謹於命名即如一褖衣所純者殊則
其名亦異今此以非常服故不別爲之名而但不使得蒙
其上以示別也陳氏祥道曰袗設飾也說文褧絲也枲屬
穎與褧絲通袗玄設飾以玄也穎黼以枲爲領而刺黼也
盛氏世佐云女從者謂女之從者即下經所謂婦人送者
也詩云諸娣從之乃諸侯禮鄭引以證此誤穎與褧通禪

也黼謂領也纁黼者蓋爲無裏之領而刺黼於其上也詳被字則此領與凡領不同凡領連於衣此蓋別以絲爲之而加於領上歟

主人玄端迎于門外西面再拜賓東面荅拜

疏 賓壻

正義曰敖氏云亦擯者出請入告乃出迎之此時賓爵弁服而主人玄端不嫌於服異者主人不正與賓爲禮特迎而道之入廟耳按賓爵弁服以攝盛故也主人不必攝盛故衹服玄端

主人揖入賓執鴈從至于廟門揖入三揖至于階三讓主人升西面賓升北面奠鴈再拜稽首降出婦從降自西階主人不降送

賓升奠鴈拜主人不荅明主爲授女耳主人不降送禮不參

疏 正義曰奠贄而拜稽首壻有子道也案主人揖入之後當有每曲揖之節不言者文略主人不降送父無送女之禮也注云禮不參者據凡行禮者言也此壻迎女而女從之是壻女二人爲禮矣故主人不參之沈氏彤云此時女立房中南面俟壻壻當楣北面奠鴈拜所謂執摯以相見也壻婦之相見同此始婦不荅拜者謙不敢當其盛禮也蓋稍還避之婦人從夫者也無論夫下之而不敢當卽夫齊視之

而亦不敢當故夫有親迎之禮而婦無見夫之儀夫執摯以拜而婦不答拜也不還其摯者鴈取有常節隨陽義不可不受也婦雖不敢當夫之下之齊之而未嘗不隨者所以明婦順也主人西面于阼階上女房外南面而賓北面奠鴈是許之執贄相見矣許之執贄相見若父母親授之故曰壻親受之於父母也吳氏廷華云婦從者奠鴈時已出堂矣變女言婦已受摯而從之也此有父母戒及送之節記言父西面戒之又言父送女命之此又言不降送者蓋戒在女出房時送則又申命之送當少違其位但不降耳母亦不降惟庶母降盛氏世佐云書云拜手稽首者始拜首至手而於其卒拜則首至地也稽首拜中最重臣拜君之拜乃於奠行之者昏義云蓋親受之於其父母也得其旨矣上言女對其父此言婦對其夫言也旣從夫而出即謂之婦此禮經正名之義壻案經言主人不降送記言父送女命之蓋違其位少進耳又疏引何休云周人逆於戶知當在房戶外當阿北面

壻御婦車授綏姆辭不受

壻御者親而下之綏所以引升車者曲禮曰僕人之禮必授人綏

疏 正義曰徐本集釋楊敖俱無曲禮曰三字通解有據疏云曲禮文則注無之可知○李氏如圭曰郊特牲曰壻親御授綏親之也親之

也者親之也沈氏彤曰此稱壻而不稱賓者女未授則賓之婦既從則壻之皆對主人而稱也此辨名定分之義敖氏曰曲禮云若僕者降等則受不然則否此壻爲御故如僕人之禮然非降等故姆辭不受案婦不親辭者夫婦始接情有廉恥姆道其志也姆既辭則壻當舍綏姆執綏以授女矣

婦乘以几姆加景乃驅御者代乘以几者尚安舒也景之制蓋如明衣加之以爲行道禦塵令衣鮮明也景亦明也驅行也行車輪三周御者乃代壻今文景作憬

疏 正義曰景通典作憬非也古無憬字釋文作御集釋無車字注但云尚安舒而賈疏知謂登車時者記云從者二人坐持几相對坐卽跽几卑故二人跽於地而對持之非登車而何馬前亦有燭褚氏寅亮云庶人妻用錦外加禪縠其名曰褧爲文之太著也士妻緇衣纁袡不爲文著故外加者爲景轉取鮮明之義熊氏朋來欲改景爲褧絅不必李氏如圭云碩人詩亦云衣錦褧衣庶人卑不嫌與國君夫人同士妻純衣加明衣非爲其文太著爲禦風塵耳云今文景作憬者胡氏承珙云上文被潁黼注云潁禪也士妻始嫁施禪黼於領上假盛飾耳此注云景之制蓋如明衣云案鄭於詩褧衣禮記尙絅及此經潁黼皆訓禪蓋本玉藻禪爲絅義惟

於此景訓明是意與褧絅顈不同賈疏仍以禪縠釋景非鄭義彼褧爲正字絅顈爲叚借字此景爲正字憬乃借字

壻乘其車先俟于門外 壻車在大門外乘之先者道之也男率女女從男夫婦剛柔之義自此始也俟待也門外壻家大門外 疏 正義曰敖氏云待者旣待止車以俟壻乘其車先然後從之 注云壻家大門外者案賈疏云命士以上父子異宮故解爲壻家大門外若不命之士父子同宮吳氏廷華云喪服內則雖俱有異宮說然未聞父子各門之說以理論之父母見在壻豈得自立爲家又此時門內及席皆有燭

右親迎

婦至主人揖婦以入及寢門揖入升自西階媵布席于奧

夫入于室卽席婦尊西南面媵御沃盥交 升自西階道婦入也媵送也謂女從者也御當爲訝訝迎也謂壻從者也媵沃壻盥於南洗御沃婦盥於北洗夫婦始接情有廉恥媵御交道其志 疏 正義曰釋文媵席中無布字○自此至卒食明夫導婦入門升階及對席媵御沃盥卽席之儀李氏如圭云詩

云好人提提宛然左辟好人爲容好者左辟辟辟而左不敢當尊蓋壻揖婦入之時也壻爲主先卽席婦席未設也吳氏廷華云日入閾西升自西階雖是導婦亦父在不由阼階之義第言夫卽席者婦俟饌具饌具乃卽席也案升自西階謂夫婦竝升西階也竝升之法夫升三等婦少右從之中等竝行夫在左旣立夫婦竝立於西階上俟布席乃入也下經云燭出則夫婦未入之前燭必先入矣不言者文略耳　注云媵沃壻盥於南洗御沃婦盥於北洗者此當如先儒媵沃御盥御沃媵盥爲是蓋媵御佐禮當盥以致潔也鄭道志說姝謬且婦人不下堂今媵亦婦人乃下堂而沃壻盥於南洗乎褚氏寅亮云於卽席尊西之後而言媵御沃盥交則敖云於北洗者得之但交沃者媵御也盥者夫婦也如敖云媵沃御盥御沃媵盥之說是媵御盥而反遺夫婦矣則非也席東向西向以南方爲上正法也敖乃變爲北上蓋因執豆席相變故遷就以文其詞耳江氏筠云盥有不必就洗者特牲禮盤匜之設是也此經沃盥婦卽在尊西南面媵奉盤御執匜夫當於其拜受贊酳之處御奉盤媵執匜云御當爲訝者迎訝字周禮作訝他經皆作御鄭曲禮注亦云御當爲訝與此同堉案鄉飲酒禮云主人南面盥沃洗者西北面此當準之　贊者

徹尊冪舉者盥出除冪舉鼎入陳于阼階南西面北上匕俎從設執匕者執俎者從鼎而入設之匕所以別出牲體也俎所以載也疏正義曰鼏通解敖氏俱作冪浦云鼏當作冪今作鼏後人更易也集釋校云朼各本作匕下同張淳云釋文朼必履反士喪禮乃朼載又曰朼者特牲禮乃朼有司朼羊朼豕魚字皆从木少牢長朼古文作匕鄭氏亦改爲朼○士喪禮舉鼎右人以右手執匕左人以左手執俎舉鼎人兼執匕俎者喪禮略也公食執匕俎之人入加匕於鼎陳俎於鼎南其匕與載皆舉鼎者爲之士虞右人載者喪祭少變故在西方長者在左也今昏禮鬼神陰陽當與特牲禮同亦右人匕左人載遂執俎而立以待設也盛氏世佐云贊者室老也下經云贊醴婦而舅姑既沒章云老醴婦于房中明是一人矣不云老而云贊者以事命之敖氏云盥北面盥於南洗也除冪者右人也旣陳鼎則右人抽扃委於鼎北而西面於鼎東以俟

注云執匕者執俎者從鼎而入設之者敖氏云執匕俎者從鼎入而設於其鼎之西也旣設俎則各加匕於其鼎東枋遂退此三匕三俎從設則有司三人各兼執一匕一俎歟沈氏彤云上經所陳器饌醯醬二豆葅醢二豆黍稷

四敦及四𣪘合巹皆爲夫婦各用其半故兼陳之則此設七俎亦當有六七六俎矣郊特牲昏義並云共牢者特謂不異牲若豚魚腊夫婦各食其半耳非謂止三俎而共之也又下經婦用特豚饋舅姑注云右胖載之舅俎左胖載之姑俎時舅姑共席猶各有俎豈夫婦異席而顧共俎乎且婦前無俎亦非敵偶之義吳氏廷華云上尊有冪徹之待酌也設七俎待載也亦徹豆巾儀禮大概右人於鼎東西匕左人於鼎西俎南北面載士虞禮鼎在西階下故匕者東面而載者則仍北面也賈疏以特牲右人鼎北南面左人鼎西面俎南北面何也據特牲加匕注云左人北面疏亦以爲鼎西北面猶與此疏合也但彼注又云加匕東柄疏亦云然夫東柄者以匕者在鼎東西故東其柄以便其匕耳若右人鼎北南面則當南柄不當東柄也埼案賈疏云右人於鼎北南面匕左人於鼎西俎南面載考特牲注則右人旣錯西面俟左人北面當是右人西面匕非南面也

北面載執而俟執俎而立俟豆先設

（疏）正義曰敖氏云北面載左人也右人則西面匕此載以俎盛物之稱士喪禮載豚云載兩髀于兩端兩肩亞兩胉亞脊肺在於中皆進柢載魚左首進鬐三列腊進柢此魚十有四則二列也載腊如豚惟無肺耳俟俟時而升褚

氏寅亮云少牢禮云匕皆加于鼎東枋東枋者鼎西面匕
者在東便也此鼎亦西面則敖氏謂西面匕勝疏南面匕
之說**匕者逆退復位于門東北面西上**執匕者事畢逆退由
便至此乃著其位略
賤也疏者正義曰李氏如圭云逆退後入者先退也敖氏云匕
者乃右人以匕出鼎實者也逆退則匕下鼎者在先
匕上鼎者在後也言復位見其初位在此門東北面西上
私臣之位也特牲記曰私臣門東北面西上逆退者由便
也亦便其復位也案左人執俎而俟則退者爲右人明矣
此亦舉鼎者謂之匕者以事命之且以別於載者也注以
是爲執匕者恐非又案逆退者西面匕畢乃
轉南面而退也載者尚立俟故匕者先退
贊者設醬于席前菹醢在其北俎入設于豆東魚次腊特于俎北豆東
菹醢
之
東疏正義曰醬與俎俱在豆知不在醬東者下文醬東有
黍稷故知在菹醢東也敖氏云菹醢在醬北南上也
別見魚腊則此俎云者指豚俎也當豚俎北端而云特者
明不與豚俎爲列亦橫設之几俎數奇故於其下者特設
之張氏爾岐云魚次者又在俎東也腊特設俎北若復東
則餕不得方故也盛氏世佐云此設俎豆之次皆以南爲

上者夫席東向便其右也設俎者卽載牲體之左人也魚次次豚而東也俎北豚俎北也腊云特則豚魚之竝可見矣

贊設黍于醬東稷在其東設湆于醬南饌要方也疏正義曰敖氏云黍在豚南稷在魚南湆不言其器在豆可知少牢禮曰進二豆湆張氏爾岐云二豆竝列醬北二敦直列醬東此爲夫設下對設二豆二敦則爲婦三俎共之注云饌要方也者沈氏彤云特牲注云腊特饌要方也彼疏云豆在神坐前豕設於豆東魚次豕東若腊復在東則饌不得方故特也上經腊特于俎北義同此經設湆于醬南者以醬東黍黍東稷若稷東復湆則饌仍不得方故亦特設之於醬南爾注皆明特設之義葢必有特設者而後饌乃得方也

設對醬于東對醬婦醬也設之當特俎疏正義曰敖氏云下文云設黍于腊北而此醬宜在黍東則於特俎爲東北也盛氏世佐云此爲婦設也夫西婦東故云對凡饌皆對獨於醬言之者以其首設也設之於夫饌之東少北惟云東者舉其大判言之耳不言婦前者婦席未設也案以下言婦饌不言俎者同牢者亦同俎曰對者以壻饌爲主也特俎卽上所謂腊特于俎北者也沈氏彤曰下經設黍于腊北之腊謂婦之腊卽婦之特俎也敖說

以夫婦共三俎乃誤以此腊爲卽上所特設者遂謂醬於特俎爲東北二豆當特俎之東無之而不誤矣且如其言則下經對席北去堉席各半夫婦徑不相直也何以稱敵偶之義耶**菹醢在其南北上設黍于腊北其西稷設湆于醬北御布對席贊啓會卻于敦南對敦于北**啓發也今文啓作問古文卻爲綌疏正義曰注本啓發也有會合也謂敦蓋也七字○盛氏世佐云醬二豆二對湆夫婦各者也三俎共者也夫席在室之西南隅婦席在其東少北室中迫而饌又在其西偏則二饌蓋相連矣連故得共俎且成其方也又夫婦各有三俎尤經所未之見者經云設對醬于東注謂當特俎敖氏以下文設黍于腊北參之當在特俎之東北且經云設黍于腊北者腊卽上文腊特于俎北之腊非有二也乃謂婦饌別有三豚魚一腊而案其設黍之處又不在腊而在豚北直與經文相背矣褚氏寅亮云夫席之黍在醬東稷在黍東對席之黍宜設在醬西魚北其稷宜在黍西豚北無如設稷之地已有腊在故必設黍於稷北而稷乃設于黍西此經所以特著設黍于腊北之文也鄭注所以云對醬當特俎也敖氏以對席當設之稍北因有對醬于腊

俎爲東北及北郎醬西之說不知昏禮對席與舊者對主席自別安可以彼例此設席一誤餕位無不誤矣李氏如圭謂對席亦有俎則是六俎而非三俎且失同牢之義亦非張氏惠言云據禮圖豆徑尺二寸登與豆同敦徑六寸八分俎廣尺二寸長二尺四寸橫設之一俎適當二豆之徑兩席共俎葅醢當席中必相對與豚魚之俎直腊特于其北則醬湆當之故鄭云對醬當特俎經文云設黍于湆北葢當腊稍北略言之又疑北爲東字之誤疏云設婦湆於醬北當特俎東餕內是明以黍在腊東若經爲腊北不應無說也又肝俎經不言所在依祭禮當在內西塾章氏協夢云對席必稍北者壻席南上婦席雖與壻席相向而不敢竝示有尊卑之義也張氏爾岐曰會敦之葢卻仰也開敦葢各仰置敦右案敦南壻敦對敦婦敦又湆本佐食之具飫射等飲而不飯故無湆賈疏說非也少牢文不備是矣至有司徹雖有匕湆肉湆但祭祀之湆在登不祭不嚌彼湆在俎嚌而嘗之葢賓尸在味與正祭在登者不可同日語也 注今文啟作開者胡氏承珙云古人於啟閉字多作啟少作開故古文作啟者今文則作開左傳哀三年經城啟陽公羊作開陽此左氏古文公羊今文之別古文卻爲綌者卻正字綌借字說文卻節欲也玉篇卻節卻也

玉篇爲是卩所以節進退趙策云進退之謂節葢進則以節召之退則以節卻之故云節卻說文欲字傳寫誤耳疏云卻仰也謂仰於地也案贊啟會卻于敦南者謂啟其葢退於敦南卽卻爲却之義**贊告具揖婦卽對筵皆坐皆祭祭薦黍稷肺**贊者西面告饌具也壻揖婦使卽席薦菹醢 疏 正義曰張氏爾岐云其祭之序由近及遠肺指祭肺非舉肺也盛氏世佐云告具告於主人也揖婦不言主人可知也敖氏以爲贊者揖非也至是云皆坐則鄉者夫之卽席猶立也 注云贊者西面面告者主人東面故西面告也云薦菹醢者敖氏云祭薦黍稷肺釋上所謂祭者此也祭薦以菹揣於醢而祭也**贊爾黍授肺脊皆食以湆醬皆祭舉食舉也**爾移也移置席上便其食也皆食食黍也以用也用者謂用口啜湆用指呞醬古文黍作稷 疏 正義曰徐本集釋俱無用口用指四字與疏合盧云公食大夫疏引此注亦無此四字○敖氏曰惟爾黍者夫婦各有二敦故但取其尊者而食之凡爾敦者皆右之於席上經特於少牢禮見之授肺脊兼舉而授之也皆受以右手惟飯時則右執之也贊授夫于饌南西面婦則于饌北東面皆跪受之皆食謂一飯

也以湆醬皆謂哜之未食舉故用此安食耳舉謂肺脊以其先食舉之因名之曰舉祭謂振祭嚌之一飯乃祭舉異於饋食禮也食舉謂啗之再飯三飯則皆食舉不復以湆醬矣　食注云移置席上便其食也者吳氏廷華云俎不可移置席上故授肺脊而已爾黍注謂便其食則席上之右也餕食無不祭而先飯之理此經雖先言皆食後言祭舉食舉然玩也字義蓋謂其食黍者皆祭舉食舉而後食黍是錯綜之文非先後之序也賈疏謂三飯不須道食疎矣至特牲少牢皆祭禮此合巹禮儀節自是不同不應據一節之異遂斷爲尊卑之大别也云古文黍作稷者胡氏承珙云少牢禮上佐食爾上敦黍于筵上右之注爾近也或曰移也右之便尸食也疏云案特牲云黍稷此及虞皆不云黍稷者此後黍稷連言明幷黍稷食之不虛陳而不食不言爾之者文不具其實亦爾之也案此經云爾黍注皆食食黍也是鄭意此敦惟爾黍而不及稷下文三飯卒食注同牢示親不主爲食起三飯而成禮也可知不必偏食黍稷矣且黍重於稷下文婦饋舅姑有黍無稷故此爾敦不及稷稷古文作稷鄭所不用

三飯卒食

卒已也同牢示親不主爲食起三飯而成禮也〔疏〕正義曰同牢示親不主爲食起者少牢十一飯特牲九飯而禮成此

獨三飯也**贊洗爵酌酳主人主人拜受贊戶內北面荅拜酳婦亦如之皆祭**酳漱也酳之言演也安也漱所以潔口且演安其所食酳酌內尊〔疏〕正義曰徐本集釋潔俱作絜案凡絜字嚴徐鍾本竝作絜是正字〇賈疏云壻拜當東面婦拜當南面少牢饋荅拜注云在東面席者東面拜在西面席者南面拜故知婦南面拜若贊荅婦拜亦於戶內北面也敖氏云洗爵洗於庭也酳之言繼也其字从酉蓋既食之而復繼之以酒取其酒食相續之義也此拜受者皆在席戶內之西也祭謂祭酒凡酳皆坐受爵案注漱以絜口蓋頤養之道應爾也**贊以肝從皆振祭嚌肝皆實于菹豆**肝肝炙也飲酒宜有肴以安之〔疏〕正義曰張淳曰齊方計反齊嚌古通用此从口者後人加之耳案今本釋文仍作嚌〇敖氏云以肝從謂以肝從於酒而進之二肝蓋共俎而進本贊則縮執之振祭者執而振動之以爲祭也此亦以肝擩於鹽乃振祭肝從之法少牢禮備之矣吳氏廷華云擩鹽過多振而去之祭而嚌之後或言加或言實其義一耳賈疏因士虞禮言加此言實遂以祭禮言加此不言加爲異不知特牲亦祭禮其舉獸幹及魚也則曰實魚

於俎豆矣**卒爵皆拜贊答拜受爵再酳如初無從三酳用巹亦如之**亦無從也疏正義曰卒爵而拜拜其飯已之賜也爵出奠於篚乃復洗他爵以升盛氏世佐云荅拜各荅一拜也亦於戶內北面贊荅拜不言婦又拜是不挾拜矣不俠拜者以其禮輕故也褚氏寅亮云儀則同初酳無從則同再酳每酳洗爵於庭皆有兩番降案禮成乃用巹重之不輕用也**贊洗爵酌于戶外尊入戶西北面奠爵拜皆荅拜坐祭卒爵拜皆荅拜興**贊酌者自酢也疏正義曰戴氏震云據前尊于北墉下是爲內尊尊于房戶之東是爲外尊注止稱內尊外尊此處疏云乃酌外尊亦無戶今刪正○敖氏云三酳乃自酢變於常禮也自酢之禮代人酢已耳洗爵者象其爲己洗也奠爵拜者象受也夫婦皆荅拜則象同酢之也興謂夫婦也案皆者皆夫婦也始荅拜象拜送也次荅拜象荅卒爵拜也坐贊者坐也祭祭酒也言坐祭則必興而後坐也不言興文省興者夫婦及贊者皆興也洗亦在房入室戶西北面拜兼拜兩席也**主人出婦復位**復尊西南面之位疏正義曰敖氏云主人出爲將說服於房也

婦但當說服於室故不出惟復其尊西南面之位

乃徹于房中如設于室尊否

徹室中之饌設於房中爲媵御餕之徹尊不設有外尊也　疏　正義曰乃徹釋文作𢌿○敖氏云徹之者亦贊也如設于室者謂其饌與席之位也亦皆東西相鄉案媵西御東

主人說服于房媵受婦說服于室御受姆授巾

巾所以自絜清今文說皆作稅　疏　正義曰御授石經徐本集釋通解楊敖俱作受作稅上徐本集釋俱有皆字○郝氏曰夫婦皆說禮服也巾帨也姆授授婦也案下記云母施衿結帨帨即巾也至是與服俱說故姆還以授之使不忘父母之戒云爾吳氏廷華云說服當於隱處其房室之西南隅歟　注云今文說作稅者賈疏云疊今文爲稅不從者稅是追服之言非脫去之義故不從也

御衽于奧媵衽良席在東皆有枕北止

衽臥席也婦人稱夫曰良孟子曰將瞯良人之所之止足也古文止作趾　疏　正義曰瞯徐本集釋敖氏俱作見與疏合釋文作瞯云今本亦作見臧氏琳云賈本作將見故後人校釋文云今本亦作見乃注疏本反作瞯此文後人依釋文改也祭義見以蕭光見閒以俠甒見及見間皆爲瞯之誤此

儀禮注當從釋文作闑賈疏作見非也○郝氏曰㫐艮㫐人至是始成夫婦焉稱㫐盛之也北止趾向北首向陽也張氏爾岐云設衽曰衽猶置尊曰尊布筵曰筵也上文媵受主人服御受婦服此御衽婦席媵衽夫席皆與媵御沃盥義同　注云古文止作趾者胡氏承珙云說文止下基也象艸木出有趾故以止爲足段氏玉裁云此引申叚借之法凡以韋爲皮韋以朋爲朋黨以來爲行來之來以西爲東西之西以子爲人之稱皆是也以止爲人足之稱正同許書無趾字止卽趾字許同鄭從今文故不錄趾字如從今文名不錄古文銘也

主人入親說婦之纓入者從房還入室也婦人十五許嫁笄而禮之因著纓明有繫也蓋以五采爲之其制未聞【疏】正義曰賈疏云纓有二曲禮云女子許嫁纓示有從人之端也卽此說纓之纓內則云男女未冠笄者總角笄纓此幼時纓也皆與男子冠纓異故注云其制未聞案主人親說之者明此纓爲己而繫也亦示親之

燭出昏禮畢將臥息【疏】正義曰出出於室也

媵餕主人之餘御餕婦餘贊酌外尊酳之外尊房戶外之東尊【疏】正義曰經不言媵御餕位據上經云徹于房中如設于室則壻之餘仍在東婦之餘仍在

西媵位如壻御位如婦惟尊在房戶之外爲異耳敖氏云不洗而酌略賤也此酳之儀惟拜受拜送而已不拜既爵

媵侍于戶外呼則聞 爲尊者有所徵求今文侍作待 疏 正義曰媵初至有徵求必資之御則御亦在焉經文省耳 注云今文侍作待者胡氏承珙云侍待古同聲故二字互用禮記襍記注侍或爲待

右婦至成禮

夙興婦沐浴纚笄宵衣以俟見 夙早也昏明日之晨興起也俟待也待見於舅姑寢門之外古者命士以上年十五父子異宮 疏 正義曰集釋本以作已○敖氏云士妻之纚笄宵衣猶士之玄冠玄端也蓋事舅姑之常服也盛氏世佐云纚笄宵衣士妻之正服次純衣纁袡爲始嫁而加盛飾焉耳事已則服其常也郝氏云降如姆卸靡麗示執役也 注云古者命士以上年十五父子異宮者案內則云由命士以上父子異宮不云年限鄭知十五爲限者以其十五成童是以鄭注喪禮亦云子幼謂年十五以下則不隨母嫁故知十五以後乃異宮也

質明贊見婦于舅姑席于阼舅卽席席于房外南面

姑即席質平也房外房戶外疏正義曰賈疏云鄭知房外之西古文舅皆作咎是房戶外之西者以其舅在阼阼當房戶之東若舅在房戶之東即當舅之北南面向之不便又下記云父醴女而俟迎者母南面于戶外女出于母左以母在房戶西故得女出于母左是以知房外亦房戶外之西也敖氏云見者通言於舅姑使得見也郝氏云舅席在阼示爲主也姑席在東房戶外南面爲內主也　注云古文舅皆作咎者案舅是正字咎是借字婦

執笲棗栗自門入升自西階進拜奠于席笲竹器而衣者其形蓋如今之筥笿籚矣進拜者進東面乃拜奠之者舅尊不敢授也疏正義曰笿籚徐本釋文集釋敖氏俱作莨蘆嚴鍾通解作篋籚案說文凵盧飯器或从竹去聲○敖氏曰笲棗栗同一器也門舅姑寢門也始執笲用二手拜時則惟右手執之凡婦人之拜以左掌據地故右手執物而可以拜也內則曰凡女拜尚右手沈氏彤云詩傳曰方曰筐圓曰筥說文筥箱也箱飯器又云笿盧飯器以栁爲之蓋飯器而竹與栁爲之者笿於圓是以笿盧亦圓也鄭始兼二者以況笲之圓歟禮器釋文云笲以葦若竹爲之衣以青繒聶圖云笲如筥狀其口微弇而稍淺容一斗敖氏謂聘禮

卷幣實於笲謂笲之制隋方如篋非也實幣之笲蓋隋圜郝氏云笲竹盤盛棗栗爲摯也升自西階不敢由阼也手奉摯進至舅席前東面立拜古婦人拜不著地故執摯拜而後奠於席賈疏云襍記云婦見舅姑兄弟姊妹皆立於堂下西首是見已注云婦來爲供養也其見主於尊者兄弟以下在位是爲已見不復特見又云見諸父各就其寢注旁尊也亦爲見時不來今此不言者文略耳　注云笲竹器而衣者下記云笲緇被纁裏加于橋注被表也婦見舅姑以飾爲敬是有衣也云進東面乃拜者自西階上東面至阼席前而拜也云舅尊不敢授也者下舅直撫之而已姑則親舉之親舉者若親授之然故於舅得云尊不敢授也

舅坐撫之興荅拜婦還又拜

還又拜者還於先拜處拜婦人與丈夫爲禮則俠拜

疏 正義曰張氏爾岐云撫撫棗栗笲也撫之者示受也

江氏筠云婦人立拜故姑舉腶脩必興而後拜男子跽拜乃舅坐撫棗栗經亦云興荅拜者曰記云舅荅拜宰徹笲可以明其故矣蓋笲須拜後乃徹則荅拜時笲固在席也婦之奠笲於席必正當舅前舅之坐撫亦必與笲對則笲未徹之時其坐處之不可以拜明矣以笲之有妨於拜而稍違其坐處以荅之此舅之所以興也又戴氏震云婦立

拜而舅乃手拜荅之疑未必示與荅拜者所以示舅之亦肅拜耳案還旋通婦還者盤旋以辟不敢當舅拜也注云先拜處者謂前東面拜處也云婦人與丈夫爲禮則俠拜謂若士冠禮冠者見母母拜受子拜送母又拜母于子尚俠拜不徒此婦於舅姑而已禮經釋例曰婦贄舅撫之猶覲禮侯氏四享王撫玉也敖氏云撫之示受之其說是也

降階受笲腶脩升進北面拜奠于席姑坐舉以興拜授人

人有司姑執笲以起荅婦拜授有司徹之舅則宰徹之

疏 正義曰腶石經作腵釋文作段段氏玉裁云本又作腶瞿氏中溶云石本原作段朱梁重刻譌作腶陸氏作段正與石本原刻同○褚氏寅亮云婦已見舅不必復出矣故侍御者先執腶脩以俟於下婦旋降階受之以見姑竝非以門內門外別輕重之差案公羊傳莊二十四年大夫宗婦覿用幣何注云禮婦人見舅以棗栗爲敬見姑以腶脩爲敬見夫人至尊兼而用之蓋據此經見舅執棗栗見姑執腶脩之文也集說謂於舅竝用棗栗見姑惟用腶脩則是以見夫人之禮見舅也而可乎盛氏世佐曰階西階也受蓋受于婦氏人腶脩脯也姑不撫之而舉以與婦於姑之拜也不還不又拜皆下於舅吳氏廷華云北面

向姑也人女從授女從令宰徹之日舉以興則視撫有加
禮矣　注云舅則宰徹之者下記云舅荅拜宰徹也禮經
釋例曰姑舉摯授人猶聘禮公側授宰玉享公側授宰幣
也皆略如臣見君之禮也不降階拜者婦人禮異於男子
且辟
君也

右婦見舅姑

贊醴婦　醴當爲禮贊禮婦者以其婦道新成親厚之　疏　正義曰敖氏云贊謂舅姑醴婦也舅姑必醴之
者荅其行禮於己也舅不自醴之者於其始至亟示以尊
卑之禮也是時舅姑皆立於席吳氏廷華云猶宰夫爲主
人之義江氏筠云自來說贊皆用男子蔡敬齋本義則云
以婦女之曉禮儀者爲之醴婦駁舊說云男女不親授受
豈有使男子引新婦見舅姑且酌而醴之之禮然案禮惟
婦人於丈夫乃有俠拜若同爲婦人雖婦之於姑亦不俠
拜此何以受醴啐醴兩見婦又拜文蔡因爲之說曰贊代
舅姑拜送故婦又拜荅婦與舅行禮當俠拜故也然果如
所說則下文婦餕而姑酳之酳雖止爲姑禮實亦兼達舅
意又何以不俠拜筠謂贊雖代舅而旣爲婦人則畢竟婦

人之相與拜也婦與婦行禮而爲俠拜禮未之有欲明男女之別而創禮所未有之拜未見其說之允也且經惟男子有奠爵之拜若婦人之拜皆執爵者此經於贊自酢云贊洗爵酌于戶外尊入戶西北面奠拜果婦人而然乎

席于戶牖閒室戶西牖東南面位疏正義曰賈疏云禮子禮婦禮賓客皆於此尊之至也**側尊甒醴于房中婦疑立于席西**疑正立自定之貌疏正義曰疑凝通鄭讀爲仡然從于趙盾之仡疑立者不偏倚不搖動之意玉藻云立容德是也立於此者俟贊者酌醴而出也立時少久故特著其容孔氏廣森曰當讀如士相見篇不疑君之疑疑立者斜向舅姑立也於君以不敢斜向爲敬獻酢則又必向所與行禮者爲敬若鄉飲酒賓西階上疑立是向主人立也主人阼階東疑立是向賓立也周禮曰不正其主面亦不背客此疑立之道乎大抵足有定位而面無定矚隨其所敬轉向之是之謂疑立今人行禮時亦惟習於此節斯敬賓之意達矣

贊者酌醴加柶面枋出房席前北面婦東面拜受贊西階上北面拜送婦又拜薦脯醢婦東面拜贊北面荅之變於丈夫始冠成人之

禮疏正義曰婦於贊乃俠拜者重其爲舅姑醴已也婦又
拜蓋執觶拜也其下二拜亦然　注云變於丈夫始
冠成人之禮者賈疏云冠禮禮子與此禮婦俱在賓位彼
禮子南面受醴此則東面不同彼南面者以向賓拜此東
面者以舅姑在東
亦東面拜之也　婦升席左執觶右祭脯醢以柶祭醴三
降席東面坐啐醴建柶興拜贊荅拜婦又拜奠于薦東北
面坐取脯降出授人于門外　奠于薦東升席奠之取脯降
出授人親徹且榮得禮人謂
婦氏人疏正義曰張氏惠言曰婦升席皆當由序西席則當
如冠禮東上褚氏寅亮云上經注云婦人與丈夫
爲禮則俠拜此婦拜之通例也敖氏何獨於此經云重其
爲舅姑醴已然則他禮不俠拜邪其有不俠拜者惟荅拜
爲然少牢獻侑不俠拜者辟獻尸禮張氏爾岐云祭禮南
面啐醴東面奠觶又南面取脯則北面韋氏協夢云醴子
奠觶拜賓荅拜冠者不又拜此婦又拜者贊者爲舅姑醴
婦婦拜贊者猶拜舅姑也故贊旣荅拜婦又拜敬之至也
降降西階也出出寢門也凡受醴者必取脯以降榮見
禮也案升席下當有坐字授婦氏人則歸示其父母矣

右贊者醴婦

舅姑入于室婦盥饋饋者婦道旣成成以孝養疏正義曰盛氏世佐云盥以致其潔饋以致其養於旣授脯卽反而行是禮昏義曰明婦順是也案舅姑旣醴婦婦卽饋舅姑所以荅舅姑之禮又以執爲婦之道也**特豚合升側載無魚腊無稷竝南上其他如取女禮**側載者右胖載之舅俎左胖載之姑俎異尊卑竝南上者舅姑共席於奧其饌各以南爲上其他謂醬湆菹醢女謂婦也如取婦禮同牢時疏正義曰竝上徐本集釋通解俱有今文竝當作併文二字案旣有今文二字則當字定衍○盛氏世佐云側獨也合升側載者合左右胖升於鼎而載之俎則獨用右胖也特牲少牢及鄉飲酒禮皆用右胖此亦定然然則舅姑亦共俎矣不合載者此婦供養之道非盛禮也注疏說恐非褚氏寅亮云升鼎則合載則左右兩胖各載一俎異於同牢之合載也非無魚腊之謂士虞禮亨一胖故曰側亨此各載一胖故曰側載若因無魚腊而言側則彼固有魚腊爨矣脊亦分爲二載諸兩俎士室約淺一丈八尺向東旣接設兩席北墉下焉能更橫容

婦席邪當依注其席之說室以奧爲尊故舅居奧而姑居
舅北敖氏謂舅北姑南非也賈疏云自側載以下南上以
上與取女異彼有魚腊幷稷此無魚腊無稷彼男東面女
西面別席其醬菹醢夫則南上婦則北上今此舅姑共席
東面俎及豆等皆南上是其義也雖不言酒旣有饋明酒
在其中程氏瑤田云凡禮設飯陳簠必黍稷竝進以稷五
穀長設之爲敬也昏禮同牢皆食亦黍稷竝設今婦饋舅
姑特見無稷明但設黍也黍美稷疏婦道成以孝養飯必
精美不進疏食也 注云竝當作併者胡氏承珙云當字
疑衍竝併義略同鄭於竝雖皆訓併然多疊併字不用此
注云竝南上者舅姑共席於奧其饌以南爲上是仍依古
文作竝不應云竝當作併也段氏玉裁云說文竝併也併
竝也互相訓竝讀如旁併讀如幷竝併義有別許互訓者
禮經注云古文竝今文作併是古二字同也承珙案鄭注
此經竝皆訓併是二字義同正與許合然鄭意經字
則一槪從竝故有司徹注又疊古文作併者不用也 **婦贊**

成祭卒食一酳無從 贊成祭者授處之今文無成也 疏 正義曰不言舅姑

無贊故婦贊之祭祭薦及黍也成者謂旣授之又處置之
使知當在豆閒贊祭則其餘皆贊矣卒食亦三飯矣從者

從肝席也敖氏云婦洗於北堂酌於室中北墉
下之尊西面酳戶西北面拜舅姑荅拜於其席 **席于北墉**
下 墉牆也室 疏 正義曰徐本集釋通解俱有首三字今本
中北牆下 脫○賈疏云此席將爲婦餕之位褚氏寅
亮云席南向北向以西方爲上有東上 **婦徹設席前如初**
者統於主席也敖氏謂此席東上誤
西上婦餕舅辭易醬 婦餕者卽席將餕也 疏 正義曰釋文
辭易醬者嫌淬汚 淬本或作染
○盛氏世佐云辭辭其餕也婦將餕姑之餕姑不辭而舅
辭者統於尊也易醬示從舅命也沈氏彤曰敖氏謂易醬
御爲之非也此蒙上舅辭之文葢舅親易之下經婦餕姑
之餕則姑酳之此舅辭婦之餕則爲之易醬猶酳之之義
禮必有報且姑之醬非舅不得輒易也自婦見
舅姑至舅姑饗婦壻皆不與亦禮不參之義 **婦餕姑之**
餕御贊祭豆黍肺舉肺脊乃食卒姑酳之婦拜受姑拜送
坐祭卒爵姑受奠之 奠之奠 疏 正義曰徐本集釋通解敖
於篚 氏俱有首二字○內則子
婦佐餕旣食恆餕則舅食婦餕其常也此辭者未授使代
尙行賓禮也然婦則自率其常禮而已醬爲饌本旣經指

哂不易則於尊者爲褻故易之猶燕禮不敢褻君爵之義也舅尊而姑親則易矣故特言餕姑之餕以明之下祭及會則又合兩餕而言也賈疏謂不餕舅餘先儒又謂易醬爲易姑之醬而餕其餕並與內則之義不符盛氏世佐云餕餘亦祭敬尊者之餘也豆菹醢也上肺祭肺也祭者五詳著之見其無不祭也且與上婦贊成祭之文互備敖氏云婦拜於席南面姑亦拜於西墉下東面之位也卒爵而姑受亦不拜旣爵矣餕禮輕篚在房戶之東南案脯醢皆祭言豆以概籩也贊亦授之

婦徹于房中媵御餕姑酳之雖無娣媵先古者嫁女必姪娣從謂之媵姪兄弟之子娣女弟也娣尊姪卑若或無娣猶先媵客之也始飯謂舅姑錯者媵餕舅餘御餕姑餘也古文始爲姑 疏 正義曰徐本楊氏俱作容案作容與單疏本文合○案此當媵御徹之日婦者荅姑親酳婦亦親徹也其設之當略如同牢禮御亦得酳未必甚賤此酳亦酌外尊盛氏世佐云婦人送者皆曰媵娣則妻之女弟從嫁者也送者非一人其中容有娣姪從嫁者以士得有一妻一妾故也士妻從嫁者或娣或姪科取其一經惟言娣者舉尊以見卑耳無娣謂無從嫁者也北面之勢不足盡人

于是與始飯之錯

骨肉之親雖不以娣姪從可也先謂先於御蓋御主也娣姪客也褚氏寅亮云先是婦止餕姑餘不得言錯至是則媵餕舅餘御餕姑餘有交錯之義矣而必言始飯者見止餕餘而不舍舉也何也姑所舉者婦已餕訖惟餘舅所舉者而已若媵舍舅所舉而御無舉可舍一舍舉一不舍舉非交錯之義故媵亦不餕舉經特著始飯二字以明交錯而餕止敦黍也古文作姑者胡氏承珙曰姑飯者媵御共餕姑之飯黍而不餕舅飯亦不敢褻之意

右婦饋舅姑

舅姑共饗婦以一獻之禮舅洗于南洗姑洗于北洗奠酬

以酒食勞人曰饗南洗在庭北洗在北堂設兩洗者獻酬酢以潔清爲敬奠酬者明正禮成不復舉凡酬酒皆奠於薦左不舉其燕則更使人舉爵

疏 正義曰更陳本誤作受○賈疏云共饗婦以一獻之禮者案下記云饗婦姑薦焉注云舅姑共饗婦舅獻爵姑薦脯醢但薦脯醢無盥洗之事今設北洗爲婦人不下堂也云姑洗于北洗洗者洗爵則是舅獻姑酬共成一獻仍無妨姑薦脯醢也褚氏寅亮云舅姑席位當如見時注中其燕以下補經未備容饗

後亦燕朱子曰以鄉飲酒約之席在室戶外西舅酌酒獻
婦於席西受飲畢更爵酢舅姑乃酌自飲畢更酌以酬婦
婦受觶奠於薦左不舉正禮畢敖氏云舅洗爵以獻也姑
洗洗觶以酬也婦酢舅亦洗於北洗皆不辭洗不拜洗其
獻酢則各於其席前舅拜於阼階上北面婦拜於席西東
面姑酌婦則於主人之席北而奠觶於婦之薦西奠酬者
婦取姑之酬酒而奠觶於薦東也不燕者尊卑之分嚴也
張氏惠言云饗婦禮略以意言之舅降取爵於篚婦避於
房舅升酌筵前北面婦筵西東面拜受舅阼階東面拜送
卯席姑薦脯醢贊者設俎婦祭脯醢祭肺祭酒降席東面
卒爵拜舅荅拜婦又拜更爵洗酌阼階上酢舅舅西面拜
受婦復位東面拜送婦薦脯醢亦宏有折俎舅祭卒爵拜
婦荅拜姑洗於北洗酌筵前北面酬婦拜卒爵婦北面於
姑西荅拜姑洗酌婦北面拜受姑北面拜送姑復位婦奠
爵於薦左復位堉案義疏云舅獻姑薦疏云舅獻姑酬其
成一獻下記亦云姑薦又云婦酢舅更爵自薦則一饗而
獻酢酬之節皆備也據鄉飲酒禮獻賓席前北面酬席
前北面賓酢主人則席前東南面薦脯醢此經第言一獻
至所謂酬者考之於禮主人酬賓則奠於薦右鄉飲酒禮
主人奠觶于薦西是也賓及主人拜送後賓乃奠於薦左

彼經所謂賓北面奠觶于薦東是也此經奠酬當亦合姑與婦言姑奠在右婦奠在左酢則當有舅席如婦見時所設婦東南面送爵於舅姑酬則無酢故略之吳氏廷華云一日之閒行見舅姑禮又行醴婦禮又行饋舅姑禮其禮亦甚繁乃又以饗禮責其行不但過勞恐日亦不足是當異日爲之不必强爲之說也

舅姑先降自西階婦降自阼階授之室使爲主明代己疏正義曰賈疏云曲禮曰子事父母升降不由阼階阼階是主人尊者升降之處今舅姑降自西階婦降自阼階是授婦以室之事也授之室昏義文也案舅姑同降自西階亦舅先降三等姑乃從之中等舅姑既降婦乃降自阼階

歸婦俎于婦氏人言俎則饗禮有牲矣婦氏人丈夫送婦者使有司歸以婦俎當以反命於女之父母明所得禮疏正義曰通解作明得其禮要義作明所得禮案賈疏云三牲是賓所當得則作所字爲是鄉射注云遷設薦俎就之明己所得禮也亦是此意○盛氏世佐云歸者舅姑是有司授之俎蓋特豚也歸俎饗賓之禮也饗婦亦歸其俎者亦所以厚禮之也

右舅姑饗婦

舅饗送者以一獻之禮酬以束錦送者女家有司也爵至酬賓又從之以束錦所以相厚古文錦皆作帛 疏 正義曰盛氏世佐云冠禮酬賓用束帛儷皮此不用帛用錦送者賤宜下賓也注云女家有司者尊無送卑之法士無臣故知有司送之也云古文錦皆作帛者胡氏承珙云敖氏云聘禮使介行禮用錦不用帛辟主君之幣也此無所辟不當用錦宜從古案昏禮用束帛此酬用束錦或亦辟昏禮之正歟小行人合六幣錦次帛繡次錦則差次可知 姑饗婦人送者酬以束錦婦人送者隸子弟之妻妾

凡饗 疏 正義曰凡饗速之皆就館速之 若異邦則贈丈夫送者以束錦贈送也就賓館 疏 正義曰士卑不嫌外娶先儒俱有明說敖氏以此例大夫泥矣贈錦又在酬錦外丈夫送者贈以束錦則婦人亦贈可知不言婦人者文略 注云就賓館者贈賄之等皆就館故知此亦就館也李氏如圭云聘賓至郊而贈故知此亦就其館也

右饗送者

若舅姑既没則婦入三月乃奠菜没終也奠菜者以篚祭菜也蓋用堇【疏】正義

曰奠菜祭菜殺於正祭此所謂廟見也婦人必舅姑授之室使代己而後主祭祀舅姑在則降阼階時已受之舅姑與祭可矣若舅姑没則無所受矣故於時祭之先行廟見之禮以明其職之所有所自受然後可以助祭也必三月者時祭無過三月故以久者言之若昏期近於時祭則不必三月矣下記言三月祭行亦以廟見之後乃可以主祭也江氏筠云賈疏引曾子問三月廟見云云謂卽彼祭於禰一也曾子問孔疏則謂廟見奠菜祭禰是一事萬氏充宗云然則舅姑在者高曾祖禰之廟可以不見乎觀曾子問又曰女未廟見而死不遷於祖不祔於皇姑所以不遷不祔者以未廟見也曰祖曰皇姑則知廟見及高曾祖矣今案曾子問所云廟見是專指舅姑在者其所云祭禰卽此經之奠菜指舅姑没者非謂舅姑没者止行祭禰而別無廟見又非卽祭禰爲廟見如注疏家之說也或曰經旣著奠菜之禮矣何以不幷著廟見之文曰經本詳初昏及夙興事初不及三月而後其言奠菜者特以見舅姑禮及之非主爲廟見致詳也褚氏寅亮云舅没姑存則當時見姑亦三月廟見舅若姑没舅存則婦人無廟可見斯不行

奠菜之禮矣賈疏極分明庾氏蔚之謂舅姑偏有沒者見其存者不須見亾者豈禰廟可以不見乎崔氏靈恩謂盥饋於存者廟見於亾者當舅見在姑未有專廟又何由而見乎皆屬一偏之見疏謂婦人無廟以舅尚存則權附於皇祖姑之廟耳旣入皇祖姑之廟矣乃竟專見姑乎事有難處故姑沒舅存斷以不見爲正三月祭行達禮也三月祭菜變禮也不可混而爲一孔穎達謂奠菜之禮適婦乃得行之庶婦則否矣

席于廟奧東面右几席于北方南面

廟考妣之廟北方墉下

疏正義曰賈疏云周禮司几筵云每敦一几鄭注云周禮雖合葬及時同在殯皆異几體實不同祭於廟同几精氣合又祭統云設同几同几卽同席此卽祭於廟中而別席者此旣廟見若生時見舅姑舅姑別席異面是以今亦別席異面象生不與常祭同也敖氏云右几見席南上也凡設几側在席之上端舅席東面而南上姑席南面而西上與生人室中之席東面者北上南面者東上鬼神則變之生時見舅姑舅不用几此有之者異其神也姑席無几主於尊者也張氏爾岐云席於奧者舅席也席於北方者姑席也

祝盥婦盥于門外婦執笲菜祝帥婦以入祝告稱

帥道也入
室也某氏者

婦之姓曰某氏來婦敢奠嘉菜于皇舅某子

齊女則曰姜氏魯女則曰姬氏
來婦言來爲婦嘉美也皇君也
【疏】正義曰盛氏世佐云祝盥不言其處如常祭可知也婦盥于門外著其異也蓋祝先入筵几於室中降盥於阼階東南之洗乃出廟門帥婦以入也賈疏謂祝盥亦於門外非也某子之解敖說得之蓋謂父爲大夫子爲士者也廟見祭類故以生者爲斷若其舅亦士也當稱其字曰伯某甫矣胡氏匡衷云祝接神之官論語祝鮀治宗廟樂記宗祝辨乎宗廟之禮士得三廟則有祝明矣或曰此祝贊婦廟見當爲女奴曉事者如周禮之女祝

婦拜扱地坐奠菜于几東席上還

扱地手至地也婦人
扱地猶男子稽首
【疏】正義曰吳氏廷華云坐當爲跪盧氏弨弓曰李

又拜如初

疑東字爲誤蓋當言北○盛氏世佐云婦人拜法見於經傳者五曰肅拜少儀云婦人吉事雖君賜肅拜是也曰手拜少儀注曰凶事乃手拜孔疏云婦人除爲喪主其餘輕喪凶事乃有手拜是也曰稽顙喪服小記云婦人爲夫爲長子稽顙是也曰頓首左傳晉穆嬴抱太子以適趙氏頓首于宣子是也曰扱地此奠菜禮是也唯肅拜爲正餘皆

非吉禮扱地之拜蓋介乎吉凶之間以致其哀敬之意歟
以男子九拜例之肅拜軍中之拜手拜蓋與空首相似其
法先以手至地而頭來至手也稽顙卽凶拜頓首是男子
平敵相與之拜而穆嬴施於其臣疏家以爲私求法非禮
之正然嬴遭襄公之喪則亦凶拜也始如吉拜而後稽顙
爲般之凶拜歟扱地於九拜無所似賈疏謂以手至地而
首不至手又與空首不同　注云婦人扱地猶男子稽首
稽首拜頭至地臣拜君之拜舉以相況者明其爲拜中之
最重非謂拜法似之也然則扱地與肅拜異稽顙又與扱
地異手拜與扱地皆以手至地而首或至手或不至手亦
異熊氏謂初嫁及爲夫爲長子主喪則以手扱地蓋考之
未精矣又案肅拜之法周禮注云肅拜但俯下手今時撎
也疏引鄉飲酒注推手曰揖引手曰撎爲證少儀注云肅
拜拜低頭也若然女子拜蓋不折腰屈膝矣郝氏謂男子
坐拜婦人立拜故婦見舅姑手棗栗腶脩拜而後奠若坐
奠必先奠後拜此說得之敖氏云凡婦人之拜以左掌據
地故右手執物而可以拜始未講乎肅拜之法歟特牲禮
主婦致爵訖酌酢左執爵拜則以左掌據地之說不辨自
破矣蓋扱地之拜爲不逮事舅姑者設將以生其哀慕之
心焉故與凶事手拜相似也案婦拜象拜送也奠菜于几

東席上象受也還又拜象荅拜也此禮與生時舅姑相似張氏爾岐云此在奧之席淩氏廷堪禮經釋例曰士昏禮疏云婦人肅拜爲正今云扱地則婦人之重拜也猶男子之稽首亦拜中之重故以相況也考少儀曰婦人吉事雖有君賜肅拜爲尸坐則不手拜肅拜爲喪主則不手拜鄭注肅拜拜低頭也手拜拜至地也婦以肅拜爲正凶事乃手拜耳是拜扱地卽手拜之類惟手拜用於凶事扱地拜用於吉事爲異葢婦人之拜皆立扱地始坐拜也

婦降堂取笲菜入祝曰某氏來婦敢告于皇姑某氏奠菜于席如初禮降堂階上也室事交乎戶今降堂者敬也於姑言敢告舅尊於姑 疏 正義曰敖氏云入而北面也祝亦在左告之如初禮而奠於席上之右還又拜也盛氏世佐云姑之生也婦不俠拜今乃如見舅之禮者接神之道宜然也張氏爾岐云此北方之席

婦出祝闔牖戶凡廟門無事則閉之 疏 正義曰注云廟門無事則閉賈疏云神尚幽也先牖後戶闔之次第也啟則先戶而後牖矣

老醴婦于房中南面如舅姑醴婦之禮因於廟見禮之 疏 正義曰敖氏云不於堂辟尊者在之處也張氏

爾岐云亦象舅姑生時因婦來見遂禮之也房中廟之房中盛氏世佐云上云贊醴婦贊卽老也以其助舅姑行禮故曰贊此無助故直指其人言之老家臣之長必有德而年高者爲之故使之醴婦所以代舅姑也特牲少牢禮有主婦與尸祝佐食賓獻酢致爵之事古人行禮不以爲嫌也又郝氏謂三月廟見以夫婦共爲祭主非以三月爲限也苟未三月而及祭期婦可以不與於祭乎與於祭可以不先見乎此皆臆說也婦入三月然後祭行未三月而及祭期婦固不與也以其未成婦也

壻饗婦送者丈夫婦人如舅姑饗禮

疏正義曰盛氏世佐云春秋宣五年經高固及子叔姬來左傳云反馬也杜注禮送女留其送馬謙不敢自安三月廟見遣使反馬此士禮雖無反馬之事然送女者則必俟其成婦而後歸亦猶謙不敢自安之意也舅姑存則以昏之明日見於舅姑舅姑醴之婦禮成矣送者可以歸矣故舅姑於饗婦之後卽饗送者不必三月也若舅姑旣没則必待三月廟見而後成婦記云擇日而祭于禰成婦之義也又云女未廟見而死歸葬于女氏之黨示未成婦也成婦而後送者乃可以歸故經言壻饗送者於老醴婦之後著其行禮之節也敖氏云此禮宜行於始嫁之時非也且婦

未受醴而先饗送者亦失其先後尊卑之次矣

右舅姑沒婦廟見及饗婦饗送者之禮

記

士昏禮凡行事必用昏昕受諸禰廟辭無不腆無辱用昕使者用昏壻也腆善也賓不稱幣不善主人不謝來辱疏正義曰昕陽始也昏陰終也受讀如受命文考之受謂命於禰廟然後行事也葢據壻家言之此爲適士二廟者言其祖禰共廟雖受諸禰廟終不得云禰廟注云賓不稱幣不善主人不謝來辱者郝氏云腆厚也辱汙也以物贈人自稱不腆謙言薄也賓至主人稱辱謙己汙也男女匹合不得言薄言汙示誠信也顧氏曰婦妹人之終始也先王於此有省文尚質之意焉故辭無不腆無辱告之以直信曰先人之禮而已所以立生民之本而爲嗣續之基故以內心爲主而不尚乎文辭也非徒以教婦德而已摯不用死皮帛必可制摯鴈也皮帛儷皮束帛也疏正義曰摯使者及壻所執以相見也死謂

雉也不用奴所以釋用鴈之義此古人用幣之通法也郊特牲謂幣必誠聘禮記幣美則沒禮或失之華靡或失之濫惡是皆不可制也可制則無二者之弊矣

腊必用鮮魚用鮒必殽全殽全者不餒敗不剝傷

疏正義曰集釋校云說文有餧無餒云餧飢也一曰魚敗曰餧五經文字云餧奴罪反飢也經典相承別作餒爲飢餒字以餧爲餧餇之餧字書無文是也○褚氏寅亮云惟九鼎乃有鮮腊今有之者非攝盛也直取其新耳故賈疏以日新解之郝氏曰鮒鯽魚性相依附曰鮒殽全者謂體備盛氏世佐云殽全謂豚俎也殽骨體也全者不折也一骨分爲二曰折特牲少牢禮言俎之折者不一是皆有殽而不全也雖一體完矣而二十一體不備亦不可謂全若同牢之俎斯爲全耳

右記昏禮時地辭命用物

女子許嫁笄而醴之稱字許嫁已受納徵禮也笄女之禮猶冠男也使主婦女賓執其禮

疏正義曰盛氏世佐云襍記曰女子許嫁笄而字雖未許嫁年二十而笄禮之婦人執其禮此敖氏之所本也然

先儒之論二笄禮則異是賀氏瑒謂許嫁者主婦爲之著笄女賓以醴禮之未許嫁而笄婦人禮之無女賓賈疏謂未許嫁而笄無主婦女賓使婦人而已又謂許嫁者用醴禮之未許嫁者當用酒醮之朱子謂許嫁而笄主婦當戒外姻爲女賓使之著笄而遂禮之未許嫁者則不戒女賓而自以家之諸婦行笄禮諸說皆用鄭義鄭注此節云使主婦女賓執其禮襍記云言婦人執其禮明非許嫁之笄蓋以禮之婦人執其禮七字爲指未許嫁者言而敖則通上許嫁者爲一義此其所以異也詳襍記文敖說亦不爲無理特其所謂未許嫁笄而不字者後許嫁將復笄而字之乎抑字而不復笄乎敖意似謂古女子皆二十笄而後許嫁許嫁復笄而字又與記文不合是則可疑矣或曰二笄禮同笄而字亦同惟有字而稱與不稱爲異耳韋氏協夢云笄女之禮與冠子略同冠子若不醴則醮用酒女子之笄亦可以醴與酒擇用之矣疏謂女子未許嫁而笄者始用酒意雖别之於已許嫁者而不知其說之非也蓋已許嫁與未許嫁皆以醴飲之以笄加之特有稱字不稱字之分耳

祖廟未毀教于公宮三月若祖廟已毀則教于宗室祖廟女高祖爲君者之廟也以有緦麻之親就尊者之宮

教以婦德婦言婦容〔疏〕正義曰敖氏云此據士族之貴者婦功宗室大宗之家言也祖女所自出之君也祖國君五廟大祖之廟不毀其餘先君若過高祖則毀其廟而遷之未毀者以其猶在今君四親廟之中也其與君共大祖者若大祖去今君五世廟雖不毀其禮亦與既毀者同祖廟未毀而教於公宮統於祖也祖廟毀而教於宗室統於宗也　注云以有緦麻之親者賈疏云共承高祖是四世緦麻之親若三世共曾祖者是小功之親共祖是大功之親共禰廟是齊衰之親則皆教於公宮今直言緦麻者舉最疏而言云教以婦德婦言婦容婦功者昏義文鄭彼注婦德貞順也婦言辭令也婦容婉娩也婦功絲麻也云大宗之家者昏義孔疏云大宗小宗之家悉得教之與大宗近者於大宗與大宗遠者於小宗此說不若賈疏云不於小宗者小宗卑故也若謂與國君絕服者教於大宗之家大宗絕服者教於小宗之家設有繼高祖之宗而與大宗絕服者將於何教乎教於大宗則已遠教於己室是無統矣此則孔說所不通也褚氏寅亮云異姓亦有宗子之室於彼教之

右記笄女教女之事

問名主人受鴈還西面對賓受命乃降受鴈於兩楹間南面還於阼階上對賓以女名疏正義曰敖氏云問名之儀主人以賓升西面賓升自西階東面問名主人阼階上北面再拜進受於楹間還於阼階上西面賓亦還於西階東面主人對賓受命乃俱降也吳氏廷華云致命皆當阿此時當亦如之當阿亦階上地但入堂深耳

右記問名對賓之節

祭醴始扱一祭又扱再祭賓右取脯左奉之乃歸執以反命反命謂使者問名納吉納徵請期還報於壻父疏正義曰凡祭醴之法皆如此其記於此者以問名諸禮皆醴賓故也吳氏廷華云經醴賓以梱祭醴三此祭醴當指賓言況下明言賓取脯又言反命其爲賓之祭醴甚明賈疏以贊醴婦言之謬矣至所謂又扱再祭者據廣韻再仍也謂仍如始祭扱之以至於三也賈謂再祭分爲二祭非也

右記祭醴法

納徵執皮攝之內文兼執足左首隨入西上參分庭一在南攝猶辟也兼執足者左手執前兩足右手執後兩足左首象生曲禮曰執禽者左首隨入爲門中阸狹西上中庭位併疏正義曰敖氏云先儒讀攝爲摺則訓疊也今人屈物而疊之謂之摺執皮攝之者中屈其皮疊而執之也內文兼執足攝之之法也文獸毛之文也內文者事未至也左首爲西上也云隨入者以其並設嫌亦並行也西上統於賓也參分庭一在南者參分庭深而所立之處當其參分之一故二分在北一分在南也此設皮之位亦當在西西方注云左首象生者褚氏寅亮云注是也非以西上故也故聘禮則右首矣盛氏世佐云攝皮之位說見聘禮敖云在西方非是云隨入爲門中阸狹者賈疏云皮皆橫執之近人云廟門容大扃七個注大扃牛鼎之扃長三尺每扃爲一個七個二丈一尺彼天子廟門此士之廟門降殺甚小故云門中阸狹隨入得並也賓致命

釋外足見文主人受幣士受皮者自東出于後自左受遂

坐攝皮逆退適東壁賓致命主人受幣庭實所用爲節士謂若中士下士不命者以主人爲官長也自（疏）正義曰敖氏云釋外足見文所謂張皮皮也見文由也者事已至也皮以文爲美故當授受之節宜示之他時則否士謂主人之私臣非指有爵者言也自東自門東而來也士之私臣其位在門東北面後與左皆據執皮者言也受者居客之左便其先執前乃執後也聘禮曰賓出當之坐攝之逆退在東者先退由便也此記與聘禮互見當參考　注云賓致命主人受幣庭實所用爲節者賓堂上致命時執皮者庭中釋皮外足見文主人堂上受命時主人屬吏受皮者自東方出執皮者之後至其左北面受之也云若中士下士不命者以主人爲官長者韋氏協夢云士謂主人之私臣及府史胥徒之屬注以中士下士當之固非而敖氏專指私臣言亦未備

右記納徵庭實之節

父醴女而俟迎者母南面于房外女旣次純衣父醴之於房中南面蓋母薦焉重昏禮也女奠爵於薦東立於位而俟壻壻至父出使擯者請事母出南面房外示親授壻且當戒女也（疏）正義

曰注云蓋母薦焉者賈疏云舅姑共饗婦姑薦脯醢故知父母醴女亦母薦脯醢云奠爵於薦東者士冠禮子與醮子及此篇醴賓禮婦皆奠爵於薦東明此亦奠爵薦東也

女出于母左父西面戒之必有正焉若衣若笄母戒諸西階上不降 必有正焉者以託戒使不忘 疏 正義曰不敖氏集釋作勿○賈疏云母出房戶西南面女出房西行故云出于母左父在阼階上西面故因而戒之母戒諸西階上者母初立房西女出房母行至西階上乃戒之也　注云必有正焉者盛氏世佐云以物爲憑曰正母施衿結帨庶母施鞶皆謂以物與之則此衣若笄亦父戒時予女使服之識而弗忘也

右記父母授女

婦乘以几從者二人坐持几相對 持几者重慎之 疏 正義曰賈疏云王后則履石大夫諸侯亦應有物履之但無文今人猶用臺盛氏世佐云從者二人蓋夫家之從者跪而持之者几卑故也相對各持其几之一端也

右記婦升車法

婦入寢門贊者徹尊冪酌玄酒三屬于尊棄餘水于堂下階間加勺屬注也玄酒涗水貴新昏禮又貴新故事至乃取之三注於尊中【疏】正義曰敖氏曰云酌則以勺也棄餘水者不欲人褻用之也徹冪加勺兼指二尊而言吳氏廷華云周禮酒正疏云若五齊加明水三酒加玄酒爲十六尊蓋以五齊各有一明水之尊三酒各有一玄酒之尊也司尊彝疏云雞彝盛明水鳥彝盛鬱鬯五齊三酒并配尊則尊有十八是以酒正疏十六尊又增出玄酒鬱鬯二尊爲十八尊也十八尊中正尊與配尊各九即此疏配尊等說也案郊特牲只有齊加明水無三酒加玄酒之文涗所謂加明水不過如禮運所謂玄酒在堂醴醆在戶蓋於五齊之外別加一明水之尊非謂五齊各有一明水之尊也又據彼文云明水涗之似五齊各有一明水以涗之不知五齊雖有異同而明水則一何必分而爲五且據司尊彝疏鬱鬯用五齊五齊用三酒三酒用水此蓋爲涗清涗醆言之如其說亦止三酒用水與鬱鬯五齊何涉此賈疏復舉以爲說謬矣

右記注玄酒之節

笲緇被纁裏加于橋舅答拜宰徹笲被表也笲有衣者婦見舅姑以飾爲敬橋所以庪笲其制未聞今文橋爲鎬 疏 正義曰盛氏世佐云橋制漢時已不可考無論後世聶圖云舊圖云讀如橋舉之橋以木爲之似今之步案高五尺下跗午貫舉笲處亦午爲之此則漢法也郝氏曰橋笲蓋曲起如橋以被覆其上奉以進曲禮奉席如橋衡聘禮勞以二竹簋方玄被纁裏有蓋其實棗栗與此同二說不同請以經文折之經云加于橋則所以庪笲也當從注云笲蓋者非也字从木則以木爲之當從圖命名之義或取其狀相似則如橋之說亦未可盡廢特其所稱橋衡之義亦與鄭異鄭注曲禮云橋井上槔槔注云今文橋爲鎬者胡氏承珙云說文橋水梁也橋之本義爲橋梁古者井上槔槔亦名橋曲禮奉席如橋衡是也此橋所以庪笲鄭雖云其制未聞然作橋於義爲近若鎬爲盄器與此無涉故不從古文

右記笲飾及受笲之節

婦席薦饌于房

醴婦饗婦之席薦也

（疏）正義曰：賈疏云醴婦時惟席與薦無俎其饗婦非直有席薦並有俎俎則不饌於房從鼎升於俎入設於席前今據醴婦時同有席與薦饌於房中者言也盛氏世佐曰經但云席于戶牖間而不見席未設時所陳處但云側尊甒醴于房中而不見薦所陳處故記之薦謂脯醢也冠禮筵在南尊在北籩豆次尊南上此宜亦如之未設時先饌于房及其設之則席在舅姑寢堂上客位脯醢設於席前饗婦之位同注說是也

饗婦姑薦焉

舅姑共饗婦舅獻爵姑薦脯醢

（疏）正義曰：賈疏云經直云舅姑共饗婦以一獻之禮不言姑薦故記之

婦洗在北堂直室東隅篚在東北面盥

洗在北堂所謂北洗北堂房中半以北洗南北直室東隅東西直房戶與隅間

（疏）正義曰：賈疏云房與室相連爲之房房無北壁故得北堂之名知房無北戶者見上文尊于房戶之東房有南戶矣燕禮大射皆云羞膳者升自北階立于房中不言入房是無北壁而無戶是以得設洗直室東隅也敖氏云室之東隅有二云在北堂故無嫌於南篚盛爵觶爲婦酢姑酬也庭中設洗水在洗東篚在洗西此篚在洗東則水在洗西矣盥爲將洗爵以酬舅也無嫌於

不洗故惟以盥見之此洗內洗也亦曰北洗凡其設之與盥者之位皆如此記主爲婦禮發之故惟云婦洗盛氏世佐曰古宮廟之制楊氏儀禮旁通圖最分明惟北堂之說略焉今以禮家言推大夫士屋皆兩下五架正中曰棟棟南兩架爲楣爲庪皆堂也棟北兩架西爲室東爲房室與房之南皆有壁有戶有牖室北有牆謂之北墉房北無牆故名其半以北曰北堂婦洗設於此云直室東隅者明其在房之西偏也謂天子諸侯有左右房大夫士惟有東房西室者此鄭義也陳氏祥道謂大夫士之房室與天子諸侯相同非也

婦酢舅更爵自薦

更爵男女不相因也 疏 正義曰更爵者不敢用舅獻己之爵爲己飲而褻也自薦者爲姑親薦己故不敢使人薦舅行禮欲其稱也

不敢辭洗舅降則辟于房不敢拜洗

不敢與尊者爲禮 疏 正義曰此謂舅將獻婦之時也舅降謂降洗也婦辟于房者旣不從降又不敢安於堂上故宜辟也張氏爾岐云辭洗拜洗賓主敵者之禮婦於舅則不敢也

凡婦人相饗無降

姑饗婦人送者於房無降者以北洗篚在上 疏 正義曰敖氏云此謂姑饗婦人送者與舅沒而姑存饗婦者也故以凡言之言婦人相饗無降明男

女相饗則有降者如上記所謂舅降是也

右記醴婦饗婦餕具儀節

婦入三月然後祭行 入夫之室三月之後於祭乃行謂助祭也 疏 正義曰程氏瑤田云助祭自兼適婦庶婦言賈疏惟指適婦未備若三月廟見則惟適婦以廟見奠菜象盥饋庶婦不饋則亦不奠菜也韋氏協夢云祭謂四時常祭祭行謂至是遇有祭祀婦乃行也若然則三月之前雖有祭事婦亦不行不行者未成婦也盛氏世佐云特牲少牢禮婦人助祭者內賓宗婦皆與此不專指適婦若謂助夫祭爲主婦必舅姑既没或老而傳者乃得爲之舅在無姑仍不得爲主婦也敖氏知此禮該舅姑之存没而不兼庶婦言亦未爲備

右記婦助祭之期

庶婦則使人醮之婦不饋 庶婦庶子之婦也使人醮之不饗也酒不酬酢曰醮醮亦有脯醢適婦酌之以醴尊之庶婦酌之以酒卑之其儀則同不饋者共養統於適也 疏 正義曰褚氏寅亮云醴適婦與

醴適子同則醮庶婦與醮庶子位在房外南面矣敖氏疑此席亦在戶閒非也張氏爾岐云亦昏之明日婦見舅姑時因使人醮之於房外之西如醴婦之儀婦不饋則舅姑亦不饗也盛氏世佐云或疑醮禮亦行於見舅姑之日斯時房外之位姑寔在焉豈庶婦見舅姑其位亦異於適歟曰非也上文贊醴婦時舅姑尙在阼與房外之位醴畢乃入室若親醴之然所以尊適也此云使人醮之則舅姑早入於室矣無姑席於房外也人亦室老也舅姑不在其位故不云贊　注云酒不酬酢曰醮者亦如庶子醮然知亦有脯醢者以饗婦醮子皆有脯醢也云其儀則同者適婦用醴於客位東面拜受醴贊者北面拜送今庶婦雖於房外之西者亦東面拜受醮者亦北面拜送也

右記庶婦禮之不同於適婦者

昏辭曰吾子有惠貺室某也昏辭擯者請事告之辭吾子謂女父也稱有惠明下達貺賜也室猶妻也子謂公冶長可妻也某壻名　疏　正義曰賈疏云壻家舊已有辭女家見許故今得言貺室若然則納采之前固有行媒以合二姓之好矣經不具者以不在六禮之內也**某有先人之禮使某**

儀禮正義 卷三

也請納采某壻父名也某也使名也行禮而推本於先人示不敢自為主也

疏正義曰使下敖氏有此字○案

對曰某之子惷愚又弗能教吾子命之某不敢辭對曰者擯出納賓之辭某女父名也吾子謂使者今文弗為不無能字

疏正義曰徐本集釋通解俱作今文○弗為不者胡氏承珙云下文納吉對曰某之子不教葢至納吉則事已定而情彌親故其辭徑遂此納采則禮初行而情未愜故其辭微婉耳

致命曰敢納采

疏正義曰賈疏云此使者升堂致命於主人辭亦當有主人對辭如納徵不言之者文不具也敖氏云此不言對則是主人惟拜而已

右納采之辭

問名曰某既受命將加諸卜敢請女為誰氏某使者名也誰氏者謙也不必其主人之女

疏正義曰某壻父名言壻父既受主人之命將加之於卜敢請女為誰氏也注以某為使者名加卜豈使者事乎盛氏世佐云古人有姓有氏姓如姬姜之類氏如叔孫季孫之類男子惟稱氏婦人恆稱姓記

云幼名冠字五十以伯仲男子之禮也婦人旣笄之後郎
以伯仲爲字而稱之皆與男子異故以姓配伯仲婦人之
通稱間有以姓配氏者如欒黶之妻曰欒祁郭偃之妻曰
東郭姜之類蓋傳者以此相別耳非常稱也婦人之氏有
二種而姓氏之氏不與焉一則以姓爲氏如曰姬氏姜氏
是也一則以字爲氏如詩所稱戴嬀大任皆曰仲氏是也
上云某氏來婦某姓也此云女爲誰氏誰字也禮本問名
辭乃問字者使者不敢斥言主人則直告以女名矣若女
之姓氏於媒氏傳言時已知之何必問邪注誤以問名爲
問姓嫌於知而復問故以謙不必其主人之女解之非也
疏家主於護注遂創爲名有二種之說此皆泥於婦人不
以名行之故耳夫不以名行者特以婦人無外事故名不
聞於人非謂有名而不稱也昭二十七年左傳云請以重
見是婦人稱名之例矣周禮媒氏云凡男女自成名以上
皆書歲月日名焉記云男女非有行媒不相知名然則女
子未字以前其名不出於梱惟媒氏知之而男家則猶待
也姜氏亦知注疏之誤而其說以問名爲問字亦未爲得
又不駁注不必其主人之女云郎收養爲已女亦當姓主
人之姓豈有養女仍以本姓姓之而待請其姓此尤非也
男女辨姓收養之女不必不以本姓姓之不知其姓當以

實告男家而使卜之如買妾不知其姓則卜之之例豈得冒己之姓而或犯同姓爲昏之厲禁哉然其告之也亦當於媒氏傳言之時不待納采後尚煩男家之問此注說所以難通也昏義孔疏云問名者問其女之所生母之姓名云爲誰氏言女之母何姓氏也亦非問女名將以卜之也問女母之姓名何爲哉又案此辭及下文吾子有命以下至某不敢辭皆賓在廟門外與擯者對荅之辭卽經所謂擯者出請賓執鴈請問名主人許者也賓致命於堂當曰敢問名主人則直以女名對之卽上記所謂主人受鴈還西面對者也疏以此爲致命之辭張氏謂告擯者之辭當亦不異今皆不取敖說近是而謂致命亦當云敢請女爲誰氏恐非也不敢斥言而云誰氏者使者之辭直云問名者壻父之命自納采以至請期致命之辭俱相似故記於納采納徵見其例而餘則略之

對曰吾子有命且以備數而擇之某不敢辭 卒曰某氏不記之者明爲主人之女 疏 正義曰命謂問女名也備數而擇之若曰不專采己女然謙也褚氏寅亮云賓之辭若不必爲主人之女主人之辭若猶有他姓與男氏議昏者無其事而設其辭皆謙退不敢質言也注云不記之者明爲主人之女者言主人雖對以己女

之氏而記者以其可知而不記耳

右問名之辭

醴曰子爲事故至于某之室某有先人之禮請醴從者言從者謙不敢斥也 疏 正義曰胡氏承珙云注云今文於爲于今文於爲于者說文于於也象气之舒段氏玉裁云於者古文烏也於下云孔子曰烏亏呼也取其助气故以爲烏呼然則以於釋于亦取其助氣釋詁毛傳亦云于於也凡詩書用于字凡論語用於字葢于於二字在周時爲古今字故釋詁毛傳以今字釋古字也此字葢古文之後出者此字旣出則又于於爲古今字凡經多用于凡傳多用於鄭於昏禮大射儀從古文作於旣夕記又從古文作于者正欲見古文二字已通用耳 對曰某旣得將事矣敢辭 將行 疏 正義曰禮辭也 先人之禮敢固以請 主人辭固如故 疏 正義曰此及下主人又請之之辭言先人見不可辭固請之堅也 某辭不得命敢不從也 賓辭也不得命者不得辭己之命 疏 正義曰徐

陳集釋通解楊敖辭己之命辭俱作許○此及下使者又答也敖氏云此皆擯者傳賓主之辭卽經所謂請醴賓賓禮辭許者也

右醴賓之辭

納吉曰吾子有貺命某加諸卜占曰吉使某也敢告貺賜也賜命謂許以女名也某壻父名【疏】正義曰盛氏世佐云賈疏於貺字絶句非對曰某之子不敎惟恐弗堪子有吉我與在某不敢辭與猶兼也古文與爲豫【疏】正義曰賈疏云我與在以其夫婦一體夫旣得吉婦吉可知故云我兼在占吉中也　注云古文與爲豫者胡氏承珙云與正字豫古文叚俗字

右納吉之辭

納徵曰吾子有嘉命貺室某也某有先人之禮儷皮束帛

使某也請納徵致命曰某敢納徵對曰吾子順先典貺某重禮某不敢辭敢不承命典常也法也疏正義曰儷皮束帛所謂先人之禮也納采之屬不言行禮物者鴈特執以將命非幣帛之可比也盛氏世佐云致命之辭宜在敢不承命之後對曰吾子順先典云云當在致命曰某敢納徵之上

右納徵之辭

請期曰吾子有賜命某旣申受命矣惟是三族之不虞使某也請吉日三族謂父昆弟己昆弟子昆弟虞度也不億度謂卒有死喪此三族者己及子皆謂服期期服則踰年欲及今之吉也襍記曰大功之末可以冠子嫁子疏正義曰申受命者自納采以來每度受命也王氏引之云卒有死喪不測之患則不得嫁娶矣何以請吉日若豫料將來則又與惟是之文不合案不無也虞憂也無憂謂無死喪也三族無死喪則可行嘉禮故惟用此三族無虞之時請吉日也此與萃象傳之戒虞左傳之備其

不虞異訓彼謂不億度此謂無憂患也**對曰某旣前受命矣惟命是聽**前受命者申前事也疏正義曰張氏爾岐云主人以期當自壻家來故辭之**曰某命某聽命于吾子**曰某壻父名也**對曰某固惟命是聽使者曰某使某受命吾子不許某敢不告期曰某日**某吉日之甲乙疏正義曰使者來時本受吉期於壻父初執謙以請之此乃因其固辭而告之也**對曰某敢不敬須**也須待疏正義曰盛氏世佐曰此節張氏謂皆賓與主人面相往復之詞敖氏則以吾子有賜命以下至某敢告期爲擯者所傳曰某日以下方屬堂上往復之辭二說俱未安謂皆堂上致命之辭則失卻擯者傳言一段如敖氏說又未免割裂之病蓋此辭皆使者在門外與擯者所往復者也其致命於堂當曰敢請期而主人亦惟拜命而已不於堂告期者以在門外已告也仍曰請期者以壻父之命本欲使者請女氏示期所謂某命某聽命於吾子也若於堂上直告之曰某日豈得爲致命乎故以吉日私告擯者而致命仍曰敢請期斯於情文兩得矣不記之者如上文納吉辭之例也又案昏辭凡使者稱吾子

皆謂女父也擯者稱吾子皆謂壻父也注以擯辭之吾子爲指使者其餘尚可强通納徵對曰吾子順先典則不可通矣使者明云某有先人之禮而對辭乃謂使者順先典是以重禮之貺爲出於使者矣其可乎或疑向使者不合稱壻父爲吾子然使者之稱吾子亦非面女父之辭也況壻父是使命所自出女家顧無一辭及之豈禮也哉惟醴辭曰子爲事故之子指使者言納吉對曰子有吉亦指使者而意則不專指使者猶下言我與在雖爲擯者自我而意亦不專擯者也何以知擯者自我也凡擯者稱女父皆稱其名此不云某而云我則非指女父矣何以不稱吾子有吉某與在也吉不專在壻女之父也二姓之人皆在吉中而使與擯周旋其閒樂其事之有成者亦與有榮焉曰子曰我舉情之疏者而戚者可知也問名曰某旣受命將加諸卜注以以某爲使者名亦非也此與某加諸卜某旣申受命矣兩處語意相似某字皆當指壻父名時雖未反命而使者已受命卽如壻父親受命矣將加諸卜不可謂使者卜也一使兼行二禮皆出自壻父之命故辭必稟之某敢納徵之某亦當指壻父名以此是致壻父之命也

右請期之辭

凡使者歸反命曰某旣得將事矣敢以禮告主人曰聞命矣

告禮所 疏 正義曰通典無告字玩賈疏意似亦無告字
執脯 ○張氏爾岐云凡者五禮使者皆然 注云
告禮所執脯者盛氏世佐云上記云賓右取脯左奉之乃
歸執以反命則知此禮是謂所執脯矣蓋以己之得禮明
不辱命也至其在女家交際之儀酬荅之辭自當一一述
於主人而記者則不及詳敖氏謂禮卽女家所受納采問
名之類不若
注說之安也

右使者反命之辭

父醮子

子壻 疏 正義曰男言醮女言醴互文也取婦以承
也 祭故重其禮亦應在廟與醴女同賈疏以
不言神位故知其
不在寢未免穿鑿

命之辭曰往迎爾相承我宗事

相助也
宗事宗
廟之 疏 正義曰爾相謂婦也祭統記國君取夫人之辭而
事 曰此求助之本故謂婦爲相承我宗事卽昏義所
云上以事宗廟而
下以繼後世也

勖帥以敬先妣之嗣若則有常

勖勉也
若猶女

也勉帥婦道以敬其爲先妣之嗣女之疏正義曰張淳云行則當有常湙戒之詩云大姒嗣徽音釋文作帥道當云勉帥道婦張氏之說是也帥之訓道上文已具故此不復言但壘帥道二字以見義○張氏爾岐云當四字爲句事嗣叶相常首尾叶敖氏讀勖帥以敬爲句先妣之嗣爲句言女當勉帥之以敬彼能敬則盡婦道而可以嗣續我先妣之事矣王氏引之曰敖說是矣而未盡也之是也言當勉帥以敬惟先妣是嗣也大雅河漢篇召公是似文義與此同傳曰似嗣也經文以事嗣爲韻韻若則有常句不入韻士冠禮醴辭禮儀旣備令月吉日昭告爾字爰字孔嘉髦士攸宜宜之于假永受保之備字爲韻嘉宜爲韻末二句不入韻是其例也顧氏詩本音謂相常爲韻非是子

曰諾惟恐弗堪不敢忘命疏正義曰敖氏云堪任也惟恐不任帥以敬之事葢謙恭之辭子旣對乃拜受醮

右父醮子辭

賓至擯者請對曰吾子命某以茲初昏使某將請承命賓壻

也命某某壻父名茲此也疏正義曰吾子謂女父某壻父將行也使某行昏禮來迎疏也命上敢不敬須之命也親迎而曰承命立言之法也

對曰某固敬具以須

疏正義曰承上請期荅辭故曰固

右親迎至門告擯者辭

父送女命之曰戒之敬之夙夜毋違命

夙早也早起夜臥命舅姑之教命古文毋爲無

疏正義曰毋陳閩監本俱誤作母凡他篇毋字此本亦有誤作母者可以義求之○張氏爾岐云郎記云父西面戒之必有正焉之辭盛氏世佐云賈疏云父戒之使無違舅命母戒之使無違姑命故父云命母云戒此注有姑字者傳寫誤也下文宮事謂姑命婦之事此說似泥命謂舅姑之命注中姑字非衍也宮事謂凡宮中之事不可違夫命也孟子載母戒女辭曰無違夫子與此記互相發矣　注云古文毋爲無者賈疏謂說文毋爲禁辭故從今文毋爲正也

母施衿結帨曰勉之敬之夙夜無違宮事

帨佩巾

疏正義曰張氏爾岐云郎前記云母戒諸西階上之辭衿衣小帶一云衣領盛氏世佐云衿注疏無明文內則注

衿猶結也又與此義不合張說蓋用說文注及詩傳漢書注應劭曰衿帶也竊疑此說於此義稍近而施帶於身而結巾於帶以爲識也**庶母及門內施鞶申之以父母之命命之曰敬恭聽宗爾父母之言夙夜無愆視諸衿鞶**庶母父之妾也鞶鞶囊也男鞶革女鞶絲所以盛帨巾之屬爲謹敬申重也宗尊也愆過也諸之也示之以衿鞶者皆託戒使識之也不示之以衣笄者尊者之戒不嫌忘之視乃正字今文作示俗誤行之庶母位在下故送之及門內

疏正義曰門內廟門之內也

張氏爾岐云鞶大帶其訓囊者从糸不从革視諸衿鞶者敎以見衿鞶卽憶父母之言也盛氏世佐云以鞶爲囊者鄭義也杜注左傳以爲紳帶一名大帶賈服皆與杜同說文亦云大帶也孔疏毎曲鄭而直杜以易訟之上九或錫之鞶帶知鞶卽帶也左傳疏又以內則縏袠之縏亦當爲帶然縏字从糸鞶字从革則一爲囊一爲帶自屬兩義張說近得其實上文母施衿愚旣以帶解之矣此鞶又爲帶者丈夫之帶有二一爲大帶以束衣一爲革帶以佩韍玉之等婦帶應如之鞶爲大帶則衿猶丈夫之革帶歟知衿非衣小帶者小帶散在於衣非總束其身且非所用以

佩物也凡佩繫於革帶故施衿則結帨以爲之佩抑猶有
疑焉者玉藻論大帶之制自天子以至於士皆以絲爲之
而內則云男鞶革女鞶絲是杜意爲不可通矣意者內則
之鞶當作縏所謂小囊盛帨巾者也易與春秋傳之鞶則
如字而爲大帶之別名與內則所論男女幼小時飾易春
秋傳所陳命服之飾其指不同也或曰此記之鞶鄭義亦
可通蓋母爲之結帨而庶母施囊以盛之也鞶與縏古通
用　注云視乃正字今文作示俗誤行之者胡氏承珙云
賈疏云曲禮云幼子常視毋誑注云視今之示字彼注破
从示此注以視爲正字以示爲俗誤不同者但古文字少
故眼目視瞻與以物示人者皆作視字故此注云視乃正
字今人作示是俗人以今示解古視故云誤也彼注云視
今之示字者以今曉古故舉今文示而言兩注相兼乃具
也承珙案小雅視民不恌箋云視今示字曲禮注云視今
之示字謂此視字卽今人所用之示字古人正作視不作
示耳孔疏云鄭注經中視字者是今之以物示人之示也
是舉今以辨古此說得之賈
疏謂曲禮注破視從示非也

右父母送女戒命之辭

壻授綏姆辭曰未教不足與禮也姆教人者疏正義曰經文十四字唐石經徐本集釋通解皆有注四字徐本集釋通解楊氏皆有今本經注俱脫

右姆辭壻授綏之辭

宗子無父母命之親皆沒已躬命之宗子者適長子也命之命使者母命之在春秋紀裂繻來逆女是也躬猶親也親命之則宋公使公孫壽來納幣是也言宗子無父是有父者禮七十老而傳八十齊喪之事弗及若是者子代其父爲宗子其取也父命之疏正義曰張氏爾岐云此請期以上五禮皆命使者行故言使命所出必自其父若無父者則母命之母命之者亦但命子之父兄師友使之命使不得稱母命以通使也親皆沒不得已乃親命之所以養廉遠恥也盛氏世佐云母命之者母使子之諸父兄命五禮之使者親迎則使命其子昏辭皆稱母所使出命者之名也雖有諸父諸兄不敢擅爲昏主必待母命而後爲之尊大宗也母沒則族人無敢主其昏矣故已躬命之躬命之者親迎五禮之使者親迎則告之於禰而其辭皆稱壻名也說苑載

諸侯親迎之辭直稱某國寡小君使寡人云云而嫁女之國亦女母夫人對是婦人得與外事矣又言諸侯以至士庶人親迎皆用屨或三兩二兩而以所加琮與束脩爲異無用鴈者亦與此經不合葢襍取諸書所成未可盡信也昏禮當使同姓主之公羊傳云稱諸父母師友說苑載大夫士昏辭亦曰某之父某之師友師友異姓而與父兄竝稱恐未安　注云母命之在春秋紀裂繻來逆女者隱二年經書秋九月紀裂繻來逆女公羊傳裂繻者何紀大夫也何以不稱使昏禮不稱主人何休云爲養廉遠恥也又云然則曷稱稱諸父兄師友宋公使公孫壽來納幣則其稱主人何辭窮也辭窮者無母也何注云禮有母母當命諸父兄師友稱諸父兄師友以行宋公無母莫使命之辭窮故自命之自命之則不得不稱使又云然則紀有母乎曰有有則何以不稱母母不通也何注云禮婦人無外事但得命諸父兄師友稱諸父兄師友以行耳母命不得達故不得稱母通使又所以遠別也服注亦云不稱主人母命不通故稱使褚氏寅亮云命與親迎各不相蒙集說言父沒則無醮而命之之人故不可親迎固哉哀公問諸侯當冕而親迎旣繼世而爲諸侯無父可知而必親迎則親迎豈以父存沒而異下記云不親迎謂或有事故及疾不親

得親迎之等非必指父沒者而言也**支子則稱其宗**支子庶昆弟也稱其宗子命使者（疏）正義日敖氏云支子謂宗子之族人也此指其無父母與親兄者言宗亦大宗子也稱其宗子命使者宗子尊也言稱其宗則非宗子自命之矣下文弟稱其兄亦然此支子與喪服傳所云者不同盛氏世佐云此亦謂無父者支子與庶子異庶者對適而言支者對宗而言有庶子而爲宗者如庶子爲父後者是也有宗子而爲支者如身是繼禰之宗而父非適長則於祖爲支矣身是繼祖之宗而祖非適長則於曾祖爲支矣推而上之卽至爲繼高祖之宗而於大宗仍爲支子也曲禮云支子不祭祭必告於宗子以支子對宗子言與此同喪服傳所云者非宗子之正解也宗五宗也大宗一小宗四稱謂昏辭所稱之名如曰某有先人之禮之類是也父在則某是父名無父則是繼禰之宗子名身繼禰則稱繼祖之宗身繼祖則稱繼曾祖之宗其他可類推矣**弟則稱其兄**弟宗子之母弟（疏）正義曰此亦謂無父者褚氏寅亮云注所以必指宗子母弟者見所稱之兄非大宗子則必小宗子也假如宗子沒母弟之次者存季弟行昏禮亦不得稱次兄何也雖其兄而非宗子也則仍從支子之例而稱其繼祖之宗子敖氏

謂有兄則不稱宗子尚
親也似失記者之意

右記使命所自出

若不親迎則婦入三月然後壻見曰某以得爲外昏姻請覿

見女氏稱昏壻氏稱姻覿見也 疏 正義曰敖氏云親迎之時主人迎壻以入母立於房外壻奠鴈而降是亦見壻之父母矣若不親迎則壻須別見故於此時爲之必俟三月者婦無舅姑者三月而廟見故此壻行禮於婦家亦以之爲節也下文云某之子未得濯溉于祭祀然則此在廟見之後祭行之前乎盛氏世佐云敖氏創爲無父者不親迎之說據昭元年左傳楚公子圍娶婦事曰圍布几筵告于莊共之廟而來則無父者告於廟而後迎禮也豈以無所承命而廢鬼神陰陽之大典乎隱二年經書紀裂繻來逆女公羊傳曰譏始不親迎也莊二十四年公如齊逆女杜注云禮也詩曰韓侯迎止于蹶之里晃而親迎孔子以告哀公是諸侯之迎且不以無父廢也況大夫以下乎敖氏之云其爲臆說無疑矣 注云女氏稱昏壻氏稱姻者爾雅釋親文所以別男女則男稱昏女稱姻者義取

壻昏時往娶女則因之而來及其親則女氏稱昏壻主人氏稱姻義取送女者昏時往男家因得見之故也

對曰某以得爲外昏姻之數某之子未得濯溉于祭祀是以未敢見今吾子辱請吾子之就宮某將走見主人女父也以白造緇曰 疏 正義曰溉敖氏作摡張氏云釋文云摡古代反少牢禮摡鼎匕俎摡甑甗匕與敦摡豆籩勺爵觚觶字皆作摡今本釋文作溉戴氏震曰說文摡滌也溉灌注也二字各別此當爲摡○敖氏曰濯洗也溉拭也濯溉於祭祀謂祭祀則濯溉祭器此非主婦之事乃言某之子亦謙辭也王氏引之云注疏不釋數字釋文亦無音案數當音所角切爾雅曰數疾也數之言速也驟也曾子問不知其己之遲數鄭注數讀爲速是也言前此驟爲昏姻其時未久某之子尙未濯溉于祭祀某是以未敢往見吾子也

對曰某以非他故不足以辱命請終賜見非他故彌親之辭命謂將走見之言今文無終賜 疏 正義曰通解他作它注同○張氏爾岐云非他故謂以非他人之故而未見案非他卽詩兄弟匪他之義親親之辭也言某以至親故不敢辱主人

走見之命請終賜見之賈疏以非他二字連讀非也注云今文無終賜者此從古文有終賜者葢以辭謙爲得禮注耳

對曰某得以爲昏姻之故不敢固辭敢不從不言外亦彌親之辭古文曰外昏姻 疏 正義曰此所謂禮辭也得爲昏姻則異于賓客所以不敢固辭也先辭其見而後不辭其摯亦異於賓客 注云古文曰外昏姻者校勘記曰以得唐石經徐本通解楊氏敖氏俱作得以集釋校云上言某以得爲外昏姻之數以者自以也此乃云某得以爲昏姻之故以者指壻以之也正與故字語氣相貫今注疏本從敖氏說改經耳胡氏承珙云上言自以得爲昏姻之緐故謙而言外下言得其壻以我爲昏姻之故故親而不復言外邵晉涵謂上言外昏姻此不宜異非也

主人出門左西面壻入門東面奠摯再拜出出門出內門入門入大門出內門不出大門者異於賓客也壻見於寢奠贄者壻有子道不敢授也摯雉也 疏 正義曰敖氏云主人出門左西面則近於門矣此異於見賓客之位葢親之也壻入門亦入門左也記似脫一左字此賓主服玄端郝氏曰主人出壻入門皆大門也主人以迎賓之禮出壻不敢當先入門東面奠摯再拜

如父子禮不敢親授也主人不荅拜示不敢受也盛氏世佐云見壻之異於見賓者主人出門而左不拜不揖入是已不必以不出大門爲異也凡出門則以東爲左入則以西爲左記於壻入門下云東面則壻亦入門左矣不言左省文也疏云案聘禮賓執摯入門右從君臣禮也辭之乃出由門左西面向北面從賓客禮此亦然似以壻入門爲右者然入門右者奠摯當北面此云東面明與聘禮有間當以敖說爲正案注言雉也以別於鴈壻親迎執鴈此當執雉賈疏未得注意

擯者以摯出請受欲使以賓客禮相見　疏　正義曰敖氏云壻既出擯者東面取摯以出西面于門東其辭蓋曰某也使某請受　注云欲使以賓客禮相見者案聘禮賓執摯入門右從臣禮辭之乃出由門左西面向北面從賓客禮此亦然故知所請受者請退從賓客相見受之

壻禮辭許受摯入主人再拜受壻再拜送出出已見女父　疏　正義曰受摯入者亦如聘禮受摯乃更西入也敖氏云壻東面辭既許則進訝受其摯入立于寢門外之右東面向主人也褚氏寅亮駁之曰經明著入與出之文敖氏以爲訝受於門中贋說也授受之節宜亦如士相見禮在中庭盛氏世佐云此禮蓋與聘禮上

介覿主國君相似壻受摯入門左主人再拜于中庭壻進北面授摯退復位乃再拜送也張氏爾岐云壻出更以請見主婦告擯者乃入見也**見主婦主婦闔扉立于其內**主婦主人之婦也見主婦者兄弟之道宜相親也闔扉者婦人無外事扉左扉〔疏〕正義曰敖氏云擯出請入告主婦乃位於此然後壻入必出乃入者禮更端不敢由便也主婦此時亦纚笄宵衣　注云扉左扉者盛氏世佐云左扉是也門以向堂爲正左扉西扉也闔西扉立于其內主婦之正位也蓋取夫東婦西之義士喪禮闔東扉主婦立于其內凶禮變於吉也敖氏據之而以此扉爲東扉誤矣賈疏謂東扉即左扉尤誤云兄弟之道宜相親也者爾雅母與妻之黨爲兄弟故知主婦於壻者兄弟之道也**壻立于門外東面主婦一拜壻荅再拜主婦又拜壻出**必先一拜者婦人於丈夫必俠拜〔疏〕正義曰于丈夫之于要義作與○主婦與壻行禮乃俠拜者重始見也壻東面則主婦南面不相對禮經釋例曰婦見舅姑如臣之見君女父見壻如主人之見賓陽尊陰卑之義也**主人請醴及揖讓入醴以一獻之禮主婦薦奠酬無**

幣及與也無幣 疏 正義曰敖氏云此略如舅姑饗婦之禮異於賓客而無俎盛氏世佐云主人送壻于寢門外因請醴之遂及壻揖讓而入也及之云者嫌使擯者請之且以見壻見主婦而出亦主人送也敖云及當作乃非也入入寢門也此時壻尚未出大門士冠禮云賓出主人送于廟門外請醴賓賓禮辭許此宜如之但壻見於寢則爲寢門而非廟門耳　注云無幣異於賓客者案士冠禮醴賓酬之以幣昏禮饗賓酬以束錦燕禮大射酬賓客皆有幣此無幣故知異於賓客也

壻出主人送再拜 疏 正義曰敖氏云送謂送于外門外

右記不親迎者見婦父母之禮

卷三終

儀禮正義卷四　　鄭氏注

績溪胡培翬學

士相見禮第三

鄭目錄云士以職位相親始承摯相見之禮襍記會葬禮曰相見也反哭而退朋友虞祔而退士相見於五禮屬賓禮大小戴及別錄皆第三【疏】正義曰單疏本始承摯相見下無之字釋文集釋毛本俱有○鄭云士以職位相親始承摯相見之禮者謂始仕爲士者因職位相親而始行執摯相見之禮是鄭專指有位之士而言也然其實未仕之士以道藝相親而相見當亦用此禮又此篇主言侯國之士然亦兼天子之士在內賈疏謂天子之孤卿大夫士與諸侯之孤卿大夫士執摯既同禮亦無別是也不云見而云相見者據經賓初以摯見主人主人復還摯見賓是迭爲賓主故云相見也王制六禮相見居其一張氏爾岐云經初言士相見禮次言士見于大夫又次言大夫相見又次言士大夫見于君末及見尊長諸儀皆自士相見推之故以士相見名篇云襍記會葬禮曰相見也反哭而退朋友虞祔而退者案襍記原文云相趨也

出宮而退相揖也哀次而退相問也既封而退相見也反哭而退朋友虞附而退此皆謂送葬之事故鄭云會葬禮也彼注云相趨謂相聞姓名來會喪事也相揖嘗會於他也相問嘗相惠遺也相見嘗執摯相見也附當爲祔孔疏出宮而退謂柩出廟之宮門而退去哀次而退謂柩出至大門外之哀次而退去也既封而退謂至窆竟而退也反哭而退謂至葬竟孝子反哭還至家時而退也虞祔而退謂至主人虞祔而退也此五者恩薄者退速恩厚者退遲鄭引相見也二句者明相見者之恩誼較朋友爲疏而視相趨相揖相問者則爲厚耳云士相見於五禮屬賓禮者周禮大宗伯以賓禮親邦國其別有八雖未言相見然相見亦是賓主相接之法故鄭云屬賓禮也郝氏敬云士相見禮士君子初相接之禮也古之君子論行而結交行苟同矣未遽合也必有介以相通有辭以相命有摯以相將有儀以相敬然後無苟合而免失身之悔然則儀禮一經特制相見之禮其以是與○張氏爾岐云經本言士與士相見遞推至見君見禮已備凡燕見于君以下博言圖事進言侍坐諸儀法始類記文體例矣盛氏世佐云此篇之經止士相見一章自士見于大夫以下皆記也其中見大夫

大夫相見見君三節文與本篇相似猶可曰自士相見推之也至凡燕見于君以下則其體宛似戴記且與彼大同小異者今案自凡燕見于君以下文體與經不相似非周公作張氏盛氏以爲記文說亦有見今並錄存之以諗來者

士相見之禮贄冬用雉夏用腒左頭奉之曰某也願見無由達某子以命命某見贄所執以至者君子見於所尊敬必執贄以將其厚意也士贄用雉者取其耿介交有時別有倫也雉必用死者爲其不可生服也夏用腒備腐臭也左頭頭陽也無由達言久無因緣以自達也某子今所因緣之姓名也以命者稱述主人之意今文頭爲脰【疏】正義曰自此至賓再拜送贄出主人送于門外再拜言士與士相見之禮其細目則再請返再辭贄而後見賓初以贄見次請賓反見次主人還贄見賓而禮成○贄唐石經及嚴本集釋經注俱作摯釋文作贄云本又作摯今本多作贄石經考文提要云案儀禮識誤云此卷中摯字經注凡四十有四皆從手今計經摯字二十監本作摯者四作贄者十有六岐出今从唐石經宋本

儀禮鄭注儀禮圖統作摯注見於所尊敬集釋無於字以將其厚意也集釋無也字今所因緣之姓名也據疏或本無名字嚴本俱有○釋文願見賢遍反凡卑於尊曰見敵而曰見謙敬之辭也今案禮記少儀曰聞始見君子者辭曰某固願聞名于將命者不得階主敵者曰某固願見方氏慤云願聞名于將命者以其尊而不可以遽見故欲先聞其名與之相敵則不必先聞其名直曰願見而已此隆殺之辨也今此士與士相見體敵故云願見不云願聞名也　注云摯所執以至者君子見於所尊敬必執摯以將其厚意也者案鄭注大宗伯云摯之言至所執以自致又注曲禮云摯之言至也通典云摯者至也信也君子於其所尊必執摯以相見明其厚心之至以表忠信不敢相褻也陳氏祥道云禮云無辭不相接也無禮不相見也欲民之無相瀆也又云君子於其所尊不敢質也故貴至於邦君賤至於庶人以至婦人童子相見不依摯不足以爲禮摯而不稱德不足以爲義此論摯之大略也云士摯用雉者取其耿介交有時別有倫也者曲禮曰凡摯天子鬯諸侯圭卿羔大夫雁士雉大宗伯以禽作六摯士執雉是其用雉之證也說苑云雉者不可指食籠狎而服之是其性耿介也李氏云雉春交秋別旣別不褋是其有時有倫也

云雉必用从者爲其不可生服也者書舜典曰五玉三帛
二生一从贄一从郎謂雉也白虎通云士以雉爲摯者取
其不可誘之以食懾之以威必从不可生畜士行威守節
从義不當移轉也云夏用腒備腐臭也者周禮庖人曰夏
行腒鱐鄭司農云腒乾雉鱐乾魚後鄭云腒鱐暵熱而乾
案乾則不腐臭故夏時用之𣪊氏云惟見冬夏而不言春
秋蒸春則先從冬後從夏在秋則反之亦若屨然與云左頭
頭陽也者謂頭謂陽故在左也曲禮曰執禽者左首首與
頭同鄭注左首尊孔疏左陽也首亦陽也左首謂橫捧之
也云無由達言久無因緣以自達也者言願見之心雖久
而無介紹以自通也云某子今所因緣之姓名也者卽介
紹也按鄭解鄉飲鄉射俱以某子爲姓氏此云姓名者賈
疏謂彼對面語故不言名此非對面之語若不言名直稱
姓是何人故以姓名解之其說是也云以命者稱遂主人
之意者葢主人若無見之之意雖有介紹先容亦不得謾
相就𣪊氏云以命以主人之命也言某子以主人之命命
某見乃敢見也語極明顯云今文頭爲脰者臧氏琳云賈
疏謂鄭不從今文者以其脰項也項不得爲頭故不從也
士虞禮取諸脰膉注古文脰膉爲頭嗌也案說文頁部頭
首也肉部脰項也二字義別鄭注士相見禮從古文不從

今文注士虞禮從今文不從古文可謂各得其當矣

主人對曰某子命某見吾子有辱請吾子之就家也某將走見

有又也某子命某往見今吾子又自辱來序其意也走猶往也今文無走【疏】正義曰某子即上某子賈疏謂某子是中間介紹之人故賓主共稱之是也張氏爾岐云某子亦所因者之姓名以其前來通意故主人自謙言其會命某往見也某者主人自名也 注云有又也者詩長發有虔秉鉞箋云有之言又也云某子命某往見今吾子又自辱來者是申言解有爲又之義敖氏作本字解云有辱謂有所屈辱盛氏駁之謂當從注爲是云走猶往也者賈疏謂直取急往相見之意非走驟之義故釋從往也云今文無走者賈謂無走於文義不足故不從今文從古文也

賓對曰某不足以辱命請終賜見

命謂請吾子之就家【疏】正義曰注謂字閩葛俱誤在子字下○張氏爾岐云命謂主人請就家之命不足辱不敢當也

主人對曰某不敢爲儀固請吾子之就家也某將走見

不敢爲儀言不敢外貌爲威儀忠誠欲往也固如故也今文不爲非古文云固以請也【疏】正義

曰注固以請下嚴徐通解俱有也字集釋及毛本無○此賓再請而主人再辭也　注云固如故也者前云請吾子之就家今仍云然故云如故也云今文不爲非者賈疏謂非敢於義不便故不從今文云古文云固以請也者賈疏謂固請於文從便若有以字於文紓緩故不從古文今案下注云今文不爲非亦不從今文也固以請古文多以字蓋涉下文賓對之辭而誤衍

賓對曰某不敢爲儀固以請言如固請終賜見也今文不爲非

疏正義曰對唐石經補刻誤作用注言如故集釋作故嚴本及各本俱譌作固程氏瑤田云按上注云固如故也今解此固字卽承用如故二字若作固則如字不可通矣今從集釋

主人對曰某也固辭不得命將走見聞吾子稱摯敢辭摯不得命者不得見許之命也走猶出也稱舉也辭其摯爲其大崇也古文曰某將走見

疏正義曰此賓三請主人許出見之而又辭其摯也注云走猶出也者與上注走猶往也殊者賈疏云彼據向賓家故走爲往此據出門故云走猶出也云稱舉也者爾雅釋言偁舉也郝氏義疏云偁又通作稱書敢行稱亂史記般紀作敢行舉亂士相見禮聞吾子稱摯聘禮賓稱面鄭竝

云稱舉也云辭其摯爲其大崇也者爲用摯禮大崇不敢當故辭之也云古文曰某將走見者賈疏云上已云某也固辭不得命於下不須云某於文便古文更云某將走見文疊故不從也

賓對曰某不以摯不敢見

見於所尊敬而無摯嫌大簡 疏 正義曰注云見於所尊敬而無摯嫌大簡者此釋所以必用摯之義也白虎通云相見有摯何所以相尊敬長和睦也故財帛者所以副至意也然則平等而相見亦有相尊敬之意故注云然

主人對曰某不足以習禮敢固辭

言不足習禮者不敢當其崇禮來見己 疏 正義曰此賓嫌其無摯簡略而主人再辭其用摯也注云言不足習禮者不敢當其崇禮來見己者案不敢當其崇禮來見己是原其所以託言不足習禮之故禮謂賓客往來之禮不云不敢當而云不足習禮謙以辭之也

賓對曰某也不依于摯不敢見固以請

言依於摯謙自卑也今文無也 疏 正義曰注末四字毛本脫嚴徐集釋通解俱有注云言依於摯謙自卑也者依於摯謂託之以通意無所託則不敢見是謙自卑之辭也云今文無也者謂古文作某也不依於摯今文無也字鄭從古文作某也者取其配文

足句非有他義後同主人對曰某也固辭不得命敢不敬從出迎于門外再拜賓答再拜主人揖入門右賓奉摯入門左主人再拜受賓再拜送摯出右就右也左就左也受摯於庭既拜受送則出矣不受摯於堂下人君也今疏正義曰注既拜受送嚴徐俱有受字盧氏據疏文無也今文無也四字集釋通解毛本同嚴徐作今文無也字○此賓固請用摯而主人許之賓始以摯見也自敢不敬從以上皆賓在門外擯者往復傳言　注云右就右也左就左也者謂主人就門右入賓就門左　入門大門也門右門左詳士冠禮云受摯於庭者李氏云下記云君在堂升見此無升文則在庭也云既拜受送則出矣者謂主人既拜受摯賓既拜送摯而禮畢即出矣明未與敘般勤故須反見也云不受摯於堂下人君也者意謂臣見君當受摯於堂此於庭是下人君也楊氏復云注謂下人君此義難曉案聘禮賓至于近郊君使卿用束帛勞賓受于舍門內諸公之臣則受于堂又案聘禮賓私面于卿受幣于楹閒及眾介面則受幣于中庭以此言之則受于堂爲重受于庭爲輕其義可知也今案楊說

亦通云今文無

也者義已詳前

主人請見賓反見退主人送于門外再拜

請見者爲賓祟禮來相接以矜莊歡心未交也賓反見則燕矣下云凡燕見于君至凡侍坐于君子博記反見之燕義臣初見於君 疏 正義曰上賓出主人不送而使擯者請再拜奠摯而出見賓亦不辭而反見者賓本爲見來也賓退主人送再拜賓不荅拜義詳士冠禮褚氏云反見之儀則曲禮所云凡與客入者一節備之 注云請見者爲賓祟禮來相接以矜莊歡心未交也賓反見則燕矣者江氏筠云賓之來介以通名摯以致敬其禮過祟是時相接以矜莊賓主之意兩皆未伸故主人須請見請見亦猶是相見而得以交歡心者蓋賓反見則爲燕見矣燕見之禮與始之致尊嚴者不同非燕飲之燕也今案賈疏以禮賓饗賓歡燕爲解誤甚方氏苞王氏士讓吳氏廷華章氏平皆辨之云下云凡燕見于君至凡侍坐于君子博記反見之燕義者此因經但言反見而反見之爲燕見其義未詳故引下文以明之江氏筠云案下文凡燕見于君至凡侍坐于君子雖不見此兩士燕見之禮然卽階之辯君所在則知此得升堂矣卽言之安而後傳則知此得安坐矣於博陳與言之儀則知此主與賓得各言所有事於詳論侍

坐之法則知此賓於主不嫌坐之移時此鄭之所謂交歡心者也豈燕飲之謂乎且鄭於凡燕見于君節注云此謂特立圖事非立賓主之燕也其義固自明之矣云臣初見於君再拜奠摯而出者鄭欲明下燕見之時爲反見其初見時竝無此法又欲見臣之于君其初見禮與此之賓主略同則此反見時亦猶彼之燕見而非復如始之矜莊相接可知矣自賈疏目反見爲留燕而後之論者竝疑此爲春秋戰國時公卿下士之儀經義不失之愈遠乎○以上賓見主人

主人復見之以其摯曰嚮者吾子辱使某見請還摯于將命者復見之者禮尚往來也以其摯謂嚮時所執來者也嚮曩也將猶傳也傳命者謂擯相者

疏正義曰注謂擯相者毛本者作也嚴徐集釋通解楊敖俱作者○吾子辱使某見褚氏云辱字當一讀辱謂辱臨也因辱臨而己出見之若賓使之然故謙言使某見也○案還摯謙不敢當也士於士不終辭摯而有還摯大夫於士則終辭摯而無還摯君於其臣則受之於外臣則使擯還之大夫於嘗爲臣者亦然　注云復見之者禮尚往來也者禮尚往來曲禮文王氏士讓云賓旣見而主人復見之所謂相見也云以其摯謂嚮時所執來者也者言其摯卽

賓所執來之摯也云鄉曩也者說文云鄉不久也又云曩鄉也是二字通莊子曰曩子行今子止以曩對今則曩爲前時也此經作鄉爲正字或作鄉作嚮作向皆古字通用作晌則俗字也云將猶傳也傳命者謂擯相者論語闕黨童子將命馬注將命者傳賓主之語出入是將猶傳也周禮司儀注出接賓曰擯入贊禮曰相擯相賓一人然則傳命卽謂擯者矣經云還摯于將命者敖氏云不敢席主人

主人對曰某也旣得見矣敢辭讓其來荅己也 疏 正義曰賈疏云上言主人此亦言主人者上言主人者據前爲主人而言此云主人者謂前賓今在己家而說也張氏爾岐云此下凡稱主人者卽前賓稱賓者卽前主人 注云讓其來荅己也者章氏平云案鄉飲酒注云事同曰讓事異曰辭此以辭爲讓恐轉寫誤今案辭與讓大同小異注所謂讓卽經所謂辭也

賓對曰某也非敢求見請還摯于將命者言不敢求見嫌褻主人不敢當也今文無也 疏 正義曰注末四字毛本脫嚴徐集釋通解俱有○上主人以旣得見爲辭故賓以非敢求見但請還摯爲對也 注云言不敢求見嫌褻主人不敢當也者賈疏云賓主頻見是褻也今云非敢求見嫌褻主人不

敢當相見之法直云還摯而已**主人對曰某也旣得見矣敢固辭**固如故也**賓**

對曰某不敢以聞固以請于將命者言不敢以聞又益不敢當　疏　正義曰張氏爾岐云不敢以聞謂不敢以還摯之事聞之主人但固請于將命者而已益自謙之辭　注云又益不敢當者不敢當相見之禮也**主人對曰某也固辭不得命敢不從**許受之也異日則出迎同日則否　疏　正義曰注云異日則出迎同日則否者李氏云此不言主人出迎蓋同日也鄉射禮明日息司正主人猶出迎褚氏云今人交際以來而速荅爲敬於同日則愈敬古人以異日爲敬同日而往謂之幾日故注云異日則出迎同日則否亦因荅者之敬心以爲差也敖氏云不俟主人之迎而卽自入蓋亟欲還摯且尊主人也夫還摯何爭此斯須之頃而汲汲如是且賓旣尊主人主人顧傲然自尊不出迎乎揆之情理斯不然矣經不言者儀已具上文耳張氏爾岐云此上賓主之辭皆擯者傳道**賓奉摯入主人再拜受賓再拜送摯出主人送于門外再拜**　疏　正義曰經明言還摯則摯卽其來之摯可知矣

氏章句謂禮尚往來復見宜別有摯非也敖氏云授受不著其所如上可知○以上還贄復見

右士與士相見之禮

士見于大夫終辭其摯于其入也一拜其辱也賓退送再拜終辭其摯以將不親荅也凡不荅而受其摯唯君於臣耳大夫於士不出迎入一拜正禮也送再拜尊賓 疏正義曰此下分爲五節士見大夫一也士嘗爲大夫臣者見大夫二也大夫相見三也大夫士庶人見君四也他邦之人見君五也皆由士與士相見之禮推之○注尊賓楊氏賓作賢 注云終辭其摯以將不親荅也者終辭不受也不言一辭再辭文省也士於士受其摯於親荅時還之大夫於士不親荅故不受其摯也敖氏云士於大夫降等者也受摯而不荅則疑於君荅之則疑於敵使人還之則又疑於待舊臣是以終辭之也云凡不荅而受其摯唯君於臣耳者君謂本國之君也若他邦之人則使擯者還其摯故知不荅而受其摯唯君於己臣然也云大夫於士不出迎入一拜正禮也者案經云于其入也一拜其辱也明不出迎可知凡主於賓不出迎不出送入一拜皆降等之

禮宏然故鄭以爲正禮也曲禮曰士見於大夫大夫拜其辱與此文同孔疏亦引此經釋之云送再拜尊賓者程氏瑶田云賓退之賓謂見大夫之士今案送而再拜卽降等之客亦然是尊之也凡送賓無論尊卑皆再拜惟喪禮之送賓也一拜○吳氏紱以此爲卑見尊之禮則由士推之凡卑見尊者皆可用此禮也

右士見大夫

若嘗爲臣者則禮辭其摯曰某也辭不得命不敢固辭禮辭一辭其摯而許也將不荅而聽其以摯入有臣道也【疏】正義曰嘗集釋通解毛本俱嘗案作嘗是也戴氏震云唐石經作常唐石經嚴徐楊敖俱作嘗○儀禮綱解云嘗爲臣者謂鄉爲其家臣而今爲公士者如趙文子所舉管庫之士是也嘗爲臣則非始見矣亦必以摯者以始升爲公臣而見也敖氏云禮辭之者異於現爲臣者也現爲臣則不辭之 注云禮辭一辭其摯而許也者案某也辭不得命以下卽其許之之辭也云將不荅而聽其以摯入有臣道也者上士見大夫以將不親荅而終辭其摯此亦將不荅而聽其以摯入爲其有臣道與

凡爲士者異也

賓入奠摯再拜主人荅壹拜奠摯尊卑異不親授也古文壹爲一〔疏〕正義曰敖氏云荅一拜者主人尊也言主人荅拜是不拜其辱矣今案曲禮曰大夫於其臣雖賤必荅拜之鄭注辟正君是現爲臣者且荅之況舊臣乎　注云奠摯尊卑異不敢授也者是亦以臣禮見也云古文壹爲一者詳士冠禮

賓出使擯者還其摯于門外曰某也使某還摯還其摯者辟正君也〔疏〕正義曰敖氏云賓退而主人不拜送亦異於不爲臣者也以其不現爲臣故當還摯某也大夫名吳氏疑義云下某擯者名

賓對曰某也旣得見矣敢辭辭君還其摯也今文無也〔疏〕正義曰注末集釋通解毛本俱作今文無也嚴徐俱作今文無脫也字　注云辭君還其摯也者解經辭爲辭還摯也言君者以嘗爲臣則有君義也

擯者對曰某也命某某非敢爲儀也敢以請還摯者請使受之〔疏〕正義曰郝氏云某非敢爲儀也擯者述主人命己之辭敖氏則以爲擯者自爲之辭盛氏云第三某字若作擯者自名終於義未協以還摯非出自擯者意也郝說似勝

賓對曰某也夫

子之賤私不足以踐禮敢固辭家臣稱私踐行也言某臣
也不足以行賓客禮賓客
所不荅者疏正義曰注云家臣稱私者玉藻曰士於大夫
不受摯曰外私又曰大夫私事使私人擯蓋臣於大夫
夫者爲私人也云賓客所不荅者不受摯者賓客之禮凡
不荅者不受摯故言某是臣不足以行賓客還摯之禮也
褚氏云上主人辭摯而云不足以習禮謙辭也此則直云
賤私不足與行禮則是質言之非謙矣語似同意大別
擯者對曰某也使某不敢爲儀也固以請言使某尊君也
或言命某傳言
耳疏正義曰此還摯有三辭初言使某次言命某末復言
使某故鄭分別解之謂言使某是其正尊君之義也
或言命某則取傳言之義耳敖氏云
云使猶命也是無甚分別矣與鄭異賓對曰某固辭不得
命敢不從再拜受受其摯
而去之疏正義曰敖氏云再拜者象受
之於主人也注云受其摯
而去之者此因經無賓退之文
故注補之謂受其摯卽退之也

右士嘗爲大夫臣者見於大夫

下大夫相見以鴈飾之以布維之以索如執雉鴈取知時飛翔有行列也飾之以布謂裁縫衣其身也維謂繫聯其足

疏正義曰儀禮識誤云釋文以索悉各反注同今注無以索二字經曰飾之以布維之以索注舉飾之以布全句釋之至下句不應獨曰維此必今本脫去之以索三字今增入之今案戴氏震盧氏文弨皆從識誤是也但嚴本及各本維下俱無此三字未敢遽增而附其說如此○王制曰諸侯之上大夫卿下大夫五人是上大夫卽三卿下大夫卽五大夫也詳聘禮君與卿圖事下儀禮釋官云案卿爲上大夫大夫爲下大夫此對文耳散文則通曰大夫此經諸篇之內有兼卿與大夫總言大夫者有上大夫單言大夫者有下大夫單言大夫者各依文求之可也相見以鴈者周禮大宗伯曰卿執羔大夫執鴈曲禮亦云卿羔大夫鴈是下大夫相見以鴈上大夫相見以羔也如執雉者謂執鴈亦左頭奉之與執雉同　注云鴈取知時者賈疏謂以其木落南翔氷泮北徂隨陽南北今案大宗伯注亦云鴈取其候時而行云飛翔有行列者說苑云鴈者行列有長幼之禮故大夫以爲贄白虎通云以鴈爲摯者取其飛成行止成列也大夫職在奉命適四方動作當能自正以事君

也此皆以鴈鴈爲鴻雁之雁經義述聞則謂鴈鵞也詳士昏禮納采用鴈下云飾之以布謂裁縫衣其身也者曲禮曰飾羔鴈者以繢鄭注繢畫也諸侯大夫以布天子大夫以畫孔疏飾覆也畫布爲雲氣以覆羔雁爲飾以相見也大宗伯注云士相見之禮卿大夫飾摯以布不言繢此諸侯之臣與天子之臣異也此鄭義也吳氏疑義云摯重於飾尚無王朝侯國之分豈一飾之微反繢與布各別乎且經明言飾若以布而不繢何取乎飾也今案吳說似有理此經言布曲禮言繢相兼乃備此云飾以布言其以布爲質也彼云飾以繢言其于布上畫之也二經似不必爲王朝侯國之別矣裁縫衣其身謂裁布縫之以衣其身也云維謂繫聯其足者維有繫聯之義故解經維之以索爲繫聯其足也索繩也雉不言維羔鴈言維以其生用之也褚氏云既裁縫衣其身翼竝在內矣止繫聯其足可也敖氏謂繫聯其足翼添翼字欲補注未備不知翼無須於繫耳

上大夫相見以羔飾之以布四維之結于面左頭如麛執之上大夫卿也羔取其從帥羣而不黨也面前也繫聯四足交出背上於胷前結之也如麛執之者秋獻麛有成禮如之或曰麛孤之摯也其禮盖謂左執前足右執後足

今文頭爲脰

【疏】正義曰注羔取其從帥從嚴徐作後集釋通解楊氏俱作從識誤曰羔取其後帥案監本後作從疏引注文亦作從至其下釋乃云凡羔羊皆有引帥若鄭之後君之命者也此釋亦誤以從爲後後字近從傳寫誤也校勘記云按作從是也黃氏丕烈云單疏魏氏皆作從嚴本誤秋閩監葛本俱誤作法　注云羔取其從帥羣而不黨也者賈疏云凡羔羊皆有引帥若鄭之從君之命者也今案春秋繁露云凡羔有角而不任設備而不用類好仁者執之不鳴殺之不啼類死義者羔食于其母必跪而受之類知禮者故羊之爲言猶祥與故卿以爲摯說苑云羔者羊也羊羣而不黨故卿以爲摯白虎通云卿以羔者取其羣不黨卿職在盡忠率下不阿黨也云面前也者詳士冠禮云繫聯四足交出背上於胷前結之也者繫聯四足此解經四維之亦以索可知蓋以索繫其前足又繫其後足從腹下交出背上於胷前結之故云結于面也云如麛執之者秋獻麛有成禮如之者經云左頭則與雉鴈同矣而復云如麛執之者雉鴈兩足羔四足故其執之之法當如麛也麛鹿子蓋古時有獻麛之禮今禮文殘闕不可考矣賈疏謂庖人秋行犢麛故云秋獻麛若然庖人云春行羔豚亦當有獻羔禮何必云如麛也云或曰麛孤之摯

也者此鄭廣存異說耳周禮大宗伯及大行人皆云孤執皮帛唯白虎通云古摯以麑鹿今以羔雁何以爲古者質取其內謂得美草鳴相呼麑與麛同當爲或說所本云其禮蓋謂左執前足右執後足者其禮謂獻麛之禮左執前足右執後足是左頭也云今文頭爲脰詳前○賈疏云執摯者或平敵或以卑見尊皆用摯尊無執摯見卑之法檀弓云哀公執摯見己臣周豐者彼謂下賢非正法也

如士相見之禮 大夫雖摯異其儀猶如士

疏 正義曰注云大夫雖摯異其儀猶如士者大夫之摯雖異於士然其相見之儀則同也敖氏云此相見之禮蓋兼復見者言之也張氏云士與士相見敵者之禮也兩大夫相見亦敵者故其儀如之王氏士讓云此經言敵鈞者相見若上下大夫之互相見則經無明文○李氏紱云意下之見上當倣上經士見大夫之禮上之見下當倣下經異爵者見士及玉藻大夫見士之禮與

右大夫相見

始見于君執摯至下容彌蹙 下謂君所也蹙猶促也促恭慤貌也其爲恭士大夫一也

【疏】正義曰盛氏云此當以執摯爲句云始見于君執摯者見摯唯新臣有之常朝及燕見則不用也舊以執摯至下四字爲句非注云下謂君所也者經義述聞云君所不得謂之下鄭說未安敖云至下謂當帶則是解至下爲極卑也然但云極卑而不指其處則安知不更下於帶乎恐古人無此不了之文法且上文摯冬用雉夏用腒左頭奉之釋文奉芳勇反是摯當奉不當提正當用奉者當心之禮何得同於提者之當帶邪此云至下蓋謂執摯者行至君之堂下至堂下則與君益近故其一敬益甚下文遂云容彌蹙也古者謂堂下爲下鄉射禮笙一人拜于下又曰命弟子贊工遷樂于下聘禮記曰君不見使大夫受自下聽命公食記卿擯由下注不升堂也禮運曰澄酒在下論語曰拜下禮也皆其證矣今案以下爲堂下解最直截鄭云君所者蓋謂堂下即係君所說亦可通敖氏解至下爲當帶則盛氏亦駁之其說不可從也云蹙猶促也促恭慤貌也者鄭解蹙爲促而又以爲恭慤貌者言其恭敬誠實踧踖不安之貌如是也詩小明政事愈蹙毛傳蹙促也或謂蹙與蹴通哀公問孔子蹴然辟席注云蹴然敬貌云其爲恭士大夫一也者經不言士明臣之見君皆然故云士大夫一也

庶人見于君不爲容

進退走容謂趨翔疏正義曰賈疏以庶人爲在官府史胥徒之屬王氏昭禹謂非特府史胥徒而已凡民之在焉王說是也方氏苞云古者天子諸侯耕耤巡方大詢時田皆與庶人接故庶人有見君之禮或謂下節注庶人之摯鶩五字當在此節據大宗伯庶人執鶩注云鶩取其不飛遷則兼凡民在內矣曲禮庶人之摯匹鄭注說者以匹爲鶩　注云容謂趨翔者張氏爾岐云庶人見於君不爲趨翔之容進退唯疾走而已卽曲禮云庶人僬僬今案不爲容甚于鑿進退走所謂不甚爲容也

士大夫則奠摯再拜稽首君答壹拜言君答士大夫一拜則於庶人不答之庶人之摯鶩古文壹作一疏正義曰稽首頭至地拜之重者再拜稽首臣見君之禮也壹拜周禮所謂奇拜也曲禮曰君于士不荅拜也此荅壹拜者以其始見故也盛氏云案士大夫始見君之禮其詳不可聞矣以聘禮賓覿入門右北面奠幣再拜稽首及覲禮侯氏入門右坐奠圭再拜稽首參之則士大夫奠摯處當在門東拜亦北面也是時君位葢在堂上荅壹拜者遙荅之也曲禮曰大夫見於國君國君拜其辱熊氏謂以初爲大夫敬之始爲是與上文注云臣初見於君再拜奠摯而出謂拜畢卽出無升堂入摯之事也今

案盛氏謂奠摯不升堂是矣至以覿與覲例之謂奠摯當在門東恐非蓋覿與覲其後尚有升授之文故初時入門即奠之此無升授之事則其奠不必與覿覲同處但經無明文難以臆擬矣　注云言君荅士大夫一拜則於庶人不荅之者上經竝言庶人見君之禮而此荅一拜惟據士大夫言之是君於庶人不荅拜也餘已詳前

右大夫士庶人見於君

若他邦之人則使擯者還其摯曰寡君使某還摯賓對曰君不有其外臣臣不敢辭再拜稽首受（疏）正義曰他邦之人謂他邦之臣非己臣也敖氏云人蓋通大夫士而言是也其執摯來見也則使擯者還其摯不言于門外省文也賈疏云凡臣無境外之交今得以摯執見他邦君者謂他國之君來朝此國之臣因見之謂若掌客卿皆見以羔之類是也然不盡此凡他邦之臣出亾來此國者亦當以摯見又定八年左傳公會晉師于瓦范獻子執羔趙簡子中行文子皆執鴈亦是他邦臣來見也篇末他國之人則曰外臣故此稱外臣也敖氏云不有言外之也不敢辭尊君也再拜稽首受

亦若受於君前然也今案此與嘗爲大夫臣者使擯還摯
略同然彼則受而後還此則不言受但言還彼還摯賓三
辭乃受此則不辭而受者儀禮綱解云禮無受他臣摯
法故奠卽還之亦無抗禮於他君法故辭卽受之也

右他邦之人見於君

凡燕見于君必辯君之南面若不得則正方不疑君辯猶正也

君南面則臣見正北面君或時不然當正東面若正西面
不得疑君所處邪鄉之此謂特見圖事非立賓主之燕也
疑度 疏 正義曰以下褋記諸儀分爲六節燕見于君一也
之 進言二也侍坐三也賜食賜飲四也先生異爵者
見士五也廣言稱謂及執幣玉之儀六也○注鄉之嚴本
作鄉各本同毛本作嚮○郝氏敬云燕見謂私見非公朝
行禮之時今案公朝行禮面位有一定此燕見面位無定
也 禮注云辯猶正也者鄭注玉藻辯色始入亦云辯猶正
也鄭意葢謂臣之見君當以北面爲正故必正君之南面
乃可北面鄉之故注又云君南面則臣見正北面也云君
或時不然者解經若不得三字謂不得君之南面則君或
西面或東面也云當正東面若正西面者謂君西面則臣

當正東面君東面則臣當正西面也此釋經則正方三字方猶鄉也曲禮曰立必正方是也云不得疑君所處邪鄉之者據注又云疑度之則訓疑爲擬謂不得擬度君所處而邪鄉之凡臣之事君無一不當出於正故其見君面位亦不苟如是也云此謂特見圖事非立賓主之燕也者鄭恐人疑燕見爲燕飲之燕故特辨之圖事詳聘禮君與卿圖事下張氏爾岐云注知燕見非立賓主之燕者以燕禮君在阼階以西面爲正也

君在堂升見無方階辯君所在升見升堂見於君也君近東則升東階君近西則升西階

疏正義曰此謂燕見而君若在堂則升堂見之也正禮升堂有一定之階此則無之惟辨君所在耳敖氏云方猶常也與上正方之方異義注云君近東則升東階君近西則升西階者言或東或西無一定之階惟以近君爲便也若燕禮則君升自阼階賓主人升自西階有定階矣故知此亦非立賓主之燕也案天子諸侯皆三朝外朝在庫門外治朝在路門外皆係平地無堂無屋無階惟燕朝在路門內有堂有階亦詳聘禮然則此節所云見當在燕朝矣敖氏云此云君在堂則上之燕見未必專在堂也

右燕見於君

凡言非對也妥而後傳言凡言謂已爲君言事也妥安坐也傳言猶出言也若君問可對則對不待安坐也古文妥爲綏疏正義曰注云凡言謂已爲君言事也者凡進言之法自言曰言因問曰對二者不同也云妥安安坐也者爾雅釋詁文敖氏訓妥爲安謂安和其志氣乃言褚氏云郭注爾雅郎引此經爲證又詩以妥以侑毛傳亦云妥安安坐也可見古人訓妥總以安坐爲義無有言心之安和者且此妥字指侯君安坐而言不指已說今案褚說是也云若君問可對則對不待安坐也者禮君子問更端則起而對是君有問即宜速對經云妥而後傳言乃專指自言者言之不兼對在內也云古文妥爲綏者胡氏承珙云說文無妥字案鄭注曲禮大夫則綏之云綏讀曰妥又國君綏視云綏讀爲妥是綏有妥音段氏云妥字見禮經小雅許葢偶遺之今案此今文妥正字古文綏俗字

與君言言使臣與大人言言事君與老者言言使弟子與幼者言言孝弟于父兄與衆言言忠信慈祥與居官

者言言忠信博陳燕見言語之儀也言使臣者使臣之禮也大人卿大夫也言事君者臣事君以忠也

祥善也居官疏正義曰敖氏云今本言忠信慈祥大戴禮
謂士以下　注引此無忠信字今有之者蓋因下文有
言忠信三字而誤衍今案唐石經嚴本俱與今本同盛氏
云有忠信二字於義亦通況此本流傳已久未可輕刪也
○張氏爾岐云所與言之人不同則言亦各有所宜言雖
多端大旨所主不離乎此今案與君言言使臣者方氏苞
云人君治政成民一日萬幾而要道莫如使臣能使大臣
羣臣皆稱其職而各盡其材則萬事得理而民無不安矣
與大人言言事君者方氏云始仕者雖有職事尚未得自
達於君故與居官者言但言忠信至於大人則忠信不必
言當勉以事君之大義所謂以道事君也與老者言言使
弟子者老者爲後生所取法故與之言使弟子之事賈疏
云書傳大夫致仕爲父師士致仕爲少師教鄉閭子弟雷
次宗云學生事師雖無服有父兄之恩故稱弟子也今案
此經所謂老卽指年高德劭之人不必定屬父師少師賈
說似泥與幼者言言孝弟於父兄者幼者卽承上弟子言
論語曰弟子入則孝出則弟又曰入則事父兄孝弟爲人
之本故與幼者恆言及此也與衆言言忠信慈祥者上言

老與幼此言衆則是强壯有作爲之人又下別言居官者
則此衆係泛指民庶非有位者可知凡人與人相接必以
忠信爲要忠信則蠻貊可行不忠信雖州里難行故與衆
言以此爲先也又人與人相接貴有親厚之意而不可有
乖戾之心慈祥者天地之善氣而仁德之流行也常言及
此則有以消其惡念而人皆可爲善矣與居官者言忠
信者此指庶司百執事之人必以忠信爲事上接下之本
也但上與衆言兼及慈祥此不言慈祥者方氏云居官而
偏於慈祥則容奸引惡而反爲民害矣非衆人之比也
注云博陳陳燕見言語之儀也者自與君言以至居官衆人
所謂博陳也此皆從容燕處講論之言非因事陳說故知
爲燕見言語也儀疑當作義上節妥而後傳言及下三節
是言其儀此則言其所當言之義也云言使臣者使臣之
禮也者論語曰君使臣以禮故知此所言者乃使臣之禮
也或疑之禮也之字當作以非云大人卿大夫也又云居
官謂士以下者古者建國必立三卿又有五大夫皆所以
佐君出治者其下上士中士下士及庶人在官者皆屬於
卿大夫不能自達於君是士以下與卿大夫尊卑迥殊鄭
見經言大人於君下而又別言居官者故以卿大夫爲大
人以士以下爲居官者其解甚確而或且疑之不知此經

大人猶言大臣以別於居官之爲小臣云爾云言事君者臣事君以忠也者案臣事君以忠亦論語文云祥善也者爾雅釋詁文

凡與大人言始視面中視抱卒視面毋改衆皆若是

始視面謂觀其顏色可傳言未也中視抱容其思之且爲敬也卒視面察其納己言否也毋改謂傳言見荅應之間當正容體以待之毋自變動爲嫌解惰不虛心也衆謂諸卿大夫同在此者皆若是其視之儀無異也古文毋作無今文衆爲終

疏 正義曰石經考文提要云毋改監本毋譌母○吳氏疑義云大人當合天子諸侯卿大夫凡德位尊者言之與上大人不同褚氏云此大人君與公卿大夫俱在內注專指君敖專指公卿大夫俱偏今案吳褚之說是也　注云始視面謂觀其顏色可傳言未也者謂進言之初必先觀其顏色之可否故視面也論語曰侍于君子有三愆未見顏色而言謂之瞽云中視抱容其思之且爲敬也者抱在袷下帶上謂旣進言之後不敢視面而視抱者容聽言者思之且以視下於面爲敬也云卒視面察其納己言否也者謂欲察其言之聽納與否故又視面也此論與言時之視有此三者與曲禮所云天子視不上于袷不下于帶國君妥視大夫衡視論隸常視法不同

也云毋改謂傳言見荅應之閒當正容體以待之毋自變動者謂傳言而聽者未荅則當正容體以待之毋自變動失容也褚氏云此當以注正容體義爲長敖氏謂不可以久故或改則經文始中卒三視已屢變矣何得云毋改乎云爲嫌解惰不虛心也者解與懈通言其所以毋改者爲恐自變動則容體近於懈惰且似不虛心以待聽言者之荅也云衆謂諸卿大夫同在此者鄭意以此大人爲君故言諸卿大夫同在此其實非君亦有同在之人褚氏謂公所俱可衆人同在是也云皆若是其視之儀無異也者謂同在此之衆人其視君之儀一與此同也云古文毋作無詳昏禮今文衆爲終者賈疏云以上已有卒卒爲終故從古爲衆也胡氏承珙云若衆爲終不獨與卒視面卒字爲複且上文云毋改鄭云毋自變動不必複言終皆若是矣敖繼公謂衆字無意義宜從今文作終非也今案衆字古有終音故今文訛作終惠氏棟云易襍卦大有衆也荀爽本衆作終春秋傳有魯大夫衆仲明堂月令云衆雨蚤降釋草云濼貫衆皆讀爲終是也

若父則遊目毋上于面毋下于帶　子於父主孝不主敬所視廣也因觀安否何如

疏　正義曰注古文毋作無也今文父爲甫古文毋爲無作通解毛本俱作爲嚴

徐集釋俱作作○敖氏云此謂與父言之時也其異於大
人者遊目耳今案上節云凡與大人言此云若父緊承上
說則敖以此爲與父言之時是矣曲禮曰士視五步鄭注
士視得旁遊目五步之中也視大夫以上上下遊目不得
旁此經云遊目亦謂得旁遊也但其上下仍有節限曲禮
又曰凡視上於面則傲下於帶則憂故此經直云毋上于
面毋下于帶也　注云子於父主孝不主敬所視廣也者
此釋所以得遊目之故蓋非不主敬也但敬心不如孝心
之摯耳云因觀安否何如也者謂所視廣則得觀親之安
否也褚氏云上經所云視面視抱雖有上下而目睛專注
只一直線不旁遊也若旁遊則目光可四注矣蓋不四注
不足以察親體之安否敖氏謂與視面視抱無異如是則
何謂遊目今案褚說是也
云今文父爲甫詳冠禮

若不言立則視足坐則視膝不言
則伺其行起而已　疏　正義曰此云若不言則上爲與言時明矣李
氏云荀子云坐視膝立視足應對言語視面
案視足視膝統謂視大人與父也郝氏以爲自視非　注
云不言則伺其行起而已者案立而行則足先動坐而起
則膝先動故注以伺其行起解經視
足視膝也敖氏以爲益恭失之矣

右進言之法

凡侍坐于君子君子欠伸問日之早晏以倉具告改居則請退可也君子謂卿大夫及國中賢者也志倦則欠體倦則伸問日晏近於久也具猶辨也改居謂自變動也古文伸作信早作蚤〔疏〕正義曰注及國中賢者也中下集釋有之字問日晏日下敖氏有蚤字具猶辯也辯釋文作辨張氏識誤云注曰具猶辨也案釋文云辨皮莧反從釋文校勘記云案張氏所見注作辨與今本異說文有辨無辨則當以辨爲正作辨非也作辯尤誤今案嚴本亦作辯非○此及下節論侍坐于君子之法自欠伸以下數者皆倦怠厭客之意故侍者可以退敖氏云卑幼之於尊長請見不請退而此乃得請退者緣君子意也可者許之之辭　注云君子謂卿大夫及國中賢者也者賈疏云禮之通例大夫得稱君子士賤不得也又鄉射禮注云君子有大德行不仕者然則君子亦德位尊者之稱也云志倦則欠體倦則伸者陳氏澔云氣乏則欠體疲則伸郝氏敬云張口曰欠舒體曰伸張氏爾岐云欠引氣伸撟體皆足與注說相發明云問日晏近於久也者謂其時之久也

云具猶辨也者特牲宗人告有司具注同具字不作器俱
解注云猶辨解具爲備辨與廣雅釋詁訓具爲備同也郝
氏張氏謂從者以僉具告君子敖氏則謂君子告從者盛
氏云以僉具告蒙上君子而言亦謂君子告其從者案此
說是也告從者卽謂告以所僉已具辨否也若敖云所僉
之具則解具字未盷矣云改居謂自變動也者謂君子不
安其位而自變動是有倦意也云古文伸作信早作蚤者
胡氏承珙云說文伸屈伸从人申聲禮記儒行竟信其志
注云信讀如屈伸之伸假俗字也信或爲申是屈伸字作
伸漢時已通行故鄭許皆從之耳早正字蚤古文假俗字
漢書多俗蚤爲早晚字鄭注王制引詩四之日其蚤作其
早而箋詩不破蚤字者始以假俗人所共識歟此經鄭俱
從今文不從古文取其當文易曉耳○禮記曲禮曰侍坐
於君子君子欠伸撰杖屨視日蚤暮侍坐者請出矣鄭注
以君子有倦意也撰猶持也孔疏撰杖屨者君子自執杖
在坐著屨升堂脫之在側若倦則自撰持之也視日蚤暮
者君子或瞻視其庭影望日蚤晚也少儀曰侍坐於君子
君子欠伸運笏澤劍首還屨問日之蚤莫雖請退可也鄭
注以此皆解倦之狀伸頻伸也運澤皆玩弄也金器弄之
易以汙澤孔疏還轉也謂君子自轉屨也今案此二經皆

言侍坐請退之事而文與本篇有小異又玉藻曰侍坐則必退席不退則必引而去君之黨云云亦侍坐於尊長之法竝錄於此以備考

夜侍坐問夜膳葷請退可也問夜問其時數也膳葷謂食之葷辛物葱薤之屬食之以止臥古文葷作薰

疏 正義曰注膳葷謂食之敖氏無葷字食之以止臥之下集釋有可字

○此竝言夜侍坐之法問夜膳葷皆有倦意故可請退也注云問夜問其時數也者亦因時之久而問也時數賈疏謂若鐘鼓漏刻之數也云膳葷謂食之者解膳爲食也云葷辛物葱薤之屬者禮記內則膾春用葱又云脂用葱膏用薤又葱亦作蔥薤亦作䪥爾雅釋草䪥鴻薈郭注卽䪥菜也釋草又云茖山蔥葝山䪥䪥是葱薤之產於山者葢二者其味作辛故云辛物說文蒜葷菜也玉藻注又以薑爲葷是葷不止葱薤故言之屬以該之古所云不茹葷指此非謂不食肉也云古文葷作薰者賈疏云玉藻膳於君有葷桃茢作此葷鄭注論語作焄義亦通若作薰則春秋一薰一蕕薰香草也非葷辛之字故疊古文不從也臧氏琳云禮記玉藻膳於君有葷桃茢注葷桃茢辟凶邪也大夫用葷桃葷薑及辛菜也葷或作焄又祭義焄蒿悽愴注君謂香臭也說文火部無焄字故鄭注士相見禮從今文

作葷而不用古文古文葷以聲同通俗又注玉藻從葷不從君則以君爲俗字也據玉藻注則祭義君當作葷賈疏謂鄭注論語作君論語經無君字葢鄭注中有此字然鄭注玉藻旣定作葷不宜復自用君當亦俗寫誤也章氏平云案說文亦以葷爲臭菜薰爲香草但古文假借依聲恐不得以後世字訓律之今案今文作葷是正字古文作薰是俗字臧氏謂聲同通俗章氏謂假借依聲其說是也

右侍坐於君子之法

若君賜之食則君祭先飯徧嘗膳飲而俟君命之食然後食

君祭先飯於其祭食臣先飯示爲君嘗食也此謂君與之禮食膳謂進庶羞旣嘗庶羞則飲俟君之徧嘗也今文呫嘗膳

【疏】正義曰注於其祭食毛本於其作食其敖氏作謂君程氏瑤田云食其二字可疑敖作謂君亦難据信盧氏云宋本作於其今案嚴本集釋亦俱作食其戴校集釋改食爲於黃氏校錄云作於其爲是謂於君祭食之頃也此謂君與之禮食嚴本及各本如是楊氏此作食集釋與下有臣字膳謂進庶羞敖無進字今俱從嚴本○若

君賜之食謂侍坐於君而君或賜之食也此句直貫下節
本節是言無將食者之禮下節是言有將食者之禮不以
客不客分也夏氏炘云先飯者飯黍稷也徧嘗膳者嘗庶
羞也飯嘗畢則以酒漱口而飲而俟又必君命之食然後
食者黍稷庶羞已飯嘗畢若已食然故必君命之食然後
食也今案盛氏疑君命之食然後食七字爲衍文非矣
注云君祭先飯於其祭食臣先飯示爲君嘗食也者論語
侍食於君君祭先飯鄭注於君祭則先飯矣若爲君嘗食
然案此云於其祭食臣先飯彼云於君祭則先飯矣二注
義同亦可證此注於其祭食之確爲於字也賈疏云凡君
將食必有膳宰進食則膳宰嘗君前之食備火齊不得下
文是也今此文謂膳宰不在則侍食者自嘗自己前食旣
不嘗君前食則不正嘗食故云示爲君嘗食也云此謂君
與之禮食者謂君與臣小小禮食法仍非正禮食正禮食
則公食大夫是也彼君前無食此君臣俱有食故知小小
禮食此即玉藻云若賜之食而君客之則命之祭然後祭
彼云客之則此注禮食但此文不云客之命之祭然後祭
文不具也經義述聞云士相見所記者侍食之常禮玉藻
所記則見客於君者也常禮則臣不祭故士相見但言君
祭也客禮則臣亦得祭故玉藻言君命之祭然後祭也二

者不同鄭注賈疏強合之非也論語邢昺疏曰敵客則得先自祭降等之客則後祭若臣侍君而賜之食則不祭若賜食而君以客禮待之則得祭雖得祭又須君命之祭乃敢祭也此言君祭先飯則非客之之禮也邢氏之說足以正鄭賈之失矣又侍食之常禮與見客於君之禮所異者祭不祭耳其餘則同今按本篇言若君賜之食則君祭先飯明當君祭之時臣卽先飯與玉藻言客之言命之祭而後言先飯者自殊不得牽合爲一述聞之說是也褚氏云君若客之則命之祭卽玉藻前一條是也若不以客禮待之而適無嘗食者則此經君祭先飯云云是也若有嘗食者則此經若有將食者云云及玉藻若有一嘗羞者一條是也當分三節看此經視玉藻少客禮待之一層玉藻視此經少不以客禮待之而無嘗食者一層兩經參考始備始明今案邢疏多本玉藻孔疏唯云此言君祭先飯則非客之之禮也乃邢氏斷語鄉黨圖考常駁之恐非蒞論語言侍食於君君祭先飯與此節正同非客禮也云膳謂進庶羞者此云徧嘗膳玉藻云辯嘗羞知膳卽羞也然周禮膳夫注云膳牲肉也羞有滋味者是二字對文異散則通徧正字辯假字也云飲嘗庶羞則飲者玉藻注云飲利將食也云今云呫嘗膳者盧氏詳校改云爲文臧氏琳云釋文

引穀梁傳未嘗有呫血之盟呫嘗也今穀梁莊二十七年傳作歃血無呫嘗也語惟玉篇口部引穀梁與此同知古本作呫說文口部無呫食部有餂云相謁食麥也穀梁傳當本作餂訓爲食與嘗義合廣雅釋詁呫嘗同訓爲食則餂爲呫之本字無疑呫旣訓嘗呫下不當更作嘗字葢古文偏嘗膳今文偏呫膳今之呫嘗膳當作今文云呫膳文字脫嘗字衍也案此注疑有脫誤如臧氏說郤亦可通○又玉藻曰侍食於先生異爵者後祭先飯言先生異爵則非君也此侍食得祭而云後者以其爲降等之客故後主人也少儀曰燕侍食於君子則先飯而後已此雖非專指侍君食言然先飯後已亦可爲先飯後食之證也

若有將食者則俟君之食然後食將食猶進食謂膳宰也膳宰進食則臣不嘗食周禮膳夫授祭品嘗食王乃食

疏正義曰注膳夫下通解毛本有授祭二字嚴徐集釋楊敖俱無案周禮原文有鄭節引以證嘗食也無者是○此與上節皆是侍食之常禮上節謂膳宰不在此節謂膳宰在也據此經言若有將食者則上節是無將食者可知玉藻曰若有嘗羞者則俟君之食然後食飯飲而俟與此節正同此不言飯飲而俟者省文也夏氏炘云俟君之食然後食不待命者未嘗嘗食君

賜食之意未終故不侍命俟君食即食也此食亦謂黍稷玉藻又曰君命之羞羞近者命之品嘗之然後唯所欲則食庶羞矣又曰君未覆手不敢飧君既食又飯飧飯飧者三飯也君既徹執飯與醬乃出授從者皆士相見所不具必合考之而君賜食之禮始畢矣 注云將食猶進食者將猶進也進食者即指謂膳宰也云膳宰進食則臣不嘗食者對上注示爲君嘗食也玉藻注云不嘗羞膳宰存也與此注義同云周禮膳夫品嘗食王乃食者彼注云品者毎物皆嘗之道尊者也諸侯掌膳食之官謂之膳宰天子謂之膳夫其職掌正同故引周禮膳夫文以證也餘詳燕禮膳宰具官饌于寢東下

若君賜之爵則下席再拜稽首受爵升席祭卒爵而俟君卒爵然後授虛爵受爵者於尊所至於授爵坐授人耳必俟君卒爵者若欲其釂然也今文曰若賜之爵無君也 疏 正義曰此謂侍君坐而君或賜之飲也玉藻曰君若賜之爵則越席再拜稽首受登席祭之飲卒爵而俟君卒爵然後授虛爵與此節略同孔疏謂此爲朝夕侍者得賜爵法非燕飲大禮是也曲禮曰長者舉未釂少者不敢飲鄭注不敢先尊者盡爵曰釂燕禮曰公卒爵而後飲也孔疏謂曲禮與燕

禮合而與士相見及玉藻違案士相見玉藻二文皆先君
卒爵而此云後飲者此據燕飲正禮故引燕禮以證之玉
藻及士相見謂私燕之禮故不同也又玉藻孔疏云此經
先再拜稽首而後受燕禮與受爵降席下奠爵再拜稽首
則先受而後再拜與此不同者熊氏云燕禮據大飲法故
先受爵而後奠爵再拜此經據朝夕侍君而得賜爵故再
拜而後受是本篇所云與玉藻合與曲禮燕禮異也經云
下席又云升席褚氏云據此知上於侍飲侍食時堂上亦
有席侍食不祭而侍飲祭者方氏苞云君已祭臣先飯而
徧嘗膳至食時又祭則褻矣酒異爵則祭無嫌饋食禮尸
每獻必祭祝佐食主人主婦又各祭酒是也敖氏云臣先
卒爵亦先飯嘗膳之意君卒爵而授虛爵則授爵亦先於
君矣皆與大飲之禮異也案玉藻此下有云君子之飲酒
也受一爵而色洒如也二爵而言言斯禮已三爵而油油
以退亦本篇所未具又案左傳云臣侍君燕過三爵非禮
也若燕飲大禮則有獻有酢有酬有旅酬有無算爵非止
三爵而已故知此節爲尋常侍飲法也　注云受爵者於
尊所者案曲禮曰侍飲於長者酒進則起拜受於尊所鄭
注降席拜受敬也燕飲之禮鄉尊孔疏前一說謂尊所者
以陳尊之處也侍者起而往尊處拜受酒是以尊爲盛酒

之尊後又引何氏云尊者主人也拜者在尊所對主人也
嚮尊謂主人尊也是以尊爲主人二說不同當從後說云
至於授爵坐授人耳者賈疏云見曲禮與玉藻竝此文竝
無立授之文故知坐授也敖氏以爲興授盛氏謂當從注
說是也云必俟君卒爵者若欲其釂然也者釂盡爵也言
俟君卒爵蓋欲其盡爵亦勸飲之意也云今文曰若賜之
爵無君也者胡氏承珙云案無君字則不明所賜且
此文上下與玉藻文略同彼有君字故鄭從古文也

退坐取屨隱辟而后屨君爲之興則曰君無爲興臣不敢辭君若降送之則不敢顧辭遂出

謂君若食之飲之而退也隱辟俛而逡遁興起也辭君興而不敢辭其降於己大崇不敢當也

疏 正義曰注俛而逡巡釋文集釋楊氏逡巡俱作遁嚴本作巡○玉藻亦曰退
則坐取屨隱辟而后屨孔疏坐跪也初跪脫屨堂下爲敬
故退而跪取屨也曲禮曰戶外有二屨言聞則入言不聞
則不入孔疏謂室有兩人故戶外有二屨此謂體敵者若
尊卑不同則長者一人脫屨於戶內故少儀云排闔脫屨
於戶內者一人而已矣是也今案此謂熟客往來故得入
室若平常行禮則脫屨皆於堂下曲禮曰侍坐於長者屨

不上於堂解屨不敢當階鄉飲酒禮司正請坐于賓賓主人介衆賓皆降說屨揖讓如初升坐燕禮賓及卿大夫皆脫屨升就席故少儀又曰凡祭於室中堂上無跣燕則有之是初脫屨在堂下退取屨亦在堂下也玉藻此下有云坐左納右坐右納左亦本篇所未具孔疏納猶著也若坐左膝則著右足之屨若坐右膝則著左足之屨不敢顧辭郝氏謂不回顧君告辭是也　注云謂君若食之飲之而退也者上言君賜爵則此言退卽謂食之飲之而退也楊氏以此與上別爲一節非矣云隱辟俛而逡巡者曲禮曰就屨跪而舉之屛於側此隱辟卽謂屛於側也又曰鄕長者而屨跪而遷屨俯而納屨此而後屨卽謂納屨也俛與俯同逡巡卽釋辟字意云辭君興而不敢辭其降於己大崇不敢當也者張氏爾岐云君無爲興臣不敢辭卽臣辭君興之語也今於君降送而不敢辭者經云君若降送之言若不定之辭明非常禮故云於己大崇不敢當也

大夫則辭退下比及門三辭

下亦正義曰注亦字通解作猶○敖氏云大夫起而退降也疏則君與下階則君降及門則君送于此三節皆辭之故曰三辭大夫位尊不嫌與君爲禮故得辭也此著大夫則上之不敢辭者爲士明矣今案章氏平讀大夫則辭

爲句謂士不敢辭大夫則辭也褚氏謂當以辭退下三字連讀案退下及門皆指臣言敖氏分析極細若三字連讀義難通矣　注云下亦降也者上經君若降送之降謂降階此下亦謂降階也

右臣侍坐賜飲及退去之儀

若先生異爵者請見之則辭辭不得命則曰某無以見辭不得命將走見先見之

先生致仕者也異爵謂卿大夫也辭辭其自降而來走猶出也先見之者出先拜也曲禮曰主人敬賓則先拜賓

（疏）正義曰先生異爵者尊于士前有士見于大夫之禮此則先生異爵者特來見士蓋慕德而不以爵位拘也辭不得命謂辭之而不見許也曰字直貫至將走見句某無以見張氏爾岐謂無故不敢輕見姜氏謂無德可以辱見盛氏則云以因也言己欲見尊者而無因見則見字指見先生異爵者言其說較勝　注云先生致仕者也異爵謂卿大夫也者賈疏云此士相見本文是士故以卿大夫爲異爵也然則先生亦卽致仕之卿大夫矣云辭辭其自降而來者以尊而請見卑是自降也云先見之者出先拜也曲禮曰主

人敬賓則先拜賓者前經主人出迎于門外再拜賓荅拜固是先拜矣然彼之拜爲迎賓此拜爲先見其所以拜不同張氏惠言云當出門北面再拜如相見質摯之拜與鄭解先見爲先拜故引曲禮以證之曲禮本文作客此引作賓者二字通也吳氏疑義云以本欲往見今先見之於家曰先者對往見爲後也其說亦通敖氏謂先拜之先當作走非矣

右先生異爵者見士

非以君命使則不稱寡大夫士則曰寡君之老 謂擯贊者辭也不稱寡者不言寡君之某言姓名而已大夫卿士其使則皆曰寡君之某檀弓曰仕而未有祿者君有饋焉曰獻使焉曰寡君之老

疏 正義曰注不稱寡者毛本者作君嚴徐集釋作者是也○此節疑有譌舛解者雖多卻少確詁今惟擇其近是者錄之以待後人考定焉李氏云玉藻曰大夫私事使私人擯則稱名公士擯則曰寡大夫寡君之老公事爲擯謂聘也上大夫曰寡君之老下大夫曰寡大夫儀禮糾解引三禮館議云此經據玉藻釋之文義自明非以

君命使句所謂大夫私事使也則不稱寡大夫句所謂私人擯則稱名也士一字爲句所謂大夫有所往必與公士爲擯也則曰寡君之老句所謂公士擯則曰寡大夫寡君之老也此說依文衍義似屬可從然士上必添公字士下必添擯字乃明且寡大夫寡君之老皆爲奉命出使之稱而上下分屬亦少旳義戴氏震校集釋云玉藻篇上大夫曰下臣擯者曰寡君之老下大夫自名擯者曰寡大夫大夫私事使私人擯則稱名公士擯則曰寡大夫寡君之老是上大夫自稱下臣下大夫自名擯者稱上大夫曰寡君之老稱下大夫曰寡大夫然必公士擯乃得稱之此文當云非以君命使則不稱寡大夫寡君之老正與玉藻公士擯則曰寡大夫寡君之老互相爲義衍士則曰三字耳經義述聞以戴說爲是云據賈疏大夫下本無士字經文士字後人所加又云則曰二字因下文士大夫則曰下臣而衍也今案盧氏文弨朱氏大韶亦俱從戴說然唐石經及各本皆有士則曰三字未可必其爲衍也汪氏中校本改士爲使云據鄭注讀經不稱寡爲句又云其使則皆曰寡君之某可證矣注讀經不稱寡爲句者謂大夫非以君命使則不稱寡君之某也云大夫使者謂大夫以下君不命當曰寡君之某也二語反復相應上不言大夫下不言以

君命省文互相備耳注卿士二字非釋經士字乃指上大夫卿而言古者通謂六卿爲卿士案方氏苞亦謂士當作使其說不如汪說之善然經作士已久改使亦嫌無據也其餘敖郝諸家之說尤無足取此文似當在闕疑之列矣

注云謂擯贊者辭也者言此皆擯贊稱謂之辭非自稱也云不稱寡者不言寡君之某言姓名而已者盛氏云不言寡君之某指大夫言不兼士也下大夫曰寡大夫上大夫曰寡君之老故言某以該之案言姓名者據玉藻云大夫私事使私人擯則稱名也云大夫卿士其使則皆曰寡君之某者案卿士謂上大夫也或謂卿字爲衍文似無確據云檀弓曰仕而未有祿者君有饋焉曰獻使焉曰寡君之老者盛氏云注引檀弓蓋取使焉曰寡君之義證公事使則稱其君曰寡君也之老二字出處所無傳寫者因經有寡君之老之文而衍耳今案盛氏釋注俱是此注與經亦未盡協姑依文釋之

凡執幣者不趨容彌蹙以爲儀　不趨主愼也以進而益恭爲威儀耳今文無容

疏　正義曰散文則玉亦稱幣小行人合六幣是也對文則幣爲束帛束錦皮馬及禽摯之屬是也此執幣亦指見君言故容彌蹙與執摯見君者同不曰執摯而曰執幣者蓋兼朝聘見他國之君言之故云凡

也　注云不趨主慎也者賈疏據玉藻謂趨有疾趨徐趨二種此經不趨者謂不爲疾趨故云主慎也又謂徐趨則下文唯舒舉前曳踵是也此不爲疾趨亦不爲徐趨但徐疾之間爲之案玉藻曰圈豚行不舉足齊如流又曰執龜玉舉前曳踵縮縮如也鄭注皆以爲徐趨之事賈說本此云以進而益恭爲威儀耳者案進而益恭釋經容彌蹙之義也云今文無容者胡氏承珙云無容字則於義不明孟子其容有蹙古文有容義長故鄭從之　**執玉者則唯舒武舉前曳踵**　唯舒者重玉器尤慎也武迹也舉前曳踵備蹉跲也今文無者古文曳作抴

疏　正義曰曳加點非注唯舒下敖氏有武字嚴本及各本俱無朱子云案注疏以舒字絕句陸佃曰容彌蹙同唯武則舒然則讀武字絕句矣其說近是今案注摘唯舒二字爲訓非以武字屬下讀也盧氏云上凡執幣節疏明以舒武連讀校勘記云注疏實不以舒字絕句是也案玉藻曰君與尸行接武大夫繼武士中武皆以武字爲句古文曳作抴嚴徐釋文集釋通解俱从手毛本从木作枻案說文手部有抴字木部無枻字从手爲是○張氏爾岐云執玉本朝聘鄰國之事因言執摯相見遂兼及之今案此及執幣兩節皆因執摯類及也　注云唯舒者重玉器

尤慎也者玉視幣更重故舒徐其武較之不趨者爲尤慎也云武迹迹也者曲禮曰堂上接武鄭注亦云武迹也中人之迹尺二寸云舉前曳踵備蹺跆也者玉藻孔疏云踵足後跟也謂將行之時初舉足前後曳足跟行不離地恐致蹺跆也云今文無者者上執幣者有者字此執玉者亦當有者字無者脫也云古文曳作抴者有案曳抴聲義竝同檀弓負手曳杖釋文曳字作抴鄭以曲禮諸篇多作曳踵故不從古文也

凡自稱于君士大夫則曰下臣宅者在邦則曰市井之臣在野則曰草茅之臣庶人則曰刺草之臣他國之人則曰外臣宅者謂致仕者也致仕者去官而居宅或在國中或在野周禮載師之職以宅田任近郊之地今文宅或爲託古文茅作苗刺猶剗除也【疏】正義曰戴氏云經當作上大夫唐石經上字摩滅各本訛作士攷前疏云玉藻上大夫曰下臣與此同也盧氏云石經士字甚清楚不如戴說今案自稱于君何以但言上大夫而不及下大夫與士如戴說則此節有脫誤矣各本作士仍之草茅之臣毛本草作艸唐石經嚴徐閭本釋文集釋通解要義敖氏俱作草注謂致仕者也致仕者通解毛本脫

下四字嚴徐集釋俱有刺猶剗除也此句嚴徐集釋通解陳單注本俱在任近郊之地下毛本在注末今文宅或爲託陳單注本毛本俱同嚴徐無文或二字集釋有文字無或字通解無文字有或字今從集釋○張氏爾岐云此與君言之時其自稱有此數者之異今案士大夫敖氏謂見爲臣者是也統曰下臣而不分別者與出使擯贊辭異也他國之人敖氏云亦謂士大夫是也　注云宅者謂致仕者也致仕者去官而居宅或在國中或在野者姜氏云此以市井草茅之臣謂士大夫而下別云庶人曰刺草之臣故注以致仕者訓之與孟子不同案孟子在國曰市井之臣在野曰草莽之臣皆謂庶人此經先言宅者而後言庶人則宅者與庶人異若如敖說以宅爲未仕者而家居者則與庶人不傳質爲臣者正同經何爲區別乎故知市井草茅士相見與孟子文略同而實異姜說是也周禮每以國中與野對言故知此在邦在野爲或在國中或在野也云周禮載師之職以宅田任近郊之地者鄭於彼注易先鄭之說以宅田爲致仕者之家所受田而卽引此經宅者在邦云云以證之故于此經卽引彼宅田而爲證也儀禮釋官云案書酒誥曰越百姓里居傳云於百官族姓及卿大夫致仕居田里者彼言里居卽此經言宅之義天子畿內

采地三等大夫九三公致仕者之田三夾國二十一卿致仕者之田六小國六十三大夫致仕者之田二十七竝見王制注諸侯亦當有卿大夫致仕者之田但其數未聞耳云刺猶剗除也者廣雅釋詁云剗削也然則刺草卽謂削除其草矣云今文宅爲託古文茅作苗者經義述聞以今文託字爲長謂羈旅之人寄託於此國者也襄二十七年左傳衞子鮮出奔晉託于木門終身不仕是其證託者若仕則自稱于君與士大夫同不仕則或曰市井之臣或曰草茅之臣而已孟子庶人不傳質爲臣不敢見於諸侯今託於此國而不仕亦是不傳質爲臣者故其自稱于君者相若也案宅者之義當以鄭注爲正此亦可存備一說胡氏承珙云說文侂寄也从人庑聲庑古文宅與言部託字音義略同故今文假託爲宅古文又假苗爲茅洛陽伽藍記有魏時苗茨之碑苗茨卽茅茨也鄭於經文則皆從其正者○劉氏敞補士相見義曰自天子至于庶人皆有摯摯者致也所以致其志也天子之摯鬯諸侯玉卿羔大夫鴈士雉鬯也者言德之遠聞也玉也者言一度不易也羔也者言柔而有禮也鴈也者言進退知時也雉也者言死其節也故天子以遠德爲志諸侯以一度爲志卿以有禮爲志大夫以進退爲志士以死節爲志明乎其志之義而

天下治矣故執斯摯也者致志者也君之摯以事神臣之摯以養人唯君受摯者唯君受養也非其君則辭摯不敢當養也古者非其君不仕非其師不學非其人不友非其大夫不見士相見之禮必依于介紹以言其不苟合也必依于摯以言其道可親也苟而合唯小人無恥者能之君子可見也不可屈也可親也不可狎也可遠也不可疎也賓至門主人三辭見賓稱摯主人三辭摯所以致尊嚴也大夫以禮相接士以禮相諭庶人以禮相同然而爭奪興于末者未之有也人苟悅而相若者未必爭苟簡而相親者未必怨是故士相見禮者人道之大也所以使人重其身而毋邇於辱也所以使人愼其交而毋邇於禍也唯仕於君者召而往未仕而見於君者冠而奠摯在邦曰市井之臣在野曰草莽之臣君雖召不往也是故雖有南面之貴千乘之富士之所以結者禮義而已矣利不足稱焉刑罰行於國所誅者好利之人未有好利而其俗不亂者也無介而相見君子以爲諂故諸侯大國九介次國七介小國五介

右廣言稱謂及執幣玉之儀附士相見禮

卷四終

儀禮正義卷五　鄭氏注

受業江寧楊大堉補

鄉飲酒禮第四

鄭目錄云諸侯之鄉大夫三年大比獻賢者能者於其君以禮賓之與之飲酒於五禮屬嘉禮大戴此乃第十小戴及別錄此皆第四

（疏）正義曰釋文獻上有將字

云諸侯之鄉大夫三年大比獻賢者能者於其君以禮賓之與之飲酒者孔氏穎達禮記正義曰鄭云鄉飲酒有四事一則三年賓賢能二則卿大夫飲國中賢者三則州長習射飲酒四則黨正蜡祭飲酒總而言之皆謂鄉飲酒鄉則三年一飲州則一年再飲黨則一年一飲所以然者天子六鄉諸侯三鄉各有鄉大夫而鄉有鄉學取致仕在鄉之中大夫爲父師致仕之士爲少師在於學中名爲鄉先生教於鄉中之人謂鄉學每年入學三年業成必升於君若天子之鄉則升學士於天子諸侯之鄉則升學士於諸侯凡升之必用正月將升用之先爲飲酒之禮鄉大夫與鄉先生謀士擇學士最賢者使爲賓次者爲介又次者爲衆賓皆鄉大夫爲主人與之飲酒而後升之

故周禮鄉大夫職曰三年則大比考其德行道藝而興賢者能者鄉老及鄉大夫帥其吏與其衆寡以禮禮賓之若州一年再飲者是春秋習射因而飲之以州長爲主人也若黨一年一飲者是歲十二月國於大蜡祭而黨中於學飲酒子貢觀蜡是也亦黨正爲主人張氏爾岐云鄉飲有四此篇所載賓賢之禮常以正月行之將射而飲於春秋行之黨正正齒位於季冬蜡祭鄉大夫飲國中賢者則無常時盛氏世佐云此篇所陳乃侯國鄉大夫賓賢之禮他如黨正正齒位州長春秋習射及鄉大夫飲國中賢者雖亦名鄉飲酒而其禮固不能無異也自呂氏大臨謂鄉人凡有聚會皆當行此禮恐不止四事論語載鄉人飲酒杖者出斯出矣亦指鄉人而言之其說見采於通解而後儒宗之遂以爲鄉人聚會飲酒之通禮矣然論語所載有尚齒之意謂與黨正飲酒法相似則可援以證此則不可且其所謂鄉人者鄉之人耳與鄉飲酒義鄉人士君子之鄉人注以爲鄉大夫者亦別褚氏寅亮云此禮雖主興賢能選有德者爲賓介三賓而餘皆齒序若有遵者則席在賓東而不與鄉人齒是選賢之中仍寓尚齒貴貴之義州長習射有賓無介若有遵則以公士爲賓自賓而外皆以齒序雖

日習射尙功而兼貴貴尙齒猶鄉飲也其黨正飲酒則專爲正齒位而行禮故豆之多寡與年遞增而五十以下俱立侍于堂下然考周官黨正之文曰一命齒于鄉里再命齒于父族三命不齒則尙齒之中仍存貴貴之義焉案天子三命以下皆士故如此分別若侯國則自一命以上苟位列大夫卽不以齒序爲少異耳以上三禮皆行之於在官者也至賈疏謂鄉大夫飲國中賢者用鄉飲酒禮此卽論語所云鄉人飲酒也竊意此禮雖日飲賢然不過在坐皆賢者耳其賓介等必以年之先後次第爲之若以德則近於標榜矣若以貴又非尊賢之義矣玩杖者出斯出矣之文不云賓而云杖者蓋賓卽杖者年之最高者故卽以杖者名賓也賓出而其餘杖者俱出矣故孔子亦隨之而出矣若尙德不尙年年少者旣爲賓杖者安得不俟而先出乎明乎此則知此禮必兼年高有德者爲之矣或謂此禮不立賓介夫不立賓則獻酢酬之事俱不可行矣故燕義曰立賓主飲酒之義也見凡飲酒必立賓也其或有賓無介如州長習射之儀亦未可定但賓必兼年德耳說論語者往往以鄉大夫賓賢黨正正齒位之禮汨之故詳辨焉方氏苞云將與賢能其德之蓄行之恆藝之習惟鄉先生敎

之久知之深故就而謀焉若州長習射黨正正齒位則
賓之齊齒德久著於衆無待於謀注謂鄉大夫興賢能
不可易也習射正齒位乃平時所以教士故可遵其禮
教繼公乃謂此士與其同鄉大夫會飲于鄉學之禮誤
矣三者皆國政故有司掌之若士大夫會飲無爲著於
國典亦不宜行於鄉學賈疏謂鄉飲酒義乃黨正正齒
位之法不知通篇皆正解鄉大夫興賢能習射正齒位
有賓而無介也中閒覆舉鄉飲酒之禮五十者立侍以
聽政役特約略黨正之正齒位以附之耳經義聞斯錄
曰鄭氏三禮目錄於鄉飲酒禮云諸侯之鄉大夫三年
大比獻賢者能者於其君以禮賓之與之飲酒於鄉飲
酒義云記鄉大夫飲賓于庠序之禮尊賢養老之義是
禮專屬賓賢能而義統釋四事爲異矣或曰戴記冠義
以下數篇先儒以爲禮經之傳經不具者傳詳之孔氏
亦云此鄉飲酒之義說儀禮鄉飲酒也似不當分而爲
二且鄭氏以此篇專屬賓賢能者因鄉飲酒義有六十
者坐五十者立侍六十者三豆七十者四豆諸文而此
篇無正齒位事耳但篇內云主人西階上獻衆賓衆賓
之長拜升拜受者三人注云長其老者命弟子俟徹俎
注云弟子賓之少者記又云衆賓之長一人辭洗立者

者東面北上樂正與立者皆薦以齒是未嘗不論齒且明言有立者矣孟子曰鄉黨莫如齒王制曰習鄉尚齒鄉人飲酒無不以齒爲主儀禮之禮戴記之義互相證明也曰州長習射飲酒有賓而無介有合樂而無升歌笙樂閒歌豈與鄉飲酒之禮一一符合乎黨正蜡祭飲酒之禮雖亾亦未必絕無異同可知至鄉大夫飲國中賢者僅見于鄉飲酒義鄉人士君子注中他無可考郎有此事亦未必盡用鄉大夫之禮也鄭氏以禮爲賓賢能義爲統釋四事必本經師舊說確不可易矣曰然則呂氏謂鄉人會聚飲酒皆行此禮其說非歟曰周禮族師春秋祭酺注云族長無飲酒之禮因祭酺而與其民以長幼相獻酬焉疏云州長黨正有飲酒禮皆得官物爲之今此族卑不得官物爲禮可見此禮止于州黨族尚不用況其餘乎云於五禮屬嘉禮者盛氏世佐云鄉飲酒義孔疏云案鄭目錄云此於別錄屬吉事陸氏釋文亦引鄭云別錄屬吉禮則以此爲吉禮之說蓋出於劉向而鄭君見之於禮記目錄不始於孔氏也又案禮記冠昏鄉飲酒燕聘諸義孔疏引鄭目錄皆云別錄屬吉事惟鄉飲酒射二義釋文引鄭云別錄屬吉禮釋文禮字蓋事字之誤鄭注儀禮於冠昏鄉飲酒射燕云嘉

而聘云賓者以周官五禮言之也若以事言之則吉者對凶之辭嘉也賓也皆可以言吉也此鄭於禮記目錄一所以復存劉說歟

鄉飲酒之禮主人就先生而謀賓介主人謂諸侯之鄉大夫也先生鄉中致仕者賓介處士賢者周禮大司徒之職以鄉三物教萬民而賓興之一曰六德知仁聖義中和二曰六行孝友睦婣任恤三曰六藝禮樂射御書數鄉大夫以正月之吉受灋于司徒退而頒之于其鄉吏使各以教其所治以考其德行察其道藝及三年大比而興賢者能者鄉老及鄉大夫帥其吏與其眾寡以禮禮賓之厥明獻賢能之書于王是禮乃三年正月而一行也諸侯之鄉大夫貢士於其君蓋亦如此云古者年七十而致仕老於鄉里大夫名曰父師士名曰少師而教學焉恆知鄉人之賢者是以大夫就而謀之賢者爲賓其次爲介又其次爲眾賓而與之飲酒是亦將獻之以禮禮賓之也今郡國十月行此飲酒禮以黨正每歲邦索鬼神而祭祀則以禮屬民而飲酒于序以正齒位之說然此篇無正齒位之事焉凡鄉黨飲酒必於民聚之時欲其見化知尚賢尊長也孟子曰天下有達尊三爵

也德也疏正義曰校勘記云注賓介處士賢者者下通典
齒也有也字案通典引諸經傳注往往增入也字就
此篇論之如明其德各特也拜賓至此堂尊之也進酒于
賓也復西階上位也坐于席也以右手也酬之言周也賓
謙不敢居堂上也不嚌啐下賓也就賓南授之也下賓也
長其老者也賤者禮簡也謂歌與衆聲俱作也示絜敬也
以察衆也又以序相酬也此類甚多豈古本俱有也字而
今本盡删之歟凡類書徵引羣籍有删無增此或原本如
是今不能一一細校聊誌其槪於此孝友睦婣任卹婣徐
本作姻張氏曰案周禮婣作婣鄭氏引經多用古字若玉
藻視朔視朝鄭氏引作眡周頌於穆清廟鄭氏引作廟此
必不改婣爲姻案後栞行之本原非康成手迹張說殊未
確受濾于司徒濾徐葛通解俱作法案法濾今本鍇出葢
如此云葢下疏有亦字天下有達尊三下徐本誤作不嚴
鍾俱不誤○張氏爾岐云此鄉飲酒禮有獻賓有樂賓有
旅酬有無算爵樂凡四大段而禮成此下至當楣北面荅
拜則將飲酒之始事初謀賓戒賓次陳設次速賓迎賓拜
賓凡三節方氏苞云先生鄉之致仕而教于黨庠州序者
也周官黨正書德行道藝而州長考之以贊鄉大夫廢興
其法必二十五家之塾歲升其秀民于黨而庠之師聚致

焉是黨正所憑以書其德行道藝而待州長之考者也序之師則時會而問試省察焉是州長所憑以書其德行道藝而贊鄉大夫之興者也故三年大比鄉大夫就之而謀賓介即周官所謂使民興賢出使長之使民興能入使治之也古者官得其人而事無不治皆由於此韋氏協夢云賓即所貢之一人將獻于君以賓客禮禮之因謂之賓介輔也佐也所以輔佐賓者謀賓介謂謀其孰可爲賓介也謀之未必在行禮之日葢因記飲酒禮而追言之耳主人戒賓以下皆本日事也　注云主人謂諸侯之鄉大夫也者賈疏云大國三鄉次國二鄉小國一鄉釋官云左傳有鄉正國語有鄉長韋杜皆以鄉大夫釋之則諸侯有鄉大夫矣周禮鄉大夫每鄉卿一人諸侯以大夫爲之亦當鄉置一人古者軍出于鄉天子六軍出自六鄉諸侯大國三軍次國二君小國一軍費誓魯人三郊三遂則賈氏大國三鄉次國二鄉小國一鄉之說信矣孔穎達謂諸侯三鄉鄉二鄉大夫一鄉非也周禮六鄉大夫皆屬於司徒故其職曰受教灋于司徒退而頒之于其鄉吏諸侯則使卿分掌之左傳宋二師令四鄉正晉趙孟問其縣大夫則其屬國語高子帥五鄉焉國子帥五鄉焉是諸侯之鄉大夫統於鄉也引周禮大司徒之職與鄉大夫者因諸侯鄉大夫

經無明文因以天子之官況之故引周禮以證而云諸侯之鄉大夫貢士于其君蓋如此云也云古者年七十而致仕老于鄉里大夫名曰父師士名曰少師而教學焉者尚書大傳云大夫七十而致仕而退老歸其鄉里大夫爲父師士爲少師是注所本也云賢者爲賓其次爲介又其次爲衆賓而與之飲酒是亦將獻之以禮禮賓之也者賈疏云據鄉貢一人其介與衆賓不貢但輔賓行禮待後年還以貢之耳大國三鄉次國二鄉小國一鄉鄉送一人至君所其君簡試仍更行鄉飲禮賓之于王云今郡國十月行此飲酒禮以黨正每歲邦索鬼神而祭祀則以禮屬民而飲酒于序以正齒位之說然此篇無正齒位之事焉者此舉漢時所行鄉飲酒禮用黨正正齒位之說與此篇不同漢罷諸侯之國爲郡郡有太守而封王子母弟者仍爲國故曰郡國案漢時鄉飲酒禮今不可考建武時伏湛奏行鄉飲酒禮遂施行之禮儀志明帝永平二年郡國縣道行鄉飲酒于學校至鄭君蓋尚遵而行之故據所目見以證其相異也云凡鄉黨飲酒必於民聚之時者程易田云十二月大蜡乃民聚之時此篇行于正月與十二月相連亦爲民聚之時引孟子公孫丑篇文賓賢能爲尚德正齒位爲尚齒爵則連引之耳

主人戒賓賓拜

辱主人荅拜乃請賓賓禮辭許主人再拜賓荅拜戒警也告也拜辱出拜其自屈辱至己門也請告以其所爲來之事不固辭者素所有志

正義曰主人戒賓人往至賓門欲相警告非謂已戒之也至請賓方是發辭相戒耳江氏筠云賈疏云冠禮主人戒同寮同寮尊又使之加冠於子尊重之故主人先拜賓荅拜此則鄉大夫尊矣賓是鄉人卑矣又將貢己宜尊敬主人故賓先拜辱案冠禮戒賓亦賓先拜主人荅拜不言者以有宿賓之儀見之也果主人敬客而先拜則何以速賓賓西面再拜主人東面荅拜乎且疏於彼處已明謂與此同矣彼疏云鄉飲鄉射戒賓皆與此文不同此經文不具當依彼文爲正何得於此又爲異說也蓋緣下主人速賓賓拜送之說故耳

疏張氏爾岐云言主

下疏云聘禮賓至近郊使下大夫至賓館下大夫遂以賓入賓送不拜公食禮使大夫戒賓大夫還賓不拜送遂從之此獨拜送者亦是鄉大夫尊賓卑又擬貢故也下既爲此說故牽此以就之然其說亦誤也蓋不拜送者爲從之不終事此經雖云賓及眾賓皆從之其實賓與介俱不得從主人賓之所以不從主人者緣主人速賓從更須速介也速介後雖無事然下文主人迎于門外拜賓拜介揖眾

賓是賓介衆賓一時同來介須挾衆賓隨賓偕行亦不得
獨從主人也且公食禮疏云鄉飲鄉射戒賓遂從之而云
拜辱拜送者以其主人先反不相隨故得拜辱拜送則又
與此違反不知賈果以何說爲正也乃請賓敖氏曰謂致
戒辭于賓也其辭卒曰請子爲賓韋氏協夢云主人明是
戒賓而云請者謙遜詞主人再拜張氏曰拜其許己也盛
氏世佐云賓先拜主人荅拜者考士冠宿賓鄉射戒賓皆
然是亦禮之常也士冠戒賓云賓禮辭許主人再拜賓荅
拜主人之拜是拜賓之許己非先拜也方其始至賓家之
時仍當賓先拜彼不言者文不具耳以宿賓禮例之可見
也蓋主人至賓家戒之則主人爲賓賓爲主人賓旣爲主
人禮應先拜疏家誤謂冠禮主人先拜而其釋此賓先拜
之故亦黏滯　注云拜辱出拜其自屈辱至己門也者敖
氏云拜辱卽拜迎也方氏苞云主賓往來無稱拜辱者惟
此篇戒宿再言拜辱示所舉不稱恐爲舉者之辱也賓拜
賜主人報禮亦稱拜辱示功罪榮辱彼此共之也始出迎
賓主各一拜旣而許則主人再拜示爲國求賢之重使士
進身之始卽知不可苟於自待也鄉射禮主人戒宿賓不
言拜辱而賓拜賜主人荅之則稱拜辱何也習射國政也
以公事相戒非私禮於賓無爲稱拜辱射禮或公士爲賓

則非其屬也不可不拜其辱而旣有此禮卽學士爲賓亦不容異同葢其德行道藝異日宜與賓興之選以貴下賤辭過於恭亦所以勵士節也盛氏云主人鄉大夫也賓處士也主人戒賓當如先生異爵者請見禮先生異爵者請見先見之不敢拜迎而此乃云拜辱者當賓興大典主人好善忘勢而賓亦以道自重故以處士而儼然與大夫抗禮不爲驕也案古言拜辱者以賤稱尊之辭如左傳敢拜君命之辱子以君命辱于敝邑無若諸侯之屬辱在寡君者何此類甚多以君臨臣則君爲尊臣爲卑謂之辱以賓臨主則賓爲尊主爲卑謂之辱此主人鄉大夫也賓處士也主人至賓家戒之則主人爲賓賓爲主人故爲以卑稱尊之詞而拜其自屈辱也云不固辭者素所有志者此以士相見禮固辭例之也朱子曰學成行修進仕于朝上以致君下以澤民此士之素所有志也張氏曰德業旣成欲及時而試也盛氏曰士冠禮鄉射禮于主人戒賓皆云禮辭許不聞有固辭者一辭而許爲賓之道固然此亦如其常而已以爲將貢己而固辭君子惡其矯也

主人退賓拜辱退猶去也去又拜辱者以送謝之

疏 正義曰敖氏云此拜辱卽拜送也拜迎拜送皆言拜辱者葢一儀而兼二義也迎送者據己言也辱者據彼言

也此經言戒賓之儀略者亦以士冠禮宿賓之儀見之也下速賓放此○程易田云注退猶去也謂主人出賓門賓送出門又拜其辱也盛氏世佐云凡賓主相見始而拜迎退而拜送禮之常也拜迎可名拜辱拜送獨不可名拜辱乎鄭君求其說而不得因有以送謝之之解疏又云將貢已又尊敬主人是以去又拜辱以送謝之何見之陋也夫貢主人之於賓卽後世之所謂舉主也所謂座主門生也古者鄉舉里選一以德行道藝爲主而進退之權在舉之者自盡其職之所當爲非以樹恩也而所舉者亦必克副其實而後應之公義重而私恩輕何僕僕而亟謝爲爲此說者習見漢世報舉主之厚而意之耳夫以漢世篤交念故之誼議者猶或非之況自中唐而後一蒙賞拔名曰恩門長奔競之風胎朋黨之禍其流弊可勝道哉韓子曰吾未嘗聞有登第於有司而進謝其門者斯固有識者之所恥也豈先王制禮而不慮及此乎然則飲酒之明日賓鄉服拜賜何也曰謝其以禮禮已也夫禮未有見禮于人而不之謝者者鄉射非貢士賓亦拜賜是已爲貢已而以送謝之私也爲貢已而明日不拜賜避嫌也避嫌亦私也此於士習官方頗有關係故不敢不辨據此論甚正但鄭君所謂以送謝之者謂謝其以禮禮已於是來拜而迎之謝其辱

尊以就卑於其退拜而送之謝其秉禮以禮己仍飲酒明日賓鄉服拜賜之意彼謝於禮之成此謝於禮之始謂將貢己亦尊敬主人乃貢氏之無識非鄭意也且報舉主之厚此自漢時之陋習然如周舉之奏左雄張陵之劾梁冀伸公義以抑私情者未嘗無之況鄭君乎鄭君高尚不受朝服之徵詎至囿於時趨而以習俗之見解先王之禮經乎盛氏并詆之昧於知人之法矣

介亦如之如戒賓也（疏）正義曰注云如戒賓也者張氏爾岐云謂如戒賓時拜辱請許諸儀也

右謀賓戒賓

乃席賓主人介席敷席也夙興往戒歸而敷席賓席牖前南面主人席阼階上西面介席西階上東面（疏）正義曰注云席敷席也者經文乃席爲句謂爲賓主人介敷席也經不言敷席面位注知之者鄉飲酒義云四面之坐象四時也天地嚴凝之氣始于西南而盛于西北此天地之尊嚴氣也此天地之氣義也天地温厚之氣始于東北而盛于東南此天地之盛德氣也此天地之仁氣也主人者尊賓故坐賓于西北而坐介于西南以輔

賓賓者接人以義者也故坐于西北主人者接人以仁以德厚者也故坐于東南而坐僎于東北以輔主人也又曰賓必南鄉介必東鄉主人必居東方注本此爲說也敖氏日席賓于戶牖閒主人于東序介于西序少牢下篇席主人于東序西面席侑于西序東面侑介之位同也方氏苞云自聘饗燕射下及冠昏賓席于戶牖之閒乃一定不移之位也下文云眾賓之席皆不屬焉鄉射記曰眾賓之席繼而西則位與賓竝明矣下文又云尊兩壺于房戶之閒鄉射禮曰尊于賓席之東則尊當房戶之中賓席于戶西牖東而遵席于尊東具見矣蓋以尊爲節三賓則繼賓而西諸公與大夫則相繼而東位正相配地始可容也尊之左右旣無地可以席介自當席于西序而與主人相對矣介之位不繼于賓所以伸賓之尊也不與三賓同列又所以伸介之尊也

眾賓之席皆不屬焉

席眾賓於賓席之西不屬者不相續也皆獨坐明其德各特也【疏】正義曰李氏如圭云眾賓眾賓之長三人也楊氏復云鄉飲酒禮注席賓于牖前與周禮司几筵國賓于牖前似同而實異賓席在西北以天子諸侯室有東西房言之則室前之中爲中此乃王位設扆之處自中以西便爲西北又是牖前如司几筵筵國賓于牖前是也以大

夫士東房西室言之房室之間爲中故戶西牖東西北之位家鄉國皆以爲重士冠禮子筵于戶西士昏禮婦席于戶牖間鄉飲席于牖前鄉射賓席在于戶牖之處名雖不同皆是一義鄉飲雖是牖前亦是牖東也蓋戶西牖東正西北之賓位也士冠禮子士昏禮婦亦在此位敬禮之如賓客然所謂醴于客位者也若牖前則近于西北隅矣果賓席在牖前則三賓當如鄉射記東面北上今經云衆賓之席繼而西則賓席決不在牖前明矣雖然此特以鄭義大夫士東房西室言之也又案陳祥道云鄉飲酒薦脯五脡出自左房鄉射記籩豆出自東房大射宰胥薦脯醢由左房夫鄉飲鄉射大夫禮大射諸侯禮其言相類蓋言左以有右言東以有西則大夫士之房室與諸侯同可知鄭謂大夫士無西房恐未然也敖氏云屬連接也必不屬者爲其升降皆由下也以是觀之則賓位在戶西牖東而當兩楹之間明矣此席亦東上凡席皆有司設之郝氏敬云古者大饗必於宗廟廟堂後中爲室室東爲房室與房皆有牖有戶牖皆居中戶皆在牖東皆南向故戶牖間爲堂中賓席在焉賓所立位在堂西階上東向主席在堂東階上西向此廟中之禮也鄉飲酒不行于廟于學宮諸館舍其位次與在廟殊餞席皆在堂上而拜立之位仍在東西

階故或退而復位進而升席也方氏苞云鄉射禮衆賓之
席繼而西彼州民習射故與席相屬以示鄉黨齒讓之風此
國興賢能故不相屬以彰朝廷尊賢之義又於此經見鄉
射之賓相屬于鄉射見此衆賓之席亦繼而西也姜氏兆
錫云鄉飲酒席位經無明文注蓋據鄉飲酒義而言也但
鄉飲鄉射之席賓與衆賓之席皆相繼而不屬言其遞爲
位則相繼言其各爲位則不屬二者參互推之可見非有
殊禮也所以鄉射言繼而西鄉飲言皆不屬者鄉射單以
賓與衆賓言之故言繼而西而鄉飲合席賓主人介衆賓
之席凡十字爲句則賓與衆賓雖不屬而自相繼主介一
東階一西階則不相屬而亦不相繼矣而賈疏於句讀有
差因於義釋有誤乃謂賓以將貢于君有所殊別故衆賓
之席不屬而不相繼也疏矣秦氏蕙田云衆賓席于賓西
南面賓長三人卽鄉飲酒義所謂三賓也不屬者謂衆賓
之席不與賓相屬所以尊賓也鄉射主習民以禮樂故衆
賓之席繼賓而西不相別異若鄉飲主於興賢賓則賢能
中尤異者故特貢之衆賓既不與於貢安得不與賓相別
注謂衆賓皆獨坐似未得經旨盛氏世佐云此節當以乃
席賓三字爲句主人介衆賓之席爲句郝氏姜氏析句俱
未安經但言席賓而不言位面以見于鄉射禮者可參考

也鄉射無介注知介席在西階上東面者以少牢下篇席
侑之處見之也鄉射禮衆賓之席繼而西此則云不屬者
興賢大典所以姝異賓于衆也皆者皆主人介衆賓也主
人也介也與賓之席遠矣云皆不屬者詞雖總承而意則
專主於衆賓也敖氏謂爲其升降皆由下姜氏謂言其遞
爲位則相繼言其各爲位則不屬二說皆未得經意當以
注疏爲正但注家誤看經文皆字謂衆賓皆獨坐則猶未
盡也經意蓋謂主人介衆賓之席皆不屬於賓耳非謂衆
賓各不相屬也賓是所興賢能之人故別異之彼衆賓者
旣不得與於貢則其德故相埒也焉得人人而別之乎又
案古人宮室之制前堂後室室之東西偏曰房室與房皆
有戶室又有牖戶在東而牖在西戶牖之閒堂之中也故
古人重之室之有東西房者則以牖前爲賓位取其在西
北也司几筵所云是也室之有東房而無西房者則以戶
牖之閒爲賓位亦取其在西北也士冠禮士昏禮所云是
也鄭氏謂大夫士東房西室以其私家言之也鄉飲酒行
禮于庠鄉射于序庠序皆學舍與私家之制異安見其必
無西房乎陳氏祥道之說極爲有據然此注又云賓席戶
牖之閒而曰席賓牖前則鄭氏固未嘗謂其無西房也若
無西房則牖前乃堂之西北隅賓旣席于此則賓西更無

容席之地不得云眾賓之席繼而西矣惟有西房故賓席雖在室之牖前而其西尚可以容眾賓之席也然則此注所云牖前與司几筵所云牖前其實無以異也楊氏因陳氏之言而疑鄭氏大夫士無西房之說之誤始未明於庠序與私家之異歟經義聞斯錄曰注云賓席牖前不知何本或曰牖在戶西賓席牖前正所謂坐賓于西北也特古人賓位以戶西爲正士冠禮醮子筵于戶西而記云醮子客位燕禮司宮設賓席于戶西是也射義云卿大夫士之射也必先行鄉飲酒之禮考鄉射禮席賓西南東上注云不言于戶牖之閒此射于序序無室故不言戶牖然賓位正中即此可見鄉飲酒在鄉學有室賓席在戶西必然矣乃以爲牖前非自矛盾乎揣鄭氏之意不過欲會通鄉飲酒義之文耳然鄉飲酒義皆約略之語賓居戶牖之閒眾賓之席繼而西大勢在堂之西北即謂之坐賓西北奚不可者曰鄉飲酒之位似與鄉射微有不同鄉飲賓主人介眾賓之席皆不屬鄉射則無介眾賓之席繼而西亦其一也鄉射賓在戶西尊在賓東遵在尊東鄉飲賓在牖前遵在戶前尊在遵東若有諸公則大夫又在尊東鄉射言僎入序于賓東鄉飲言席于尊東固不得以鄉射之位爲即鄉飲之位也注說必有所受先儒又謂賓在戶牖閒主人

自阼階上望之若在西北誠如是則介正在主人之西大夫正在主人之北何以一曰西南一曰東北邪案此節盛氏駁郝氏姜氏析句之非竊謂盛氏亦未爲得也考注云席敷席也則以乃席爲句賓主人介衆賓之席爲句上席言敷席下席言其人所坐之席二席字皆總賓主人介衆賓言之皆不屬焉句亦總承賓主人介衆賓也鄉飲不言席之面位而鄉射著之鄉射不言皆不屬而鄉飲著之互相見也賓主人介席之不屬其事易明衆賓之席或有疑其相屬者故注以皆獨坐明之是衆賓三人其席亦各不屬也說者多不得其解而妄駁之

尊兩壺于房戶間斯禁有玄酒在西設篚于禁南東肆加二勺于兩壺斯禁禁切地無足者玄酒在西上也肆陳也【疏】正義曰設尊之例詳見士冠禮房戶間吳氏澄云東房之西室戶之東在賓主之間雖主人之設而賓亦以之酢主人也方氏苞云房戶間東西之度鄉射禮曰尊于賓席之東則在戶外而南北淺深之度具見矣賈疏冠醴子昏醴婦尊皆在房顯見其質冠醮子及鄉飲鄉射特牲少牢尊皆在顯處見其文非也房中戶外辨于賓賓親酌與否與酒醴文質何涉乎冠昏洗在北堂故尊于房中以便事也

房中北堂皆婦人所有事禮唯一舉使贊者洗酌以授賓
于戶外可耳醮則三洗三酌賓皆親之使賓數出入于房
中北堂則幾於瀆矣鄉飲鄉射獻酬皆在堂階自無尊于
房中之義特牲少牢則尸祝賓侑主人主婦之籩豆鉶羹
皆陳于房而主婦宗婦贊者女賓皆立而待事故尊于戶
外寧使主婦時出而酌獻即長賓長兄弟非獻尸薦俎不
得主入于房戶況衆賓衆兄弟之獻酬無算而可使入酌
于房中乎凡此皆禮之以義起顯著而無可疑者不可以
曲義汨之斯禁有玄酒在西李氏如圭云凡尊必尚玄酒
大夫尊用棜士用禁斯禁卽棜也無足似棜故謂之棜士
禁有足少儀曰酌者之左為上尊尊南嚮酌者北面故西
為上也吳氏澄云斯禁一名棜長四尺廣四尺二寸深五
寸無足大夫用棜士用禁北面設尊之酒在左在酒尊之
西也設篚于禁南東肆李氏曰東肆者篚首在西向東陳
之敖氏曰設篚于禁南其間當容人蓋酌者北面也東肆
放尊之西上也淩氏釋例曰凡堂上之篚在尊南東肆堂
上之篚所以實獻酬爵觶也鄉飲酒禮設篚于禁南東肆
鄉射禮尊于賓席之東篚在其南東肆鄉飲酒主人獻賓
坐取爵於篚降洗此堂上之篚也適洗南面坐奠爵于篚
下此堂下之篚也賓酢主人亦用此爵主人受酢畢奠爵

于東序端主人酬賓坐取觶于篚亦堂上之篚也此觶賓
奠于薦東不舉主人獻介仍用前東序端之奠爵獻介畢此
介降洗升授主人爵于兩楹之閒主人實爵自酢畢奠
爵于西楹南及獻衆賓仍用此西楹南之奠爵獻衆賓畢
主人始以此爵降奠于篚此則堂下之篚也鄉射主人獻
賓畢奠爵于序端酬賓後即取序端之爵獻衆賓無介故
也餘皆與鄉飲酒同鄉射主人獻賓坐取爵于上篚以降
疏云凡取爵于篚以降者皆是上篚鄉飲酒不言上者文
略也燕禮堂上不設篚雖膳篚亦在堂下也又曰鄉飲酒
記獻工與笙取爵于上篚既獻奠于下篚注明其異器敬
也如是則獻大夫亦然上篚三爵楊氏復曰上篚一爵三觶
一獻賓獻遵獻工皆異爵三也主人取觶酬賓一也下篚
觶四一人舉觶爲旅酬始一也司正舉觶二也二人舉觶
爲無算爵始四也敖氏云上篚爵三觶一下篚觶三說與
楊氏異蓋謂一人所舉之觶旅酬畢則仍奠于下篚至二
人舉觶時再取之故云下篚觶三也又云既獻工則奠于
上篚既獻笙則奠于下篚加二勺于兩壺敖氏云記云尊
綌冪賓至徹之則此二勺皆加于冪上矣亦與祭禮微異
張氏爾岐云兩壺酒與玄酒各一也斯禁以承壺玄酒在
酒之西設篚貯爵在禁之南向東陳之其首在西壺各有

勺以備挹酌注云禁斯禁禁切地無足者吳氏廷華云賈
疏引玉藻大夫側尊用棜士側尊用禁注以棜爲斯禁引
禮器注又以斯禁無足似棜卽所謂澌盡之名故知切地
無足據此則斯禁卽棜本大夫器注以士所用之禁解大
夫之斯禁則似同一無足矣疏謂鄭以大夫士雙言之者
此也據特牲禮曰壺禁是禁也記則曰棜禁則又是斯禁
兩說不符故彼注謂祭尚燕飲得與大夫同器不爲神戒
也愚案禮器云禮有以下爲貴者天子之尊廢禁大夫士
棜禁所謂廢禁者蓋合禁與斯禁並廢是尊爲最下棜雖
無足然尊之下尚有棜比廢禁者爲稍上故大夫用之禁
有足則又上矣故士用之所謂以下爲貴也若如此疏同
名棜禁之說則混棜禁而一之旣與玉藻大夫士之說不
符又與禮器以下爲貴說不符若以禮器玉藻爲不足據
則少牢禮曰棜特牲禮曰禁此則經之可據者不得因特
牲記棜禁說遂謂禮器亦同名棜禁也況據少牢疏謂特
牲用棜仍云禁蓋因彼記與經不符故曲爲合一之解若
謂彼經所謂禁者其名曰禁者其實用棜記所謂棜禁者
其實亦用棜而名之爲禁其說本屬牽合然可見彼記所
謂棜禁者特名棜爲禁然同名棜禁之謂則其說禮器者
謬矣至豐與舟之說據燕禮云公尊瓦大兩有豐形似豆

疏以爲承尊之物又據司尊彝祼時虎彝蜼彝皆有舟注以爲尊下臺若今時承盤蓋亦棜禁之類則與禮記廢禁之說又不符矣褚氏寅亮云記言賓至而徹冪少牢禮尸卽位而徹冪其節一也第此則覆冪而卽加勺彼俟徹冪而始加勺爲少異耳

設洗于阼階東南南北以堂深東西當東榮水在洗東篚在洗西南肆榮屋翼

疏正義曰設洗之例詳士冠禮張氏爾岐云南北以堂深謂以堂廉北至屋壁之遠近爲洗洗去堂之遠近也疏云假令堂深二丈洗去堂亦二丈以此爲度是也堂上設篚此復設篚者上篚所貯三爵每一爵行畢卽奠下篚且貯餘觶也高氏愈云此時堂上堂下設凡二篚上篚以貯爵觶凡獻酬者於是貯之下篚則虛設之凡以虛爵降者則賓之於其中也淩氏廷堪禮經釋例曰凡堂下之篚設于洗西南肆鄉飲酒禮篚在洗西南肆鄉射禮同此皆堂上設篚而于堂下又設篚者也士冠禮醮用酒洗有篚在西南順注篚亦以盛勺觶陳于洗西南順北爲上也燕禮篚在洗西南肆設膳篚在其北西面注肆陳也膳篚者君象觚所觶也亦南陳言西面尊之異其文大射儀篚在洗西南陳設膳篚在其北西面注或言南陳或言西面異其文也疏云洗

篚言南陳亦西面膳篚言西面亦南陳特牲饋食記篚在洗西南順實二爵二觚四觶一角一散四少牢饋食禮設于洗西南肆此皆堂上不設篚而但于堂下設篚者也燕禮大射二篚皆在堂下盛氏世佐云二篚一盛諸臣飲器一盛君飲器而無堂上篚者蓋堂上之篚所以盛爵燕禮輕不用爵也考楊信齋謂鄉飲上篚爵三觶一是上篚亦盛觶也特牲記下篚實爵二是下篚亦盛爵也盛氏之說恐非蓋鄉飲鄉射賓主皆尊禮盛故堂上堂下並設篚燕禮大射君燕其臣禮殺特牲少牢祭畢而飲禮更殺故僅設堂下之篚歟

右陳設

羹定 肉謂之羹定猶孰也 【疏】正義曰李氏如圭云肉孰卽定止不敢煩勞賓故以羹定爲速賓節也○注云肉謂之羹者爾雅釋器文敖氏謂肉與湆同在鑊故謂之羹云定猶孰也者王氏述聞曰定者成也言成孰也淮南天文訓秋分而禾薿定高注曰定成也晉語謀旣成矣韋注曰成定也孟子苟爲不孰趙注曰孰成也是定成孰三字同義故曰定猶孰也案漢儒訓詁凡云猶者皆通其引申之義也定訓爲成成訓爲孰孰與定義稍隔故云猶以

通之也

主人速賓賓拜辱主人荅拜還賓拜辱

速召也還猶退【疏】正義曰盛氏世佐云拜辱卽拜送也聘禮使下大夫至賓館公食大夫禮使大夫戒賓二處賓皆不拜送者以賓遂從之也此處賓不遂從故仍行拜送之禮案上拜辱拜迎也辭主人之來速也下拜辱拜送也於其還而拜以送之也亦如戒賓之儀 注云速召也者敖氏云召之而云速者欲其來之速也云還猶退者戒賓節云主人退賓拜辱此云還猶彼之云退也

介亦如之

如速賓也【疏】正義曰注速賓校勘記徐本集釋俱作賓速○敖氏云眾賓亦戒速而唯言賓介者亦以主人親速爲之其禮重故著之爾蔡氏德晉云介亦如之亦主人親速也眾賓則但使人速之

賓及眾賓皆從之

從猶隨也言及眾賓介亦在其中矣【疏】正義曰李氏如圭云鄉飲酒義曰主人親速賓及介而眾賓自從之則眾賓主人不親速方氏苞云戒與速注疏言及賓門而不言其所賓或取於一黨一庠之中而眾賓散布五州二十五黨之內若戒宿于其家不惟異黨異州之士不能羣萃以待于賓之門如賓介各處一偏則亦不能同日而戒況羹定而後速乎其法必州黨之師賓介之當與與眾賓之觀禮者前期

聚於某州之序而後鄉大夫就問焉及期則賓介衆賓次於近序之庠故可俟羹定鄉大夫躬速而賓及衆賓皆從之也鄉不設學何也鄉大夫以六卿攝不能親教事且以便學子俾各近其家而省勞費耳

主人一相迎于門外再拜賓賓荅拜拜介介荅拜 相主人之吏擯贊傳命者

疏正義曰張氏爾岐云主人于羣吏中立一人以相禮與之迎賓于庠門外方氏苞云主賓之禮交擯傳辭故聘禮上介問下大夫尙以三介從鄉大夫國卿也而一相以賓乃鄉民之秀無擯可陳承鄉大夫之命而相厭以入無辭可傳若陳擯以臨之則非降尊以下賢之義故惟用一相也其不曰擯而曰相以主于相禮非接賓鄉大夫不可以獨出與賢士接又不可使胥史閒廁故惟以相禮者從又曰賓主獻酬進退拜興之節會有目視不能及者皆相者詔之故於出門迎賓特著一相以見凡禮皆相贊也冠昏相見無此文其禮皆目視所能給擯者特傳詞耳敖氏曰拜介亦再拜文省耳方氏苞云敖說非也介于戒速禮壹同于賓故竝曰介亦如之惟迎賓再拜而介一拜故特文以著之蓋戒速於私家故同之以見用貴下賤之常迎於公所故異之以示爲國選賢之序義竝行而不相悖也 注云相

主人之吏擯贊傳命者盛氏世佐云古者黨有庠術有序
教民之職在鄉則掌于州長黨正以下而統于鄉大夫在
遂則掌于縣正鄙師以下而統于遂大夫治民之官即教
民之官非若後世守令之外別有教職也主人鄉大夫也
自州長以至比長皆其屬吏此相恐是擇州長中一人爲
之周禮州長職云三年大比則大考州里以贊鄉大夫廢
興則相主人者舍州長而誰學學中有司如樂師大
小胥之屬於國學則有之鄉學則未之前聞也　**揖衆賓**
差益卑也拜介揖　疏　正義曰注云差益卑者以上文再拜
衆賓皆西南面　賓一拜介是介差卑於賓此於衆賓
不拜而揖是衆賓卑於介益卑於賓也方氏苞云祭祀之
衆賓半主人之屬吏而主人拜送于門外飲射之衆賓終
不拜送始則揖之而使自入何也祭者主人之私事故大
夫雖尊衆賓長之獻則交拜焉衆賓之出則拜送焉同之
于賓所以報其勤也興賢能教射則國政也賓介乃德行
道藝之越衆者故特申其敬屈貴貴之禮以尊賢而衆賓
不得與之儕異之於賓所以厲其德行道藝也然皆得獻
于堂下而主人拜之以其亦後此之賢能又所以別之於
有司贊者也云拜介揖衆賓皆西南面者李氏如
圭曰賓介衆賓門外入門及堂位皆東面北上　**主人揖**

先入揖揖賓也先【疏】正義曰注揖賓也校勘記云揖下要
入門而西面【疏】義有衆字云先入門而西面者賈
疏云庠學唯有一門主人導賓先入至內霤西面待賓厭
賓敖氏云不言入門右可知也亦以賓入門左見之

介入門左介厭衆賓入衆賓皆入門左北上皆入門西東面賓之屬相

厭變於主人也推手曰揖引手曰厭【疏】正義曰注云皆入
今文皆作揖又曰衆賓皆入左無門門西東面者鄉射
禮云東面北上此不言東面故注補著之云賓之屬相厭
變於主人也推手曰揖引手曰厭今文皆作揖者方氏苞
云唯鄉飲酒鄉射賓介衆賓有相厭而入之禮何也賓介
衆賓皆鄉大夫州長所治所教之士民也故主人先引而
相引以從之非主賓之常禮也賓主獻酬交拜無少退之
禮亦唯鄉飲酒鄉射有之何也學士見賓禮以致身故重
其禮以荅主人主人得賢才以報國故重其禮以屬賓也
鄉射之禮雖較輕於興賢能然獨立一賓而無介故賓主
之交相重不異賓興亦所以淬厲羣士觀示鄉民也君臣
之禮更嚴於師長而燕無此儀何也燕禮之主人代君獻
也若賓見其拜而少退則疑於當君之禮矣賓之拜拜君
賜也若主人見其拜而少退則疑於代君受禮矣故主人

之無變乃自比於舉觶賓之無變乃自比於受酬也又曰
毓曰介厭眾賓入又曰眾賓皆入門右見介引手以招眾
賓而眾賓序入不復自相厭也鄉飲酒義至于門外主人
拜賓賓及介而眾賓自入可與此相證凌氏釋例曰凡推手
曰揖引手曰厭士冠士昏鄉飲酒三揖至于階鄉射三揖
皆行聘禮公揖入及君與賓三揖歸饔餼問卿三揖皆行
公食大夫及廟門公揖入賓入三揖覲禮郊勞三揖至于
階皆推手曰揖也鄉飲酒迎賓賓厭介入門左介厭眾賓
入眾賓皆入門左獻畢一人舉觶之時揖讓升賓厭介升
公厭眾賓眾賓升鄉飲無介餘同皆引手曰厭也又覲禮注引
司儀文三揖土揖庶姓時揖異姓天揖同姓疏云鄭彼注
云土揖推手小下之也時揖平推手也天揖推手小舉之
以推手曰揖引手曰撎故爲此解也此疏厭作撎者考鄉
飲酒疏云厭字或作撎撎字者古字義亦通也詳疏意厭字
或作撎字似是注文今注無此句蓋傳寫脫之又鄭司農
大祝注肅拜但俯下手今時撎是也亦作撎字鄉飲酒鄉
射注揖厭今文皆作揖揖厭撎三字對文則異散文則通
矣又鄉飲酒疏引手曰厭者以手向身引之蓋推手引手
之別也胡氏承珙云段氏玉裁曰厭卽尚書大傳之葉拱
家語注云兩手薄其心古文禮揖厭分別今文禮厭皆作

揖鄭不從之而禮經有厭譌作揖周禮大祝疏竟作引手
日揖斷不可從承珙案疏云厭字或作揖字者古字義亦
通也詳此疏意葢注文本有厭厭或作揖之語故覲禮疏亦
云引手日揖鄭司農注周禮以揖爲肅拜自誤然揖自是
厭之或字說文揖舉手下手也舉而下之即所謂引手也
葢揖則舉手而推之揖則舉手而下之下之則必引手儀
禮古文作厭說文小篆作揖總之皆與揖别故鄭從古文
作厭以揖爲或作而不從今文作揖說文揖攘也一日手
著胸日揖案此一日以下七字疑後人羼入說文揖下云
攘也攘下云推也正與鄭君推手日揖合引之厭自有揖
字當之不應揖下忽有手著胷語致揖厭漫無分别段云
許從今文不從古文是以推手引手通謂之揖非是又云
揖當從字林爲舉首下手謂跪而舉其首惟下其手是日
肅拜漢人日揖亦非是案說文拱斂手也斂手與引手義
近故段氏以厭爲即尚書大傳之拱厭之本字葢當作擧
說文擧一指按也指按而下之與手引而下之其義相通
廣雅釋詁擧按也荀子解蔽篇厭目而視者注厭指按也
文選笙賦厭焉乃揚注厭亦作擫擫謂指擫也是二字通
用之證聲轉作揖故禮經别本或作揖說文揖舉手下手
也義不可通段氏說文注依左傳成十六年釋文引字林

改作舉首下手似覺可從鄭司農注肅拜云肅拜但俯下手今時撎是漢人謂俯首下手之拜如撎故許君據以解撎說文於周禮多從先鄭說也非以撎卽禮經之厭也禮經今文皆作揖而義或有別說文揖攘也攘推也此推手曰揖之說也一曰手著胷曰揖此今文賓揖介介揖衆賓引手曰揖之說也許君於禮經多從今文可證者不一而足今文於推手引手統謂之揖故說文亦於揖備載二義段說似未可非鄭君則以揖厭無別故從今文作厭許鄭於禮經所從本有異也云衆賓皆入左無門者今文蒙上門左之文而省下門字鄭以無門則文不成義故亦不從之蔡氏德晉云門左謂門西入門北面以西爲左北上旣入東面立以北爲尊也旣入門內主人先以賓升介及衆賓皆止於所立之位俟酬賓後乃以介升介酌後乃以衆賓升

主人與賓三揖至于階三讓主人升賓升主人阼階上當楣北面再拜賓西階上當楣北面答拜三揖者將進揖當陳揖當碑揖楣前梁也復拜拜賓至此堂尊之

疏　正義曰注當陳揖校勘記云張氏曰監巾箱杭本陳皆作楣自嚴本以後始正作陳疏引爾雅陳堂塗也從嚴本案通典作塗塗卽

堂塗也雖不如陳字之古其義則同　褚氏寅亮云主賓入門後各向北稍前主西面賓東面是相鄉也俟介及衆賓以次入門訖乃相揖而轉相背即注所云將進揖也主人東行至阼階堂塗南賓西行至西階堂塗南各轉身向北則由相背而相見矣因又揖注所謂當陳揖也主賓各由東西陳向兩階行於庭中行三分之二遙當碑處則因有碑隔而又揖注所謂當碑揖也凡揖皆緣向背而生注極分明敖氏汨之不可從主人升賓升李氏如圭云主人尊升一等賓乃升也賓主敵則俱升既洗禮殺雖不敵者亦俱升主人與賓揖至于階介及衆賓亦隨賓至西階下而序立案主人升賓升李氏敖氏張氏皆據鄉射禮主人升一等賓升以主人大夫尊也賓士卑也非敵者故不俱升凌氏則謂經文但云主人升無一等二字與鄉射不同此賓主不敵而亦俱升者盛其禮尊賓使與敵者同也考禮經主人先升賓後升者多著一等字此經主人升賓升平列與士昏禮主人升西面賓升北面文同其爲俱升可知凌說是也釋例詳士冠禮注云三揖者將進揖當陳揖當碑揖者張氏曰陳堂塗也東西兩向堂之塗也凌氏曰將進揖即入門將右曲揖也當陳揖即將北曲揖也陳與門不相直故入門必再曲然後當陳禮言三揖義不異也

右速賓迎賓拜至

主人坐取爵于篚降洗 將獻賓也 疏 正義曰張氏爾岐云此下至以爵降奠于篚言主人獻賓介衆賓之儀凡六節○蔡氏德晉云坐跪也古人席地陳設取爵奠爵必跪凌氏釋例云凡丈夫之拜坐婦人之拜興丈夫之拜奠爵婦人之拜執爵鄉飲酒鄉射燕禮大射特牲少牢有司徹丈夫之拜皆坐而奠爵蓋丈夫之拜稽首也頓首也空首也皆屈膝故必坐而奠爵然後拜也士昏禮婦見姑奠笲于席姑坐舉以興拜授人又贊醴婦婦降席東面坐啐醴建柶興拜是婦人之拜則興也特牲饋食禮主婦自酢左執爵拜主人荅拜有司徹主婦受尸酢立卒爵執爵拜尸北面荅拜注云執爵拜變於男子也疏云凡男子拜卒爵皆奠爵乃拜故云變於男子是婦人拜則執爵也蓋婦人之拜肅拜也不屈膝故必興兼可執爵拜也又士昏禮婦見舅姑執笲棗栗自門入升自西階進拜奠于席舅坐撫之興荅拜此丈夫之拜亦興而後拜然則舅荅婦之拜其亦肅拜歟周禮大祝肅拜鄭司農云但俯下手今時揖是也丈夫亦有之左傳成十六年郤至三肅使者而退卽肅拜也又婦人之拜不跪見於禮經

宋王貽孫以爲始於唐武后時非也案取爵于篚敖氏云
取爵盥北面也降降洗蔡氏云降東階往洗爵也韋氏協夢
云降洗亦題上事也坐取爵**賓降**從主人也（疏）正義曰蔡氏德
必與而後降不言與者文略晉云降西階從
主人也韋氏協夢云以主人爲己而降己不敢獨安於堂
上也淩氏釋例曰凡賓主相敵者降則皆降鄉飲酒禮主
人獻賓取爵于篚降洗賓降卒洗復降盥賓亦降賓酢主
人賓降洗主人降卒洗升復降盥如主人禮主人酬賓降
洗賓降升主人卒觶復降洗賓降如獻禮主人獻介降洗
介降介酢主人降洗主人復阼階降辭如初鄉射同惟無
介燕禮主人獻賓降洗賓降卒洗升復降盥賓降賓酢主
人賓以虛爵降主人降卒洗升復降盥主人降主人酬賓
主人降洗賓降大射同有司徹主人獻尸主人降洗尸侑
降卒洗升復降盥尸侑降主人受尸酢尸降洗主人降自
阼階卒洗升復降盥主人降主人酬尸降洗爵尸侑降卒
洗尸升侑不升主人先卒觶降洗尸降聘禮介面卿介降
拜大夫降辭此皆賓主相敵者降則皆降也有司徹祭畢
賓尸之禮尸如賓侑如介則尸侑皆賓不似正祭時尸尊
故亦與主人皆降如鄉飲酒也鄉飲酒鄉射主人獻衆賓
不備升降之禮者衆賓卑也燕禮大射主人獻公公不降

者公尊也公食大夫禮公降盥賓降公辭賓主不敵亦降者主君尊賓也主人獻卿獻大夫皆云主人洗升不云降者蓋卿大夫之位本在堂下主人酬賓之後亦降復位也獻士獻庶子不備升降之禮者卑也有司徹主婦獻尸洗于房中不降者婦人之禮變於男子也聘禮歸饔餼聘賓儐使者賓降堂受老束錦大夫止注止不降使之餘尊疏云凡賓主敵體之法主人降賓亦降今賓降使者不降者使之餘尊當降而不降注蓋謂使者奉主君之命來有主君之餘尊故不降疏但覆述注重文而已未能發明餘尊之義也

主人坐奠爵于階前辭以己事煩賓也事同曰讓事異曰辭疏正義曰注事同曰讓事異曰辭校勘記云張氏云監及巾箱杭本日作月從嚴本○敖氏云賓從降而主人辭亦尚辭讓也奠爵乃辭者事異則不必相襍且爲敬也西面坐奠爵興辭蔡氏德晉云主人臨階跪而奠爵起而辭賓之降

賓對對荅也賓主之辭未聞疏正義曰敖氏云對時亦少進位下文云賓對復位是也韋氏協夢云賓對對以己當降也主人不再拜從降非崇禮也

主人坐取爵興適洗南面坐奠爵于篚下盥洗已盥乃洗爵致潔敬也今文無奠疏

正義曰適洗南面敖氏云南面坐于洗北乃奠爵于篚南
不敢由便也篚下李氏如圭云篚南也未洗奠爵于篚下
已洗奠爵于篚張氏爾岐云篚下當篚之下非于篚也盛
氏世佐云此篚謂堂下洗西之篚王氏引之云注不言篚
下爲何所敖繼公以爲篚南其說曰南面坐于洗北乃奠
爵于篚南不敢由便也案如敖說主人在洗北因不敢由
便而奠爵于篚南賓在洗東亦當不敢由便而奠爵于篚
北而燕禮大射儀竝云賓洗南坐奠觚于篚下鄭注篚下
篚南賓在篚南而奠觚卽于篚南彼又何以由便乎賓敢
由便而主又何以不敢由便乎案主人奠爵于篚下謂篚
北也蓋篚在洗西主人適洗南位在洗北而下句遂云坐
奠爵于篚下則亦在篚北矣北及鄉射禮竝云賓進東北
面辭洗鄭注鄉射禮曰言東北面則位南于洗矣洗與篚
東西相値賓東北面于洗篚之南則主人南面于洗篚之
北身在篚北而奠爵于篚南此勢所不能也鄉射禮賓坐
取爵適洗北面坐奠爵于篚下興盥洗鄭注賓北面盥洗
自外來疏曰對主人自内出南面然則賓適洗北面則篚
下爲篚南主人適洗南面則篚下爲篚北正所謂賓自外
來主由内出也篚在洗西賓北面于洗南則左手近篚奠
于篚南者當以左手主人南面于洗北則右手近篚奠于

篚北者當以右手皆爲由便也　注云已盥乃洗爵致潔
敬也者張氏爾岐云盥洗者盥訖取爵擬洗非謂遽已洗
也下文因賓辭復置爵而對對已乃復取爵成洗韋氏協
夢云盥洗爲洗洗而盥也其實此時亦未洗盥洗甚立而盥
也下文云主人坐奠爵于篚則此時立盥明矣案盥洗側
見士冠禮云今文無奠者胡氏承珙云上文主人坐取爵
興適洗南面今文蒙上爵字但云坐奠于篚下注當云今
文無奠下爵傳寫脫下爵二字鄭以上文主人坐奠爵于
階前下文主人坐奠爵于篚皆有爵字故
從古文若無奠字則坐爵連文不成辭矣　**賓進東北面辭洗**　必進東行示情　疏　正義曰注云必進東行示情者張氏爾岐云賓降立當西序至主人擬洗爵乃進而東行
東北向主人辭洗示情者示謙下主人之情也敖氏曰進
者少南行也南於洗西乃止而東北面向主人辭洗之意
與拜降同凡言洗於辭洗之前皆將洗而未洗者也若旣
洗則何以辭爲盛氏世佐云敖說是也賓初降時立當西
序而此云東北面辭洗則位已在洗南矣其進而南可知
也褚氏寅亮云賓降直西序之位必稍南於洗只須進而
東行以辭吳氏廷華云賓西序南東向與洗尚遠東行則
仍在東序之南尚在洗北如何得北面辭洗則所謂進者

謂南行也所謂東者謂南行直洗西南乃東行至洗南北面辭也程氏瑤田云鄉射禮注云言東北面則位南於洗矣案賓主階下立位據士冠禮云主人立于阼階下直東序西面此主人位也賓辭直西序東面此賓位也冠禮之賓位即此經下文賓復位當西序東面者也賓主兩位必相對曰階下曰賓降則其位皆不空遠於階豈或南於洗乎且賓介衆賓遞厭而入門左曰北上者蓋旋而東面主人是時亦必旋而西面賓主相向而立此位蓋當門內霤入門北行至此即止而旋其面曰左者對主人在右言之非至此又折而左行也立說然後主人與賓三揖至于階是時介與衆賓依然立當內霤及主人獻賓酢酬禮畢然後主人以介揖讓升拜如賓禮曰如賓禮者當亦降而至內霤三揖三讓而升也由是言之揖讓之先其位不得北而至於洗南階下之位亦必不能南過於洗曰東北面者辭洗必北面洗在阼階東賓位在西階西故必東行將近洗乃旋而北而非必位在洗南也

主人坐奠爵于篚興對賓復位當西序東面言復位者明始降時位在此

疏正義曰此奠爵于篚爲將洗而致敬也當西序東面節也下文云賓降立于階西當序方氏苞云但云當西序東面猶未見南

北之節也上言賓進東北面辭洗下言主人坐取爵沃洗者西北面則知賓階下之位卽洗之南矣蓋主人南面而洗賓定面向之不定退立其後也韋氏協夢云前主人奠爵于篚下者爲將盥也旣盥則主人取爵以興而將洗因賓進辭洗故又坐奠於篚中而興對也高氏愈云主人將辭降不卽辭必俟奠爵乃辭之賓辭洗不卽對必俟奠爵乃對之蓋古人行禮其舒徐鄭重如此程氏瑤田云此初次取一爵於堂上之篚也洗當東榮更在東序之東主人降洗故有事於此非其位也主人降卽適洗卒洗卽升不卽其位賓降待事故先卽其位及進而辭洗乃又復位俟主人卒洗然後俱升也

主人坐取爵沃洗者西北面

沃洗者主人之羣吏

【疏】正義曰敖氏云沃洗謂以枓斛水而沃洗爵者也沃洗者先亦沃盥張氏爾岐云古人盥洗並用人執器灌沃下別有器承其棄水故別有沃洗者西面敖氏云西北面定鄉洗者也旣則西面面於水東主人南面洗而西北面沃此則北面洗者其西南面沃之歟吳氏廷華云沃洗者西北面則在洗之東南斜面主人方氏苞云沃者西北面以洗者南面也主人南面洗以賓復位當西序東面在洗篚之南也鄉飲酒之洗爵則有沃洗者而鄉射則無之何也鄉射之

賓或以公士則州長之匹儔也獨立一賓卽彼諸州之君子及羣士必德行道藝逈出於衆者主人執自洗之常禮可也鄉大夫則國卿也雖親洗以下賢能而別有沃洗者使衆著於貴有常尊之義也至於冠則贊者洗酌而賓不與以賓乃冠者之父行不唯洗不親酌亦不必親也輕重之權衡益如此

卒洗主人壹揖壹讓升俱升古文壹作一

疏正義曰注古文壹作一校勘記云壹一徐本互易集解通解要義俱與今本同張氏爾岐云經云壹揖壹讓升當在上從經案張氏云從經則非有別本可案也通解似卽依張氏而今本又依通解耳案古文壹作一鄭注屢見皆壹在上一在下此處獨異徐本誤也　云俱升案上文主人升賓升爲俱升故知此亦俱升也敖氏謂主人先升而賓從之諸家皆從其說非是古文壹作一詳士相見禮淩氏釋例曰凡降洗降盥皆壹揖壹讓升鄉飲酒鄉射主人獻賓降洗賓降主人辭降主人洗賓辭洗主人卒壹揖壹讓以賓升又降盥賓降主人辭降賓不辭盥卒盥亦壹揖壹讓升賓酢主人卒洗揖讓如初升降盥如主人之初禮主人酬賓降賓降主人辭降賓不辭洗卒洗揖讓升主人卒觶訖又降洗賓辭降如獻禮升鄉飲酒獻介鄉射獻遵皆揖讓升降洗如賓禮升不

盥不拜洗殺於賓也特牲主人獻賓降阼階西面拜賓如初洗賓辭洗卒洗揖讓升是皆壹揖壹讓也燕禮大射主人獻賓賓酢主人降洗降盥皆賓揖先升主人乃升主人酬賓降洗卒洗亦揖升不讓鄉飲酒鄉射是賓人主人正禮故揖讓俱升燕禮大射則宰夫爲主人故賓不讓先升也公食大夫卒盥壹揖壹讓公升賓升此賓是異國之臣故公先升也有司徹主人降洗降盥尸侑亦降卒洗盥經但云揖不云讓禮殺也鄉飲酒鄉射主人獻衆賓卒洗升有司徹主人受尸酢卒洗卒盥升主人獻長賓卒洗升皆不揖不讓禮又殺也燕禮大射獻卿獻大夫獻士升不揖讓者盛禮不在已也至於鄉飲酒獻賓畢降立于階面當序東面獻介畢介降立于賓南獻衆賓衆賓之長升受一者三人畢降復賓南東面位鄉射同但無介至一人舉觶時始揖讓升蓋亦壹揖壹讓也

賓拜洗主人坐奠爵遂拜降盥復盥爲手坋汙

疏正義曰敖氏云謝其爲己洗也張氏爾岐云因事曰遂主人坐奠爵因不起而遂拜也後凡言遂者皆因上事李氏如圭云將獻賓拜手坋塵不可酌酒也敖氏云必盥者爲將酌也既拜而盥爲拜時以右掌據地不無坋汙也內則凡男拜尚左手蔡氏德晉云復降階盥手爲將酌酒

也高紫超謂因洗爵而盥雖盥而如未盥者故此將酌酒於賓復降盥以致潔誠也

賓降主人辭賓對復位當西序卒盥揖讓升賓西階上疑立疑讀爲仡然從於趙盾之仡疑正立正義曰注仡然從於趙盾之仡兩仡字徐本自定之貌

疏 集釋通解俱作疑閩葛俱上作仡下作疑臧氏曰公羊注仡然勇壯貌鄭所據公羊作疑然乃立定之貌不取勇壯義蓋嚴顏之異注疏本改同何本誤也疑然立自定之貌然徐葛閩本集釋通解俱作正與疏合張氏曰注曰疑正立自定之貌獨監本正作止鄉射注曰疑止也諸本皆同案士昏禮注曰疑正立自定之貌公食大夫注曰疑正立也傳寫者誤以二正爲止竝從士昏及公食大夫禮云疑讀爲仡然從於趙盾之仡疑正立自定之貌者案公羊宣六年傳云仡然後乎趙盾而入放乎堂下而立何休注仡然壯勇貌鄭所據公羊本與何異仡然作疑然後乎作從於段氏玉裁曰說文𠤕未定也未爲衍字大雅靡所止疑傳疑定也箋止息鄭於士昏禮云疑正立自定之貌於鄉射禮云疑正也有矜莊之色與此而三此三疑字皆即說文之𠤕非說文訓惑之疑學者仍𠤕爲疑因於許書定也之上增未字矣胡氏承珙云段以說文之

㲚卽大雅止疑亦卽此經疑其是故鄭注鄉射禮疑止也直訓疑爲止然正立亦是止義故注士昏禮及此鄉飲酒禮又皆以疑爲正立自定之貌不必檃從鄉射禮注改正爲止至以疑止爲句絕立自定之貌別爲一句則於公食大夫禮注疑正立也自定之貌爲不可通矣案公羊傳上言疑然下言立與此經疑立同意亦止立自定之貌何氏謂仡然勇壯貌鄉射禮注疑止也有矜莊之色勇壯與矜莊義亦相近疑爲㲚之假借鄭讀疑爲疑然之疑者恐人誤認爲疑惑疑惑之疑故讀從公羊以明字之假借也

主人坐取爵實之賓之席前西北面獻賓 獻進也進酒於賓

疏 正義曰敖氏云實以酒謂酌也蔡氏德晉云謂至尊所酌酒以實於爵也取爵實酒獻必西北面者李氏如圭云邪向席敖氏云以將授賓不宜背之也張氏爾岐云賓在西階欲其就席受爵故西北向之也吳氏廷華云尊酒在席東與席竝主人實爵來席前故曰西又兼北面者尊賓故西向少南遂西北面也賓在西階上而獻於席前者席以尊賓注云獻進也獻酒於賓者淩氏釋例曰凡主人進賓之酒謂之獻此燕飲之始也鄉飲酒禮主人坐取爵實之賓之席前西面獻賓注獻進也進酒於賓鄉射禮主人坐取爵

實之賓之席前西北獻賓注進於賓也凡進物曰獻燕禮
大射儀主人酌膳筵前獻賓士虞特牲少牢有司徹主人
初獻尸主婦亞獻尸賓長三獻尸此皆獻禮之最尊者也
鄉飲酒主人實爵介之席前西南面獻介鄉射遵者入主
人實爵席前獻大夫燕禮大射儀主人盥洗象觚升實之
東北面獻于公又主人洗升實散獻卿于西階上若有諸
公則先卿獻之有司徹主人主婦三獻酌獻侑此獻之次
焉者也鄉飲酒鄉射主人升實爵于西階上獻衆賓燕禮
大射儀主人獻大夫獻士于西階上獻庶子于阼階上又
其次焉者也鄉飲酒升歌三終主人獻工笙奏三終主人
獻之于西階上鄉射合樂後獻工獻笙燕禮升歌畢主人
洗升獻工笙奏畢主人洗升獻笙于西階上大射儀升歌
鹿鳴三終主人獻工鄉射射次射飲不勝後司馬獻獲者司
射獻釋獲者大射儀次射飲不勝後司馬正獻服不司射
獻釋獲者士虞特牲少牢獻祝及佐食特牲祭畢獻賓獻
長兄弟衆賓衆兄弟內兄弟及有司徹獻內賓于房中獻
私人于阼階上皆執事之人則其殺焉者也蓋行禮時執
事之大者主人皆獻之其餘至旅酬無算爵乃得與也又
鄉飲酒記鄉射記皆云獻用爵而燕禮大射獻用觚大射
獻服不用散禮殺故也又案主人獻賓正禮也鄉飲酒之

獻介獻衆賓遵者入公如賓大夫如介鄉射之獻衆賓獻遵燕禮大射之獻公卿獻大夫獻士及庶子皆次於賓者也又燕禮大射之主人獻公者尊公不使與賓同也士虞特牲少牢之三獻此室中事尸之禮不與賓客同唯有司徹之尸侑乃賓尸于堂之禮始以賓客事之尸如賓侑如介也合樂畢獻工及笙猶之射禮之獻獲者及釋獲者祭禮之獻祝及佐食也非賓主人正禮矣祭禮之獻賓及衆賓獻長兄弟及衆兄弟獻內賓及私人亦此類也聖人之心精密如此

賓西階上拜主人少退少退少避

疏正義曰注少避校勘記云少釋文作小避釋文徐葛閩本通解敖氏俱作辟張氏云鄉射經曰主人少退注曰少退猶少避也經又曰賓少退注曰少退少逡遁也案釋文少退少逡遁皆作小蓋鄭氏以小稱少可逡遁也案釋文少退少逡遁皆作小蓋鄭氏以小稱少改作小從釋文案避張本亦作辟至監本始作避而毛本因之陸氏云辟婢亦反一音避然則辟字原有兩音其音婢亦反者卽辟易之辟也今竟改作避又仍依通解音曰辟音避音亂之甚○敖氏曰主人西北面于賓席前賓拜于西階上而主人乃少退則是凡拜皆有相之者矣蔡氏德晉云賓先拜而後敢受爵敬主人之至也主人少退以執爵不得荅故少逡巡退避也方氏苞云獻則主賓皆少

退酢與酬皆於拜受爵時少退禮備於初以漸而殺也拜受爵時旣少退則拜送爵無庸再退矣**賓進受爵以復位主人阼階上拜送爵賓少退**復位復西階上位疏正義曰賈疏云鄉射云賓進受爵于席前復位此不言席前文不具也張氏爾岐云賓進席前受爵復持此爵還西階上位方氏苞云主人拜送爵轉在賓拜受爵之後何也爵旣賓而以授之非若未洗之先旣受之後可因事之閒而奠之也故受者必先拜而後受授者必旣受而後拜尊如尸貴如君其禮則同酬則先奠爵而後拜自酢亦然以其爵乃自飲而不以授人也舉觶媵爵亦奠於薦側而不授蓋燕與大射乃不敢煩君之受而鄉射鄉飲酒因用於賓大夫以致異敬故賓大夫必辭而坐受以示不敢當也案主人拜送爵賓在西階以執所受之爵不得荅拜故亦少退高氏愈云此主人獻賓第一爵**薦脯醢**薦進也進之者主人有司疏正義曰張氏爾岐云薦之席前注云進之者主人有司者案周禮膳宰薦脯醢知非主人自薦故云有司也**賓升席自西方**升由下也升必中席疏正義曰注升由下也校勘記云由下通典作猶上○方氏苞云自西方乃不與主人背淩氏釋例云凡賓

升席自西方主人升席自北方鄉飲酒鄉射禮主人獻賓賓皆升席自西方鄉射禮主人獻大夫升席注大夫升席由東方是賓升席自西方遵升席自東方也鄉飲酒記主人介凡升席自北方降自南方鄉飲酒鄉射賓酢主人主人皆升席自北方將立司正安賓及徹俎主人皆降席自南方鄉飲不云自南方文不具也鄉飲酒主人獻介介升席自北方旅酬主人酬介介降席自南方經悉與記合燕禮大射但有升筵降筵之文不云升降自何所葢以禮巳具於鄉飲鄉射故也有司徹主人獻尸升筵自西方主人獻侑侑升筵自北方與鄉飲酒同葢祭畢儐尸筵尸于戶西南面如鄉飲酒之賓筵侑于西序東面如鄉飲酒之介侑以輔尸如介以輔賓也故主人升筵自北方亦與鄉飲同也侑主人降筵皆自北方與鄉飲酒異者少變於飲酒正禮也鄉飲酒鄉射主人獻賓賓降席注皆云降席席西也是賓升降皆自西方然則遵升降皆自東方歟注云升由下也者賈疏云曲禮席南鄉北鄉以西方爲上今升席自西方云升由下者以賓統於主人以東方爲上也李氏如圭云凡升席由下降席由上賓席東上統於主人淩氏廷堪云此注據鄉射經及賓席東上而言鄉飲酒記主人介升席自北方降自南方注席南方升由下降由上此

據曲禮而言皆因文釋之非謂禮之通例如此也故鄉射
禮賓升席自西方注賓升降由下也賈疏不得注意徵引
雖繁而膠葛不明今但據見於經文及注牲體
者取以爲例經注無文者不敢爲之說也**乃設折俎**枝解
節折【疏】正義曰注節折右俎校勘記云右徐葛閩本集釋
在俎通解要義楊氏俱作在○凌氏釋例云凡獻酒皆
有薦禮盛者則設俎鄉飲酒鄉射主人獻賓薦脯醢主人
獻衆賓衆賓之長升拜受者三人每一人獻則薦諸其席
衆賓辨有脯醢主人獻工薦脯醢主人獻笙辯有脯醢鄉
飲酒主人獻介薦脯醢賓若有遵者諸公如賓禮大夫如
介禮鄉射司馬獻獲者司射獻釋獲者皆薦脯醢燕禮主
人獻賓膳宰薦脯醢主人獻公士羞脯醢主人獻卿薦脯
醢主人獻大夫胥薦脯醢主人獻工薦脯醢獻笙辯有脯
醢主人獻士士長升拜受觶乃薦司正與射人一人司士
一人執冪一人辨獻士乃薦士祝史小臣師亦就其位而
薦之大射司馬正獻服不有司薦司射獻釋獲者薦脯醢
特牲饋食主人獻賓薦脯醢有司徹主人獻尸主婦自東
房薦豆籩主人獻侑主婦薦豆籩主婦獻尸侑不薦者前
主人獻尸已薦也但設鉶加糗與腶脩司士羞豕胥而已
主人獻長賓宰夫薦脯醢是凡獻酒皆有薦也鄉飲酒主

人獻賓獻介俱設折俎鄉射獻賓同燕禮主人獻賓膳宰設折俎主人獻公膳宰設折俎大射獻卿庶子設折俎燕禮卿無俎特牲主人獻賓設折俎有司徹主人獻尸賓長設羊俎主人獻侑司馬設羊俎尸侑豕俎至主婦獻時設之主人獻長賓司士設俎是禮盛者則設俎也鄉射獻獲者及釋獲者大射服不及釋獲者皆設折俎服不之俎亦庶子設之禮主於射故亦盛其禮也鄉飲酒賓酢主人薦脯醢設折俎有司徹主人受尸酢主婦薦豆籩長賓設羊俎主婦受尸酢婦贊者薦豆籩司馬設羊俎酢所以答禮故亦盛其禮與獻同也鄉飲酒介酢主人無薦俎者前賓酢時已具也燕禮大射賓酢主人無薦俎者宰夫爲主人辟君也特牲有司徹主人自酢于賓無薦俎者殺於尸也特牲主人獻衆賓薦俎設于其位獻長兄弟如賓儀衆兄弟如衆賓儀內兄弟如衆兄弟之儀有司徹主人獻衆賓其薦脯醢與脀設于其位主人獻兄弟其薦脀設于其位主人獻內賓獻私人亦有薦脀祭畢行神惠不同於飲酒故禮雖殺亦薦俎並有也至於士虞禮主人獻祝薦菹醢設俎主人獻佐食無薦俎特牲少牢佐食皆有俎則此亦當有之特牲主人獻祝設菹醢俎主人獻佐食無薦記云佐食俎觳折脊脅膚一離肺一少牢主人獻祝薦兩豆

佐食設俎主人獻兩佐食俎設于兩階之閒主婦賓長獻
祝皆因主人之薦俎蓋祝事神故盛其禮之薦俎竝有佐食
事尸故殺其禮有俎而無薦且正祭之獻亦非飲食之通
例也尸於冠禮醴辭曰嘉薦令芳注嘉善也嘉薦謂脯醢脯
籩實醢豆實凡經所謂薦者指脯醢也又曰凡薦脯醢在
升席先設折俎在升席後鄉飲酒鄉射主人獻賓薦脯醢
賓升席自西方乃設折俎賓酢主人薦脯醢主人升席自
北方設折俎主人獻介薦脯醢介升席自北方設折俎鄉
射主人獻大夫乃薦脯醢大夫升席設折俎燕禮主人獻
賓膳宰薦脯醢賓升筵膳宰設折俎大射主人獻卿乃薦
脯醢卿升席庶子設折俎皆薦脯醢在升席先設俎在升
席後也有司徹主人獻侑主婦薦豆籩侑升筵自北方司
馬設羊俎主婦受尸酢婦贊者薦豆籩主婦升筵司馬升
羊俎此祭畢飲酒亦薦脯醢在升席先設俎在升席後也
又有司徹主人獻尸主婦薦豆籩賓長設羊俎尸升筵自
西方次賓羞匕湆司馬羞羊肉湆次賓羞羊燔薦設凡五
事主人受尸酢主婦薦豆籩主人升筵自北方長賓設羊
俎次賓羞匕湆司馬羞羊肉湆次賓羞羊燔薦設亦五事
二者皆同惟尸升筵在設俎後主人升筵在設俎先爲小
異又燕禮大射賓未升堂之時公已升就席故主人獻公

薦俎皆在升席後也特牲及有司徹賓皆無席但有位而已故主人獻薦俎時無升席之文也至於公食大夫禮設正饌畢賓始升席則公食禮異於飲酒之例矣

主人阼階東疑立賓坐左執爵祭脯醢坐坐於席祭脯醢醢者以右手

疏 正義曰敖氏云立于阼階上之東者事未至宓辟拜處也蔡氏德晉云主人於此亦疑立者蓋敬賓之至若以此酒未足以致敬而不敢必賓之卒爵也凡執爵者皆左手祭薦皆右手側見士冠禮程氏瑶田曰堂上立位賓主皆立于序端主人位在阼階東賓在西階西主人西面賓東面文已見於冠禮是經堂上立位見賓當西序之文不見主人當東序之文于堂上立位見主人阼階東疑立之文則阼階東者立于序端之謂也及賓酢主人降洗主人降一則曰主人階東南面辭洗再則曰主人復阼階東西面則一主人堂下立位當東序可知矣然則賓西階上疑立其立位亦當序端不見者可互足也惟賓主拜位東西皆在階上上經當楣北面者是也士冠禮記凡拜北面于阼階上賓亦北面于西階上荅拜雖因孤子冠而言之然於此發凡是其例矣又案大射儀賓酢主人畢賓降立于西階西矣擯者又以公命升賓賓乃升立于西序東面而燕禮射人升賓賓

升立于序內東面皆不云序端者蓋序端乃階上有事之
立位今賓已受獻不敢安盛而降復以公命升之是時賓
無事矣不得在當事之位**賓爵于薦西興右手取肺卻左手執本坐弗**
繚右絕末以祭尚左手嚌之興加于俎興起也肺離之本端厚大者繚猶紾
也大夫以上威儀多紾絕之尚左疏正義曰校勘記云惠
手者明坐紾之乃絕其末嚌嘗也氏棟云依疏說則弗
字衍案疏云弗繚卽弗紾一也則弗字非衍文大祝注引
此經亦有弗字但此注及疏俱未明弗字之義○李氏如
圭云薦西薦右也凡奠者將舉於右少儀云其有折俎者
取祭反之不坐反之加於俎也卻仰也繚繚祭也絕絕祭
也繚祭以手從肺本循之至末乃絕以祭絕祭不循其本
直絕以祭此賓用士禮故弗繚主人亦從士禮故下祭如
賓禮也祭俎於俎內少儀曰凡羞有俎者則於俎內祭敖
氏曰執本卻左手則絕末覆右手矣絕末以祭者絕其末
不皮之處所以爲祭也此與振祭之意相類尚左手嚌之
謂舉其左手而右手在下以末授口嚌之也將祭乃尚左
手則祭時不然矣加于俎以右手張氏爾岐云卻左手仰
其左手也案鄉射禮取矢于楅卻手與覆手對弗繚者直

絶末以祭不必繚也繚祭以手從肺本循之至末乃絶之絶祭不循其本但絶末而已大夫以上威儀多乃繚士則否經文言弗繚以賓固士也他事但從士禮注疏獨於此處解作繚祭不敢從盛氏世佐云注之誤在以尙左手三字連上句爲義以鄉射禮參觀之鄉射云坐絶祭尙左手嚌之夫鄉射固所稱士禮也絶祭而不繚者也乃其經亦云尙左手則尙左手當連嚌之爲句而弗繚之弗當讀如字吳氏廷華云卻同却縮也右手取肺則伸左手不伸而執本故曰卻鄉射肺離上爲本下爲末繚從肺本循之至末乃絶之又鄉射尙左手嚌之注云右手在下絶以授口嘗之則尙當作上左手在上執本右手在下絶末也肺離離肺也離離者離而末絶也褚氏寅亮云注訓繚爲坐紾而不解弗字之義案説文弗撟也又云撟舉也然則鄭意蓋謂舉左手以坐紾肺乃以右手絶其末以祭弗字易明故不釋也但篇中俱從上禮獨此從大夫禮未詳淩氏釋例曰凡祭薦者坐祭俎者興祭薦者執爵祭俎者奠爵鄉飲酒禮主人獻賓賓坐左手執爵祭脯醢奠爵于薦西右手取肺卻左手執本坐弗繚左絶末以祭尙左手嚌之興加于俎鄉射禮主人獻賓賓坐左執爵右祭脯醢奠爵于薦西興取肺坐絶祭尙左手嚌加于俎二禮竝同惟鄉飲酒

繚祭鄉射絕祭爲小異耳祭肺用兩手故必奠爵俎高於
豆故必興興祭用右手執肺本用左手也取肺興祭時乃坐
祭畢加俎又興也燕禮大射儀主人獻賓皆奠爵于薦右
興取肺坐絕祭嚌之興加于俎主人獻公皆云公祭如賓
禮唯燕禮膳宰贊授肺大射儀庶子贊授肺較賓爲隆蓋
卽周官大祝九祭之共祭也餘皆無俎大射儀主人獻卿
乃薦脯醢卿升席庶子設折俎卿坐左執爵右祭脯醢奠
爵于薦右興取肺坐絕祭不嚌肺興加于俎燕禮卿無俎
而大射儀卿有俎者注謂射禮尊也不嚌者自貶於君至
於獻大夫以下亦皆無俎與燕禮同也公食大夫禮三牲
之肺不離贊者辯取之壹以授賓賓興受坐祭士虞禮主
人獻祝祝奠爵興取肺坐祭嚌之興加于俎特牲禮主人
獻祝又云奠角者文不具也又賓三獻主婦致爵于主人
主人左執爵祭薦宗人贊祭奠爵興取肺坐絕祭嚌之興
加于俎主人獻賓但不贊祭餘皆同有司徹主人獻尸司
馬羞羊肉湆尸坐奠爵興取肺坐絕祭嚌之興反加于俎
主人受尸酢司馬羞羊肉湆主人坐奠爵于左興受肺坐
絕祭嚌之反加于湆俎此祭畢儐尸之禮尊主人故與尸
同也主婦受尸酢奠爵興取肺坐絕祭嚌之興加于俎主
婦受尸酢與獻侑同惟主婦祭肺奠爵爲異耳又不儐尸

之禮主婦致爵于主人及賓致爵于主婦皆以左執爵右祭豆籩後奠爵興取肺坐絕祭嚌之興加于俎以上竝祭薦者坐而執爵祭俎者興而奠爵蓋祭薦祭俎之正禮也坐注云繚猶紾也大夫以上威儀多紾絕之尚左手者明紾之乃絕其末者周禮大祝辨九祭七曰絕祭八曰繚祭注云繚祭以手從肺本循之至於末乃絕以祭絕祭不循其本直絕以祭本同禮多者繚之禮略者絕則祭之鄉飲酒爲大夫禮故用繚祭云弗繚也姜氏兆錫云弗蓋讀如紼綍之紼拂戾之義淩氏廷堪云說文弗撟也其義可與經注相證案說文弗撟也从丿从乀从韋省又丿右戾也乀左戾也撟舉手也是弗者舉手而有了戾之形繚說文也纏也又紾轉也孟子紾兄之臂趙注紾戾也方言軫戾也郭注相了戾也軫與紾音義同是弗繚二字義相通經文連言注祇釋繚不釋弗以其義同也左手執本坐紾之右手乃絕其末以祭而復尙左手以嚌肺尙左手嚌之五字連讀姜說是也諸家從此經者多以弗繚爲不繚與注說違異然經明出繚字爲九祭之一固無庸別爲異議也

坐捝手遂祭酒捝拭也古文捝作說

疏 正義曰古文捝作說校勘記云釋文坐捝捝始銳反拭也注帨同今注中無帨字疑說字本作帨故賈疏以內則之帨

釋之浦鏜改說爲帨似有理後凡言古文捝作說放此○李氏如圭云捝手爲絕肺染汙也捝手以所佩捝手扒肺不捝手張氏爾岐云坐以帨巾拭手遂執爵祭酒凌氏釋例云凡祭薦不捝手祭俎則捝手祭薦不捝手說見上祭俎則捝手者考鄉飲酒鄉射主人獻賓燕禮大射主人獻賓大射主人獻卿皆祭肺興加于俎之後坐捝手然後執爵祭酒此見於嘉禮者也特牲禮賓三獻主婦致爵于主人及主人獻賓有司徹不儐尸之禮主婦致爵于主人及賓致爵于主婦亦皆祭肺興加于俎之後坐捝手然後執爵祭酒此見之於吉禮者也蓋祭肺或繚祭或絕祭燕禮之盛用兩手故必奠爵捝手也亦有祭俎不捝手者大射儀司馬獻服不司射獻釋獲皆不奠爵不捝手鄉射司馬獻釋獲者亦同不奠爵用一手則非繚祭絕祭可知禮殺不敢備也士虞禮主人獻祝祝奠爵祭肺特牲禮主人獻祝祝執角祭肺皆不捝手少牢祝祝俎無肺禮更殺也有司徹主人獻尸主人受尸酢主婦獻侑主人獻長賓祭俎皆不捝手亦不備禮也至於士虞特牲尸入九飯舉肺脊幹骼肩少牢尸入十一飯舉肺脊幹骼肩舉幹後又舉魚與臑肩方士禮爲盛皆不捝手者有佐食授之尊尸也燕禮公祭俎膳宰贊授肺大射公祭俎庶子贊授肺經並云祭

如賓禮不云挩手與否既云祭如賓禮或亦挩手與歟公食大夫禮三牲之肺不離贊者辯取之壹以授賓賓與受坐祭挩手此有贊者授之而亦挩手則燕禮大射公祭俎皆挩手可知矣案挩手之禮爲絕肺染汙也絕肺之後皆無不挩手而祭酒者尊卑當同之也故經不著其挩手之文其有不言挩手者文不具也鄉射司馬獻獲者雖不言奠爵而注云亦二手祭酒反注如大射則非用一手可知至公食大夫禮有贊者授之而亦挩手則士虞少牢有佐食授之而亦挩手可知禮以敬爲主挩手所以敬也淩氏之說似未確注云挩拭也古文挩似說者胡氏承珙云案賈疏云內則事佩之中有帨則賓客自有帨巾以拭手也據此似經文挩手字本作帨蓋禮經今文作坐挩手古文作坐說手鄭從今文故曡古文云帨作說釋文本今文仍作挩與疏本異挩字說文訓解挩與此無涉帨本帥之或字說文帥佩巾也或作帨帨本所以拭手而拭手遂謂之帨手義具通有司徹主婦坐挩手注云挩手者於帨帨佩巾內則曰婦人亦左佩紛帨古文帨作說據此注知經文本當作挩手鄭注內則云巾以帨手注少儀引鄉射禮與加于俎坐帨手皆作帨不作挩公食大夫禮賓與受坐祭挩手注挩拭也拭以巾疏云案內則左佩紛帨帨即佩巾而

云挩拭拭手以巾似挩不名巾者本名帨者以拭手爲名其實名巾故鄭舉其實稱也據此益知經文必皆作帨手鄭訓挩爲拭古文作說者乃假借字鄭所不從案此說是也說文挩帨異義帥爲佩巾之本字帨爲帥之或體許君於禮經多用今文此據禮經今文佩巾字用帨從之也許鄭此條同解淺人疑於帨爲佩巾不得訓拭盡改經注帨字爲挩不知挩巾亦無拭義且以帨拭手謂之帨猶以巾拭手亦謂之巾義本相成也訓詁中此例甚多如幎之本義爲幔而以帷幔覆物即謂之幎帖之本義爲帛書署而以帛署相附即謂之帖皆其類也段氏玉裁說文解字注亦云鄉飲酒禮鄉射禮燕禮大射儀公食大夫禮有司徹皆言帨手注帨拭也帨手者於帨帨佩巾據賈氏鄉飲公食二疏知經注皆作帨別無挩字

興席末坐啐酒啐亦嘗也

疏正義曰賈疏云於席末謂於席之尾鄉飲酒義祭薦祭酒敬禮也嚌肺嘗禮也啐酒成禮也於席末言是席之正非專爲飲食之也此所以貴禮而賤財也注云祭薦祭酒嚌肺於席中唯啐酒於席末是也啐酒於席末者酒是財賤財之義也敖氏曰席末席西端也無後事而啐酒者欲知其旨而告之也淩氏釋例曰凡祭酒禮盛者啐酒不盛者不啐酒祭肺禮盛者嚌肺不盛者

不嚌肺士冠禮醮用酒冠者祭酒興筵末坐啐酒若醴但啐之而已不卒爵也鄉飲酒鄉射主人獻賓賓皆祭酒興席末坐啐酒燕禮大射主人獻賓亦皆祭酒興席末坐啐酒主人獻公與賓同皆禮之盛者鄉射禮主人獻遵遵祭如賓禮不啐酒注殺於賓也燕禮主人獻卿遂祭酒不啐酒鄉飲酒主人獻介不啐酒皆禮之殺者特牲主人獻尸尸祭酒啐酒尸酳主人主人祭酒啐酒主人獻祝祝祭酒啐酒主婦亞獻賓三獻主婦致爵于主人嗣舉奠皆同少牢主人獻尸尸酳主人主人獻祝賓長獻祝上餕報主人有司徹主人獻尸主人受尸酢主婦獻尸主婦致爵于主人主婦受尸酢皆祭酒啐酒士虞禮主人獻尸主人獻祝主經並云祭酒嘗之嘗酒即啐酒也亦皆禮之盛者特牲主人獻佐食主人獻賓少牢主人獻兩佐食主婦獻尸主人獻兩佐食賓長獻尸尸酢賓長有司徹主人獻侑主人酬尸主人獻長賓上賓三獻皆祭酒不啐酒亦皆禮之殺者是禮盛者啐酒不盛者不啐酒也鄉飲酒鄉射主人獻賓皆祭肺嚌之燕禮大射主人獻亦皆祭肺嚌之皆禮之盛者鄉飲酒主人獻介不嚌肺鄉射禮主人獻遵不嚌肺大射主人獻卿不嚌肺注不嚌啐自貶於君燕禮卿無俎但不啐而已皆禮之殺者士虞禮尸九飯佐食舉肺脊脊授

尸受振祭嚌之特牲尸九飯同士虞特牲主人獻祝特牲
主人獻賓有司徹主人獻尸主人受尸酢主婦受尸酢皆
祭肺嚌之皆禮之盛者少牢尸十一飯上佐食舉尸牢肺
正脊以授尸經不云祭嚌者文不具也有司徹主人獻侑
主婦獻侑主人獻長賓皆祭肺不嚌肺亦皆禮之殺者是
禮盛者嚌肺不盛者不嚌肺也鄉飲酒遵者入之禮若公
則如賓禮啐酒嚌肺也大夫則如介禮不啐酒不嚌肺也
蓋鄉飲鄉射之賓猶之燕禮大射之賓也有司徹祭畢儐
尸之尸亦猶飲酒之賓也故皆啐酒嚌肺盛其禮燕禮大
射之有公亦猶鄉飲酒鄉射之有遵也諸公爲遵則如賓
禮故亦啐酒嚌肺尊之與賓同燕禮大射之有卿則射之
有遵有司徹之有侑亦猶鄉飲酒之有介也故不啐酒不
嚌肺殺於賓及尸也鄉飲鄉射之主人有司徹之主人主
婦皆尊故亦啐酒嚌肺如賓尸禮燕禮大射之主人則以
宰夫爲之遠下於賓故不特不嚌啐併亦無俎但祭酒而
已祝尊於佐食故特牲祝嚌啐佐食不嚌啐少牢祝啐酒
佐食不啐酒也少牢祝及佐食俎皆無肺故不祭嚌嘉禮
介與卿不嚌啐則卑於介卿皆不嚌啐也吉禮侑與賓不
嚌啐則卑於侑賓皆不嚌啐也吳氏廷華云席末坐者蓋
不敢當南面正席以主人賓賢故不敢當重禮也下階上

卒爵義同褚氏寅亮云冠禮冠者啐醴不卒觶亦在序末則此之席末啐酒不爲面階上卒爵起見明矣

降席坐奠爵拜告旨執爵興主人阼階上荅拜

降席席西也旨美也【疏】正義曰李氏如圭云席末啐酒因降席便故賓主人興降皆由下敖氏云拜乃告旨謝其以旨酒飲己也降席即拜者欲近於啐酒之處且以別於拜旣也旣拜則坐以告旨淩氏釋例云凡獻酒禮盛者則啐酒告旨鄉飲酒鄉射主人獻賓皆啐酒告旨燕禮大射主人獻賓亦皆啐酒告旨有司徹主人獻尸亦啐酒告旨皆禮之盛者鄉飲酒主人獻介鄉射主人獻大夫皆不啐酒不告旨燕禮大射主人獻卿亦皆不啐酒不告旨有司徹主人獻侑亦不啐酒不告旨皆禮之殺者蓋賓之告旨猶主人之祟酒禮盛者皆有之至於有司徹主婦獻尸尸不啐酒不告旨者則主人獻尸時已啐酒告旨矣且主婦之禮殺亦所以辟主人也又曰凡啐酒於席末告旨則降席拜鄉飲酒鄉射主人獻賓皆席末坐啐酒燕禮大射主人獻賓亦皆於席末坐啐酒有司徹主人獻尸亦席末坐啐酒是啐酒則於席末也鄉飲酒鄉射主人獻賓皆降席坐奠爵拜告旨執爵興主人阼階上荅拜燕禮大射主人獻賓亦皆降席坐奠爵拜告旨執

爵興主人荅拜于賓右拜也有司徹主人獻尸尸坐奠爵拜告旨執爵以興主人北面于東楹東荅拜經不云降席者文不具也是告旨則降席拜也葢正獻時賓主人各三拜受爵送爵一拜也告旨一拜也卒爵一拜也受爵送爵卒爵皆拜于階上惟告旨之拜則降席而主人亦於階上荅拜也又曰凡獻酒禮盛者受爵告旨卒爵拜酢主人禮殺不拜告旨又殺者不酢主人獻酒拜受爵拜告旨拜卒爵酢主人如鄉飲酒鄉射主人獻賓燕禮大射主人獻賓有司徹主人獻尸是也不拜告旨如鄉飲酒主人獻介鄉射主人獻大夫特牲主人獻賓獻內賓有司徹主人獻侑主人獻長賓是也不酢主人如鄉飲酒鄉射主人獻衆賓燕禮大射主人獻卿大夫獻士特牲主人獻衆賓有司徹主人獻衆賓主人獻兄弟獻內賓是也不拜卒爵如鄉飲酒鄉射主人獻衆賓衆賓之長獻工工之長獻笙笙之長鄉射獻獲者釋獲者燕禮大射主人獻大夫獻士士之長獻工工之長獻笙笙之長大射不獻笙大射司馬正獻獲者注不言拜旣爵司馬正已反位不拜可知也司射獻釋獲獲者特牲主人獻衆賓有司徹主人獻衆賓衆賓長獻兄弟兄弟之長是也不拜受爵如鄉飲酒鄉射主人獻衆賓之長升拜受者三人衆賓獻則不拜受爵獻衆工獻衆

笙燕禮大射主人獻眾工獻眾士燕禮獻眾笙有司徹主人獻眾賓經云眾賓長升拜受爵注云眾賓長拜則其餘不拜獻眾兄弟是也至如燕禮大射獻庶子則如獻士之禮獻左右正與內小臣則如獻庶子之禮也獻庶子左右正內小臣皆於阼階上獻士則於西階上特牲主人獻長兄弟于阼階上則如賓儀獻眾兄弟則如眾賓儀獻內兄弟于房中則如獻眾兄弟之儀也若燕禮大射主人獻公不告旨者以酒是己物非禮殺也有司徹主婦受尸酢不崇酒者辟主人也又主人獻私人于阼階上拜于下升受主人荅其長拜又云主人于其羣私人不荅拜是羣私人皆於階上拜受爵主人於其長荅拜與眾賓眾工眾笙眾士眾兄弟不拜受爵之例不同也

賓西階上北面坐卒爵興坐奠爵遂拜執爵興主人阼階上荅拜卒盡也於此盡酒者明此席非專為飲酒起 疏 以鄉者於此拜受故也淩氏釋例云凡禮盛者坐卒爵禮殺者立卒爵鄉飲酒禮主人獻賓賓酢主人主人獻介介酢主人鄉射禮主人獻賓賓酢主人主人獻遵遵酢主人燕禮大射主人獻賓賓酢主人主人自酢于公主人獻卿特牲禮主人獻賓主人自酢有司

徹主人獻尸獻侑主人受尸酢主婦獻尸獻侑致爵于主
人主人獻長賓主人自酢于長賓賓受尸酢皆坐卒爵是
禮盛者坐卒爵也又鄉飲酒鄉射主人獻衆賓燕禮大射
主人獻大夫獻士獻庶子如獻士之禮左右正內小臣同
大射鄉射獻獲者釋獲者特牲主人獻衆賓獻衆兄弟內
兄弟同有司徹主人辯獻衆賓獻兄弟獻內賓獻私人皆
坐祭立飲是禮殺者立卒爵也燕禮大射主人獻公立卒
爵者嫌與賓同也鄉飲酒燕禮獻笙立卒爵獻工坐卒爵
者工不能備禮也特牲少牢獻祝與佐食皆坐卒爵者以
其接神事尸尊之故盛其禮也室中獻尸不云坐卒爵者
蒙上文尸卽席坐也少牢云尸升筵遂坐士昏禮婦餕餘
姑酳少牢餕畢主人酳酢皆坐卒爵者以其尊者之餘也
又鄉飲酒鄉射主人酬賓燕禮大射主人酬賓有司徹主
人酬尸酬賓皆坐祭遂飲此酬禮之盛者也鄉飲酒鄉射
一人舉觶二人舉觶皆坐祭遂飲燕禮大射二大夫媵爵
皆坐祭遂卒觶特牲主人酬賓坐祭卒觶此旅酬之發端
禮亦盛故坐祭卒爵也至於旅酬無算爵其禮殺則皆立
飲矣獻酬用爵自酬以下皆用觶此又隆殺之義也鄉飲
酒記坐卒爵者拜既爵立卒爵者不拜既爵注隆殺各從
其宜不使相錯惟工不從此禮亦隆殺之例也高氏愈云

凡獻賓之禮飲一爵而賓主各拜者四拜洗一也拜送二也拜旨三也拜旣四也○注非專爲飲酒起校勘記云酒徐本集釋通解楊氏俱作食與疏合　云卒盡也者程氏易田云燕禮亦不在席盡爵然則西階北面坐卒爵乃當禮也云明此席非專爲飲酒起者盛氏世佐云鄉飲酒義曰是席之正非專爲飲食也注葢本此謂卒爵於西階上即啐酒於席末之義也此說湙得禮意敖說淺矣

右主人獻賓

賓降洗將酢主人（疏）正義曰韋氏協夢云此不言以虛爵降鄉射不言降洗皆互文**主人降**亦從賓也降降立阼階東西面（疏）正義曰程氏易田云初疑洗當東榮在東序之東矣主人位若直東序則賓洗主人東辭洗面皆不順及細閱鄉飲鄉射兩經主人洗皆南面辭賓洗亦皆南面賓洗在北面辭主人洗亦皆北面上經賓主辭主人洗也進而東乃北面以西階遠於洗故東行以就主人而賓之卒洗也取爵適洗南乃北面主人阼階東北面辭洗賓奠爵于篚興對其對也必少西於洗乃得賓主南北相對及主人復東階東面面之位賓復少東行

然後北面盥而卒洗也以主人位直東序而洗又在其東
興對旣少西於洗則卒洗必東行而後可旋而北面也若
以東字屬下作東北面則鄉射禮明是北面盥洗不得於
鄉飲又別異也據此則主人堂下之位直東序益明而上
經賓進東北面辭洗此經賓東北面 **賓坐奠爵興辭**西階
盥楊氏圖二東字竝屬下讀誤甚 前也
疏 正義曰鄉射云賓西階前東面坐奠爵興辭此不言西
階前東面以見於鄉射略之也故注本以爲說韋氏協
夢云獻賓時不言坐奠爵興 **主人對賓坐取爵適洗南北**
此不言坐奠爵階前亦互文
面 疏 正義曰校勘記云賓下唐石經衍上字○敖氏云 **主**
洗南北面別於主人也於賓之取爵也主人復位
人阼階東南面辭洗賓坐奠爵于篚興對主人復阼階東
西面 疏 正義曰校勘記云阼階唐石經脫阼字○李氏如
圭云凡洗必盥辭洗必旣洗而後辭爵已洗則奠
之不於篚下此經主人辭洗賓奠爵于篚對則旣盥洗矣
盥又當如鄉射禮繫之於適洗南之下互之於後耳敖氏
曰南面辭洗猶不離阼階東示違其位而已此主人辭洗
在賓盥之先與他禮微異未詳張氏爾岐云前獻賓主人

既盥而後辭洗此則賓未盥而已辭洗故主人奠爵初在篚下繼乃於篚以初未聞賓命也賓奠爵即于篚以巳聞主命也方氏苞云鄉射燕大射皆賓盥洗而後主人辭燕與大射膳宰以君命禮賓自當待其盥洗而後禮辭此則鄉大夫爲國禮賢故賓未盥而先辭遵禮以示下士之誠也若州長習射即賓爲公士亦州中有位於朝者則循禮之常可矣盛氏世佐云盥而後辭洗禮之常也未盥而辭洗變以示重也於此可見古人尊賢之禮

賓東北面盥坐取爵卒洗揖讓如初升

疏 正義曰敖氏云凡盥洗於洗南者皆北面此云東北未詳疑東衍文也方氏苞云階下之位主人在洗北賓在洗南故賓辭洗少進東北面而盥洗亦如之主人辭洗西面南面而盥洗亦如之盛氏世佐云上言沃洗者西北面此不言者可知也主人在洗北沃洗者在洗南故主人南面而沃洗者西面北面沃之便也今賓者在洗南沃洗者在其右故賓方盥洗必東北面邪向之亦取其便也敖氏以東爲衍文非也如初者謂一揖一讓也

主人拜洗賓荅拜興降盥如主人禮

疏 正義曰敖氏云如上文降盥以至坐取爵之儀但面位異耳張氏爾岐云如其從降辭對

賓實爵主

人之席前東南面酢主人（疏）正義曰主人在阼階賓自主席前向之故東南面淩氏釋例曰凡賓報主人之酒謂之酢鄉飲鄉射禮主人獻賓畢賓實爵主人之席前東南面酢主人燕禮大射主人獻賓畢賓升酌膳以酢主人于西階上此賓酢主人也上虞禮主人獻尸畢祝酌授尸尸以醋主人主婦並獻賓長三獻同特牲禮尸酌授尸尸以醋主人又主婦獻尸畢醋如主人儀又賓三獻尸卒酢注酢於賓也少牢禮主人獻尸畢祝酌授尸尸酢主人又主婦獻尸畢祝易爵洗酌授尸主婦拜受爵尸苔拜又賓長獻尸畢祝酌授尸賓苔受爵尸拜送爵此正祭時尸酢主人主婦賓長也有司徹主人獻尸侑畢尸降盥升坐取爵酌注酌者將酢主人又主婦獻尸侑致爵主人畢尸降筵受主婦爵以降注將以酢主婦又賓三獻畢在酌致主人後尸降筵受三獻爵酌以酢之不又儐尸之禮同此儐尸時尸酢主人主婦賓長也此酢禮之盛者也鄉飲酒主人獻介畢介揖讓升授主人爵于兩楹之間介西階上立主人實爵酢于西階上自酢也獻衆賓不酢鄉射禮主人獻大夫畢大夫遵也大夫授主人爵于兩楹間復位主人實爵以酢于西階上此卿鄉飲酒介酢主人之儀燕禮主人獻公畢洗升酌膳酒以降酢于阼階

上亦是自酢大射作酌散餘儀同燕禮酌膳此酌散者主於射不主飲酒故也此介遂及公酢主人也特牲禮主人獻賓畢受爵酌酢注主人酌自酢者賓不敢敵主人主人達其意有司徹獻長賓衆賓畢乃升長賓主人酌酢于長賓注主人酌自酢序賓意賓卑不敢酢此祭畢飲酒酢主人也皆酢禮之殺者也下此則不敢酢矣又特牲禮主婦致爵于主人畢受爵酌酢又主人致爵于主婦畢主人更爵酌酢又賓致爵于主人主婦畢更爵酢于主人又主人酳餕畢上餕洗爵升酌酢主人少牢禮主人受上餕爵酌以酢於戶內以及不賓尸之致酢則與於賓三獻與餕時亦禮之殺者也

主人阼階上拜賓少退主人進受爵復位賓西階上拜送爵薦脯醢

疏 正義曰蔡氏德晉云主席在阼而主人在席之南故賓東南面酢主人主人進爵則北面也高氏愈云主人獻賓則北面賓酢主人則西面而主人自卑而尊賓之意也拜送爵此賓酢主人第二爵張氏爾岐云薦脯醢者亦主人有司

主人升席自北方設折俎祭如賓禮

祭者祭薦俎及酒亦嚌啐 疏 正義曰敖氏云北方席下也主人介席皆南上

不告旨

酒已物也 疏 正義

曰敖氏云酒主人之物也其不告旨不言可知乃必言之者玄別之如賓禮也主人不告旨乃亦啐酒者若欲知其美惡以宗酒然拜

自席前適阼階上北面坐卒爵興坐奠爵遂拜執爵興賓西階上荅拜自席前者啐酒席末因從北方降由便也（疏）正義曰敖氏云從北方降正也據敖氏以升降皆由下故與注說異注本啐酒席末言之故知從北方降爲由便蓋主人當降自南方以啐酒席末因從北方降是爲由便其義精矣褚氏寅亮云凡升席由下降席由上正也降亦有時而從下由便也東鄉西鄉之席以南方爲上則降從南方爲正今旣啐酒於席末則身在北矣故卽由便從北而降轉過席前以適阼階注云由便明本非正也敖氏謂升降皆由下反以此從北方降爲正非也後介不啐酒而自南方降席則從降由上之正矣敖氏欲護前說乃云介尊於禮輕者或得由便則尤非試思介身在席中竝非在南此便何從生乎案鄉射賓升席自西方注云賓升降皆由下疏云主人在東降不由上敬主人然則升降皆由下惟賓耳程氏易田云主人席在阼階上據鄉飲酒義曰坐于東南是已近堂廉矣今自席前乃適阼階上鄉射禮亦然然則賓主拜位卒爵

之位在階上當楣者在主席南幾壂堂廉故主人坐奠爵于序端其南北之節卽當拜位也

主人坐奠爵于序端阼階上北面再拜崇酒賓西階上荅拜

東西牆謂之序

崇充也言酒惡相充實

疏　正義曰校勘記云注謂徐作爲云東西牆謂之序者爾雅釋宮文敖氏云奠爵于序端拜崇酒之禮然也奠於其所而拜則嫌若拜旣奠爵于篚而後拜則嫌若禮畢而更端故以奠於此爲節云崇充也言酒惡相充實者釋詁文崇酒之義說者各異敖氏云崇重也謂賓崇重已酒不嫌其薄而飲之旣也故拜謝之卒爵乃拜者若曰已飲之乃知其薄熊氏朋來曰崇充也添酌充滿之方氏苞云周官酒正職大祭三貳中祭再貳小祭壹貳注疏五齊以祭不敢副益三酒人所飲故就其尊而益注之義取獻酢旣畢則尊中酒減而益注以崇之惟賓介有崇酒之文正所謂再貳蓋比於中祭也賓介獻酢所減無幾而以此爲崇酒之節者旅酬無算爵皆因賓介而及之耳姜氏兆錫云此謝賓之酢爵也崇之言隆謂之崇酒者謝賓酢之隆施耳如以崇酒爲謝酒惡當於獻賓賓告旨之時不當於酢主主不告旨之後案釋詁崇字三訓崇充也注與熊說本之崇重也敖氏本之崇高也

姜說近之郝氏敬議注說爲鑿盛氏世佐云詳注意蓋謂以惡酒充賓腹故拜以謝也於經義未爲大失然訓崇爲充充字並無酒惡之義勢必添字乃通固不如敖氏之直截也蓋主人崇酒當賓之告旨主人獻賓而賓告旨重主人之旨酒飲己也賓酢主人而主人崇酒己物也卒爵而拜重賓之不嫌其薄而飲之旣也其不於獻賓賓告旨之時者禮有其節主人獻賓賓以告旨爲節賓酢主人主人不告旨則以崇酒爲節也故崇在不告旨之後高氏愈云酬獻之禮賓主皆同惟賓先拜旨酒而後拜旣爵主人先拜旣爵而後拜崇酒此爲小殊凌氏釋例曰凡酢如獻禮崇酒不告旨禮殺者則以虛爵授之鄉飲酒鄉射賓酢主人賓爵于主人之席前東南面酢主人主人阼階上拜賓少退主人進受爵復位賓西階上拜送爵薦脯醢主人升席自北方設折俎祭如賓禮不告旨自席前適阼階上北面坐卒爵興坐奠爵遂拜執爵興賓西階上荅拜主人坐奠爵于序端阼階上北面再拜崇酒賓西階上荅拜有司徹主人受尸酢尸升坐取爵酌主人東楹東北面拜受爵尸西楹西北面荅拜至次賓羞匕湆後主人席末坐啐酒執爵興至次賓羞燔後主人降筵自北方北面于阼階上坐卒爵執爵以興坐奠爵拜執爵以興尸西楹西荅拜

主人坐奠爵于序南侑升尸侑皆北面于西楹西主人北面于東楹再拜崇酒尸侑皆荅拜是酢酒雖不告旨而崇酒與獻禮異餘皆同也亦有不崇酒者燕禮大射賓酢主人升酌膳以酢主人于西階上主人北面拜受爵賓主人之左拜送爵主人坐祭不啐酒不拜酒不告旨遂卒爵興坐奠爵拜執爵興賓荅拜主人不崇酒此主人以宰夫爲之酒是君物故不崇酒注辟正君是也皆賓酌之以酢主人者鄉飲酒介酢主人升授主人爵于西楹之閒介西階上立主人賓爵酢于西階上介右坐奠爵遂拜執爵興介荅拜主人坐祭遂飲卒爵興坐奠爵遂拜執爵興介荅拜主人坐奠爵于西楹南介右再拜崇酒介荅拜鄉射大夫酢主人升大夫授主人爵于兩楹閒復位主人實爵以酢于西階上坐奠爵拜大夫荅拜坐祭卒爵拜大夫荅拜主人坐奠爵于西楹南崇酒大夫荅拜與鄉飲酒介酢主人同皆以虛爵授主人不自酌蓋禮之殺者鄉飲酒注云介不自酌下酒者賓主共之是也亦崇酒者酒己物也燕禮大射主人自酢于公更爵洗升酌膳酒以降酢于阼階下北面坐奠爵再拜稽首公荅再拜主人坐祭遂卒爵再拜稽首公荅再拜則臣與君行禮也有司徹主婦受尸酢尸酌主婦出于房西面拜受爵尸北面于侑東荅拜主婦入

于房司宮設席于房中南面主婦立于席西薦設畢主婦
執爵以出于房西面于主人席北立卒爵執爵拜尸西楹
西北面荅拜則男子與婦人行禮也皆與酢之正禮異至
於特牲主人獻賓畢受爵酌酢奠爵拜賓荅拜主人坐祭
卒爵拜賓荅拜有司徹主人酌酢于長賓西階上北面賓
在左主人坐奠爵拜執爵以興賓荅拜坐祭遂飲卒爵執
爵以興坐奠爵拜賓荅拜則皆祭畢飲酒禮又殺矣又有
司徹賓三獻受尸酢尸降筵受三獻爵酌以酢之三獻西
楹西北面拜受爵尸在其右以授之尸升筵南面荅拜坐
祭遂飲卒爵拜尸荅拜亦尸親酌不以虛爵授賓者尊賓
故盛其禮也又曰凡賓告旨在卒爵前于席西拜主人崇
酒在卒爵後于階上拜鄉飲酒鄉射主人獻賓皆席末坐
啐酒降席席坐奠爵拜告旨注降席席西也然後賓西階上
北面坐卒爵燕禮大射主人獻賓亦皆席末坐啐酒降席
坐奠爵拜告旨然後賓西階上北面坐卒爵是賓告旨皆
在卒爵前于席西拜也有司徹主人獻尸亦席末坐啐酒
拜告旨然後尸降北面于西楹西坐卒爵儐尸之尸如飲
酒之賓故其例同也鄉飲酒鄉射賓酢主人皆自席前適
阼階上北面坐卒爵拜然後阼階上北面拜崇酒鄉飲酒
介酢主人坐祭遂飲卒爵然後介右再拜崇酒鄉射大夫

酢主人坐祭卒爵拜然後再拜崇酒亦在大夫右拜有司徹授尸酢降筵自北方北面于阼階上坐卒爵拜然後北面于東楹東再拜崇酒是主人崇酒皆在卒爵後于阼階上拜也燕禮大射賓酢主人主人卒爵拜後不崇酒者主人本宰夫代公爲之酒非己物故其例異也崇酒必再拜者所以申主人之敬也

右賓酢主人

主人坐取觶于篚降洗賓降主人辭降賓不辭洗立當西序東面

不辭洗者以其將自飲

疏 正義曰高氏愈云取觶者將以酬賓也凡所謂酬者意欲其人之飲而其不飲則己先飲以倡之而冀其人之亦飲所謂導飲者也不仍前爵而用觶者一以示更新之敬且器備而多儀亦周之尚文然也李氏如圭云自飲而洗禮貴絜敖氏云主人辭不言奠觶又不言賓對者如上禮可知自飲乃洗者亦象賓之飲己也韋氏協夢云鄉飲禮主人辭降此亦宜然又鄉射禮主人奠觶辭降下有賓對東面立主人坐取觶洗十一字當以鄉射爲正程氏易田云此第二次取一觶於堂上之篚也立當西席東面賓堂下立位也前

主人降洗賓降卽立於此故於其復位曰當西席東面也此與前經互相足　注云不辭洗者以其將自飲者張氏爾岐云酬酒先自飲乃酬賓故云將自飲獻用爵酬用觶一升曰爵三升曰觶　**卒洗揖讓升賓西階上疑立主人實觶酬賓阼階上北面坐奠觶遂拜執觶興賓西階上荅拜**　酬勸酒也酬之言周忠信爲周　疏　正義曰敖氏云此象賓之飲己故其拜亦皆與受之於人者同張氏爾岐云先自飲所以勸賓也拜賓者荅通其勸意也荅拜者荅其勸己也淩氏釋例云凡主人先飲以勸賓謂之酬酬禮行於賓酢主人後用觶不用爵惟賓主人乃行之鄉飲酒禮賓酢主人後主人實觶酬賓飲　注云酬勸酒也酬之言周忠信爲周者賈疏云酬酒先飲乃酬賓鄉射禮賓酢主人後主人實觶酬之此主人酬賓之正禮也燕禮大射主人自酢于公後升媵觚于賓此媵觚亦酬也宰夫爲主人降于正主故不曰酬而曰媵觚又二人媵爵于公公坐取大夫所媵觶興以酬賓媵觚是主人酬賓此是公酬賓宰夫代公爲主人故公亦酬賓也此觶賓卽用以旅酬主人獻卿後再請二人媵爵公又行一爵若賓若長唯公所酬此酬是卿舉旅之酒若爲大

夫士舉旅則曰賜不曰酬大射爲卿舉旅亦作賜此皆酬禮之殺者也特牲禮獻衆賓後主人洗觶酌于西方之尊西階前北面酬賓此觶卽後賓旅酬之觶有司徹主人自酢于長賓後宰夫洗觶以升主人升酌降酬長賓于西階南此觶無算爵之觶此祭畢飲酒之酬亦禮之殺焉者也又有司徹賓三獻尸後主人實爵酬尸張氏爾岐云特牲及下不儐尸皆無酬尸之事此特有之奠而不舉則正祭後以賓客事尸之禮故獻酢之後主人酬之如賓也又獻酒逮及賤者如工笙獲者釋獲者祝佐食之類酢主人惟賓及介遵者有之酬酒雖介遵亦無之尊賓之意也祭禮尸酢主人而下及主婦長賓若酬尸亦惟主人而已蓋酬禮惟賓主人得行之儐尸則酬尸如賓獻助祭之賓則又酬之上大夫儐尸之禮威儀多也

坐祭遂飲卒觶興坐奠觶遂拜執觶興賓西階上荅拜〔疏〕正義曰高氏愈云此主人自飲而亦拜者蓋雖自飲而實冀賓之飲故拜以勸之也此主人酬賓第三爵主人飲張氏爾岐云主人導飲訖

主人降洗賓降辭如獻禮升不拜洗不拜洗殺於獻〔疏〕正義曰敖氏云如獻禮如其降後升前之儀張氏爾岐云主人爲賓洗爵

故賓降辭如獻時但升堂不拜耳淩氏釋例云凡酬酒不拜洗案獻酒禮盛者其四次拜拜洗在未獻之前一次也拜受爵送爵二次也拜告旨三次也拜卒爵四次也禮殺者則不拜洗也酢酒禮盛者亦四次拜拜洗在未酬之前一次也拜受爵送爵二次也拜卒爵三次也再拜崇酒四次也禮殺者則不拜洗也至於酬酒雖是賓主人正禮亦不拜洗但有三次拜主人自實觶之拜一次也主人自卒觶之拜二次也卒觶之後主人降洗如獻禮升不拜洗至受爵卒爵之時始拜三次也酬酒奠而不舉故亦無卒觶拜也鄉飲酒鄉射主人酬賓燕禮大射主人詶賓特牲禮主人酬賓有司徹主人酬尸主人酬賓皆然蓋酬酒之禮又殺於獻酢矣

賓西階上立主人實觶賓之席前北面賓西階上拜主人少退卒拜進坐奠觶于薦西

賓已拜主人奠其觶【疏】正義曰敖氏云席前北面便於獻以其不授也奠觶于薦西者主人以此觶不舉不敢親授之重勞賓也凡酬酒有卒不舉者有未即舉者主人皆奠之而不授其意則同燕與大射及少牢下篇主人酬尸與賓皆授觶與士禮異張氏爾岐云奠觶西欲舉此觶也盛氏世佐云酬奠觶而不授亦殺於獻也

奠于薦右仍是欲賓舉此觶若逆料其不舉而不親授則非主人殷勤之意矣方氏苞云燕大射薦西之酬觶賓時不舉而相授受備其儀以觀示衆人也少牢儐尸之酬爵亦然惟鄉大夫興賢能州長教射則主人奠觶于薦西賓移置薦東而不相授受以當其時不舉則略其儀教士以信直也主人已奠觶賓復遷之以此觶取當取酬主人故更奠以示己受耳

賓辭坐取觶復位主人阼階上拜送賓北面坐奠觶于薦東復位

酬酒不舉君子不盡人之歡不竭人之忠以全交也

疏 正義曰敖氏云辭辭其奠觶也奠觶酬之正禮也然奠而不授亦不能無降等之嫌故辭之辭之而不獲命乃坐取觶示受也辭及取觶東面復位待主人拜張氏爾岐云賓辭賈疏以爲辭主人復親酌己愚以主人方酌時不辭始非辭酌也仍是辭其親奠如鄉射二人舉觶時耳盛氏世佐云奠觶于薦東示不舉也凡奠觶將舉者於右不舉者於左辭是辭奠敖張二說得之北面奠觶敖氏云由便凡賓於主人所奠之物必坐而遷之以示其不敢當之意且爲禮也堂上則左之堂下則右之亦各從其便也高氏愈云此主酬賓第四爵賓不飲褚氏寅亮云注謂酬酒不舉故奠於左此通例也

即記所云凡奠者于左將舉者于右也集説殊誤試思左右之便豈以堂上下而生别乎又酬觶不舉故奠而不授又不敢必賓之不舉故仍奠薦右賓則遷於薦左以示不舉上經之辭辭其奠薦右也謂辭親酌己者非謂辭奠而不授者亦猶未盡也淩氏釋例云凡酬酒先自飲復酌奠而不授媵爵亦如之鄉飲酒鄉射主人酬賓卒洗揖讓升賓西階上疑立主人實觶酬賓阼階上北面坐奠觶遂拜執觶興賓西階上荅拜坐祭遂飲卒觶興坐奠觶遂拜執觶興賓西階上荅拜此主人先自飲也又云賓西階上立主人實觶賓之席前北面賓西階上拜主人少退卒拜進坐奠觶于薦西賓辭坐取觶復位主人阼階上拜送是主人復酌奠而不授也燕禮大射主人酬賓升酌散西階上坐奠爵拜賓賓降筵北面荅拜主人坐祭遂飲賓辭卒爵拜賓荅拜此主人先自飲也又云主人酌膳賓西階上拜受爵于筵前反位主人拜送爵經但云賓受爵不云主人授爵奠爵當亦如鄉飲酒鄉射奠而不授之例疏謂主人不坐奠於薦西者非也有司徹主人酬尸東楹東北面坐奠爵拜尸西楹西北面荅拜坐祭遂飲卒爵拜尸荅拜此主人先自飲也又云主人實觶尸拜受爵主人反位荅拜不云主人奠觶者亦文不具也主人酬賓亦然考特牲禮

主人酬賓自飲訖復奠亦先奠觶於薦北此酬酒之例皆奠而不授可知也又鄉飲酒鄉射一人舉觶于賓實觶西階上坐奠觶遂拜執觶興賓席末荅拜坐祭遂飲卒觶興坐奠觶遂拜執觶興荅拜降洗升實觶立于西階上賓拜進坐奠觶于薦西賓辭坐受以興舉觶者西階上拜送賓坐奠觶于其所鄉飲酒二人舉觶于賓介升實觶于西階上皆坐奠觶遂拜執觶興賓介席末荅拜皆坐祭遂飲卒觶興坐奠觶遂拜執觶興賓介席末荅拜遂降洗升實觶皆立於西階上賓介皆拜皆進薦西奠之賓辭坐取觶以興介則薦南奠之介坐受以興退皆拜送降賓介奠于其所鄉射二人舉觶于賓與大夫同特牲禮兄弟弟子舉觶于長兄弟如主人酬賓儀賓弟子及兄弟弟子各舉觶于其長奠觶拜長皆荅拜舉觶者祭卒觶拜長皆荅拜舉觶者洗各酌于其尊復初位長皆拜舉觶者皆奠觶于薦右長皆執以興舉觶者皆復位荅拜長皆奠觶于其所是舉觶之例亦先自飲復酌奠而不授也燕禮大射下大夫二人媵爵于公升自西階序進酌散交于楹北降阼階下奠觶再拜稽首執觶興公荅再拜媵爵者皆坐祭遂卒觶興坐奠觶再拜稽首執觶興公荅再拜又云若君命皆致則序進奠觶于篚阼階下皆再拜稽首公荅再拜媵爵者洗

象觶升賓之序進坐奠于薦南北上降阼階下皆再拜稽
首送觶公荅再拜獻卿後媵爵亦同獻士後賓媵觚于公
酌散下拜公降一等小臣辭賓升再拜稽首公荅再拜賓
坐祭卒爵再拜稽首公荅再拜賓降洗象觶升酌膳坐
奠于薦南降拜小臣辭賓升成拜公荅再拜是媵爵之例
亦先自飲復酌奠而不授也至於有司徹主人酬賓自飲
畢升酌但云賓拜受爵主人拜送爵不云主人奠觶又二
人舉觶于尸尸侑自飲畢升酌但云尸侑皆拜受爵舉觶者
皆拜送不云舉觶者奠觶又兄弟之後生者舉觶于其長
自飲畢升酌但云長拜受于其位舉爵者東面荅拜不云
後生奠觶皆文不具也又云凡酬酒者奠而不舉禮殺者
則用爲旅酬無算爵始鄉飲酒鄉射主人酬賓坐奠觶于
薦西主人拜送後賓北面坐奠觶于薦東燕禮大射主人
酬賓拜送爵後賓升席坐祭酒遂奠于薦東有司徹主人
酬尸尸拜受爵主人荅拜後尸北面坐奠爵于薦左是酬
酒皆奠而不舉也特牲禮主人酬賓奠觶于薦北賓坐取
觶奠于薦南賓位東面薦北即薦左也薦南即薦右也此
觶至嗣舉奠後與兄弟弟子所舉之觶同爲旅酬發端有
司徹主人酬賓賓拜受爵主人拜送爵賓西面坐奠爵于
薦左此觶至旅酬後與兄弟後生所舉之觶同爲無算爵

發端皆祭畢之飲酒是酬酒禮殺者即同爲旅酬無算爵始也蓋特牲旅酬之禮同於有司徹無算爵之禮而有司徹旅酬則別使二人舉觶於尸與侑爲之始是士禮殺於大夫也漢儒推士禮而效於天子故鄭注中庸旅酬下爲上引特牲以證之而不引有司徹也

右主人酬賓

主人揖降賓降立于階西當序東面 主人將與介爲禮賓謙不敢居堂上

疏正義曰敖氏云主人將降而揖所以禮賓賓降者以主人與介與衆賓爲禮故不敢居堂上也賓降之位其南北之節皆於階西至此始見之也主人降西面于門東張氏爾岐云揖降者主人揖賓而自降賓亦降辟階西俟其與介爲禮也程氏瑤田云賓堂下立位當西序東面前屢見之矣曰當西序則在階西可知至此必見階西之文者賓此時不與主人行禮且明南北不以堂深故與介辭洗之位不相觸下經主人降洗介降必如賓先立于其位以俟事及辭洗復位自皆立于賓位之南故下注獻酢畢云介降立于賓南也褚氏寅亮云將與介行禮故揖賓示自己將

降之意非揖使同降也賓見主人降亦遂自降　主人以介
矣几欲入欲升欲降必先揖以示其意禮也
揖讓升拜如賓禮　疏　正義曰敖氏云入門止於其位張氏
爾岐云主人三揖至階之時介與衆
賓亦相隨至階下今此云以介揖讓升唯有升堂揖讓耳
無庭中三揖矣拜如賓禮謂亦拜至如賓也案張說本於
賈疏諸家皆不從之方氏苞云主人與賓三揖至於階三
讓以賓升此時介與衆賓尙在門左繼乃以介揖讓升拜
如賓禮則自門左三揖三讓皆與賓同可知凡賓主同升
有讓無揖此篇及鄉射主人揖升燕禮大射賓揖升皆獨
升也使無庭中三揖則曰以介讓升拜如賓禮可也鄉射
無介主人于衆賓初無三揖是以與衆賓獻酬旣畢然後
汎拜衆賓盛氏世佐云上迎賓拜至節不見介與衆賓隨
至西階之事則介與衆賓尙在門西北上之位也此云揖
讓升拜如賓禮謂三揖三讓及拜至之禮皆如賓也何得
無庭中三揖乎疏誤當以敖說爲正張氏惠言云記云立
者東面北上若有北面者則東上此謂衆賓也注云或統
於堂或統於門則立庭南近門可知鄉射遵者入賓及衆
賓皆降復初位注云初位門內東面知不近堂也介於入
門後主人未與殊禮則隨衆賓俱在庭中東面其位蓋在

碑以南此時主人至阼階前揖之介東面于其位揖進東
當塗曲北面又揖當碑又揖此揖讓如賓禮也疏非是蔡
氏德晉云是時介猶在門左之位故主人與之揖
讓以升之拜如賓禮如賓主當楣北面之拜也 **主人坐**
取爵于東序端降洗介降主人辭降介辭洗如賓禮升不
拜洗 介禮殺也 疏 正義曰敖氏云爵卽鄉之所奠者也介統於
賓而其禮又與之相接故仍用其爵焉賓禮
者賓降至壹揖壹讓升之儀也此時介降之位在賓南介
不拜洗下賓 注云介禮殺也者鄉飲酒義云主人親速
賓及介而衆賓自從之至於門外主人拜賓及介而衆賓
自入貴賤之義別矣三揖至於階三讓以賓升至獻酬辭
讓之節繁及介省矣至於衆賓升受坐祭立飲不酢而降
隆殺之義辨矣據此是衆賓之禮殺於介介之禮殺於賓
上迎賓拜至節雖無介與衆賓相隨至階下之文然主人
拜賓及介而衆賓自入則賓進而介無不相隨之理介相
隨而衆賓亦隨之矣三揖三讓之節繁及介而省則介惟
有升堂揖讓及拜至無庭中三揖可知經於介禮同於賓
者多云如賓禮禮殺于賓者皆明著之諸家
從敖說以駁賈疏亦未考鄉飲酒義之文也 **介西階上立**

不言疑正義曰李氏如圭云凡事未至者皆疑立案疑者省文疏立者致敬也賓疑立介下賓不得不疑立故知不言疑者省文蔡氏德晉以不疑立禮殺於賓非是

主人實爵介之席前西南面獻介疏正義曰張氏爾岐云介席東面介立西階上在席南故主人西南面鄉之**介西階上北面拜主人少退介進北面受爵復位**疏正義曰敖氏云主人西南面獻介而介乃北面正方受爵以是推之則賓酢主人主人亦北面受主人獻賓賓其東面受歟盛氏世佐云案儀禮圖主人獻賓賓酢主人受爵者皆北面經於賓主人受爵雖不言其何面而於此特見之則其餘從同矣鄉射禮主人西北面獻賓賓西階上北面拜主人少退賓進受爵于席前夫拜旣北面則受亦北面可知矣敖氏謂主人獻賓賓東面受非也

主人介右北面拜送爵介少退主人拜於介右降尊以就卑也今文無北面

疏正義曰敖氏云主人獻介乃拜於其右者以其尊降於賓也凡壹上之獻酢皆分階而拜者賓主二人而已其餘則否方氏苞云主人獻介及荅拜皆就西階何也必正主人之位以拜者惟賓一人故禮介必少異於賓又賓介

衆賓工笙大師序進爲禮而主人徧獻酬使一一反其位而拜不勝其勞故自賓以外漸損趨走之節以息主人也高氏愈云主人介右北面拜送爵不敢襲獻賓之位也此主人獻介乃第五爵介飲今文無北面鄭不從者胡氏承珙云凡堂上之拜皆北面此主人獻介時西南面介旣北面拜受爵主人當北面拜送爵凡拜者同面若無北面嫌於主人尙西南面故鄭從古文

主人立于西階東〔疏〕正義曰敖氏云此稍違其拜處與旣獻賓而立于阼階之東意同西階上非其正位故卽辟之張氏爾岐云在介右而又稍東以設薦之時介方升祭主人無事故立於此程氏易田云此西階東在階上卽上下文介右之文不相遠也與冠禮冠者立于西階東賓字之之位在階下者不同而文不別異者以前後有介右之文又不見降文可以互明也自南方降席卽復西階上位以介席敷於西階上也

薦脯醢〔疏〕正義曰敖氏云下云介升席自北方是介席南上也席南上則此薦當脯在北方與少牢下篇設侑之豆同矣

介升席自北方設折俎祭如賓禮不嚌肺不啐酒不告旨自南方降席北面坐卒爵興坐奠爵遂拜

執爵興主人介右荅拜不嚌啐下賓

疏正義曰敖氏云凡所不者下賓不啐酒則必不告旨矣乃著之者詳言之也凡經文有詳言者有略言者其側不一方氏苞云不嚌肺不啐酒不告旨示禮爲賓設而已不敢當也自南方降席者敖氏云降席適西階上也自南方降者介尊於禮輕者或得由便也主人亦然主人介右荅拜復西就之有司徹侑降席自北方以其卑於介也北面坐者張氏爾岐云西階上北面坐也秦氏蕙田云介位西階西北面而主人立西階東是爲在介右也凡北方以東爲右

右主人獻介

介降洗主人復阼階降辭如初如賓酢之時

疏正義曰洗爲主人將自酢也復反也初謂賓酢之時主人降以下至坐取爵卒洗之禮也方氏苞云凡自酢多由受獻者自卑而不敢亢敵者之禮以相酢也自酢者皆自洗自酌惟鄉飲之介不敢抗禮以酢主人又不敢煩主人親洗故降洗而後以爵授主人蓋燕與大射主人獻公而自酢則更爵而自洗宜也特牲禮主人主婦交致爵則仍其爵以自酢宜也賓致爵于主人

主婦更爵而自酢亦宜也介之義則宜洗爵以酢主人主人之義則不宜洗爵以自酢故其儀獨異焉褚氏寅亮云主人自酢而介乃降洗恐己所飲之爵不潔也

卒洗主人盥 盥者當爲介酢 疏 正義曰敖氏云達介意也褚氏寅亮云注謂盥者將爲介酢疏謂自飲而盥者尊介兩說相發明惟尊介故雖代之酢而亦盥也此較達介意爲長

介揖讓升授主人爵于兩楹之閒 就尊南授之介不自酢下賓酒者賓主之共 疏 正義曰李氏如圭云賓主共之故尊當在兩楹閒介卑故不敢自酌敖氏云以後篇大夫禮例之介字宜在授字上於主人之盥也介立于洗南以俟之主人旣盥乃揖而行也介授主人爵者不敢酢也主人受之者亦達介意也凡受獻而親酢一人而已其餘則或所獻者自酢焉此介雖尊視賓爲殺故其酢禮如此然其初乃得爲主人洗爵亦其異者也張氏爾岐云揖讓升一揖一讓升也今但授虛爵不自酌者介卑不敢必主人爲己飲也程氏易田云兩楹閒賓主敵者授受之常節也惟獻爵必於席故授受在席前注謂就尊南授之非也然楹閒爲敵者授受之節謂賓在西階主在阼階彼此往來授受之節若賓主同階則不以楹閒爲節也介不自酌爲下賓者以

酒者賓主共之故賓
自酢以酢主人也

介西階上立主人實爵酢于西階上

介右坐奠爵遂拜執爵興介荅拜主人坐祭遂飲卒爵興

坐奠爵遂拜執爵興介荅拜主人坐奠爵于西楹南介右

再拜崇酒介荅拜

奠爵西楹南
以爵獻衆賓

疏 正義曰注以爵校勘記
云徐葛閩本集釋通解
楊氏俱作當○敖氏云主人拜于西階而奠爵于西楹南
以其近也其意則與南鄉之奠于序端者同拜介崇酒亦
至是乃爲之者因賓禮也高氏愈
云此介酢主人凡第六爵主人飲

右介酢主人

主人復阼階揖降介降立于賓南

疏 正義曰介降立于賓
南賓立西階下當序
介次之也方氏苞云在禮離坐離立毋往參焉況鄉大夫
興賢能州長教射賓主相爲禮而以無事者參其閒則無
以爲儀故將延介而賓降將延衆賓而介降設不降而疑
立於堂以視衆賓之受拜則近於汰故獻酢甫畢即降

主人西南面三拜衆賓衆賓皆荅壹拜三拜一拜示徧不備禮也不升拜賤

也疏正義曰敖氏云是時衆賓皆在門內之西主人少南行近於門東乃西南面鄉之而拜拜衆賓爲將獻之
與賓升而拜至之意相類三拜者旅拜之法也衆賓皆荅
壹拜亦荅旅拜之法也此禮大夫士同之盛氏世佐云主
人與賓介行禮之時衆賓同在門西北上之位迨其行禮
旣畢則衆賓皆進而立於賓介之南矣無庭中三揖者賤
不敢當主人之迎也經不著其進立之節文不具也惟其
已在賓介之南也故主人得於阼階下西南面拜之敖說
似太泥三拜衆賓與拜至之意相類特不升之於堂而一
拜之是亦以其賤略之也郝氏敬云升堂受爵不拜于一
堂上禮殺人衆也方氏苞云衆賓長而外皆獻于堂下故
於堂下徧拜之○注三拜一拜校勘記云一徐本集釋俱
作壹　云三拜一拜示徧不備禮也不升拜賤也者張氏
爾岐云　云示徧解主人三拜不備禮解衆賓荅一拜不升拜
賤也言主人不升衆賓於堂而拜以其賤故略之與賓介
升堂拜至者異也朱子曰賈疏云衆賓各得主人一拜主
人亦徧得一拜鄉射疏又云衆賓無論多少止爲三拜是
示徧也然則主人之拜衆賓不能一一拜之但爲三拜以

示偏而衆賓之長者三人各荅一拜也然經及注疏但言衆賓一拜而無三人之文未詳其說盛氏世佐云案禮成於三故旅拜之法無論衆賓多少但爲三拜以示徧初不爲賓長三人而設也經云衆賓皆荅一拜亦統指衆賓而言不專謂三賓也疏欠分明故朱子不能無疑然郎以經文證之則其疑可釋矣旅拜之法大夫士微有不同大夫三拜衆賓衆賓荅以一拜此及鄉射少牢有司徹所陳是也大夫尊不敢備禮是也士三拜衆賓衆賓荅以再拜士卑得備禮也敖氏謂此禮大夫士同之始未深考歟程氏易田云上經主人與賓三揖至于階時介與衆賓斷無隨至西階下之事故獻介時以介揖讓升拜如賓禮可決其先之不隨至階矣至於將獻衆賓主人降階西南面三拜者此及鄉射文俱無揖讓之文葢主人與衆賓不相偶而行故不相揖讓也案有司徹主人降南面拜衆賓於門東三拜衆賓門東北面皆荅壹拜注云賓賤純臣也位在門東又云主人獻賓于西階上長賓卒爵取祭以降西面坐委于西階西南注取祭以降反下位也位在西階西南又云衆賓辯受爵其薦與脅設于其位其位繼上賓而南皆東面據此則衆賓有兩位未獻位在門東獻則拜而進之其位在西階西南由是言之有司徹其主人卿大夫其賓

純臣初位在門東鄉飲賓賢能也初位在門西卽上經所謂衆賓皆入門左北上之位也然則南面三拜衆賓者以其初位在門東西南面三拜衆賓者以其初位在門西如此互相證明則主人初與賓揖進時介與衆賓決然在門左北上之位而不隨至西階下也三拜者統衆賓而拜之衆賓多不專拜其長升受之三人也葢示徧之禮止於三少牢四人養主人亦祗西面三拜養者也賈氏疏此經謂衆賓各得主人一拜是以三拜爲拜升受者三人誤矣

主人揖升坐取爵于西楹下降洗升實爵于西階上獻衆賓衆賓之長升拜受者三人長其老者言三人則衆賓多矣

[疏]正義曰主人揖升張氏爾岐云主人自升也衆賓尚在堂下至主人于西階上獻爵衆賓始一一升受之耳經文自明疏以揖升爲揖衆賓升非也方氏苞云主人揖堂下不升之賓故實爵後特言獻衆賓以揭其義旣實爵後然後賓長三人升拜受耳坐取爵于西楹下韋氏協夢云鄉射禮坐取爵于序端而此取爵于西楹下者彼無介主人于阼階上受賓酢訖奠爵于序端故卽于序端取之此有介主人旣取爵于序端以獻介而於介右受介酢訖遂奠爵于西楹南故于西楹

下取之西楹下即西楹南也降洗升實爵秦氏蕙田云降洗者惟衆賓之長一人其餘二人皆不降洗禮又殺於介矣張氏爾岐云記云衆賓之長一人辭洗如賓當亦從堂下東行辭之疏以爲降辭亦未是於西階上獻衆賓敖氏云總言之也此獻之儀主人葢執爵西南面于西階上衆賓則以次升受之不獻於席前辟尊者禮也於宇行衆賓之長升拜受者三人李氏如圭云賓介以賢舉衆賓以年序而衆賓之長三人是爲三賓鄉飲酒義曰立賓以象天立主以象地設介僎以象日月立三賓以象三

主人拜送

光敖氏云其拜者亦北面長其年之差尊者於衆賓右

疏 正義曰方氏苞云不言其地介之獻猶就西階而拜於其右則衆賓可知注云於衆賓右非也

坐

既卒也卒爵不拜立飲立授賤者禮簡

祭立飲不拜既爵授主人爵降復位

疏 正義曰李氏如圭云少儀小子舉爵則坐祭立飲不記曰立卒爵者不拜既爵敖氏云不拜既爵卒爵不拜也獻而不拜既爵差卑也自別於尊者且重勞主人之荅己也不拜既爵故當立飲位堂下之位介之南也於此云復則主人揖升之時衆賓其皆進歟盛氏世佐云衆賓皆進當在主人與介行禮甫畢之時不在主人揖升時也敖氏

誤張氏爾岐云一人飲畢授爵降次一人乃升拜受也**衆賓獻則不拜受爵坐祭立**

飲次三人以下也不拜禮彌簡疏正義曰敖氏云自第四以下又不拜受爵愈自別於尊者也張氏爾岐云亦升受但不拜耳方氏苞云不拜受爵不敢煩主人拜送也獻爵而不拜可乎主人之拜衆賓衆賓皆荅一拜正爲衆賓儀略故總行拜獻拜受之禮於階下主人三拜達其意於衆賓衆賓衆賓如荅主人所以止於一拜耳韋氏協夢云衆賓不拜受爵主人亦不拜送爵矣**每一人獻則薦諸其席**謂三人也疏正義曰敖氏云此薦之節當在坐祭立飲之後與特牲之衆同無俎矣又旣飲乃薦遠下賓介也不言不祭者可知也張氏爾岐云席次賓介而西前經云衆賓之席皆不屬焉是也**衆賓辯有脯醢**亦每獻薦於其位位在下今文辯皆作徧疏正義曰敖氏云衆賓三人之外者也衆賓長以下其堂下之位繼賓介之位而南盛氏世佐云是時賓降立于階西當序東面介降立于賓南故敖知衆賓堂下之位當繼賓介而南也又案此則衆賓自三人之外皆無席亦無南面立于堂上者矣而儀禮圖乃於賓長三席之西復有衆賓之位云南面坐不盡復有東面北上似誤也案

張氏惠言儀禮圖賓長席西無衆賓之位可正楊氏之失注云位在下者堂下立侍不合有席旣不言席故位在下今文辯皆作徧者顧氏炎武曰曲禮主人延客食胾然後辯殽內則子師辯告諸婦諸母名宰辯告諸男名玉藻先飯辯嘗羞樂記其治辯者其禮具左傳定八年傳子言辯舍爵于季氏之廟而出史記禮書瑞應辯至此皆以辯爲徧惠氏棟云古徧字皆作辯司馬遷從孔安國問故遷書多古文左傳多古字古言故皆以辯爲徧又云鄉射禮司射乃比衆耦辯注衆賓射者降比之耦乃徧是鄭亦讀辯爲徧胡氏承珙曰鄭於注或用徧或用辯不盡依經文如鄉飲酒云皆如賓酬主人之禮辯注辯辯衆賓之在下者有司徹辯受爵其薦脯醢與脀注徧獻乃薦是辯徧二字注則便文通用惟於經則皆依古文作辯鄭於今文假借多依本字此獨不出者疑徧乃後出之字故鄭於今文必皆從辯以存古字古義也案說文云辯治也徧帀也徧爲本義鄭葢以二字通用已久故不改從今文不得疑徧爲後出字

主人以爵降奠于篚不復用也

疏 正義曰郝氏敬云奠爵於堂下洗西之篚示不用也韋氏協夢云爵亦虛爵也凡旣獻而奠者皆虛爵經多不見之

右主人獻衆賓自初獻賓至此爲飲酒第一段

卷五終

儀禮正義卷六

鄭氏注

受業江寧楊大堉補

揖讓升賓厭介升介厭眾賓升眾賓序升卽席序次也卽就也今文厭皆爲揖 疏 正義曰張氏爾岐云此下言不舉觶待樂賓後爲旅酬之端也○揖讓升敖氏云謂主人獨與賓一揖一讓而先升也張氏爾岐云揖讓升謂主人蒙上以賓降之文也案上入門云主人揖先入注云揖賓也則此亦與賓揖讓而主人先升賓與介眾賓以次而升也賓厭介介厭眾賓眾賓序升敖氏云賓旣厭介乃升介厭眾賓升亦然三賓長則不相厭但以次序而升耳方氏苞云覆言眾賓序升猶入門時覆言眾賓皆入門左以示賓眾賓不相厭耳

一人洗升舉觶于賓一人主人之吏發酒端曰舉 疏 正義曰李氏如圭曰舉此爲旅酬之始敖氏云亦相者使之也獻始備卽舉觶爲旅酬始示酬賓之意也一人主人之贊者旣洗乃升則用下篚之觶也此舉觶者代主人行禮耳中庸曰旅酬下爲上所以逮賤也舉觶猶揚觶方氏苞云此觶用樂畢之後而

舉於工笙未入之前何也工之升降拜興也艱故歌畢卽獻所以達情情而便事也衆賓旣獻樂宜作矣而賓介與主人酬酢未畢衆賓皆未受酬故先舉後酬之觶以示工先受獻乃禮以權制也盛氏世佐云舉觶將自飲乃洗者工氏謂其意與主人酬賓之禮同是也淩氏釋例云凡一人舉觶爲旅酬始二人舉觶爲無算爵始鄉飲酒禮主人獻衆賓畢一人洗升舉觶于賓鄉射亦然此一人舉觶爲旅酬始也至樂賓畢立司正後賓卽取此觶以酬主人少長旅以齒終于沃盥者謂之旅酬故注云發酒端曰舉也旅酬畢使二人舉觶于賓介鄉射則使二人舉觶于賓與大夫此二人舉觶爲無算爵始也至徹俎說屨升坐後賓介卽取此二觶以酬主人與衆賓爵行無算執觶者皆與謂之無算爵此皆飲酒之正禮也特牲禮之旅酬無算爵則祭畢之飲酒也西階前之一觶卽主人酬賓之觶至嗣舉奠後兄弟之子復舉東階前一觶爲旅酬發端是雖有二觶實亦一人舉觶也旅酬畢賓弟子兄弟弟子復各酌于其尊舉觶於其長爲無算爵發端是亦二人舉觶也皆與飲酒正禮同亦有二人舉觶爲旅酬始者燕禮大射主人獻賓後使二大夫媵爵于公公取一觶爲賓舉旅行酬主人獻卿或獻孤後又使二大夫媵爵于公公若命長致則一人

人眞觶于前取酬賓之觶之空處公又行一爵爲卿舉旅
行酬主人獻大夫後升歌畢公又行一爵爲大夫舉旅行
酬笙奏閒歌畢立司正主人獻士後賓媵觚于公公舉之
爲士舉旅行酬此飲酒之正禮也有司徹是祭畢儐尸之
禮上賓三獻後二人舉觶于尸侑尸舉一觶以酬主人爲
旅酬發端皆二人舉觶惟賓媵觚于公爲一人燕禮大射
爲賓爲卿爲大夫旅酬雖二人媵爵所行者實一觶有司
徹旅酬雖二人舉觶所行者亦尸一觶也亦有一人舉觶
爲無算爵始者有司徹無算爵賓所舉之一觶卽前主人
酬賓之觶至旅酬畢兄弟之後生者舉觶于長與前主人
酬賓之觶交錯爲無算爵是雖一人舉觶所行者實二觶
也燕禮大射旅酬皆三次初次爲賓旅酬此所行者實二觶
二觶中之上觶也二次爲卿旅酬此前二大夫所媵二觶
中之下觶也三次爲大夫旅酬此獻卿後二大夫中所媵
于旅賓空處之觶也至合樂後爲士旅酬則賓所媵之觶
也鄉飲酒鄉射旅酬祇一次用一人舉觶以發端無算爵
則用二人舉觶以發端皆不用主人酬賓之觶禮盛故也
若特牲旅酬賓酬長兄弟卽用主人酬賓西階前之一觶
有司徹無算爵賓及兄弟交錯其酬亦卽用主人酬賓西
階南之一觶祭畢飲酒之禮殺故也又案特牲禮主人酬

賓節主人洗觶節酌于西方之尊西階前北面酬賓賓在左主人奠觶拜賓荅拜主人坐祭卒觶拜賓荅拜主人洗觶賓辭主人對卒洗酌西面賓北面拜主人奠觶于薦北賓坐取觶還東面拜主人荅拜賓奠觶于薦南揖復位戴氏震云上經賓北面拜主人奠觶于薦北下云主人荅拜荅賓北面之拜也賓坐取觶還東面下不得有拜字故注但云還東面就其位況賓取觶未奠亦無持觶拜之理拜字不知何時誤衍宋本已然矣無賓兩拜主人荅一拜者凡拜皆北面戴說是也考下文旅酬兄弟弟子洗酌于東方之尊阼階前北面舉觶于長兄弟如主人酬賓儀疏云如主人酬賓之儀者長兄弟北面拜弟子奠于薦南長兄弟坐取觶還西面拜弟子北面荅拜長兄弟奠于薦北揖復位此是賈氏由上節經文推出者還西面拜與上經還東面拜正同則戴氏所謂拜字誤衍者唐初本已有之但賈氏未能訂正耳又案特牲旅酬用主人酬賓之觶發端無算爵用賓弟子兄弟弟子二人所舉之觶發端有司徹旅酬用二人舉觶于尸侑之尸觶發端無算爵用主人酬賓之觶發端是特牲之旅酬如有司徹之無算爵亦士禮殺於大夫之義也

實觶西階上坐奠觶遂拜執觶興賓席末荅拜

坐祭遂飲卒觶興坐奠觶遂拜執觶興賓荅拜降洗升實
觶立于西階上賓拜賓拜拜將受觶（疏）正義曰賈疏云賓席末荅拜謂於席西南面非謂席
上近西謂末以其無席上拜法也已下賓拜皆然敖氏云
舉觶者自飲洗且拜其洗與主人酬賓之禮同賓席末拜
示違其位也不降席荅之者以其賤也下二人舉觶放此
舉觶者拜亦當稍盛氏世佐云降席而拜故是常法但經
既云席席末荅拜與上文席末坐啐酒同是于席之西端不
當仍指爲降席也史記載魏其行酒獨故人避席餘半膝
席蓋以其失勢而忽之此賓之席末荅拜與半膝席相似
則以舉觶者賤故也敖說似長案韋氏協夢仍用疏說謂
荅拜必於席末者蓋席上既無荅拜之法而又不可降席
以荅故於席西南面拜之盛氏世佐以史記之半膝席況
此經之賓席末不知避席者自離席也膝席不但未離席
膝尙在席也況史記不言拜此經席末荅拜其非在席上
可知盛氏引以申明敖說可謂儗不于倫矣褚氏寅亮云
席末下端之末凡言席末者未離席也言降席者已離席
故立文有別疏似混而同之高氏愈云此一人舉觶自飲
以導賓爲第八實賓觶而拜以將飲告于賓也卒觶而拜

以既飲告于賓也程氏易田云此席末者降席而在席之西也與席末啐酒而後降席者不同**進坐奠觶于薦西賓辭坐受以興**舉觶不授下主人也言坐受者明行事相接若親受謙也疏正義曰敖氏云奠觶者亦以賓未卽飲故也賓辭奠觶之意亦略與上同○注云舉觶不授下主人也言坐受者明行事相接若親受謙也者敖云此實取之而經云受原賓意也然經於此類亦或言取則又指其事耳云坐受是賓已拜卽興矣凡此時之在席者皆無事則興經文略也張氏爾岐云案主人酬賓亦奠觶而不親授似酬法當然注以爲下主人恐宜再議盛氏世佐云禮敵者親授卑于尊則奠而不授不敢也主人酬賓亦奠而不授禮之殺也于獻固嘗親授矣今舉觶者之奠而不授自是卑于尊法初不因禮之殺注云下主人亦然張氏議之過矣辭賓者亦辭其坐奠也褚氏寅亮云前主人獻則授酬則奠此舉觶卽奠以下主人故也賓不敢當故辭注云下主人非特明奠觶之故並明賓辭之故案授受之例卑者于尊者皆奠而不授若尊者辭乃授此奠而不授是舉觶者以卑不敢同于主人故不授賓辭辭其不親授卽所謂尊者辭也而舉觶者終不敢親授故賓坐坐授若彼親授而已親受者賓之

謙也主人酬賓奠而不授禮之殺也獻賓親授禮之正也淩氏授受釋例詳士冠禮程氏易田云下主人者謂舉觶者主人之吏也**舉觶者西階上拜送賓坐奠觶于其所**所薦西也疏正義曰敖氏云下經云賓坐取俎西之觶卽此觶也其於薦西爲少南乃云其所者明其近於故處也必奠于其所者降於主人且別於不舉者也主人酬賓奠觶于薦西賓取而奠于薦東其觶卒不復舉褚氏寅亮云其所仍在薦西也雖在薦西已稍移在南而近俎西矣故後云北面取俎西之觶高氏愈云此第九爵奠于賓賓不飲**舉觶者降**事已疏正義曰秦氏蕙田云楊信齋儀禮圖移賓若有遵者一條於此文之下蓋從鄉射之例但遵者或來或否旣未可定故經文或在前或在後亦不一例不必改此以就彼也盛氏世佐云遵者之禮鄉射文屬于此而此篇則具書於賓出之後非不言也但以其或來或否記載不同耳儀禮圖移於此節之下蓋以行禮之序序之姜氏遂以此篇爲鍇簡非也

右一人舉觶

設席于堂廉東上爲工布席也側邊曰廉燕禮曰席工于西階上少東樂正先升北面此言樂正先升立于西階東則工席在階東〔疏〕正義曰張氏爾岐云此下作樂之賓有歌有笙有閒有合凡四節注引燕禮者賈疏云欲證工席在西階東據樂正于西階東而立在上西則知工席更在階東此言堂廉亦在階東彼云階東亦近堂廉也敖氏云此言設席于堂廉言其南北節也鄉射云席工于西上少東言其東西節也文互見耳席東上而下者當西階上少東盛氏世佐云工席北向乃東上者亦統於主人也**工四人二瑟瑟先相者二人皆左何瑟後首挎越內弦右手相**四人大夫制也二瑟二人鼓瑟則二人歌也瑟先者將入序在前也相扶工也衆賓之少者爲之每工一人鄉射禮曰弟子相工如初入天子相工使眂瞭者凡工瞽矇也故有扶之者師冕見及階子曰階也及席子曰席也固相師之道也後首者變於君也挎持也相瑟者則爲之持瑟其相歌者徒相也越瑟下孔也內弦側擔之者〔疏〕正義曰注固相師之道道下集釋有也字側擔之者集說引無者字○敖氏云士之飲酒乃有工有笙者蓋以公家之樂官給學中飲射之事者歟

方氏苞云相瑟者以有何瑟之儀故著之瞽必有相故於歌者不言○注云四人大夫制也者賈疏云此鄉大夫飲酒而曰四人大射諸侯禮而云六人故知四人者大夫制也燕禮亦諸侯禮而云四人者鄭彼注云工四人者燕禮輕從大夫制也鄉射是諸侯之州長士爲之其中兼有鄉大夫以三物詢眾庶行射禮法故工亦四人大夫制也若然則士當二人天子當八人以差次也云瑟先者將入序在前也者敖氏云瑟先歌後時以後爲尊亦工禮之異者也引鄉射禮者以鄉射之相爲弟子證此之相爲眾賓之少者也引論語者衞靈公篇文證工必有相以工爲瞽矇者必用視瞭者以扶之也云後首者變於君也者敖氏云後首瑟之首在後也賈疏云燕禮小臣左何瑟面鼓注可鼓者在前也此不面是變於君也云挎持也越瑟下孔也者敖氏云挎以指鉤之也後越去瑟廉差近故以巨擘承下廉而三指挎越也褚氏寅亮云以左大指承瑟下廉而以三指鉤入瑟底孔中案禮記樂記朱弦而疏越注越瑟孔也鄉射禮越注越瑟孔所以發越其聲也案越之爲言闊也闊其孔以發其聲因謂之越故周語越之匏竹韋注謂爲之孔是也尚書大傳大瑟練弦達越達卽通達空闊之意云內弦側擔之者敖氏云內弦弦鄉身也

樂正

先升立于西階東 正長也 疏 正義曰敖氏云樂當從工乃先升者變於尊者之重禮也此先升而立于阼階東亦明其不與工序也鄉射禮云樂正先升立于工席之西亦與此文互見也又云天子樂師以下大夫上士下士爲之諸侯之樂師惟當用上士下士然則此使之給事者其下士歟方氏苞云燕及鄉飲鄉射樂正皆先升大射則從工師而升何也鄉射鄉飲工與笙之入及獻各分先後燕則中閒有事使從升歌之工師而升則似堂下之樂事非其所掌故先升而竝監視之大射惟堂上之工師有獻則從之而升與之俱降以監視堂下之工可矣所以然者燕及飲射時暇則儀可展大射事殷則節必殺觀下管之無獻則其義益顯矣燕及鄉射竝稱樂正而大射乃小樂正何也大射禮重相工者僕人正僕人師而掌樂事者小樂正則燕不待言矣蓋惟宗廟社稷之祭大樂正乃與焉與周官祀五帝及大神示享先王冢宰贊玉幣玉爵而餘皆小宰贊之義同以事實案之惟鄉大夫興賢能或公家之小樂正與焉州長習射必有司假其名以攝事如司馬司射司士之類耳況黨正之蜡祭獻工而不及樂正何也長官不得與工同獻也終篇無獻樂正之文何也樂正司正凡有司及弟子竝包於衆受酬者記曰

主人之贊者無算爵然後與則凡有司弟子皆與酬明矣
注云正長也者賈疏周禮有大司樂樂師天子之官此
樂正者諸侯及大夫士之官當天子大司樂云長樂官之
長也釋官曰案樂正亦公臣見燕禮大射儀大夫士不得
有樂正之官疏非是古者教民之事樂官主之虞書命夔
典樂教冑子周禮大司樂樂師掌教國子樂正立四教崇
四術順先王詩書禮樂以造士又將出學小胥大胥小樂
正簫不帥教者以告於大樂正是以鄉飲酒賓賢能樂正
與焉非徒主告樂備也

工入升自西階北面坐相者東面坐遂授瑟

乃降降立於西方近其事　疏　正義曰校勘記云遂唐石經徐閩葛本
通解楊氏敖氏俱作遂案集釋亦作遂
○李氏如圭云樂記樂師辨乎聲詩故北面而弦鄉射禮
樂正適西方命弟子贊工遷樂知相者降立西方敖氏云
相者東面坐于其席前之西也授瑟以瑟首向東授之淩
氏釋例云凡樂瑟在堂上笙管鐘磬鼓鼗之屬在堂下鄉
飲酒禮設席于堂廉東上工四人二瑟瑟先相者二人皆
左何瑟後首挎越內弦右手相樂正先升立于西階東
工入升自西階北面坐相者東面坐遂授瑟乃降鄉射禮
席工于西階上少東樂正先升北面立于其西工四人二

瑟瑟先相者皆左何瑟面鼓執越內弦右手相入升自西階北面東上工坐相者坐授瑟乃降燕禮席工于西階上少東樂正先升北面立于其西小臣納工工四人二瑟小臣左何瑟面鼓執越內弦右手相入升自西階北面東上坐小臣坐授瑟乃降大射儀乃席工于西階上少東小臣納工工六人四瑟僕人正徒相大師僕人師相少師僕人士相上工相者皆左何瑟後首內弦挎越右手相後者徒相入小樂正從上升自西階北面東上坐授瑟乃降小樂正立于西階東是瑟在堂上也燕飲之樂有瑟有笙故鹿鳴之詩云鼓瑟吹笙與禮經合也鄉飲酒笙入堂下磬南北面立鄉射禮笙入立于縣中西面注堂下樂相從也燕禮笙入立于縣中大射儀樂人宿縣鍾磬鑮建鼓應鼙朔鼙簜鞉皆陳于庭是笙管鍾磬鼓鼙之屬在堂下也樂貴人聲故歌者在上其餘皆在堂下有瞽之詩業虡應田縣鼓鞉磬柷圉簫管皆云在周之庭亦與禮經合也○吳氏廷華云樂貴人聲歌者宜先曰瑟先者道之坐則歌者先也儀禮各經執事者皆可言賓獨此賓興大典賓介衆賓俱選擇而次第之非執事者皆可言賓也據周禮春官則相者爲眡瞭據鄉射則此相者爲弟子眡瞭不必少而注以少者言則謂弟子也弟子何得爲賓興之衆賓則注說

非也又此經言後首燕禮言面鼓故注以此爲臣禮變于君之面鼓但大射亦君禮而後首與此經同鄉射亦臣禮而面鼓與燕禮同則避君之說不可通矣故又爲尚樂及略于樂以解之說非不近似然以此經爲尚樂又以避君而不盡尚樂以鄉射爲略于樂又以避君而不盡略于樂則支離不足爲定論矣

工歌鹿鳴四牡皇皇者華三者皆小雅篇也鹿鳴君與臣下及四方之賓燕講道修政之樂歌也此采其己有旨酒以召嘉賓嘉賓旣來示我以善道又樂嘉賓有孔昭之明德可則傚也四牡君勞使臣之來樂歌也此采其勤苦王事念將父母懷歸傷悲忠孝之至以勞賓也皇皇者華君遣使臣之樂歌也此采其更是勞苦自以爲不及欲諮謀於賢知而以自光明也

疏 正義曰校勘記云示我以善道楊氏示作視釋文傚作詨云本又作傚同張氏云可則傚大射燕禮同此蓋引詩是則是傚也故好事者皆改爲詨案釋文云詨戶孝反本又作傚大射云詨戶教反亦作傚燕禮云傚本又作詨是必古文詨傚通用宜各從其故○蔡氏德晉云此記所謂升歌三終也淩氏釋例云凡樂皆四節初謂之升歌次謂之笙奏三謂之閒歌四謂之合樂鄉飲酒一人舉觶畢工入升自西階上工歌鹿鳴四牡皇

皇者華此升歌也謂琴瑟與人聲歌于堂上也又云笙入堂下磬南北面立樂南陔白華華黍此笙奏也謂笙入奏于堂下也又云乃閒歌魚麗笙由庚歌南有嘉魚笙崇丘歌南山有臺笙由儀此閒歌也謂堂上之歌與堂上之笙閒作也又云乃合樂周南關雎葛覃卷耳召南鵲巢采蘩采蘋此合樂也謂堂上堂下衆聲俱作也凡四節鄉射禮遵入獻阼之後工入升自西階北面笙入立于縣中西面乃合樂周南關雎葛覃卷耳召南鵲巢采蘩采蘋但合樂一節無升歌笙奏閒歌三節者注云志在射略于樂也燕禮獻大夫後工入升自西階歌鹿鳴四牡皇皇者華此升歌也公爲大夫舉旅酬後笙入立于縣中奏南陔白華華黍此笙奏也乃閒歌魚麗笙由庚歌南有嘉魚笙崇丘歌南山有臺笙由儀此閒歌也遂歌鄉樂周南關雎葛覃卷耳召南鵲巢采蘩采蘋此合樂也亦四節大射儀獻大夫畢工升自西階乃歌鹿鳴三終此升歌也又云乃管新宮三終此笙奏也但有升歌笙奏兩節無閒歌合樂兩節者亦志在射略于樂也經云鹿鳴三終蓋統四牡皇皇者華而言故鄉飲酒義亦秪云升歌三終此其證也注謂不歌四牡皇皇者華主于講道略于勞苦諮事恐非也燕禮升歌鹿鳴下管新宮笙入三成遂合鄉樂注言遂者不閒也疏

據之以爲吹管者亦吹笙是知下管卽笙奏也又案李氏
允地云據儀禮作樂凡四節升歌一也笙入二也閒歌三
也合樂四也葢堂上之樂工鼓琴瑟而歌堂下之樂或主
笙或主管各以所宜故曰歌者在上匏竹在下卽笙管之
謂也上下迭作則謂之閒上下竝作則謂之合準此以求
則搏拊琴瑟以詠升歌之樂也下管鼗鼓合止柷圉下管
之樂也笙鏞以閒閒歌之樂也簫韶九成合作之樂也其
說是也竊謂論語師摯之始謂升歌也大射工六人大師
小師各一人升歌爲樂之始也關雎之亂謂合樂也樂之
卒章爲亂合樂爲樂之終也不言笙奏閒歌者舉始終以
該其全也亦與禮經相發明盛氏世佐云尚書蔡氏傳曰
堂上之樂唯取其聲之輕清者與人聲相比則二人歌時
必二人鼓瑟以合詠歌之聲不言可知敖氏乃謂工歌之
時亦奏堂下之樂以應之則從古無此淩亂襍糅之樂也
尙書戛擊鳴球搏拊琴瑟以詠此堂上之樂也下管鼗鼓
合止柷圉笙鏞以閒此堂下之樂也堂上之樂以歌爲主
堂下之樂以管爲主歌發則堂下之樂不作管奏則堂上
之樂亦停所謂無相奪倫者此也此篇所記與虞書異者
三堂上有瑟無琴一也磬以石爲之又在堂下二也堂下
之樂無管鼗諸器而以笙爲主三也之三者或因虞周異

制或因天子宗廟與大夫士相飲隆殺不同至上下迭奏之法則古今一轍也　注云三者皆小雅篇也者朱子曰鹿鳴卽謂今日燕飲之事所以道達主人之誠意而美嘉賓之德也四牡言其去家而仕于朝辭親而從王事于此乎始也皇皇者華言其將爲君使而賦政于外也樂記曰宵雅肄三官其始也正謂此也蓋此三詩先王所制以爲燕飲之樂用之鄉人用之邦國各取其象而歌之也案三詩爲小雅之始篇作詩在前用詩于樂在後以詩之所言者有合于主人燕賓臣下勤勞王事之意故取以入樂歌之以樂賓而卽以戒使習之也此賓賢能爲出仕之始故歌此三詩記所謂官其始也古人歌鹿鳴者自鄉飲酒外如燕禮及始入學大戴禮投壺皆歌之以歌詩斷章取義所用最廣也敖氏云春秋傳云文王大明緜兩君相見之樂也兩君相見得歌大雅則士大夫相飲得歌小雅差之宜也此凡所歌者皆不取其詩之義但以其所得用者樂賓耳盛氏世佐駁之云歌詩不類古人所誚此凡所歌者故是上下通用之樂然既歌其詩則必取于詩之義敖說非云鹿鳴君與臣下及四方之賓燕講道修政之樂歌也者小序云鹿鳴燕羣臣嘉賓也旣飲食之又實幣帛筐篚以將其厚意然後忠臣嘉賓得盡其心矣鄭本小序爲說

修改括詩中意也云采其已有旨酒以召嘉賓嘉賓旣來
云我以善道又樂嘉賓有孔昭之明德可則倣也者彼詩
云我有旨酒以燕樂嘉賓之心又云人之好我示我周行
又云德音孔昭視民不恌君子是則是倣謂采此數語也
案鄭氏注禮在前箋詩在後故詩箋與禮注說多不合示
我周行箋云示當作寘寘置也周行周之列位也人有以
德善我者我則置之於周之列位言己惟賢是用此注則
謂人之好我示我以善道與毛傳周至也行道也訓合禮
記緇衣引此詩注以爲示我忠信之道與此注亦同君子
是則是倣箋云是乃君子所法倣謂嘉賓爲君子所法倣
此注則以君子卽嘉賓嘉賓有明德爲人所則倣也較詩
箋爲優云四牡君勞使臣之來樂歌也此采其勤苦王事
念將父母懷歸傷悲忠孝之至以勞賓也者小序云四牡
勞使臣之來也有功而見知則說矣篇中有豈不懷歸王
事靡盬我心傷悲不遑將母將母來諗等語彼箋云君勞
其臣敘述其情而曰我豈不思歸乎誠思歸也故作此詩
之歌以養父母之志來告於君也是所謂忠孝之至也云
皇皇者華君遣使臣之樂歌也此采其更是勞苦自以爲
不及欲諮諏於賢知而以自光明也者小序云皇皇者華
君遣使臣也送之以禮樂言遠而有光華也篇中有駪駪

征夫每懷靡及周爰諮謀等語是欲諮謀賢知以自光明也 **卒歌主人獻工工左瑟一**人工之長也凡工賤不爲之洗 **人拜不興受爵主人阼階上拜送爵**

疏 正義曰吳氏廷華云工北面以西爲左主人實爵自東來在工之右故左瑟以避之歌者宜先獨見瑟者以有事著也有大師則先大師一人拜禮之殺也敖氏云主人亦坐授之獨拜於阼階上者以工拜授於其位故不得拜於其左也凡主人與工爲禮蓋亦有贊告之者淩氏釋例云凡獻工與笙於階上獻獲者與釋獲者於堂下獻祝與佐食於室中鄉飲酒禮升歌畢主人獻工阼階上拜送爵笙奏畢主人獻之於西階上鄉射禮合樂畢主人獻工阼階上拜送爵獻畢遂獻笙於西階上燕禮升歌畢主人獻工西階上拜送爵公在阼階故獻於西階上與鄉飲鄉射不同也笙奏畢主人洗升升獻笙於西階上大射儀歌鹿鳴三終畢主人獻工西階上拜送爵是獻工與笙於西階上也鄉射禮二次射飲不勝者後司馬洗爵升實之以降獻獲者於侯又司射洗爵升實之以降獻獲釋獲者於其位少南大射儀第二次射飲不勝者後司馬洗散遂實爵獻服不服不侯西北三步北面拜受爵又司射洗觚升實之降

獻釋獲者於其位少南是獻獲者與釋獲者於堂下也士虞禮尸入九飯主人初獻筵祝南面主人獻祝畢酌獻佐食少牢禮尸入十一飯主人獻尸致嘏畢主人獻祝設席南面獻畢獻上佐食戶內牖東北面拜坐授爵下佐食亦如之是獻祝與佐食於室中也獲者釋獲者有事於堂下故獻於堂下祝與佐食有事于室中故獻於室中工有事於階上笙有事於階上而皆獻於階上者統於工也獻獲及釋獲者不用主人而用司馬司射各以其職也 注云一人工之長也者敖氏云工歌者也盛氏世佐云一人謂鼓瑟者之長瑟賤而先得獻者以其先就事也云凡工賤不爲之洗者以下文大師則爲之洗況之也吳氏廷華云下記旅則不洗不洗者不祭此非旅當洗者也下言衆工不拜受爵祭則又當洗鄭因此經不言洗下又言大師則爲之洗故謂衆工不爲之洗耳要知所謂洗者主人親洗也不洗者主人不親洗使人洗之也

薦脯醢使人相祭使人相者相其祭酒祭薦 疏 正義曰敖氏云工雖賤以其受爵于席故每獻輒薦之亦與成人之禮異也

工飲不拜既爵授主人爵坐授之 疏 正義曰郝氏敬云不備禮也方氏苞云祭酒祭薦皆使人相則工執爵而相者以適阼階可知

衆工則不拜受爵祭飲辯有脯醢不祭祭飲獻酒重無不祭也今文辯爲偏疏正義曰敖氏云不拜而受差賤也其意與不拜既爵同祭酒祭酒乃飲也**大師則爲之洗賓介降主人辭降工不辭洗**大夫若君賜之樂謂之大師則爲之洗尊之也賓介降從主人也工大師也上既言獻工矣乃言大師者大師或瑟或歌也其獻之瑟則先歌則後疏正義曰注云大夫若君賜之樂謂之大師者李氏如圭云天子諸侯有大師常官大夫君賜之樂與工亦謂之大師敖氏云大師工之長也周官則以下大夫爲之諸侯則宜用上士釋官曰能其事曰工凡樂人通謂之工大師樂工之長左傳叔孫穆子會慶封使工爲之誦茅鴟是大夫家有樂工矣但此賓賢能工及大師當是君之樂人來襄盛禮者或來或否不定來則爲之洗不來而但使樂工來則不爲之洗洗方氏苞云大師乃爲之洗則衆工實爵而不親洗終則使人以爵奠于篚而主人不親具見矣云賓介降從主人也者案經不言主人降洗則必降可知也禮降則皆降大師贊者不降故賓介從主人降敖氏云同大師於己黨也主人辭賓亦對衆賓不降別于賓介也工不辭洗亦不降主人既洗亦與賓

介揖而俱升云工大師也上旣言獻工矣乃言大師者大師或瑟或歌也其獻之瑟則先歌則後者張氏爾岐云大師亦在瑟歌四人之内通謂之工獻之亦依瑟先歌後之序但爲之洗則不同盛氏世佐云大師乃君賜有爵者無論或瑟或歌必先獻不當依瑟先歌後之序經旣言獻工乃言大師者以其出於君賜不必有也注誤焦氏以恕云大師卽國之大師如有事於君所則來者工而已大師不與也若無事於君所則亦來與此禮大射儀先言僕人正徒相大師下乃云後者徒相入故注知後者爲大師無瑟是大師主歌也此注大師或瑟或歌求必然也江氏筠云經言獻工者四俱云工不興左瑟一人拜受爵注於大射儀云大師無瑟言左瑟者節也一人謂大師是謂大師在歌而先得獻也於鄉射云一人無大師則工之長者是謂有大師則獻與大射同但大師或有或無又或瑟或歌爲異也此及燕禮俱云一人工之長者此禮據此節注所云是指瑟工之長燕禮雖無明文然彼經至正歌畢始見大師與此俱言在後則鄭亦是指瑟工言二禮之先俱瑟居先但燕禮大師無瑟後獻是其常此則或無大師或有在瑟中而得先獻爲異耳合數說詳之鄭於大師之名謂臣禮與君禮異君有常官其大師自在歌臣則君所賜者卽

得此稱不論歌瑟於獻工之節謂射禮與燕飲禮異大射辨尊卑故大師亦先得獻鄉射亦得同之至燕飲之禮則止如其入之先後耳今案大師之在歌與其先獻自是定禮益據經後者之受獻與先一人不同先一人得拜受爵得祭脯醢後受者則不然鄭於鄉射瑟先謂賤者先就事則瑟之賤於歌固甚明也受獻之禮賤者儀多貴者儀簡有是理乎至歌之爲大師更非尋常歌者之比鄭謂工賤不爲之洗於大師洗獻者尊之也賤之而於禮得伸尊之而於禮反屈有是事乎則獻禮之俱同大射無疑矣知歌之必先瑟獻知大師之必先衆工獻則大師之在歌自明且又有可證者大射樂正命大師曰奏貍首閒若一大師不興許諾以其係徒相者所主在歌故也鄉射亦樂正東面命大師曰奏騶虞閒若一大師不興許諾非君臣同在歌之明驗邪然則經何以於獻工之後始言大師曰鄉射此文固在工不興左瑟之上矣以其臣禮或有或無不定亦猶遵者之禮鄉射言於席工之先而此經言于送賓之後也高氏愈云遵則或有或無故獻遵不數外此獻工四人爲第十次行爵工歌則必獻獻則必拜不敢以其瞽矇而易之其不忽微賤者有如此

右升歌三終及獻工

笙入堂下磬南北面立樂南陔白華華黍笙吹笙者也以笙吹此詩以爲樂也南陔白華華黍小雅篇也今亾其義未聞昔周之興也周公制禮作樂采時世之詩以爲樂歌所以通情相風切也其有此篇明矣後世衰微幽厲尤甚禮樂之書稍稍廢棄孔子曰吾自衛反魯然後樂正雅頌各得其所謂當時在者而復重雜亂者也惡能存其亾者乎且正考父校商之名頌十二篇於周大師歸以祀其先王至孔子二百年之閒五篇而已此其信也

疏 正義曰郝氏敬云堂下之樂笙爲主磬亦在堂下樂即笙磬敖氏云磬南阼階西南也北面立蓋亦東上如工立于磬南近其所近之樂也詩曰笙磬同音而禮有笙磬笙鐘則吹笙之時亦奏鐘磬之篇以應之矣不言者主於笙也張氏爾岐云磬縣南面其南當有擊磬者此笙入磬南北面在磬者之南北面也 注云以笙吹此詩以爲樂也南陔白華華黍小雅篇也今亾者謂以笙吹此三詩以爲樂不如鹿鳴三詩以二人歌以二人鼓瑟和之也以笙吹此詩而不歌故其辭遂亾毛氏奇齡荅問云據問笙詩有詩則鄉飲酒禮笙入三

終將以笙笙詩邪抑亦別有歌詩者而僅以笙應之邪此問最善從來辨笙詩者未有辨笙其詩者夫所謂笙詩謂笙必有詩非謂笙歌之必有歌也凡詩可以歌亦可以笙笙與箾管籥四器皆主聲詩皆應歌之器皆在堂下原無徒器者但有歌而器有歌而不器總必有詩如鄉射禮之工歌于上而堂上堂下之笙瑟皆應之卽樂飲酒禮之合樂是也此有歌之笙也不歌如大射禮之管新宮始奏禮之管象堂下俱不歌而但以管笙聲其詩卽鄉飲酒之笙入閒歌是也此不歌之笙也是春秋傳有歌鐘卽頌鐘頌磬所以應歌尚書有笙鏞同禮有鍾笙卽笙鍾笙磬所以應笙夫笙又有應則笙卽歌矣云其義未聞者小序云南陔孝子相戒以養也白華孝子之潔白也華黍時和歲豐宜黍稷也有其義而亾其辭是明有其義而云未聞者鄭志荅炅模云爲記注時就盧君耳先師亦然後乃得毛公傳旣古書義又當然記注已行不復改之是鄭注三禮在前其時未見毛詩不得小序之說故云未聞也云笞周之興也至此其信也者此明周公制禮作樂時三篇之辭具在至更幽厲之亂禮樂廢棄而三詩遂亾引孔子言及正考父者見三篇之亾在孔子之前也案詩箋云此三篇者鄉飲酒燕禮用焉曰笙入立于縣中樂南陔白華華黍是

也孔子論詩雅頌各得其所時俱在耳遭戰國及秦之世
而亾之其篇則與衆篇之義合編故存至毛公而訓詁傳
乃合衆篇之義各置于其篇端云與此注異者其時未習
毛詩故有此語後見毛詩爲詩箋遂改其說耳蓋六詩孔
子時俱存而序詩者親見其辭故能言其義或謂三百篇
未嘗以命篇取義六笙詩序詩者何以知其然因題敷衍
以補之也姜氏炳璋詩序廣義駁之曰南陔南隴也白華
見于變雅爲刺幽王何以知爲孝子之詩庚有更償續三
義何以見萬物得由其道可想見作序者已誦全文不然
即鑿空杜撰豈能至是序最簡樸閒與詩中字面偶同如
漢廣云德廣所及德廣之廣非即漢廣之廣旄上云刺衛
伯衞伯之伯非即伯兮叔兮之伯安見孝子絜白即爲白
華之白也三百篇亦有即其篇名已見詩旨者如螽斯多
子以美其子孫衆多葛屨涼薄以刺儉北風疾厲以刺虐
碩鼠刺貪此類不可更僕如以序與篇相合疑其不見全
文將謂作螽斯序者祇見螽斯二字乎且序與篇名相戾
既以爲無理序與篇名相合又以爲順文爲詩序者難矣
案笙詩有聲無辭聚訟紛紛小序云有其義而亾其辭鄭
君詩箋與此注皆以爲本有辭而亾之至宋劉氏敞始謂
亾其辭者亾謂本無非亾逸之亾也儀禮曰笙曰樂曰奏

而不言歌則有聲而無辭明矣朱子詩經集傳本其說且云意古經篇題之下必有譜焉如投壺魯鼓薛鼓之節而亾之耳自是習詩之家如李氏樗董氏逌王氏質黃氏震等習禮之家如張氏爾岐方氏苞秦氏蕙田蔡氏德晉等皆從其說然范氏家相詩瀋曰儀禮明云笙入堂下磬南北面立樂南陔白華華黍樂之爲比音而樂之也蓋禮文顯以爲有辭矣嚴氏虞惇讀詩質疑曰升歌笙入閒歌合樂各三終于是工告樂正曰正歌備凡樂四節爲詩十八篇皆謂之歌而可云六詩有聲無辭乎盛氏世佐云詩言志歌永言聲依永又曰予欲聞六律五聲八音在治忽以出納五言然則有辭而後有聲聲之不可離辭而乃成樂也自古然矣又況古人名篇之例或以詩之首二字或一句或刺取篇中一二字以爲題亦有舍篇中字而別命之者要未有無其辭而可命之曰某詩某詩也夫詩逸者多矣如貍首采齊肆夏見於禮記祈招新宮河水見於春秋傳三夏之名見國語九夏之名見周禮考其辭與義必無夫子所刪者而今詩皆不能具其亾於夫子之前而不及收與抑亾於夫子之後而今之所存或非其舊與是皆未可知也何獨於南陔以下六篇而保其非逸邪若徒以其曰笙曰樂曰奏而不言歌以爲有聲無辭之證則鄉射禮

云奏騶虞國語云金奏肆夏樊遏渠呂叔玉云肆夏時邁
也樊遏執競也渠思文也其說采於詩集傳是皆有辭而
亦云奏周禮籥章以籥吹豳詩卽七月也禮記升歌清廟
下管象卽維清也燕禮升歌鹿鳴下管新宮而左傳昭二
十五年宋公賦新宮謂之賦則有辭矣國語又稱伶簫詠
歌鹿鳴之三是籥與簫管所吹之詩皆有辭而謂笙所吹
者獨無辭可乎張子曰既無辭安得有此篇必是有其辭
所以亾者由其施之於笙非若歌之可習此言始爲平允
胡氏承珙云毛詩後箋曰劉原父七經小傳有云將舞象
則先歌清廟是以其序曰奏象舞將舞武則先歌武是以
武之序曰奏大武夫禮文王世子祭統皆以象與武爲下
管之樂是曰管曰奏劉氏既知其有辭矣何於笙詩獨主
本無其辭之說以有辭者爲歌無辭者曰笙曰奏豈不自
相乖戾乎六經奧論于笙詩引商份之說而申之謂閒歌
之聲有義無辭而其言管新宮則云管與笙一類皆竹爲
之燕禮升歌鹿鳴下管新宮昭二十五年宋公賦新宮謂
之賦則有辭矣後漢明帝亦取焉必見其辭故得之以播
歌詠葢未有有詩而無辭者周禮祈年吹豳于管籥之類
必得有辭既知管籥有辭而何以獨知笙詩無辭亦可見
不能自圓其說矣若集傳所引魯鼓薛鼓之節則陳氏長

發云魯鼓薛鼓有譜無辭則僅冠以國名不能更立別名若笙詩有聲無辭則南陔由庚等名何自來乎承珙又案投壺云命弦者曰命貍首間若一注云弦鼓瑟者也貍首詩篇名也今逸射義所云詩曰曾孫侯氏是也間若一者投壺當以爲去取節焉然則下文魯鼓薛鼓亦必隨所弦之貍首以爲節是徒譜者當必有取節之詩而謂禮經之笙奏乃無詩而徒器乎至王雪山以唐樂有上杜鳳雛平調清調瑟調平折命喙七曲有聲無辭黃東發又引琴譜長清短清長側短側之類以證無辭有義不知有辭而後有聲有聲而後有調有調而後有譜或以習其辭者其辭易存習其聲者其聲易亾理容有之要其初未有有聲而無辭者卽如俗樂工尺先亦必用曲詞譜出後習之者但畱工尺耳

主人獻之于西階上一人拜盡階不升堂受爵主人拜送爵階前坐祭立飲不拜旣爵升授主人爵　一人笙之長者也笙三人和一人凡四人鄉

〔疏〕正義曰賈疏云前獻歌工在作射禮曰笙一人拜于下階上以工在西階東也此獻笙在西階上以笙在階下也敖氏云主人獻時亦西南西也方氏苞云以獻笙見獻工亦于西階上以獻工見獻笙亦

于阼階上拜送爵各舉一節以互相備也于笙不言相不
言受獻不言相祭義同案方說與疏異疑非工在西階東
則獻當在阼階上拜送爵亦在阼階也笙在階下則獻在
西階上拜送爵亦在西階上也盡階不升堂敖氏云賤也
旣受爵階上少立俟主人已拜然後降主人拜亦北面升
授主人爵亦盡階不升堂　注云一人笙之長者也笙三
人和一人者鄉射記曰三笙一和而成聲爾雅云笙
小者謂之和釋官云笙以器名其官亦公臣見燕禮**衆笙**

則不拜受爵坐祭立飲辯有脯醢不祭亦受爵於西階上
薦之皆於其位磬
南今文〔疏〕正義曰蔡氏德晉云衆笙謂一人外吹衆笙者
辯爲徧笙凡四人則一人拜外有三人也陳氏暘曰工
一人祭薦餘則祭飲而已笙則皆不祭此又等降
之別也高氏愈云此獻笙四人爲第十一次行爵

右笙奏三終及獻笙

乃閒歌魚麗笙由庚歌南有嘉魚笙崇丘歌南山有臺笙
由儀閒代也謂一歌則一吹六者皆小雅篇也魚麗言大
平年豐物多也此采其物多酒旨所以優賓也南有

嘉魚言大平君子有酒樂與賢者共之也此采其能以禮下賢者賢者纍蔓而歸之與之燕樂也南山有臺言大平之治以賢者爲本此采其愛友賢者爲邦家之基民之父母既欲其身之壽考又欲其名德之長也由庚崇丘由儀今亾其義未聞【疏】正義曰校勘記云釋文麗本或作離下同燕釋文作宴　注云閒代也謂一歌則一吹者張氏爾岐云謂一歌畢一笙繼之也堂上歌魚麗終堂下笙卽吹由庚餘篇皆然蔡氏德晉云堂上鼓瑟一歌堂下吹笙一曲更代而作也案尚書戛擊鳴球搏拊琴瑟以詠此堂上之樂以詠者所謂歌者在上也下管鼗鼓合止柷圉笙鏞以閒此堂下之樂所謂匏竹在下也以閒者堂下之樂與堂上之樂閒代而作唐虞時非周之詩亦必有所歌之詩也所奏者非周之詩亦必有所奏之詩也故王氏炎陳氏大猷多據儀禮以證尚書見樂之節次相合乃陳氏櫟書集傳纂疏謂儀禮之閒歌與書之以閒初不相干不過一閒字同閒代更替之義亦同耳其說太拘云魚麗言大平年豐物多也此采其物多酒旨所以優賓也者詩小序云魚麗言萬物盛多能備禮也篇中言魚麗于罶君子有酒旨且多毛傳云大平而後微物衆多取之有時用之有道則物莫不多矣是也云南有嘉魚言大平君子有酒

樂與賢者共之也此采其能以禮下賢者賢者纍蔓而歸
之與之燕樂也者小序云南有嘉魚樂與賢也大平之君
子樂與賢者共之也彼箋云樂得賢者而與立于朝相燕
樂也篇中言南有樛木甘瓠纍之君子有酒嘉賓式燕綏
之箋謂君子下其臣故賢者歸德故有酒與嘉賓燕樂而
安之是也云南山有臺言大平之治以賢者爲本此采其
愛友賢者爲邦家之基民之父母旣欲其身之壽考又欲
其名德之長也者小序云南山有臺樂得賢也得賢則能
爲邦家立大平之基矣篇中有樂只君子邦家之基樂只
君子萬壽無期又樂只君子民之父母樂只君子德音不
已是也案彼箋云人君旣得賢者置之于位又尊敬以禮
樂樂之則能爲邦家之本得壽考之福是以壽考爲人君
得賢之效注謂欲其身之壽考與箋詩異朱子詩集傳以
萬壽無期爲祝賢者之壽本此注也云由庚崇丘由儀今
亾其義未聞者小序云由庚萬物得由其道也崇丘萬物
得極其高大也由儀萬物之生各得其宐也有其義而亾
其辭賈疏云堂上歌者不亾堂下笙者卽亾蓋當時方以
類聚笙歌之詩各自一家故存者幷存亾者幷亾也盛氏
世佐云疏言笙詩幷亾之故不若張子
之於笙非若歌者可習之言爲確也

右閒歌三終

乃合樂周南關雎葛覃卷耳召南鵲巢采蘩采蘋合樂謂歌樂與衆聲俱作周南召南國風篇也王后國君夫人房中之樂歌也關雎言后妃之德葛覃言后妃之職卷耳言后妃之志鵲巢言國君夫人之德采蘩言國君夫人不失職采蘋言卿大夫之妻能循其法度昔大王王季居於岐山之陽躬行召南之教以興王業及文王而行周南之教以受命大雅云刑于寡妻至于兄弟以御于家邦謂此也其始一國耳文王作邑于豐以故地爲卿士之采地乃分爲二國周周公所食召召公所食於時文王三分天下有其二德化被於南土是以其詩有仁賢之風者屬之召南焉有聖人之風者屬之周南焉夫婦之道生民之本王政之端此六篇者其教之原也故國君與其臣下及四方之賓燕用之合樂也鄉樂者風也小雅爲諸侯之樂大雅頌爲天子之樂鄉飲酒升歌小雅禮盛者可以進取也燕合鄉樂禮輕者可以逮下也春秋傳曰肆夏繁遏渠天子所以享元侯也文王大明緜兩君相見之樂也然則諸侯相與燕升歌大雅合小雅天子與次國小國之君燕亦如之與大國

之君燕升歌頌合大正義曰校勘記云葛覃張氏曰案
雅其笙閒之篇未聞 疏 釋文葛蕈大南反五經文字云詩
葛覃亦作蕈九經字樣云葛覃經典或作蕈今不作覃非
古也後燕禮同案今本釋文仍作覃謂歌樂衆聲俱作疏
無與字通典無樂字能循其法度循徐本作脩與疏合案
禮記鄉飲酒義正義引正作脩乃分爲二國監本作三誤
云合樂謂歌樂與衆聲俱作者李氏如圭云合樂謂堂
上歌瑟堂下鐘磬合奏此詩也燕禮曰歌鄉樂周南召南
關雎序曰用之鄉人用之邦國用之鄉人此禮是也用之
邦國燕禮是也鄉飲酒義曰主人升歌三終笙入三終閒
歌三終合樂三終歌與笙每篇爲一終閒歌每閒爲一終
合樂鵲巢合關雎采蘩合葛覃采蘋合卷耳每合爲一終
敖氏云合樂謂合周南召南而歌之與鄉之惟歌小雅者
不同也二南乃合而歌之者鄉樂于小雅爲輕也雅先而
鄉樂後先重後輕也鄉飲酒士禮之盛者也故歌小雅與
鄉樂若其禮輕者則惟鄉樂而已下文息司正是也春秋
時謂文王之三爲兩君相見之樂指其始歌者也始歌大
雅則合小雅矣諸侯相見其歌如此及與臣燕則但自小
雅而下以是數者觀之可以見君臣樂歌輕重之差矣然
則天子之燕享諸侯亦但如國家相見之樂而頌則惟空

于祭用之與大夫樂歌葢如士張氏爾岐云此合樂卽論語所謂關雎之亂也淩氏釋例曰合樂之說賈疏最確謂堂上堂下笙歌竝作也鄉飲酒義合樂三終者葢堂上瑟歌關雎葛覃卷耳則堂下亦笙奏關雎葛覃卷耳是爲周南三終堂上瑟歌鵲巢采蘩采蘋則堂下亦笙奏鵲巢采蘩采蘋是爲召南三終故曰合樂三終也孔穎達正義謂若工歌關雎則笙吹鵲巢合之若工歌葛覃則笙吹采蘩合之若工歌卷耳則笙吹采蘋合之不知孔氏所謂合之者工歌關雎後始笙鵲巢以合之乎抑工歌關雎時卽笙鵲巢以合之乎如工歌關雎時卽笙鵲巢以合之則堂上歌者此篇堂下笙者彼篇萬無可合之理若工歌關雎後始笙鵲巢以合之則仍是閒歌非合樂矣且果歌者爲周南笙者爲召南則經文何不直云歌關雎葛覃卷耳笙鵲巢采蘩采蘋而云合樂乎葢不若賈疏爲得矣案淩氏之辯郅確閒歌亦六詩經不言歌言笙此總言合樂則爲同一詩而衆聲竝奏可知也然淩氏亦有所本朱子云合樂孔氏非是當從賈疏毛氏奇齡云歌工在上笙管鐘磬皆列堂下而皆可以應其歌是以合樂之法工歌關雎則堂上之瑟堂下之笙管皆羣起而應之其歌葛覃卷耳鵲巢采蘩采蘋皆然舊注所謂合樂者合金石絲竹以歌之金

石者鐘磬絲竹者琴瑟與管笙也如孔穎達說則世無有以張家之聲合李家響者是也云周南召南國風篇也王后國君夫人房中之樂歌也者燕禮記云有房中之樂注云弦歌周南召南之詩而不用鐘磬之節謂之房中者后夫人之所諷誦以事其君子也說詳燕禮云關雎言后妃之德至能循其法度者小序云關雎后妃之德也葛覃后妃之本也卷耳后妃之志也鵲巢夫人之德也采蘩夫人不失職也采蘋大夫妻能循法度也注與小序說皆相合周南王者之風故言后妃之事召南諸侯之風故言諸侯之夫人大夫妻之事云笞大王王季至其教之原也者言周之初自近及遠化家爲國是以詩有周南召南之分而六篇居二南之首爲教之原是以合樂用之也注中所言與周南召南譜大略相同小序云關雎麟趾之化王者之風故繫之周公鵲巢騶虞之德諸侯之風故繫之召公而此云故有仁賢之風者屬之召南有聖人之風者屬之周南者以周公召公皆宣布文王之化周南所言皆天子后妃之事故曰王者之風而周公治内又聖人也故又曰聖人之風召南所言皆諸侯大夫室家之事故曰諸侯之風而召公治外布文王之化於諸侯又賢人也故又曰仁賢之風王者諸侯據所得之詩言聖人仁賢據周召言兩說實相成

也云鄉樂者風也至未聞者盛氏世佐云案饗燕所用詩之差等天子用大雅諸侯用小雅大夫用風此其宜也春秋傳曰肆夏樊遏渠天子所以享元侯也頌是天子郊廟之樂歌而享諸侯亦用之者所謂禮盛者可以進取也燕則升歌大雅合小雅者所以禮輕者可以逮下也傳又曰文王大明緜兩君相見之樂也亦謂享禮進取也燕則升歌小雅合鄉樂合鄉樂者亦逮下也今鄉大夫享士而升歌笙閒俱用小雅亦進取也注疏分別未安敖氏不知春秋傳及此經所云皆是享禮進取因謂諸侯宜歌大雅大夫士宜歌小雅亦未是也傳稱穆叔如晉晉侯饗之歌鹿鳴之三三拜饗也而與燕同樂諸侯于聘大夫之禮則然賈疏據此遂謂饗燕同樂尤非詩譜云天子諸侯燕羣臣及聘問之賓皆歌鹿鳴合鄉樂此則得之凡笙閒之詩皆與笙歌同等而諸侯以上又有樂納賓之禮以樂納賓則升歌之後下管乃笙所奏之詩亦皆與升歌同等燕禮具焉其他則未之聞也仲尼燕居以升歌清廟下管象爲兩君相見之樂蓋記者譌也清廟祀文王之升歌也魯以成王之賜得用之周公之廟已爲非禮而謂大饗其可哉

工告于樂正曰正歌備樂正告于賓乃降樂正降者以正歌備無事也降

立西階東北面疏正義曰敖氏云工其長也釋官曰太師亦通稱工鄉飲酒太師或來或否不定故言工不言太
師賈疏謂大夫禮卑無太師非是禮記鄉飲酒義工告樂
備注云工謂樂正以此經工告樂正樂正告于賓故兼樂
正言之其實樂正當天子樂師之職不謂之工也鄭云凡
工瞽矇也周禮樂師與大司樂聯職非瞽矇爲之不當稱
工已歌備敖氏云謂所歌者皆風雅之正也凡歌以旣合
樂爲備故告備于合樂之後焉惟告正歌備者蓋以己之
所有事者而言故不及乎其地案正歌者以此歌爲樂賓
別於無算樂也所謂禮樂之正也敖說非蔡氏德晉云正
歌獻酬正用之歌異於燕終無算樂是也方氏苞云觀此
則無算樂不限於閒合之所歌明矣必於正歌中取之則
不得爲無算如以疊奏爲無算則複而厭矣樂正告于賓
乃降李氏如圭云告于賓者作樂主爲樂賓樂正降在賓
西如其堂上立位注云降立西階東北面者賈疏云以
其在堂上時在西階之東北面知降堂下亦然在笙磬之
西亦得監堂下之
樂故知位在此也

右合樂及告樂備此作樂樂賓是飲酒禮第二段

並上段鄭氏以爲禮樂之正是也

主人降席自南方不由北方由便 疏 正義曰張氏爾岐云此下言旅酬之儀立司正以監司正安賓表位於是賓酬主人主人酬介介酬衆賓衆賓賓以次相徧焉敖氏云降席自南方其義與介同**側降**賓介不從 疏 正義曰賈疏云側者特也賓介不從故言側上文主人降賓介皆從降此獨不從者以其方燕禮殺故也方氏苞云疏說非也樂以樂賓故主人如大師降洗賓介從遵者爲賓介而至故主人迎賓介從若立司正以監酒儀則主人之事主人自命之可矣與賓無與何爲而從降哉**作相爲司正司正禮辭許諾主人拜司正荅拜**作使也禮樂之正旣成將留賓爲有懈惰立司正以監之拜拜其許 疏 正義曰校勘記云懈徐本集釋俱作解案此二字諸本錯出不悉校○賈疏云相卽前一相迎賓門外者至此復使爲司正也敖氏云主人自作之者辟君禮也司正之職亦主於相爾乃更其名者禮異於上宜新之也自是以後禮節凡五司正皆有事焉於此立之亦示留賓之意也方氏苞云易相爲司正者前此雖飲酒而義主於相禮後此雖

行禮而義主於謹酒故以董正爲名釋官曰國語晉獻公飲大夫酒令司正實爵注司正正賓主之禮者其職無常官飲酒則設之鄉飲酒義一人揚觶乃立司正焉注立司正以正禮則禮不失可知鄉飲酒鄉射以主人之相爲司正燕禮射人爲擯則射人爲司正大射大射正擯則大射正爲司正以其主於正禮故皆使相禮者爲之鄉射又轉司正爲司馬注云禮樂之正旣成將留賓爲有懈惰立司正以監之者如上行獻酬及酢禮暨升堂笙歌閒歌合樂皆禮樂之正者禮樂之正旣成將留賓行旅酬之禮恐有懈惰或㤂於儀者故立司正以監之詩賓之初筵云旣立之監或佐之史蓋古人飲酒之法必立監佐史以察其禮儀也戰國策淳于髡說齊威王曰飲酒大王之側執法在前御史在後是此法至戰國時猶行也

主人升復席司正洗觶升自西階阼階上北面受命于主人主人曰請安于賓司正告于賓賓禮辭許爲賓欲去留之告賓於西階 疏 正義曰方氏苞云時尚未請安于賓賓尚未許而預洗觶者司正之立本以警怠察儀以罰其不如法者故執觶以請于賓賓旣許卽實之自飲以爲儀法也請安蔡氏德晉云留

賓安坐也案爾雅釋詁曰安止也因賓欲去故止而留之下文二人舉觶後請坐于賓始言坐此請安請其止耳左傳襄公七年吾子其少安亦謂其少止也杜注以安爲徐失之賓禮辭敖氏云蓋以主人有旨酒嘉殽已受賜爲辭也執摯受命贊辭變于君焦氏以怨云敖氏說據燕禮司正洗角觶坐奠于中庭升東楹之東受命西階上北面命卿大夫司正降自西階南面坐取觶升酌散降南面坐奠觶右還北面少立云云此司正洗觶升受命于主人以主人之命告于賓不言奠觶乃傳告與燕禮異**司正告于**又階間北面坐奠觶不南面奠觶亦變于君也

主人主人阼階上再拜賓西階上荅拜司正立于楹間以相拜皆揖復席再拜拜賓許也司正既以賓許告主人遂立楹間以相拜賓主人既拜揖就席

疏 正義曰方氏苞云敖氏謂凡相拜皆有相之在說似未安立于楹間則所相惟賓介主人之拜于賓之相旅則呼受酬者而進之不相其拜之拜也褚氏寅亮云楹間東西節也其南則近堂廉北面立而相

右司正安賓

司正實觶降自西階階間北面坐奠觶退共少立階間北面東西節也其南北當中庭共拱手也少立自正慎其位也已帥而正孰敢不正燕禮曰右還北面疏正義曰郝氏云介不得自實觶司正得自實觶者介不敢同於賓而司正不妨同於主司正得專罰也李氏如圭云奠觶者以顯其事表其位也敖氏云奠觶不拜者獨行禮則不象受觶之儀也不南面奠觶亦變于君禮退而少立以其位在是也燕與大射則其位少進亦異者也注云階間北面東西節也其南北當中庭也者敖氏云階間東西節亦所謂中庭也方氏苞云燕與大射奉君命以糾儀法故司正奠觶皆南面鄉飲鄉射以屬吏共事於長官之前故皆北面也云共拱手也少立自正慎其位也者賈疏云欲令賓主亦皆正慎其位也案退而拱手與賓主爲禮也少立自正其位而令賓主共慎其位也故下引論語以證又引燕禮者張氏爾岐云右還北面謂降自西階至中庭時右還就位

坐取觶不祭遂飲卒觶興坐奠觶遂拜執觶興洗北面坐奠觶于其所退立于觶南洗觶奠之示潔敬立於其南以察眾疏正義曰賈疏云鄉射

大射禮皆直云卒觶洗不云盥此俗本有盥者誤張氏爾岐云案石經有此字盛氏世佐云唐石經有盥郎賈氏所謂俗本也監本無之蓋從朱子通解本刪秦氏蕙田云吳澄三禮考注亦承唐石經之誤校勘記云興下徐本集釋楊氏俱有盥字唐石經盥字擠入通解無案張氏據疏去盥字通解用張氏之說而今本又依通解然士昏禮疏云凡洗爵者必先盥則盥字不去亦可○敖氏云坐取觶亦進坐取觶而反坐也不祭者變於獻酬也卒觶拜者宜謝主人也酒主人之物也主人不荅拜者不與為禮則不敢當也主人請立司正而司正乃實觶自飲者所以為識又欲因以虛爵識其位也洗觶奠之不敢苟也方氏苞云自此以後司正賓主人皆不祭蓋主人賓介衆賓畢飲而以餘酒祭則褻矣司正先自飲而拜非為酒謝也如謝主人之禮則主人宜荅拜蓋自退其少立取觶卒觶奠觶洗觶卒飲拜興退立皆以為酬者儀法俾旣醉而知其秩故主人義不得荅拜耳又云奠虛爵于其所雖衆無失儀止觶終虛而不用也鄉射記射者有過則撻之則飲而失儀罰以觶觶可知矣詩云旣立之監或佐之史必史書其過越日而行法以正日禮殷無暇及此又事分彰癉不宜相干也周禮閭胥掌觶撻罰之事則鄉之飲射掌罰者必閭胥

經不言行罰之地與時必已見於春秋四時所讀之法也燕大射掌罰者亦必别見於邦國禮而今皆無考耳祭禮獻酬尤繁而不立司正以非德性安重而謹於儀者不得與於祭詩所謂奏假無言時靡有爭也褚氏寅亮云未飲前則奠觶而退共少立旣飲後則奠而拜拜而洗洗而奠奠而復退立皆一人獨自行禮愼重其威儀以爲表也高氏愈云此又司正之導飲也爲第十二次爵鄉射之禮自此以後遂行射禮

右司正表位

賓北面坐取俎西之觶阼階上北面酬主人主人降席立于賓東 初起旅酬也凡旅酬者少長以齒終於沃盥者皆弟長而無遺矣 疏 正義曰敖氏云俎西于薦西爲少南上經惟云奠觶于其所故此明之賓于一人所舉之觶亦取而遷之者以其代主人行禮故也 注云初起旅酬也者言此以下爲旅酬之初起也云凡旅酬者少長以齒終於沃盥者皆弟長而無遺矣者鄉飲酒義云賓酬主人主人酬介介酬衆賓少長以齒終於沃洗者焉知其能弟長而無遺矣孔穎達正義云此經據旅酬之時其

少長以齒終於沃洗者是無算爵之節也張氏爾岐云注言酬爵之無不徧實連無算爵而言下記云主人之贊者西面北上不與無算爵然後與其實旅酬時尚未及沃洗也淩氏釋例云凡正獻既畢之酒謂之旅酬鄉飲酒禮合樂後主人曰請安于賓司正告于賓賓禮辭許此正獻成賓欲去主人命司正留之將以旅酬也又云賓北面坐取俎西之觶阼階上北面酬主人賈疏云不及獻酒則旅酬亦不與旅酬所以酬正獻也又云鄭君連引無算爵與旅酬而言終於沃洗其賓此時未及沃洗也鄉射禮射畢賓北面坐取俎西之觶興阼階上北面酬主人此鄉飲鄉射之旅酬也燕禮大射主人獻賓獻公酬酢禮成公取大夫所媵觶酬賓後賓以旅酬于西階上則爲賓舉旅行酬禮之初成也又主人獻卿畢二大夫再媵觶公又行一爵以旅于西階上如初則爲卿舉旅行酬禮之再成也又主人獻大夫畢升歌後公又舉奠觶以旅于西階如初則爲大夫舉旅行酬禮之三成也又徹俎安賓後主人始獻士獻畢賓媵觶于公公坐取賓所媵觶興唯公所賜受者如初受酬之禮則爲士舉旅行酬禮之終也此燕禮大射之旅酬也燕禮大射旅酬凡四次與鄉飲鄉射不同皆行於止獻之後者也特牲賓禮與兄弟辯獻後賓坐取觶阼階前

酬長兄弟疏云此論旅酬之事有司徹三獻禮成二人舉觶于尸侑後尸遂執觶以興北面于阼階上酬主人注三獻而禮小成使二人舉爵敘殷勤于尸侑疏云此論旅酬之事此祭畢飲酒之旅酬亦行於正獻之後者也疏又謂旅酬後仍有舉奠加爵等終備乃是禮之大成故云小成也考有司徹無嗣奠之文特牲有之亦在加爵之後旅酬之前疏說蓋誤又案禮記燕義獻君君舉旅行酬而後獻卿卿舉旅行酬而後獻大夫大夫舉旅行酬而後獻士士舉旅行酬而後獻庶子即據禮經之儀節言也考燕禮大射主人獻賓後亦獻公燕義云爲君即爲賓故上文亦云君舉旅于賓也

賓坐奠觶遂拜執觶興主人荅拜不祭立飲不拜卒觶不洗實觶東南面授主人賓立飲卒觶因更酌以鄉主人將授【疏】正義曰淩氏釋例云凡旅酬皆拜不祭立飲鄉飲酒旅酬賓酬主人坐奠觶遂拜執觶興主人荅拜不祭立飲主人酬介介酬衆賓及衆賓相酬皆如賓酬主人之禮鄉射旅酬賓酬主人主人酬大夫大夫酬衆賓及衆賓相酬亦同燕禮公舉媵爵爲賓旅酬賓降西階下再拜稽首公命小臣辭升成拜公坐奠觶荅再拜又云賓以旅酬于西階上賓大夫之

右坐奠觶拜執觶興大夫荅拜又云大夫辯受酬如受賓酬之禮不祭爲卿旅酬爲大夫旅酬爲士旅酬皆如之大射旅酬亦同特牲禮祭畢飲酒賓酬長兄弟賓奠觶拜長兄弟荅拜賓立卒觶經不云祭是亦不祭也又云長兄弟酬賓如賓酬兄弟之儀有司徹旅酬尸北面于阼階上酬主人坐奠爵拜主人荅拜不祭立飲又云主人以酬侑于西楹西坐奠爵拜侑荅拜不祭立飲又云乃升長賓侑酬之如主人之禮至於衆賓遂及兄弟亦如之是旅酬皆拜不祭立飲也至於燕禮大射公爲賓旅酬坐祭立飲者臣與君行禮且膳酒也故雖旅酬亦祭若大夫辯受酬者則不祭矣又云凡旅酬不洗不拜既爵鄉飲酒旅酬賓酬主人不拜卒觶不洗賓觶東南面授主人主人酬介介酬衆賓及衆賓相酬皆如賓酬主人之禮鄉射旅酬賓酬主人卒觶不拜不洗實之進東南面主人阼階上北面拜賓少退主人進受觶賓主人之西北面荅送賓揖就席主人以觶適西階上酬大夫大夫降席立于主人之西如賓酬主人之禮主人揖就席若無大夫則長受酬亦如之燕禮大射公爲旅賓酬賓以旅大夫于西階上立卒觶不拜若膳觶也則降更觶洗非膳觶則不洗可知爲卿旅酬爲大夫旅酬爲士旅酬皆如之有司徹旅酬尸酬主人主人酬侑

皆云卒爵不拜旣爵不云洗特牲禮旅酬賓酬長兄弟經
云賓立卒觶不云拜旣爵亦不云洗則皆不洗不拜旣爵
可知也若燕禮大射公取大夫所媵爵以酬賓公卒觶賓
下拜小臣正辭賓升再拜稽首公坐奠觶荅拜此卒觶亦
拜者臣與君行禮故於卒觶時先拜然後公乃荅拜也又
云易觶興洗此酬賓之觶是媵觶故易之不敢襲君之爵
也旣易名則必洗所以示新也故下經云公有命則不易
不洗矣鄉飲酒記鄉射記皆云凡旅不洗不洗者不祭方
氏苞云賓鄉民之爲士者也以己所飲觶授鄉大夫而不
洗何也法之行必自貴者始而後可以畏民志禮之行必
自貴者始而後可以感人心度時量事旅酬以後必不能
以洗爲禮故不洗而授觶自鄉大夫始而與敎勸學之誠
慊乎上下矣一事之中禮有相反而適相成者賓介相厭
以入主人之贊者不與於酬禮之兼乎法以辨名分也有
順乎情以通和樂者拜無不荅酬皆不洗 **主人阼階上拜**
之類是也凡此皆聖人運用天理之實也

賓少退主人受觶賓拜送于主人之西 旅酬同階禮殺 疏 正義曰李氏如圭云鄉射禮拜皆北面 注云旅酬同階禮殺者以上正酬時不同階知此同階爲禮殺也 **賓揖復席**

酬主人訖【疏】正義曰敖氏云揖而復席禮之也高氏愈云此賓酬主人爲第十三次爵計賓所飲始二爵矣

右賓酬主人

主人西階上酬介介降席自南方立于主人之西如賓酬主人之禮主人揖復席其酌實觶西南面授介自此以下旅酬酌者亦如之【疏】正義曰郝氏云主人得賓觶未飲西階上酬介張氏爾岐云主人以所受於賓之觶酬介亦先拜介自飲實觶授介拜送於其東　注云其酌實觶西南面授介自此以下旅酬酌者亦如之者張氏爾岐云亦如之者謂皆西南授之也朱子曰賓主介相酬皆北面但賓觶之後授觶之時賓則東南面授主人主人則西南面授介已授之後卽授者又還北面之位賓則拜送于主人之西主人則拜送于介之東皆北面也故下文受介酬者亦旣受乃還北面拜受也高氏愈云此主人復酬介爲第十四次爵計主人所飲則四爵矣

右主人酬介

司正升相旅曰某子受酬受酬者降席旅序也於是介酬衆賓衆賓又以次
序相酬某者衆賓姓也同姓則以伯仲別之又同則以且字別之
疏 正義曰注則以其序別之校勘記云其序
徐本作且字與單疏合是也集釋作某字通解作且序楊
氏敖氏俱作其字皆非也案毛本疏解注云則以某甫且
字別之也作且字不誤○敖氏云相旅謂相旅酬之禮曰
某子受酬卽其事也或言旅或言酬互見耳於賓酬主人
主人酬介司正不升惟相之於下耳尊之也若有遵者則
先衆賓酬之就則司正乃升也蔡氏德晉云賓介及主人
相酬司正惟相之於下而不升尊之也至介酬衆賓衆賓
又以次相酬是謂旅酬司正乃升堂相視旅酬之禮所以
察其失禮者也曰某子受酬以序呼而進之也受酬者聞
其呼己乃降席未受者不得越次也方氏苞云此專呼受
酬者必受之於介無疑也鄉射曰某酬某子或大夫或賓
長酬者無定故必目其人案旅酬以次相酬此禮之定制
鄉射某酬某子上某字指酬者下某字指受酬者則兼酬
者受酬而受相之此第云某子受酬與鄉射文互見也方
氏苞以爲受之於介未必然又云衆賓工笙畢獻主人以
一人而僔數十人之拜雖强力者亦倦矣故自介以下酬

爵必遍相致然後後衆賓有司弟子可徧而主人得自息也後此舉觶皆使人代非惟禮殺亦主人之力不能繼耳注云某某者衆賓姓也者顧氏炎武云鄉射禮某酬某子注某子者氏也古人男子無稱姓者從鄉射注爲得如左傳叔孫穆子言叔仲子子服子之類云同姓則以伯仲別之又同則以且字別之者段氏說文注云凡有僭之詞皆曰且經注云且字者十有一鄉飲酒注云同姓則以伯仲別之又同則以且字別之言同姓之中有伯仲同者則呼某甫也少牢禮注伯某之某且字也士喪禮父某甫注某且字也若言山甫孔甫士虞禮適爾皇祖某甫且字也若言尼甫又曲禮有天王某甫注某甫且字也檀弓嗚乎哀哉尼父注因且字以爲之諡禖記陽童某甫注某甫且字也左傳桓四年天子使宰渠伯糾來聘注宰渠伯糾天子下大夫繫官氏且字古言表德之字謂之且字可證者如是蓋古二十而冠祇云某甫五十而後以伯仲某甫者所以僭伯仲也故鄭注禮之某甫如是何注春秋經之札卷糾皆爲且字者與鄭無不合

司正退立于序端東面

辟受酬者又便其贊上贊下也始升相西階西北面【疏】正義曰李氏如圭云衆賓席在賓西南面司正始升賓命之故西階西北面衆受酬者受自左故司

正選辟之盛氏世佐云堂上者北面作之惟相介酬衆賓則然其他則司正東面自若也鄉射禮在下者皆升受酬于西階上司正安得南面作之乎敖氏謂堂上者南面作之非也褚氏寅亮云視西階爲稍西然亦在序端之南非正立其處蓋序端在介席西北非俟事處也

受酬者自介右由介東也尊介使不失故位疏正義曰楊氏復云主人酬介介立于主人之西是主人在介右也及介酬某子某子受酬亦在介右蓋尊介使不失故位也敖氏云受介酬者獨居介右與他受酬者不同明介尊不與衆賓序也若遵者受介酬亦然自介右則介當東南面酬之盛氏世佐曰自介右則介之酬衆賓北面敖氏云東南面非注疏謂自主人酬介以下皆西南面授之亦不盡然

衆受酬者受自左後將受酬者皆由西變於介也今文無衆酬也疏正義曰今文無衆酬也校勘記云也徐本集釋通解俱作者與單疏標目合案衆衆字疑當作受○楊氏復云自介酬某子之後衆受酬者皆立于酬者之左亦如賓酬主人立于主人之左敖氏曰受自左賓黨受酬者之正位也郝氏敬云受介酬者自介右尊介在左也衆人轉相酬則受酬者在左酬者尊受者如賓也張氏爾岐云衆賓首一人受介酬自介右受

之第二人以下受其前一人酬皆自其左受之也授受之法授由其右受由其左以尊介故介由右餘人自如常禮也云今文無眾酬也者胡氏承珙云注眾字當作受今文但云眾受自左古文多受酬者三字承上文受酬者自介右而言受酬者謂眾賓之內為首者一人此眾受酬者則疏謂第二人以下並堂下眾賓是也文義較明故鄭氏從古文

拜興飲皆如賓酬主人之禮嫌賓以下異也疏正義曰敖氏云亦惟受酬者立于酬者之西及酬者既受觶進西南面為異耳盛氏世佐云堂上眾賓相酬當西北面蓋酬者之與受酬者必向其位所以通指也賓酬主人東南面主人酬介西南面皆以是三賓之位在賓西南面則其自相酬亦必西北向之可知惟堂下眾賓則當西南面酬之耳受酬者皆北面

辯卒受者以觶降坐奠于篚辯辯眾賓之在下者鄉射禮曰辯遂酬在下者皆升受酬于西階上疏正義曰注云辯辯眾賓之在下者張氏爾岐云謂既酬堂上又及堂下無不徧也引鄉射記證此與彼同案經文言辯則兼堂下堂上而言長賓三人在堂上介酬長賓長賓第一人酬第二人第二人酬第三人此酬堂上者也長賓之第三人又酬堂下之眾賓眾賓以次而酬及

於卒者經以一辯字括之而互見其義於鄉射禮故注引以爲證敖氏謂辯辯眾賓之在上者其後當言酬在下者之禮然後及於卒受者如鄉射禮所云是也經蓋有脫文其說非也方氏苞又云辯後不必遂酬在下者與鄉射禮異也鄉大夫國鄉也以君命興賢能則參用朝廷之禮堂下之賓皆賢能之待興於再舉者故得升堂受酬而有司執事者不與以示國之重賢能非賢能不得與獻酬也若州長習射黨正正齒位主人位非甚尊而其禮爲禮法之常而其事爲少長貴賤所能習故獻酬終於沃洗者以洽眾情而示禮教之無不徧亦所以興起之也若謂與鄉射禮同而文不具則執事者之受酬與否乃禮之大閑宜詳其受酬於此經而鄉射從略以見其皆同非若面鄉行由之小節可以彼此互見而昭然無疑者以此知賓賢能之禮無遂酬在下者之事也祭之末燀胞翟閽皆有畀焉故主人之贊者無算爵亦得與案鄉射注云在下謂賓黨也則所謂辯眾賓之在下者謂辯及於堂下之眾賓非謂辯及於執事者也執事者無算爵始得與鄉射言遂酬在下者亦謂賓黨非謂執事者也方氏知旅酬之不及執事者而反謂鄉飲鄉射有異亦未卽鄉射之法而細繹之也

司正降復位觶南之位〔疏〕正義曰蔡氏德晉云

旅畢也高氏愈云此介又以主人之觶酬衆賓衆賓交錯以辯各飲一爵爲十五番爵也

右介酬衆賓衆賓旅酬此飲酒禮之第三段

卷十八終

儀禮正義卷七　　鄭氏注

受業江寧楊大堉補

使二人舉觶于賓介洗升實觶于西階上皆坐奠觶遂拜

執觶興賓介席末荅拜皆坐祭遂飲卒觶興坐奠觶遂拜

執觶興賓介席末荅拜二人亦主人之吏若有大夫則舉觶于賓與大夫燕禮曰媵爵者立于洗南西面北上序進盥洗

疏 正義曰張氏爾岐云此下言無算爵初使二人舉觶次徹俎次坐燕飲酒之終禮也○郝氏敬云使司正以主人意使也敖氏云亦代主人行事也至是仍併舉觶者異之也方氏苞云俎尚未徹而觶先舉何也脫屨升堂後拜興受送之儀皆不可展故先舉觶于賓介以行酬賓介不飲而奠焉至無算爵則仍令二人舉此觶也凡舉爵而奠之必下事更端使請安徹俎之後舉此觶而行之於事甚順而必先舉何也君子行禮則不敢緩求安則不敢急亦三揖而進三讓而升之義也鄉飲則舉觶于賓介射則舉觶于賓大夫示主人不敢

專惠且遞酬而交錯主人力不能徧俾得少自休息焉耳二人舉觶不於諸公而於介何也此禮爲賓介而舉諸公雖尊乃爲觀禮而來自不得主舉酬之事鄉射無介則大夫與賓各舉一觶可矣俎實則特存臑肫以薦公大夫而介薦以胳又以明貴有常尊之義也　注云若有大夫則舉觶于賓與大夫者賈疏云以大夫尊於介故也敖氏云正言賓介者明雖有大夫猶及介後盛氏世佐云鄉飲酒禮尊以尊賢非爲貴貴大夫雖尊不當先介且鄉飲義云坐僎於東北以輔主人則尊者亦有主義焉方主人舉觶酬賓豈得舍介而之大夫乎注非當以敖說爲正褚氏寅亮云大夫雖尊不得越介而舉觶鄉射無介故及大夫韋氏協夢云飲酒主于尊賢故賓居先介似之觀升堂時賓厭介介厭大夫則是大夫下於介矣經云舉觶于賓介則旣酬賓卽當酬介敖氏得之矣案後賓若有遵者節經云如賓禮大夫則如介禮是公尊而禮如賓大夫尊於介而禮如介禮以賓介爲重公大夫皆來觀禮者故不先賓介也敖說較注爲的引燕禮者賈疏云證二人舉觶將洗時亦以此盥手也盛氏世佐云上一人舉觶洗而不盥此亦同避君禮也注引燕禮證此舉觶者之位面序進與彼同耳非謂盥亦同也疏誤高氏愈云此二人復各飲一觶導

飲爲第十六番爵逆降洗升實觶皆立于西階上賓介皆拜於席末拜

疏正義曰李氏如圭云逆降後升者先降郝氏敬云先升者後降張氏爾岐云二人先後之序與升時相反敖氏云鄉射禮曰立于西階北面東上郝氏敬云立于西階上爲避賓介拜也皆進薦西奠之賓辭坐取觶以興介則薦南奠之介坐受以興退皆拜送降賓介奠于其所賓言取介言受尊卑異文今文曰賓受疏正義曰張氏爾岐云此二人所舉之觶待升坐後賓升各舉以酬爲無算爵者卽此二觶注云賓言取介言受尊卑異文者敖氏云經文錯綜以見其同也介亦辭文不具耳鄉射禮云賓與大夫辭介宜與彼大夫同也方氏苞云敖說非也鄉飲酒之所興羣士也故凡事不敢與正賓同若鄉射則無介大夫之重過於賓無所嫌而竝辭故經特著之介不辭所以尊賓也不舉觶於遵所以尊介也盛氏世佐云取受二字經往往互用如上一人舉觶之時云賓辭坐受以興而鄉射禮則云取鄉射禮二人舉觶之時云賓與大夫辭坐受觶以興而此則於賓言取介言受葢取者指其實而受者原其意也注因取受異

文遂生尊卑之解殊爲牽率敖氏改之是也而謂經有意錯綜以見其同則亦非也經所以複言介坐受以與者正以見介之不辭與賓爲異其義初不在此一字也介何以不拜蓋辭者辭其坐奠也卑於尊者不敢親授故有坐奠之儀賓與大夫尊嫌以尊者自居故辭之介卑無所嫌故不辭也案取受二字散文則通對文則有異受對授而言尊卑不相授受賓雖不敢以尊自居而奠之者則固以賓爲尊也故經於賓曰取不以授受言也介雖亦奠之而介卑於賓卑者可相授受故經於介原其意曰受也取與受對言自有尊卑之別鄭注未可非也云今文曰賓受者胡氏承珙云注語似今文於賓取觶之文作賓受與介不別尊卑故從古文然經薦西奠之下賓辭然後坐取觶若今作賓受坐取觶以興則不辭矣此經似無由以賓受二字連文又案宋本疏標目但有賓言至異文似此節注文止十字今文曰賓受蓋誤衍歟案此經文上下皆作坐受也今文曰賓受謂今文賓亦曰受承上文賓言取介言受言之耳曰賓二字疑互倒宋本賈疏標目但有賓言至異文者此節疏止釋此十字未釋今文曰賓受五字故標目無文胡氏遂疑其誤衍失之矣褚氏寅亮云此與少牢賓尸二人舉觶儀略相似但此二觶俱舉彼尸舉而侑不舉耳

高氏愈云此二人所奠爲
第十七番爵賓介皆不飲

右二人舉觶

司正升自西階受命于主人主人曰請坐于賓賓辭以俎

至此盛禮俱成酒清肴乾賓主百拜强有力者猶倦焉張而不弛弛而不張非文武之道請坐者將以賓燕也俎者肴之貴者辭之者不敢以禮殺當貴者 疏 正義曰注强有力猶倦焉校勘記云力下徐本集釋通解楊氏敖氏俱有者字○請坐于賓賈疏云自此以上皆立行禮人皆勞倦故請坐于賓敖氏云坐謂坐而飲也賓辭以俎李氏如圭云骨體貴而肉賤少儀曰飲酒者右折俎不坐敖氏云辭其俎者以俎辭其請坐之命謂俎在此不敢坐也俎肴之貴者燕坐則禮殺矣當俎而燕坐是褻之也司正於是又反命於主人注云賓主百拜者敖氏云此用樂記文也亦甚言其拜之多耳非謂眞有百拜也云弛而不張張而不弛非文武之道者襍記文云俎者肴之貴者辭之者不敢以禮殺當貴者案禮盛者設折俎禮旣成而俎仍設者主人尊賓不敢以禮殺而略之也賓辭以俎不敢自尊

而以殺禮當貴者也**主人請徹俎賓許**亦司正傳請告之疏正義曰蔡氏德晉云主人請徹俎順賓意以安賓也司正復請於賓而賓許順主人意而許其坐也敖氏云賓鄉者辭以俎今主人請徹俎而賓許之是許其坐矣**司正降階前命弟子俟徹俎**西階前也弟子賓之少者俎者主人之吏設之使子弟俟徹者明徹俎賓之義疏正義曰西階前命之故知賓弟子姜氏兆錫云以降自西階決其爲賓黨弟子恐未然司正凡升降皆西階一以輔賓一以監衆安得以西階二字臆揣之耶味下文弟子當是主黨蓋徹俎是命所命而受俎非司正一人所辦故司正首受俎主黨弟子輔之而賓大夫之從者受於外也本紀賓介大夫之俎皆出授從者而主俎則弟子以東明司正與弟子皆主黨而從者則賓大夫之從者可見也案弟子位在西階故司正降西階前以命之衆賓位皆在西階故知弟子爲賓之少者賓介大夫之從者不得稱弟子不得列西階下故必授諸弟子弟子始出而授從者下文取俎還授弟子介取俎亦還授弟子何以明弟子之必爲主黨記賓介遵者之俎受者以降出授從者主人之俎以東謂主人之俎藏於東房又何得以東決其爲主黨弟子是姜氏亦臆揣之

辭也不如注據經文降階前三字決其爲賓黨弟子爲確敖氏云俟徹俎者俟尊者徹俎乃受之也**司正升立于席端**待事疏正義曰席端校勘記云席唐石經楊氏敖氏俱作序徐本集釋通解俱作席石經考文提要云鄉射禮亦云升立于序端案疏內標目司正至席端疏云卽升立于序端皆誤也然單疏本已如是則誤久矣非始於通解今案毛本疏無標目**賓降席北面主人降席阼階上北面介降席西階上北面遵者降席席東南面**皆立相須徹俎也遵者謂此鄉之人仕至大夫者也今來助主人樂賓主人所榮而遵法者也因以爲名或有無來不來用時事耳今文遵爲僎或爲全疏正義曰遵者降席席東南面校勘記云唐石經徐本集釋通解楊氏敖氏俱重席字石經考文提要云鄉射禮大夫降席席東南面大夫卽遵者也亦疊席字案疏云遵不北面者以其尊故席東南面向主人是疏本亦疊席字注云皆立相須徹俎者敖氏云主人介遵皆近其席而立俟取俎之節也云遵者謂此鄉之人仕至大夫者也今來助主人樂賓主人所榮而遵法者也因以爲名或有無來不來用時事耳者敖云遵者乃此鄉之人仕至公鄉

大夫主人請之來與此會者也謂之遵者以其遵承主人之命而來歟或曰遵之爲言尊也大夫尊於士故以是名之未知孰是案遵之爲義爾雅釋詁云遵循也廣雅釋詁云遵表也毛詩酌傳云遵率也是遵爲儀表尚可率循之義故注以爲主人所榮而遵灋者也敖說非云今文遵爲僎或爲全者胡氏承珙云禮記冠義云介僎象陰陽也注云古文禮僎皆作遵又少儀僎爵注云僎或作騶古文禮俱作遵古文禮者皆指此禮經古文也鄭於此注云主人所榮而遵灋者也於鄉射注云謂之遵者方以禮樂化民欲其遵灋之也是古文作遵者正字今文假僎爲之僎或爲全者聲近假借論語異乎三子者之撰鄭注云撰讀爲詮蕭該漢書音義引字林譔音詮是其例也案史記周本紀遵修其緒徐廣曰遵一作選選亦遵僎相通之一證

賓取俎還授司正司正以降賓從之主人取俎還授弟子弟子以降自西階主人降自阼階介取俎還授弟子弟子以降介從之若有諸公大夫則使人受俎如賓禮衆賓皆降

取俎者皆鄉其席既授弟子皆降復初入之位

【疏】正義

曰則使人受俎校勘記云受唐石經集釋俱作授○賓取俎還授司正敖氏云北面取俎還南面授司正必言還者明就而受之司正受賓俎者賓尊宜異之方氏苞云惟賓之俎以授司正鄉民之秀者可以出而長之故重其禮以屬羣士也韋氏協夢云鄉射司正以俎出授從者此亦然主人取俎以下敖氏云此取俎與升受俎者皆以先者旣降爲節取俎不言所鄉如賓可知主人之俎乃以降自西階者辟君禮也則使人受俎敖氏云人亦謂弟子鄉射禮曰大夫取俎還授弟子是也方氏苞云敖說非也鄉射之大夫不過本州中爵列少尊者故俎授弟子與主人同鄉飲酒之遵者諸公之下尚有諸鄉故使公士受俎特異其文曰使人又申之以如賓禮謂如賓之俎使司正受乃公士而非弟子也若使弟子則一與主人介同更無所謂如賓禮者而經贅設此文義無所取矣　注云取俎者皆鄉其席旣授弟子皆降復初入之位者張氏爾岐云向席取俎轉身以授人復初入之位東階西階相讓之位也敖氏云賓降立于西階西主人降立于阼階東介于賓南大夫在介南衆賓又在大夫南少退張氏惠言云初入賓無位介與三賓同衆賓皆庭中西面鄉射禮云賓降立于階西東面主人降自阼階西面立大夫降立于賓南衆賓降立

于大夫之南少退北上彼無介此有介介當繼大夫而南
皆于阼階西當序以次而下則介與三賓不復初入之位
也淩氏釋例云凡無算爵必先徹俎降階鄉飲酒禮二人
舉觶畢司正升自西階受命于主人主人曰請坐于賓賓
辭以俎主人請徹俎賓許司正降階前命弟子俟徹俎司
正升立于序端賓降席北面主人降席阼階上北面介降
席西階上北面遵者降席席東南面賓取俎還授司正司
正以降賓從之主人取俎還授弟子弟子以降自西階主
人降自阼階介取俎還授弟子弟子以降介從之若有諸
公大夫則使人受俎如賓禮衆賓皆降鄉射禮二人舉觶
畢司正升自西階阼階上受命于主人適西階上北面請
坐于賓賓辭以俎反命于主人主人曰請徹俎賓許司正
降自西階階前命弟子俟徹俎司正升立于序端賓降席
北面主人降席自南方阼階上北面大夫降席席東南面
賓取俎還授司正司正以降自西階賓從之降遂立于階
西東面司正以俎授從者主人取俎還授弟子弟子受俎
降自西階以東主人降自阼階西立大夫取俎還授弟子
弟子以降自西階遂出授從者大夫從之降立于賓南衆
賓皆降立于大夫之南少退北上此皆徹俎於旅酬之後
無算爵之前者也燕禮立司正訖司正升自西階東楹之

東請徹俎降公許告于賓賓北面取俎以出膳宰徹公俎降自阼階以東大夫皆降東面北上大射儀射畢爲大夫舉旅酬訖司馬正升自西階東楹之東北面告于公請徹俎公許遂適西階上北面告于賓賓北面取俎以出諸公卿取俎如賓禮遂出授從者于門外大夫降復位庶子正徹公俎降自阼階以東此皆徹俎於爲大夫旅酬之後獻士之前者也獻士獻庶子禮殺故在徹俎後與無算爵同矣至於特牲禮宗人告祭脀乃羞在旅酬之前有司徹乃羞庶羞于賓兄弟內賓及私人在旅酬之後則祭畢飲酒之禮不同於飲酒之正禮也

右徹俎

說屨揖讓如初升坐說屨者爲安燕當坐也必說於下者屨賤不空居堂說屨主人先左賓先右今文說爲稅疏正義曰揖讓如初升坐敖氏云謂主人與賓一揖一讓也賓則厭介介厭大夫大夫厭衆賓亦以次而升郝氏敬云揖讓如初升謂三揖三讓如初迎賓時也坐主賓皆坐席上跪而以股帖足也盛氏世佐云揖讓如初當如敖說○注不空居堂校勘記云空楊本作宐

云說屨者爲安燕當坐也必說於下者屨賤不空居堂

者李氏如圭云少儀曰堂上無跣燕則有之敖氏云說屨者各於其階側北面坐於堂而說屨於上者惟尊長則然此賓主人其尊相敵故皆說於下賓黨之屨亦北上也方氏苞云燕大射但言賓諸公卿大夫說屨升則君說於上明矣排闥說屨於戶內惟長者一人卿大夫齊齒竝尊以興賢能與賓同說屨於階下蓋降齊齒以明尙德之義也云說屨主人先左賓先右者敖氏云謂賓在主人之左故主人先說左屨主人在賓之右故賓先說右屨是亦鄭氏以意言之耳今文說爲稅詳見士昏禮說服下吳氏廷華云如初者如上獻訖升堂也

乃羞羞進也所進者狗胾醢也鄉設骨體所以致敬也今進羞所以盡愛也敬之愛之所以厚賢也【疏】正義曰注鄉設骨體校勘記云釋文云鄉本作鄉同通典作享云羞進也所進者狗胾醢也者李氏如圭云胾切肉也薦差不踰牲此牲狗則羞胾者狗胾也醢則醓餘牲兼作之敖氏云羞者羞庶羞於凡有薦者也此時衆賓亦當祭薦文不具耳注云所進者狗胾羹也少牢特牲之庶羞皆以其牲肉爲胾又有醢故知此禮當放之也淩氏釋例云凡無算爵皆說屨升坐乃羞鄉飲酒禮將行無算爵主人請坐於賓賓辭以俎至徹俎畢說屨揖讓如初升坐乃羞無算爵無算樂是無算爵皆

說屨升坐乃羞也鄉射禮徹俎畢主人以賓揖讓說屨乃升大夫及眾賓皆說屨升坐乃羞與鄉飲酒同燕禮徹俎畢賓反入及卿大夫皆說屨升就席公以賓及卿大夫皆坐乃安羞庶羞大夫祭薦司正升受命皆命君曰無不醉賓及卿大夫皆興對曰諾敢不醉皆反坐大射儀徹俎畢賓諸公卿皆入門東面北上司正升賓賓諸公卿大夫皆說屨升就席公以賓及卿大夫皆坐乃安羞庶羞大夫祭薦司正升受命皆命公曰眾無不醉賓及諸公卿大夫皆興對曰諾敢不醉皆反位坐是燕大射無算爵說屨升坐乃羞亦與鄉飲酒鄉射同惟鄉飲酒鄉射升坐後郎行無算爵燕禮大射升坐後先獻士始行無算爵爲異耳又鄉射疏云尊卑在室則尊者說屨在室其餘說屨於戶外若尊卑在堂則亦尊者一人說屨在堂其餘說屨於堂下是以燕禮大射臣皆脫屨於階下公不見說屨之文明公舄在堂矣亦與鄉飲酒鄉射異也至於特牲禮無算爵本於階下行之故無說屨升坐之文祭畢飲酒禮殺故也不云乃羞者前旅酬時已羞也有司徹儐尸之禮無算爵惟行於堂上然亦祭畢飲酒故不云說屨升坐但於是時羞庶羞而已其於特牲無算爵唯有堂上堂下之分而其爲禮殺則一也不儐尸之禮羞庶羞在賓自酢後亦與特牲禮

異也**無筭爵**筭數也賓主燕飲爵行無數醉而止也鄉射禮曰使二人舉觶于賓與大夫又曰執觶者洗升實觶反奠于賓與大夫皆是

疏 正義曰校勘記云算唐石經徐監皆作筭下同案此二字諸本錯出後不悉據注使主人舉觶于賓徐監葛本集釋通解俱作二楊氏作一○李氏如圭云爲鄉二人所舉觶者至此二觶竝行交錯以酬辯旅在下者主人之贊者亦與焉復實二觶反奠之其爵無算楊氏復曰鄉飲酒無算爵其文略案鄉射無算爵賓與大夫不興取奠觶飲卒觶不拜執觶者受觶遂實之賓觶以之主人大夫之觶衆賓長受而錯皆不拜注錯者賓主人之觶以之次賓賓長之觶以之次大夫此鄉飲酒禮亦同但鄉射有賓無介鄉飲酒有賓有介當賓賓之觶以之主人實大夫之觶以之介及其交錯而行也當實主人之觶以之衆賓長實介之觶以之次大夫又實衆賓長之觶以之第三位次大夫實次大夫之觶以之第二位次賓長如此交錯以辯卒受者與以旅在下者於西階上及其辯也執觶者洗升實觶反奠於賓與大夫所以復奠之者燕以飲酒爲歡醉乃止此所以爲無筭爵也敖氏云無筭爵者行其奠觶終而復始無定數也此異於鄉射者舉觶及反奠者不於大夫而於介耳其賓觶亦以之主

人介觶則以之大夫其餘皆可以類推之也程氏易田云
注引鄉射禮乃約初使二人舉觶于賓與大夫之文非引
無算爵時使二人舉觶之文彼經無算爵下則曰使二人
舉觶賓與大夫不與取觶飲卒觶不拜執觶者受觶遂實
之賓觶以之主人大夫之觶長受而錯不拜此經無算爵
時亦當略同亦使二人舉觶賓與介亦取前薦西薦南受
而奠於其所之二觶飲卒觶執觶者亦受觶遂實之賓觶
以之主人介觶衆賓之長受而錯也如此則賓介奠於其
所之觶至是起而行之矣秦氏蕙田云鄉射無介故以賓
與大夫爲尊鄉飲酒有介當以賓與介爲尊鄉飲酒義每
以賓主介僎相提竝論則無算爵自宜從賓介始由賓而
之主人由介而之大夫如敖氏之說爲是楊氏尚沿舊注
之誤耳盛氏世佐云鄉射禮無介故云賓與大夫不與取
奠觶飲此篇有賓有介上旣言使二人舉觶于賓介則此
時取奠觶而飲者亦當爲賓與介矣其行酒之法敖說是
也及其交錯而行也當實主人之觶以之衆賓長實大夫
之觶以之次賓長又實衆賓長之觶以之次大夫實次賓
長之觶以之第三位次大夫循是而辯此堂上旅酬之法
也其旅在下者於西階上之法詳見下篇楊氏惑於鄭注
若有大夫則舉觶於賓與大夫之說故持論如此淩氏釋

例云凡旅酬既畢之酒謂之無筭爵鄉飲酒禮旅酬畢使二人舉觶徹俎說屨揖讓如初升坐乃羞無筭爵鄉射禮旅酬畢使二人舉觶徹俎主人以賓揖讓說屨乃升大夫及衆賓皆說屨升坐乃羞無筭爵燕禮主人獻庶子後無筭爵注筭數也爵行無次無數惟意所勸醉而止疏云此時四舉旅以前皆有次有數此則無次無數也大射儀同此燕飲正禮之無筭爵者也特牲禮旅酬畢賓弟子及兄弟弟子舉觶爵皆無筭注賓取觶酬兄弟之黨長兄弟取觶酬賓之黨惟己所欲亦交錯以辯無次第之數因今接會使之交恩定好優勸之有司徹旅酬畢兄弟後生舉觶至賓一人舉爵於尸後賓及兄弟交錯以酬皆遂及私人爵無筭又不儐尸之禮次賓加爵後賓兄弟交錯其酬無算爵注此亦與儐同者在此篇此祭畢飲酒之無筭爵也皆行於旅酬之後者鄉飲記主人之贊者西面北上不與無算爵然後與謂贊者不及獻酒故不與旅酬至無算爵乃得與也禮記鄉飲酒義降說屨升坐脩爵無數飲酒之節朝不廢朝莫不廢夕賓出主人拜送節文終遂焉鄭注終遂猶克備也孔氏正義曰降說屨升坐者此謂無筭爵之初也以前皆立而行禮又云脩爵無數者謂無算爵也熊氏云謂爵行無數矣然則飲酒之禮至無筭爵乃備可

知矣

無筭樂 燕樂亦無數或閒或合盡歡而止也春秋襄二十九年吳公子札來聘請觀于周樂此國君之無筭

疏 正義曰敖氏云爵行則奏樂爵止則樂闋故爵無筭而樂亦無筭也郝氏敬云向者獻酬有節歌笙閒合皆三終燕樂無筭不拘於三也方氏苞云舊說仍用前歌與閒但疊用數篇周而復始亦比於慢矣疑若春秋傳所載賓各賦詩工以瑟與笙應之其不歌者亦聽以無定數故謂之無筭耳以不出大師所陳十五國之風故曰鄉樂家諸家言無筭樂皆與注異考注云或閒或合盡歡而止蓋謂奏樂不定依獻酬之節或用閒歌或用合樂無一定之數主賓盡歡爵止而樂始止也敖氏說可與注相發明引春秋傳盛氏世佐謂左傳載季札觀周樂之事乃魯因札之請而備陳之聘禮云歸大禮之日即受饔餼請觀是也非國君之無算也注引之誤

右坐燕此飲酒第四段飲禮始畢

賓出奏陔 陔陔夏也陔之言戒也終日燕飲酒罷以陔爲節明無失禮也周禮鍾師以鍾鼓奏九夏是奏陔夏則有鍾鼓矣鍾鼓者天子諸侯備用之大夫士鼓而已蓋建於阼階之西南鼓鄉射禮曰賓興樂正命奏陔賓

降及階陔作賓出衆賓皆出

【疏】正義曰注云陔陔夏也陔之言戒也者李氏如圭云詩亾篇六序皆以篇名釋其義南陔曰孝子相戒以養與注陔之言戒義合案周禮鍾師祴夏杜子春云祴讀爲陔鼓之陔說文曰宗廟奏祴樂是陔即祴夏賓醉而出奏祴夏是祴之義取於戒注通陔於祴故曰陔之言戒也李氏似以南陔當此經之陔未知所據敖氏云陔陔夏有聲無辭之樂金奏之一者也其名義未詳盛氏世佐云周禮鍾師注云九夏皆詩篇名頌之族類也此歌之大者載在樂章樂崩亦從而亾是以頌不能具則陔亦頌之逸篇歟然以大夫而送賓之樂儼然與天子同何其無差等也鍾師陔夏之陔本作祴而此篇及鄉射燕禮皆言奏陔而不言夏然則陔之與祴夏同乎否乎今皆不可得而考矣竊謂夏大聲也別之於頌必非諸矦以下之所得干諸矦大夫所奏蓋別爲一詩而今亦亾之也或以音節爲別如豳詩七月一篇而有風雅頌之異歟樂師鄭司農注云今時禮行於太學罷出以鼓陔爲節則陔之音節至漢猶有存者康成乃與鍾師之祴夏混而一之至今天子諸矦大夫之樂尊卑莫辯其誤甚矣疏家乃爲之說曰天子則九夏俱作諸矦則不用三夏得奏其肆夏以下大夫以下據此用陔南以是爲尊卑不同不知

諸侯進取僅得歌大雅大夫進取僅得歌小雅未聞有歌
頌者魯之有頌相傳以爲成王所賜議者猶以爲僭三家
雍徹夫子譏之彼金奏肆夏之三諸侯之僭禮也甯得以
爲正而據之乎案九夏之用周禮注杜子春分析甚明陔
蓋宗廟中上下通得用之故說文亦統云宗廟奏祴樂漢
時大學罷出猶以鼓陔爲節其所奏若何鄭君去司農未
遠豈不知之特其詞旣亾僅傳其節耳至呂叔
玉以肆夏樊遏渠附合詩篇則未敢以爲信也主人送于
門外再拜門東西面拜也賓介不荅拜禮有終也疏正義曰敖氏云再拜送賓也不拜送介殺於初
方氏苞云主人禮先於賓者十一有三其大節六賓許出迎
拜至崇酒立司正拜送皆再拜一拜者唯獻酬耳賓之禮
先於主人者十有二皆一拜蓋鄉大夫賓賢能士當以道
自重不敢重拜疑喜於得舉而翕翕相附也周公制禮教
士以難進易退而公卿爲國求賢致敬盡禮以相勖厲者
可謂切著矣又曰戒速賓介禮同至拜送則介不與焉以
是知賢能之書所獻惟賓也蓋介乃德行道藝次於賓而
可備後舉者故戒速壹與賓同所以異之於羣士也而登
於天府者惟賓至於後舉則羣士之德行道藝或有先於
介者矣故禮終惟賓得拜送而介與衆賓不與又所以儕

之羣士皆有所觀感而興起也鄉射賓出衆賓皆出主人拜送於門外蓋射乃有司之學政凡在列者皆宜加禮不可以分差等此則送賓而不及介以賓乃所興之賢能而介仍鄉之學士也敖氏乃謂此士大夫私飲於學中之禮固哉案禮爲賓而設介與衆賓所以輔賓也禮之初主人速賓及介至於門外主人拜賓及介至於獻酬而介禮少殺燕畢而出飲禮旣成而賓賢之禮備矣經特言賓出主人送于門外再拜不言介衆賓見此禮專以爲賓所以重賓而略於介及衆賓也鄉飲酒義云賓出主人拜送節文終遂焉亦不言介也

右賓出

賓若有遵者諸公大夫則旣一人舉觶乃入不于主人正禮也遵者諸公大夫也謂之賓者同從外來耳大國有孤四命謂之公疏正義曰張氏爾岐云此下言諸公大夫來助主人樂賓主人與爲禮之儀遵不必至故曰若有李氏如圭云賓主獻酬爲正禮遵者無常或來或否故於此乃言之敖氏云此謂遵者先俟於門外以一人旣舉觶爲入之節息司正之禮云云以告于先生君子然則主人於遵者其亦使之

告之歟公大夫若皆來則同時入其入之節在一人舉觶
之後衆工未入之前乃於是言之者以其或有或無或來
或否不定故也○校勘記云注于徐本作于誤 云遵者
諸公大夫也大國有孤四命謂之公者釋官曰案大國孤
只一人而鄉飲鄉射燕禮大射儀言諸公鄭氏謂言諸者
容牧下有三監後儒謂三監是殷法多疑其說於是有謂
諸者不定之辭有謂諸公統公卿大夫而言有謂諸公兼
寄公言之有謂兼致仕者言之紛紛不一今案經文言若
有已是不定則諸不得更爲不定辭下云無諸公則大夫
辭加席燕禮大射皆云若有諸公先卿獻之則諸自專屬
公而言亦不統卿大夫也禮云諸侯不臣寄公大射公命
徹冪賓及諸公卿大夫皆降拜言降拜則亦在臣列非寄
公矣至致仕之說在此篇未嘗不可通但大射是將祭擇
士之射皆就在位者言之不得有致仕者故惟鄭意爲允
耳又案此經稱公者有二一爲五等之國其君皆曰公公
會大夫禮及燕禮大射儀聘禮所言公者是也一爲大國
之孤稱公此篇及鄉射禮燕禮大射儀士喪禮言諸公公
卿大夫是也天子有三孤副三公大國無公惟有孤故孤
亦號爲公又凡臣尊其君皆曰公左傳鄭伯有之臣曰吾
公在壑谷伯有卿亦稱公是也春秋時楚之縣大夫皆僭

號稱公是僭五等之公比於諸侯非公卿之公也案楚之縣大夫稱公者疑亦公卿之公故齊之大夫未嘗僭諸侯之稱而棠公亦稱公矣是春秋及會邑之大夫皆得通稱公者也

席于賓東公三重大夫再重

席此二者於賓東尊之不與鄉人齒也天子之國三命者不齒於諸侯之國爵爲大夫則不齒矣不言遵者遵者亦鄉大夫

疏 正義曰敖氏云三重再重皆蒲席緇布純者也上下之席同物故不必言如此重席亦兼卷而設之○注爵爲大夫校勘記云爵監本誤作爲 云席此二者於賓東者李氏如圭云賓在戶牖閒尊在戶東遵者又於尊東曰賓東者繼賓而言耳其席南面西上統於尊張氏爾岐云賓在戶牖之間酒尊在房戶之閒正在賓東不容置席則席遵者當又在其東但繼賓而言耳其實在酒尊東也盛氏世佐云席於賓東者東房戶牖之閒也遵北者爲助主人樂賢而來故席之於此鄉飲酒義云坐僎於東北以輔主人是也云尊之不與鄉人齒也者李氏如圭云士來觀禮者齒於堂下鄉飲酒之禮所尚三謀賓介尚德也旅酬以齒尚年也大夫重席坐於賓東尚爵也三者天下之達尊也又案周官黨正職云國索鬼神而祭祀則以禮屬民而飲酒于序以正齒位一命齒于鄉里

再命齒于父族三命而不齒鄉飲酒義又曰鄉飲酒之禮
六十者坐五十者立侍以聽政役所以明尊長也六十者
三豆七十者四豆八十者五豆九十者六豆所以明養老
也此蓋黨正飲酒正齒位之法敖氏云席此於賓東尊之
不與正賓齒亦不加貴於正賓也又貴貴尊賢尚齒三者
之義並行而不悖於斯見之矣盛氏世佐云注云尊之不
與鄉人齒是解經不於賓西之故義在貴貴存之以備一
解於經義未必合也又注所謂鄉人者堂上三賓耳敖氏
以爲正賓齒尤非三賓德劣以年之長幼爲序故云不與
之齒正正賓曷嘗論齒哉案鄉飲酒禮專爲賓賢旅酬以齒
席遵於賓東皆因禮之自然而意不在乎此也諸家多以
此禮兼齊齒言非是注尊之不與鄉人齒謂諸公大夫尊
於衆賓故不與並列非以此爲貴貴之義也盛氏說亦泥
張氏爾岐云不與鄉人齒者衆賓之席繼而西是與相齒
此特爲位於酒尊東不在衆人行列中故云不與齒也說
最合吳氏廷華云此鄉飲酒爲賓賢而設則賓爲專尊非
他人所可越特因觀禮之鄉大夫其位本尊故爲尊東之
席以存尊之之意然不席於戶牖之閒則視尊賓之禮又
有閒矣蓋遵來觀禮與賓介衆賓本自不同不與鄉人齒
者固不可混之賓介衆賓之中卽與鄉人齒者亦何嘗不

置之賓介衆賓之外要之賓賢之禮與尚齒之禮本自不同注謂不與鄉人齒其說本合疏引黨正及文王世子之文說固非然但與此經賓賢之意不相符耳

公如大夫入主人降賓介降衆賓皆降復初位主人迎揖讓升公升如賓禮辭一席使一人去之如讀若今之若主人迎之於門內也辭一席謙自同於大夫

疏 正義曰敖氏云入謂入門左也復初位階西以南之位待公入也盛氏世佐云疏云復西階下東面位是也蓋亦介在賓南衆賓在介南矣案經上云入謂入門也下云迎謂迎於門內也此復位自爲階下之位主人降阼階階位在東賓介衆賓降西階位在西敖氏云迎不拜者別於賓介亦以其在門內也迎於門內而拜降等者之禮也公於主人爲踰等乃後升者非正賓也升階正法客尊則先升方氏苞云遵者宜先次於門外一人舉觶相者使人告而公大夫遂入主人乃降而迎迎而不拜以遵有主道也必要其節者使早入則主人之禮不得專於賓介故入於一人舉觶之後示衆賓之酬爵旣眞禮之連而不相及此類是也張氏惠言云鄉射禮云賓及衆賓皆降復初位注云初位門內東面疏云入門左東面北上

位案門左地狹不足容賓及衆賓門內東面蓋衆賓立者之位也賓初無位在介北可也張氏爾岐云如賓禮者謂拜至獻酢酢也　注云如讀若今之若者朱子云此但謂如字讀之如今人所用之若耳張氏爾岐云公若大夫入言或公入或大夫入其降迎皆如下文所云也韋氏協夢云如若同不定之辭也公與大夫或來或不來或皆來或不皆來未可定也蔡氏德晉云如猶及也此公如大夫入之如與媒氏若無故而不用命者之若同皆訓爲及惠氏棟古義曰周禮旅師而用之以質劑致民注云而讀爲若聲之誤也案古而與如通用如猶若也故如而或讀爲若鄭以爲聲之誤則古讀而如若也胡氏承珙云如若一聲之轉故二字義本相通但如與若有訓爲相似者如此若此之類有司徹若是以辨今文若爲如是也有訓爲相及者論語宗廟之事如會同謂宗廟及會同方六七十如五六十謂方六七十及五六十也春秋傳請爲靈若厲謂謚靈及厲是也此公如大夫入鄭讀如爲若者猶言公及大夫入耳非謂公之入如大夫之入也云讀若今之若者蓋當時之語凡相及之詞多言若故舉今以相況耳漢書文帝紀丞若尉致　武帝紀爲復子若孫

大夫則如介禮有諸公則辭加席委

于席端主人不徹無諸公則大夫辭加席主人對不去加席加席上席也大夫席再重疏正義曰敖氏云如介禮者亦如其獻禮耳若其酢則主人於公大夫一也鄉射言大夫之酢其儀與此介同諸公雖尊禮亦如之所以辟正賓也楊氏復云獻遵一條經文所載差略謂公升如賓禮則自拜至以後其禮當與賓同謂大夫如介禮則不拜洗不嚌肺不告旨禮殺於賓但無諸公則獻大夫當如獻賓之禮張氏爾岐云如介禮其入門升堂獻酢等皆如介之殺於賓也方氏苞云疏謂如賓厭介而入之禮非也鄉之學士宜從鄉大夫以入蓋主人雖敬執賓主之禮而賓介則不敢抗禮也大夫與鄉大夫比肩事主不宜使厭而升尤不可公厭大夫以升如介禮謂拜洗不嚌肺不啐酒不告旨送醻崇酒拜皆不於阼階之類與介同耳蓋介不敢正當禮以讓於賓大夫不敢正當禮以讓於諸公其義正同經乃總言諸公之禮壹如賓大夫之禮壹如介惟加席及辭席有異疏說決不可通也盛氏世佐云此云公升如賓禮大夫則如介禮鄉射禮云若有諸公則如賓禮大夫則如介禮無諸公則大夫如賓及考鄉射禮所載遵者獻酢之禮僅與介同不見所謂如賓禮者諸公之禮旣無

明文可考於是諸儒各以己意爲說楊氏但謂自拜至以後當與賓同言如獻而不及酢敖氏謂如賓禮如其獻禮耳酢則仍與介同辟正賓也張氏爾岐云謂拜至獻酢並如之以經文斷之則張說近是而亦有所未備也蓋經文簡而該如賓禮三字足以槩括一章待公之禮無事於繁複敷陳也旣云如賓禮則自拜至而獻而酢無不如之矣鄉射所陳特其所謂大夫如介禮者耳言大夫則諸公可知言有諸公之大夫則無諸公可知也此蓋貴貴之禮有必不可殺者焉得以辟正賓爲辭乎張言獻酢而不及酬是其所未備也如介禮則無酬矣　注云加席上席也大夫席再重者敖氏云委卷而置之也席端席北端也不徹不使人徹之也主人對不許其辭也不去亦謂不使人去之也大夫辭加席主人謙也有諸公則自委於席端者公雖再重己也大夫辭之主人不徹明其有爲而爲之非正禮無諸公則主人不聽其辭而去之者士亦一重異爵者不可以無所別也無諸公則大夫之席枉尊東南面有諸公則席枉主人之北西面云辭加席委於席端則是凡辭席皆近席爲之也此重席乃云加席者但取其枉上故耳非謂此席卽加席也凡加席與其下席異物而長半之重席則否又說前辭一席使一人去之云諸侯之加席與其下席而二

此席雖非加而數則過於二焉故辭之而主人亦許而徹之也盛氏世佐云案周禮司几筵設席之法天子惟三重諸侯二重此云公三重大夫再重敖氏嫌其尊卑無辨故設爲此席非加之說以通之然下經明言加席則此說固不可得而通之也蓋天子以至大夫尊卑之辨在五席之名物不全係於席之重數也五席者次繅莞蒲熊也天子三重次也莞也繅也諸侯再重祭祀之蒲也莞也卿大夫以下則惟蒲筵繢布純而已加席以莞不聞用繅此則其差等也若席之重數豈有常乎禮器云天子之席五重諸侯之席三重大夫再重此亦大概言之耳周禮旣云五重者據天子大祫祭而言若禘祭當四重時祭當三重諸侯三重止公當四重亦謂大祫祭時若禘祭降一重諸侯二重禘與時祭同卿大夫以下特牲少牢唯見一重耳若爲賓饗則加重數非常法故不與祭祀同也又諸侯相饗則三重郊特牲云大饗君三重席而酢焉是也燕他國之臣則一重郊特牲云三獻之介君專席而酢焉以降尊以就卑也是也公食大夫禮蒲筵繢布純加莞席而燕禮筵賓于戶西無加席臣以君屈也是席之重數隨時變易義各有主不可執一論也卽如此篇主人鄉大夫也然以賓故不敢有加席亦是降尊以就卑之義士一重大夫再重禮

之正也大國之孤又尊於大夫故爲設三重以異之猶諸
侯三重而上公則四重也然因其辭而卽去之則亦再重
而已豈可議其僭乎又案公食大夫禮云蒲席長緇布純
加萑席尋此公與大夫之加席亦當與彼同記不言者文
不具耳敖氏謂上
下之席同物非

右遵者入之禮

明日賓服鄉服以拜賜拜賜謝恩惠鄉服昨日與鄉大夫飲酒之朝服也不言朝服未服以朝也今文曰〔疏〕正義曰賓服鄉服校勘記云通解敖氏俱賓服鄉服無上服字朱子曰注云今文曰賓服鄉服明古經文無服今有之衍文也○張氏爾岐云此下至篇末言鄉飲明日拜謝勞息諸事注云拜賜謝恩惠者敖氏云拜謝其飲己之賜也介不拜賜者禮主於賓也云鄉服昨日與鄉大夫飲酒之朝服也者敖云鄉服鄉飲酒之服卽朝服也變朝言鄉見其與昨日同也鄉飲酒士禮也乃朝服者放君之燕禮故如其服也方氏苞云據經文乃特著賓之鄉服與鄉射之朝服異也主人爲國與賢朝服不言可知故經略焉而記乃詳之而賓之服宜辨故特著

其爲鄉服卽修業於鄉之服玄端是也蓋冠服可攝盛卽
鄉射亦可攝盛唯鄉大夫與賢能則朝士與鄉民之分界
也故雖升於司徒未入於國學則仍鄉服而鄉大夫之拜
辱亦如之蓋報禮於賢士與之同服示不敢以貴臨也息
司正則改朝服以卽事示國政以嚴終也若鄉射之賓則
宜多公士卽閒用學士亦可假以朝服蓋春秋學政之常
假以朝服亦以騶虞爲射節之意耳習射禮輕故玄端以
息司正與鄉飲相變各有當也注說似未安記獨補主人
之服正以賓之鄉服已見於經耳又曰經記玄端與朝服
每分言之士冠禮三加朝服既冠改服玄冠玄端以見于
君則其別顯然矣特牲禮冠端玄注玄冠有不玄端者蓋
謂朝服則緇衣也六入爲玄七入爲緇衣色稍異而冠則
同故注疏或混而一之如士冠主人玄冠朝服注謂衣與
冠同玄是也豈對文則有別散文或可通歟盛氏世佐云
於云鄉服則正行禮之日賓蓋處士之服矣處士服緇布冠
淡衣錦帶案經鄉服之鄉讀如曏鄉日之曏鄉服承明日而
言注昨日卽解鄉字也方氏謂士修業於鄉之服爲鄉服
其說無據拜賜拜辱所以終燕飲之盛禮故服朝服以重
其事至息司正輕於禮賓故釋朝服而服玄端方氏謂拜
賜拜辱服玄端息司正服朝服亦昧於輕重之宜矣拜賜

旣服朝服則正行禮之日亦服朝服經鄉服二字總昨日之禮而言盛氏謂正行禮之日賓蓋處士服亦非淩氏釋例云凡飲射燕食之禮皆用朝服鄉飲酒記鄉朝服而謀賓介鄉飲酒禮明日賓服鄉服以拜賜又云主人如賓服以拜辱鄉射禮主人朝服乃速賓賓朝服出迎疏云此主人與賓俱朝服又射畢明日賓朝服以拜賜于門外主人不見如賓服遂從之拜辱於門外乃退是鄉飲酒鄉射皆用朝服也惟息司正主人始釋朝服更服玄端也燕禮記燕朝服于寢公食大夫禮賓朝服即位于大門外如聘又云公如賓服迎賓于大門內又禮畢明日賓朝服拜賜于朝又若不親食使大夫各以其爵朝服以侑幣致之賓朝服以受明日賓朝服以拜賜于朝又大夫相食若不親食則公作大夫朝服以侑幣致之是燕食之禮皆用朝服也禮記射義古者諸侯之射必先行燕禮呂氏大臨云諸侯之射大射也燕禮用朝服則大射亦用朝服矣又案鄉射及公食大夫戒賓注以爲皆用玄端經無明文疑不可從云今文曰賓服鄉服者鄭以鄉射明日賓朝服以拜賜于門外決之故從古文無上服字今本經文亦作鄉服始涉注文而誤衍

主人如賓服以拜辱拜賓復自屈辱也鄉射禮曰賓朝服以拜賜于門外主人

不見如賓服遂從之疏正義曰校勘記云復集釋楊氏俱拜辱于門外乃退疏作服張氏云拜賓服自屈辱也案釋文復扶又反近湖北本作腹誤益甚案張氏以嚴本爲據楊氏又沿嚴本之誤徐鍾俱不誤注云拜賓復自屈辱也者敖氏云辱拜賜之辱也主人往拜賓辱者敵也凡尊卑不敵則不荅拜賜之禮引鄉射禮者賈疏云明彼此賓主俱不相見造門外拜謝而已也

主人釋服釋朝服更服玄端也古文釋作舍

疏正義曰注云釋朝服更服玄端者李氏如圭云服玄端燕私輕也盛氏世佐云朝服以朝玄端以夕是朝服尊於玄端也飲酒朝服息司正服玄端隆殺之宜也淩氏釋例云凡鄉飲鄉射之禮息司正皆用玄端鄉飲酒禮明日拜賜拜辱後主人釋服乃息司正注釋朝服更服玄端也疏云昨日正行飲酒之禮相尊敬故朝服此乃燕私輕故言端也鄉射經注同疏云朝服之下衣則次玄端故知釋服說朝服服玄端也鄉飲酒鄉射其禮盛故用朝服息司正不介不殺不拜至不拜洗無俎主人不崇酒不拜衆賓不旅酬其禮殺故用玄端也又案鄉射禮主人朝服乃速賓注戒時玄端公食大夫禮賓朝服即位于大門外注於是朝服則初時玄端竊謂注說皆非也考鄉飲酒禮經又不言何服唯記云鄉

朝服而謀賓介故知鄉飲酒之爲朝服鄉射禮惟速賓拜賜拜辱言朝服他皆不言者𡗝見於此故文不具也則戒賓當亦朝服如鄉飲酒非若息司正注以爲服玄端經有主人釋服之文爲可據也公食大夫禮戒賓不言朝服者亦文不具其實皆服朝服食禮盛於燕禮用朝服豈有食禮戒賓反用玄端者敖氏云禮戒速同服此速賓朝服則戒時亦朝服可知其說當矣云古文釋作舍者惠氏棟古義曰大射儀獲而未釋獲注古文釋爲舍周禮大胥職春入學舍菜注舍卽釋也占夢職云乃舍萌于四方注舍讀爲釋舍萌猶釋菜也古書釋菜釋奠多作舍字胡氏承珙曰鄭君於周禮旣讀舍爲釋此經卽從經文作釋疊舍字不用蓋釋舍同聲之轉惟釋字於義訓較切耳

乃息司正

息勞也勞賜昨日贊執事者獨云司正司正庭長也

【疏】正義曰敖氏云息疑卽燕之異名考工記云張獸侯則王以息燕是也此禮亦於學宮行之必息司正者以昨日勞之而待之之禮又殺於賓黨故也釋服乃息之者此無所放故服其正服也案勞也之勞讀如勞來之勞息有止義勞而止息謂之息梓人則王以息燕注息者休農息老物也禮記樂記息焉游焉注息謂作勞休止之息淮南精神訓曷能久熏勞而不息乎高誘注息止也勞而

止息謂之息故息其勞而勞之亦謂之息此一義之引伸也韋氏協夢云此勞賜鄉飲之贊者司正爲贊者之長舉司正則其餘皆勞矣息司正亦當使人速之觀鄉射可知淩氏釋例云凡鄉飲鄉射明日息司正略如飲酒之禮鄉飲酒禮明日主人釋服乃息司正無介不殺薦脯醢羞惟所有徵惟所欲以告于先生君子可也賓介不與鄉樂惟欲此鄉飲酒明日息司正之禮也故注云息勞也勞賜昨日贊執事者獨云司正司正庭長也無介則但以司正爲賓不殺則無俎皆殺於飲酒正禮鄉射明日賓拜賜後主人釋服乃息司正無介不殺使人速迎于門外不拜入升不拜至不拜洗薦脯醢無俎賓酢主人主人不崇酒不拜衆賓旣獻衆賓一人舉觶遂無算爵無司正賓不與徵唯所欲以告於鄉先生君子可也羞惟所有鄉樂惟欲此鄉射明日息司正之禮也與鄉飲息司正禮同但經文較詳耳無介下注云勞禮略貶於飲酒也已下皆記禮之異者又遂無算爵下注云言遂者明其閒闕也賓坐奠觶於其所擯者遂受命於主人請坐於賓賓降說屨升堂矣不言遂請坐者請坐主於無算爵又無司正注云使擯之而已不立之葢注又推經之所求詳者皆殺於飲酒之正禮也

無介 勞禮略也司正爲賓 疏 正義曰知司正爲賓

者以司正是庭長故以爲賓也敖氏云是禮雖主於司正未必以司正爲賓公父文伯飲南宮敬叔酒以路堵父爲客是其徵矣盛氏世佐云司正蓋以州長爲之諸侯之州長士也此乃大夫燕士之禮敖氏所引左傳蓋大夫族飲禮故以異姓爲賓非此比也當以注說爲正方氏苞云據經文以告于先生君子兼召知友蓋先生君子旣不可屈爲司正之介知友又不可爲介而先於先生君子故無介爲安

不殺 市買若因所有可也不殺則無俎 疏 正義曰蔡氏德晉云不殺不特殺也敖氏云無介不殺皆貶於飲酒

薦脯醢 羞同也 疏 正義曰校勘記曰云案敖氏注云薦同雖非引鄭注然竊疑鄭注羞字亦薦字之誤案賈疏亦作羞集釋楊氏皆同則注自作羞不得因敖氏而疑注亦作薦也

羞唯所有 在有何物 疏 正義曰羞字承上言之謂薦脯醢所用之羞視現在所有何物則用之飲酒正禮用狗胾此不殺則無狗胾故唯所有

徵唯所欲 徵召也 疏 正義曰賈疏云昨日正行飲酒不得喚親友故今會禮之餘則召知友故言徵唯所欲也

以告于先生君子可也 告請也先生不以筋力爲禮於是可以來君子國中有盛德者可者召不召唯所欲 疏 正義曰敖氏云

君子國中有爵有德者也亦使人告之云可者嫌其禮輕
不必告也惟言告是不請矣不請則不速可知皆異於賓
也其來若否則但語告者以復命於主人先生君子若與
其位蓋如遵方氏苞云但以告而不敢請來與否聽焉敬
老尊賢之意也鄉先生外別有君子以是知先王與賢育
材有不敢強以仕者必如是而後禮賢之義備也孟子曰
大有爲之君必有所不召之臣春秋戰國時猶有周豐段
干木泄栁之儔爲時君所不能屈周公之教思可謂無窮
矣周之士也肆其此之謂歟又曰遵者亦不告以禮輕不
敢復煩尊者盛氏世佐云鄉者主人就先生而謀賓介則
與賢之典先生與有勞焉而昨日之禮乃不以告何也蓋
正行禮之時酒清肴乾賓主百拜非強有力者不能勝也
敢以是煩長者乎故不以告也至是則禮已輕矣又不敢
請而但使人告之蓋不敢必其來也古之鄉大夫待先生
之忠且敬也蓋如此褚氏寅亮云注云徵召也告請也召
之與請不但見尊卑之等差且見召者必欲其來也而請
者聽其自主蓋旣殺於正禮則不敢必以屈先生君子也
王氏引之云上文主人就先生而謀賓介注賓介處士賢
者卽國中有盛德者也然下文云賓介不與則處士有德
者但爲鄉飲酒之賓介而此日不與其事豈得復告於處

士有德者乎君子葢卽上文之諸大夫也鄉飲酒之日諸公大夫或來或否其不來者則可與於此日之息司正故必以告焉鄉飲酒義曰故聖人制之以道鄉人士君子士君子謂士大夫也賓介爲士主人爲大夫大夫謂之君子諸公大夫亦謂之君子故曰以道鄉人士君子也此鄉飲酒諸公大夫謂之君子之明證士冠禮遂以摯見于卿大夫鄉先生卿大夫則此所謂君子也士相見禮凡侍坐于君子又曰若先生異爵者請見之注云異爵者謂卿大夫也卿大夫則君子曲禮曰侍坐于先生又曰侍坐於君子又曰侍坐於長者斷無不侍坐於貴人之理所謂君子者卽卿大夫也葢卿大夫之已致仕者爲先生未致仕者爲君子經言告于先生君子謂此二者也先言先生後言君子者鄉黨莫如齒先生七十而致仕其齒最長故先之也鄉射禮之鄉先生君子義與此同彼注云君子有大德行不仕者亦失之

賓介不與

禮瀆則變古文與爲預

疏 正義曰校勘記云注變徐本集釋通解楊氏俱作褻古文與爲預徐本集釋俱作豫通解作預今案敖氏亦云古文與爲豫○敖氏云不敢以輕禮瀆昨日之尊方氏苞云不與者惟賓介示衆賓尙有與者上經曰徵唯所欲則必德行道藝爲主人所心許然後召之非衆賓皆與

也人情於得失榮辱之介可徵其器量使周旋於鄉先生君子之前則有不能自掩者矣此與以五物詢衆庶之義同鄉先生君子徵辨其德器衆庶明徵其行藝皆所以振興羣士以爲後舉所依據也若賓已受正而又以飲食之道召之則褻矣古文與爲預詳士昏禮我與在下案士昏禮鄉射禮聘禮公食大夫禮士虞禮注皆云古文與爲豫則此亦當作豫作預誤也

鄉樂唯欲 鄉樂周南召南六篇之中唯所欲作不從次也不歌鹿鳴魚麗者辟國君也

疏 正義曰敖氏云鄉樂者凡國風皆是也惟欲者唯其所欲則使工歌之不如昨日之有節次也蓋亦純用鄉樂之異者耳國風爲大夫士之樂小雅爲諸侯之樂大雅頌爲天子之樂禮盛者可以進取故鄉飲酒升歌小雅也息司正禮輕故唯用其正樂耳鄉射禮云一人舉觶遂無算爵然則工入之節其在無算爵之時乎

右拜賜拜辱息司正 此條張氏鄭注句讀無今補

記

鄉朝服而謀賓介皆使能不宿戒 鄉鄉人謂鄉大夫也朝服冠玄端緇帶素韠白

屨今郡國行鄉飲酒之禮玄冠而衣皮弁服與正義曰
禮異再戒爲宿宿戒禮將有事先戒而復宿戒〔疏〕注而復
宿戒校勘記云復徐本集釋俱作又與疏合通解楊氏俱
作復張氏爾岐云注曰先戒而又宿戒案釋文復字注曰
而復同此又必復字也今案賈本作又陸本作復自不同
耳張氏鄭注句讀作後以肌改也　云鄉鄉人謂鄉大夫
也者敖氏云鄉鄉飲酒也不言飲酒省文耳孔子曰吾觀
於鄉王制曰冠昏喪祭鄉相見皆其徵也於此云鄉者如
燕禮記先言燕特牲禮先言特牲之類也張氏爾岐云鄉
謂鄉飲酒之禮注指人恐義不盡方氏苞云記曰習射尚
功習鄉尚齒又曰觀於鄉而知王道之易易蓋古者唯飲
酒之禮名曰鄉以鄉大夫興賢能退而以五物之禮詢衆
庶黨正正齒位皆鄉禮獨言鄉乃可以該之其不言主人
何也以經有明文兼明所就謀賓介之先生亦朝服也案
注以記朝服而謀賓介主鄉大夫言故謂鄉鄉人謂鄉大
夫也然記鄉字總此一篇下不言主人方氏謂經有明文
是也經與記非一人所作古蓋別爲一卷每篇題其名以
別之不與下文連讀也敖張諸說皆確云朝服冠玄端緇
帶素韠白屨者李氏如圭云冠玄端玄冠玄端也冠與衣
帶同色屨與裳韠同色敖氏云謀賓介如飲酒之始故即

服其服經不見其服故記明之云再戒為宿戒禮將有事
先戒而後宿戒者張氏爾岐云宿戒之者將其人容有不
能令得肄習今鄉飲賓介皆使賢而能為禮者故不煩宿
戒也方氏苞云興賢能國政也惟其人之可無事宿戒故
及期而速之賓惟禮辭盛氏世佐云能賢能也使能者即
周禮鄉大夫職云考其德行道藝而興賢者能者是也變
興言使者合眾而尊寵之謂之興此以鄉大夫尊士卑又
其所治故云使也夫使民興賢出使長之使民興能入使
治之一有不肖者得倖進則始矣介亦後年擬貢者云皆
使能蓋其慎也不宿戒者謂如士冠禮之類三日前戒賓
至行禮前一日又宿之而此則否也所以然者冠禮筮日
筮賓若不先期告戒恐其至期或以他故不至則不能成
禮故須戒而又宿鄉飲酒之禮則三年一行必於正月煌
煌大典誰不聞之況幼學壯行之素志詎有以他故而不
至者無事數數而戒宿也蓋冠一家之私禮而鄉飲一國
之公禮此其所以異也二句義不相蒙先儒乃混而釋之
姝失經意若謂此以使能故不宿戒則凡禮之宿戒者所
使者皆非能者乎知其不能則不必使使之而又逆料其
不能不敬孰甚焉且古之君子禮樂未嘗斯須去身冠禮
又其習見者亦何所不能而必宿之邪案盛氏說能得禮

之精意注未釋使能固以能卽
指賓戒也敖氏之說亦不誤

右記鄉服及解不宿戒

蒲筵緇布純 筵席也純緣也（疏）正義曰賈疏云公食大夫禮云蒲筵常緇布純此不言常文不具也倍尋曰常丈六尺也敖氏云此不言常則其度或短焉

尊綌冪賓至徹之 綌葛也冪覆尊巾（疏）正義曰校勘記云冪宋本釋文作冪案當以冪爲正○敖氏云賓至徹冪臣禮之節也士昏禮夫婦入于室贊者徹尊冪特牲禮尸卽位而徹冪皆與此異方氏苞云凡事皆於諸篇互備此經通例也尊有蓋蓋上加冪冪上加勺又反之以覆勺此篇及鄉射皆賓至卽徹自獻酌至禮終不再覆祭則陳饌時徹冪酌奠隨覆之神事尤宜潔敬也故酳尸之後獻酢相繼無復神事則徹而不覆賓祭之尊惟有司以時啟冪而已燕大射更有執冪每酌於膳尊旋啟而旋覆之敬君之禮不異於享神也觀徹尊徹冪則不再覆其義顯然矣燕禮至無算爵君命徹膳冪亦不再覆以酌無算不可以旋啟而旋覆也韋氏協夢云綌冪葛之麤者綌冪辟君禮也燕禮用綌冪

其牲狗也

狗取擇人疏正義曰敖氏云用狗者用燕禮之牲也鄉飲與燕類也而燕於君禮爲差輕鄉飲於臣禮爲差重故牲亦不嫌其同

亨于堂東北

祖陽氣之所始也陽氣主養易曰天地養萬物聖人養賢以及萬民疏正義曰李氏如圭云鄉飲酒義亨狗於東方祖陽氣之發於東方也祖猶發也敖氏云言亨也堂東北釁所在也就而亨焉凡學宮惟一門故牲釁不於門外而於堂東北堂東北卽東夾之東北也學宮有左右房則亦當有夾室郝氏敬云易象艮爲狗東北艮方陽氣所發生飲以養生故牲用狗亨於東北象陽也鄭解牲狗爲取其擇人迂也

獻用爵其他用觶

爵尊不褻用之疏正義曰敖氏云其他謂酬及舉觶之屬也然記之文意似失於不備夫酢亦用爵也何獨獻哉此上篚之爵三觶一下篚之觶三張氏爾岐云其他謂酬及旅酬秦氏蕙田云酢亦用爵記但言獻者酢統於獻也敖氏議記文之不備過矣淩氏釋例云凡酌酒而飲之器曰爵爵者實酒之器之統名其別曰爵曰觚曰觶曰角曰散士冠禮疏韓詩外傳曰一升曰爵二升曰觚三升曰觶四升曰角五升曰散相對爵觶有異散文則通皆曰爵也考工記梓人爲飲器勺一升爵一升觚三升獻以爵而酬以觚一獻而三酬則

一豆矣後鄭曰觚豆字聲之誤觚當爲觶豆當爲斗鄉飲酒記獻用爵其他用觶鄉射記同此爲鄉飲酒鄉射而言也若燕禮大射雖獻亦用觚宰夫爲主人辟君也至於酬旅酬無算爵則同用觶矣特牲禮主人初獻尸尸酢主人主人獻祝獻佐食皆用角注不用爵者下大夫也因父子之道質而用角是也又大射司馬獻獲者則用散經云司馬正洗散特牲佐食獻尸則用散經云利洗散獻于尸酢及祝如初儀降實散于篚是也特牲記篚在洗西南順實二爵二觚四觶一角一散注二爵者爲賓獻爵止主婦當致也二觚長兄弟酌衆賓長爲加爵二人班同迎接竝也四觶一酌奠其三長兄弟酬賓卒受者與賓弟子兄弟弟子舉觶於其長禮殺事相接禮器曰貴者獻以爵賤者獻以散尊者舉觶卑者舉角此注皆據特牲經文言之二觚賈氏無疏敖氏曰二觚者長兄弟以觚爲加爵因以致於主人主婦既則更之以酢於主人也說與注異經云長兄弟洗觚爲加爵則衆賓爲加爵亦當用觚注說是也觚卑於爵觶卑於觚角散又卑於觶故代君爲主人之獻酢用觚殺於正主之獻酢用爵也酬旅酬無算爵用觶又殺於獻酬用爵觚也若夫醴用觶而不用爵觚者醴事質故也

薦脯五挺橫祭于其上出自

左房也挺猶膱也鄉射禮曰祭半膱膱長尺有二寸在東陽也陽主養房饌陳處也冠禮之饌脯醢南上曲禮曰以脯脩置者疏正義曰校勘記云注今本釋文猶膱本亦左胊右末作膱宋本云猶膱本亦作作膱張淳識誤載膱字而缺其說蓋從釋文作從木之膱也在東在上徐本集釋通解楊氏俱有左字云挺猶膱也鄉射禮曰祭半膱膱長尺有二寸者李氏如圭云脯橫於人前其末居右祭橫其上於人則爲從也脯五挺通祭而六挺敖氏云脯之祭者半挺使人以爲祭也云橫祭是五挺者縮籩也然則籩亦有首尾皦張氏爾岐云薦脯用籩其挺五別有半挺橫於上以待祭脯本橫設人前橫祭者於脯爲橫於人爲縮蔡氏德晉云數脯以挺脯乾則挺直也籩實五挺皆橫設所謂左胊右末也而以祭之半挺直加其上故曰橫祭案挺膱皆有直義爾雅釋詁云挺直也鄉射記注云古文膱爲胾今文或作植胾直古聲通故胾或通作埴樴或通作膱皆其類也脯乾則直因謂之挺或謂之膱其義一也云在東陽也陽主養房饌陳處也者敖氏云左房東房也有左房則有右房可知陳氏祥道云鄉飲酒薦脯五挺出自左房鄉射籩豆出自東房大射宰胥薦脯醢由左房夫鄉飲鄉射大夫禮大射諸侯禮其言相類蓋言左以有

右言東以有西則士大夫之房室與諸侯同可知淩氏釋例詳士冠禮

俎由東壁自西階升

亨狗既孰載之俎饌於東方〔疏〕正義曰上云亨于堂東北而不別言陳俎之處則是俎亦未離於其所也故其設時由東壁而來必言由東壁者嫌俎當自門入也云自西階升者明賓主同郝氏敬云亨狗于堂北熟而實於俎故自東壁出由西階升堂也韋氏協夢云俎爲賓設故升自西階

賓俎脊脅肩肺主人俎脊脅臂肺介俎脊脅胳肺肺皆離皆右體進腠

凡牲前脛骨三肩臂臑也後脛骨二膞胳也尊者俎尊骨卑者俎卑骨祭統曰凡爲俎者以骨爲上骨有貴賤凡前貴後賤離猶挫也腠理也進理謂前其本也今文胳作骼〔疏〕正義曰朱子云印本胳上有肫字然釋文無音疏又云有臑肫而介不用明本無此字也成都石經亦誤今據音疏刪去敖氏云今印本與石經胳上有肫字案疏云介用胳又云或有肫胳兩言者云云又釋文此處無肫音至下乃音之今據釋文與疏之前說則胳上固無肫字又考疏之後說則是作疏之時或本已有兩言肫胳二字者矣是葢後人妄增之而當時無有是正之者故二本竝行其後石經與印本但以

或本爲據所以皆誤今從通解刪之校勘記云唐石經徐本集釋楊氏俱有肫字通解敖氏無案賈疏云肫胳兩見亦是也又前疏云下有介俎脊脅肫胳仍有肫字則賈氏所據之本雖無肫字亦不以有肫爲非案注但言膞胳不云肫胳使經文爲肫字注必明言肫與膞之爲一其不言則鄭所據本無肫字可知也別本葢以注之膞胳即肫胳因加肫字於胳字上唐石經不察遂從其本要當以陸賈爲正張氏爾岐鄭注句讀仍加肫字亦爲盛氏所譏也進腠校勘記云釋文作奏云本又作腠注膞胳也校勘記云盧文弨改膞爲膊案膊即肫字說文肫面額也从肉屯聲膊切肉也从肉專聲皆非脛骨之義葢假借用之專肫同音膊肫同字今注疏刊本皆誤作膊膊以專爲聲不得與肫同用周禮醢人豚拍杜子春讀爲膊案段氏說文注曰儀禮牲肫骼假借肫爲脇字也脇肥腸也析言爲髀腸統言之則以脇該全脛如禮經之言肫胳是也禮經多作肫或作膊皆假借字以骨爲上校勘記云上徐本集釋通解敖氏俱作主謂其本也集釋無其字今文胳作骼集釋作爲與疏標目不合○敖氏云皆皆肩臂胳也凡肩脅不謂之體右體者吉禮所尚故於三俎用之肺在後者便其取之也凡俎橫設其後皆於所爲設者爲右方氏苞云先脊

脅而後肩臂何也鬼神不饗味而貴氣臭故骨體以奕升
生人所食惟肺脊故昏禮夕食及朝饋舅姑所舉惟肺脊
從其質也賓禮所嚌惟肺而骨體之陳亦以平時所舉爲
先用別於神享也凌氏釋例云凡牲皆用右胖惟變禮反
吉用左胖鄉飲酒記賓俎脊脅肩肺主人俎脊脅臂肺介
俎脊脅肫胳肺皆右體進腠鄉射記賓俎脊脅肩肺主人
脊脅臂肺皆右體也進腠注左體周所貴也此嘉禮用右
胖也特牲記云尸俎右肩臂臑肫胳正脊二骨橫脊長脅
二骨短脅少牢禮實鼎司馬升羊右胖髀不升注上右胖
周所貴也又云司士升豕右胖髀不升又將祭載俎上利
升羊載右胖髀不升又云下利升豕其載如羊有司徹司
馬朼羊亦司馬載右體又云司士朼豕亦司士載亦右體
此吉禮皆用右胖也是凡牲皆用右胖也旣夕禮大遣奠
陳鼎其實羊左胖髀不升豕亦如之注反吉祭也士虞禮
豚解升左肩臂臑肫胳脊脅又云升腊左胖髀不升是變
禮反吉始用左胖也至於特牲記賓骼注骼左骼也賓用
左骼者下尸也有司徹侑俎羊左肩右肫又云豕左肩折
侑用左體者亦下尸也主婦俎羊左臑主婦用左體者因
酢俎無體故下主人也此皆禮之殺者故不用右胖也又
案士冠禮若殺則特豚載合升注煑於鑊曰亨在鼎曰升

在俎曰載載合升者明言與載皆合左右胖士昬禮初昬陳鼎其實特豚合升去蹏注合升合左右胖升於鼎也士喪禮奠陳鼎豚合升注合升合左右體升於鼎冠禮人道之始昏禮男女之始大斂人道之終故皆合升左右胖異於他禮也又士冠禮若殺注凡牲皆用左胖疏云特牲少牢皆用右胖少儀云大牢則以牛左肩折九箇爲歸胙用左則用右而祭之鄉飲酒鄉射用右體與祭同據周而言也此云用左鄭據夏殷之法與周異也竊謂注凡牲皆用左胖當作右胖左氏蓋傳寫之誤疏以若不醴則醮用酒如夏殷冠子之法故爲此說以遷就之不足信也陳氏祥道云豚則吉凶皆合升用成牲則升其胖而去髀吉升右而凶升左注凡牲前脛骨之肩臂臑也後脛骨二膞胳也尊者俎尊骨卑者俎卑骨者郝氏敬云凡俎貴骨骨貴正與前脊正骨也脅肩前骨也臂肩下骨也胳後脛骨也賓骨用貴主人次之介又次之敖氏云今俎用胳者欲以臑爲諸公俎肫爲大夫俎也遵者若多則自三以下皆用左體是亦示其相下之意也若無遵者介俎猶用胳不爲之變也案李氏集釋張氏鄭注句讀本胳上皆有肫字故其說稍異李氏云周人貴肩賓俎用肩主人用臂尊賓也大夫雖尊不奪賓主正禮其俎用臑肫卑於主人而尊於介

介用胳若大夫一人則介得用肫故介俎肫胳兩見張氏
曰肫胳卽注膊胳後脛二骨也賓主俎各一體而介俎肫
胳並言者以肩臂之下臑其貴者爲大夫俎若有一大夫
則大夫用臑而可用肫若有二大夫則大夫用臑與肫而
介用胳用體無常故肫胳兩見也盛氏世佐云介俎用胳
正也不以遵者之多少而有所變若謂有一大夫則介用
肫有二大夫則介用胳然則無大夫則介當用臑矣經何
以不云介俎脊脅臑肫胳肺也且有三大夫則介更何所
用乎其說固不可通也引祭統者明骨有貴賤而俎之尊
卑視之也　注云離猶挂也腠理也進理謂前其本也者
鄭氏云周人尚肺肺皆離割而不絕也進腠肉皮向上也
云今文胳作骼者胡氏承珙曰說文胳亦下也亦卽腋字
亦部云人之臂亦也骨部曰禽獸之骨曰骼是許書於胳
骼二字有人獸之別儀禮古文作胳今文作骼鄭於鄉飲
酒從古文於有司徹從今文者對文則別散文則通經言
牲體獸骨自明不必作骼始瞭非同說文字書專明一字
本義也段氏說文注胳下曰禮經特體之胳今文作胳古
文作骼鄭出古文於注是注從今文也許訓胳爲亦下訓
骼爲禽獸之骨是從古文禮不從鄭也又禽獸之骨曰骼
注云案骨當作髖許據儀禮十七篇故云禽獸之髖曰骼

云

也儀禮多言肫胳亦作膊皆說文之脇字也骼亦作胳於人曰髖也髖者髀上也牲前是體三曰肩曰臑曰臂於人爲厷肩下臂上也後是體三曰胳曰髀曰脇禮髀賤不升故經多言肩臑臂膊胳臑在臂上胳在肫上而先言臂肫者蓋四肞以下爲貴也胳是本字至埤蒼乃作骼廣雅字林變作骬又或作骼魚虞歌麻通轉之故也云曰骼曰骴者所以別人禽之異名肉部曰臂羊豕曰臑是其例也許案十七篇爲言故不敢謂骼爲人骨也案段氏兩說自異當以骼下爲正鄭於此經曰今文胳作骼於有司徹曰古文骼作胳是古文作胳今文作骼段以爲今文作胳古文作骼顯與注悖肉骨偏旁古多通用如腸或作髃骴或作胔皆其類也鄭於此注從古文有司徹從今文以其通用可便作耳段以注從今文非也許君據十七篇爲言故謂骼爲禽獸之骨以禮經所言骼皆主牲體言也許君於禮多從今文確有可證段必以許從古文禮不同鄭誤矣說文於胳曰亦下於骼曰禽獸之骨分別言之其實骼胳一字也

右記器具牲羞之屬

以爵拜者不徒作作起也言拜既爵者不徒起起必酢主人疏正義曰賈疏云拜受爵者有不酢主人法故此是拜既爵起以酢主人者也敖氏云以爵拜蓋指賓主介遵既卒爵而奠爵拜者也既拜而興則與飲己者爲禮故曰不徒作然此拜乃前禮之節其意未必與後禮相通記乃合之以生義似失之又經言奠爵此乃言以爵則其意亦可見矣盛氏世佐云以爵拜者謂凡奠爵執爵興者也不徒者謂起必有所事無空起也試以經文考之蓋一一不爽如主人獻賓賓之告旨也坐奠爵拜執爵興是以爵拜也下卽云賓西階上北面坐卒爵是不徒作也其拜既爵也亦然又如賓酢主人主人坐卒爵興坐奠爵遂拜執爵興是以爵拜也下文卽言其再拜崇酒之事是以不徒作也以是推之凡介遵之禮皆然至於獻衆賓衆賓不拜既爵是不以爵拜也下云授主人爵降復位是徒作也凡拜必奠爵記乃言以爵拜不言奠爵拜何也凡拜畢卽執爵興者謂之以爵拜不執以興者謂之奠爵拜奠爵拜則有徒作者矣如介酢主人主人坐奠爵於西楹南介右再拜崇酒下云主人復阼階是其徵也若夫拜受爵之禮先拜而後受爵方其拜時爵固未入手也不得謂之以爵拜注專以拜既爵訓以爵拜以酢主人訓不

徒作固褊敖氏雖兼賓主介遵而言然但指其卒爵之拜亦未備且未知奠爵以爵之分而反疑記失豈不謬哉案下文有拜旣爵不拜旣爵故注揆下爲言知以爵拜謂拜旣爵也

坐卒爵者拜旣爵立卒爵者不拜旣爵

降殺各從其宜不使相錯唯工不從此禮 疏 正義曰敖氏云此蓋於卒爵之時見其拜不拜之意坐近於拜故當拜則坐而飲而不當拜則立飲也是二儀者經已具之記蓋言其例耳又此與下條惟以鄉飲鄉射之禮言之則可若推於他禮則有不盡然者矣云惟工不從此禮者李氏如圭云工賤不拜旣爵無目不使立卒爵耳

凡奠者于左

不飲者不欲其妨 疏 正義曰賈疏云謂主人酬賓之觶主人奠於薦右客奠之於左是不欲其妨後奠爵也

將舉于右

便也 疏 正義曰賈疏云謂若上文一人舉觶爲旅酬始二人舉觶爲無算爵始皆奠於右是其將舉者於右以右手舉之便也李氏如圭云少儀曰客爵居左其餘居右介爵酢爵僎爵皆居右客爵主人酬賓之爵也

衆賓之長一人辭洗如賓禮

於三人之中復差有尊者餘二人雖爲之洗不敢辭其下不洗 疏 正義曰敖氏云主人獻衆賓惟於始者一爲之

洗經云主人取爵于西楹下降洗是也一人洗之者禮主於己也張氏爾岐云主人統爲衆賓三長一洗一人進與爲禮餘二人不敢往參非又爲二人各一洗也又案經文洗升實爵後始言衆賓之長升拜受者三人此時三人尙未升堂其辭洗亦自階下東行辭之疏於前經以主人揖升爲揖衆賓升以此辭洗爲降辭皆誤盛氏世佐云案經文主人獻衆賓唯有一洗蓋以衆賓之長一人也故此人辭之餘二人竝不爲之洗何辭之有注誤

立者東面北上若有北面者則東上賢者衆寡無常也或統於堂或統於門

疏 正義曰張氏爾岐云立者堂下衆賓也東面北上統於堂也賓多東面立不盡卽門西北面東上統於門也敖氏云此謂在門內位之時也賓入門左位近庭南介以下又居其南衆賓若多則容有北面者北面者與東面者相繼當西上云東者字誤也門西北面而東上自爲列者耳韋氏協夢云此蓋言凡東面立者之位也門內及堂下竝同堂下之位若有北面者亦當西上蓋繼東面而立也若東上則相背矣敖氏以東爲西字之誤當從之盛氏世佐云注云衆賓彌有脯醢不見其位面及上下之次故記之記在一人辭洗之下其爲堂下衆賓之位無疑敖氏見朱子通解載此條

於迎賓之後遂云在門內位之時非也周禮鄉大夫職云鄉老及鄉大夫帥其吏與其衆庶以禮禮賓之則行飲酒禮之時鄉人之善者皆在故容有北面者北面者與東面相繼當西上乃云東上者猶賓席南鄉而以東爲上說者以爲統於主人是也敖氏改東爲西似未達此義注云統於門亦未的確

樂正與立者皆薦以齒謂其飲之次也尊樂正同於賓黨不言飲而言薦以薦明飲也旣飲皆薦薦於其位樂正位西階東北面

疏 正義曰注以明飲也校勘記云以下集釋敖氏俱有薦字○敖氏云此樂正乃公有司非衆賓也又不立於西方嫌其禮異故明之張氏爾岐云樂正本主人官屬故以齒於賓黨爲尊之盛氏世佐云經文獻衆賓之時不言樂正故記之立者亦謂堂下衆賓也方氏苞云舉樂正司正之薦而不及弟子何也此日之弟子卽他日可爲賓介列衆賓者也有司與酬則弟子可知矣不言與酬而言薦何也言薦則酬見言酬則薦不見而或疑於無薦也

凡舉爵三作而不徒爵謂獻賓獻大夫獻工皆有薦

疏 正義曰敖氏云言此者明獻禮重無有不薦者也注云獻賓謂賓介及衆賓也云獻工兼笙者也郝氏敬云舉爵三作謂獻賓獻介獻衆賓不徒爵謂樂作也

禮成於三三爵既備禮宜少變遵者可入遵者入而後樂作以觀德也樂既作則遵者不入盛氏世佐云舉爵謂初取爵於篚也作起也三爵謂奠爵之後復取之而起三次也徒空也不空爵謂實之以酒此禮獻賓獻大夫皆然故云凡試以獻賓禮證之經云主人坐取爵于篚卽此所謂舉爵也旣因辭賓降而奠賓對後復坐取爵興適洗是一作也旣又因對賓辭洗而奠賓復位後復坐取爵卒洗是二作也旣又因荅賓拜洗而奠盥後復坐取爵實之是三作而不徒爵也獻介之不拜洗則少盥後一作矣獻衆賓無辭降之文則又少賓對後一作矣記此者欲見獻賓及大夫禮隆不與介以下同也鄉射記此句在凡奠者于左之上見獻賓禮也此記於樂作大夫不入之上也見獻大夫如賓禮也獻介及衆賓皆仍獻賓之爵不得謂之舉爵獻大夫則易爵故得以舉爵統之也注於記中凡字而字俱無所發明且獻之有薦經文明白何待記乎郝說初讀之似有理及細考之亦非鄉射禮無介獻賓及衆賓後卽遵入而樂作矣是舉爵二作而不徒作也何以彼記亦云舉爵三作而不徒爵乎以此證之則其紕繆顯然矣方氏苞云此謂無算爵也古者于旅也語旣受三爵則必以善言相告戒或歌詩以見志如以不徒作爲薦則衆賓皆有

脯醢立者皆薦安得以獻賓獻大夫獻工爲三舉爵且又去介而著工乎案此記人各爲說似皆未得其旨注謂舉爵爲獻賓獻大夫獻工不徒爵謂皆有薦然獻介獻衆賓亦皆有薦遺介與衆賓而謂賓大夫與工之獻爲舉爵三作未見其合也盛氏專以獻賓獻大夫言雖傅會三作之文然以易爵爲舉爵仍爵爲非舉爵似亦未得經意至郝氏方氏自立新說尤於經無當也今案記言舉爵爲經一人舉觶言也云凡兼二人舉觶言也試以經文證之經言一人舉觶于賓云賓觶于西階上坐奠爵遂拜執爵興是一作也又云坐祭遂飲執觶興是二作也又云坐奠觶遂拜執觶興是三作也是所謂舉爵三作也不徒爵者謂其必實觶也二人舉觶之禮亦同一人舉觶鄉飲在奏樂條之上鄉射在賓若有遵者條之上此記在樂作大夫不入之上與經之次正相合鄉射記此句於凡奠者于左之上者承上坐卒爵者拜既爵立卒爵者不拜既爵以類相從耳

樂作大夫不入　後樂賢者

疏正義曰李氏如圭云大夫之來助主人樂賢故既樂作不入敖氏云此謂大夫之來也後不及一人舉觶之節者也樂作之時不可亂之故不入若樂既作則獻工與笙矣大夫之獻又不宜後於工也褚氏寅亮云其入之節在一人舉觶

樂未作前爲時亦無幾注言後樂賢演得禮意敖氏謂樂作則獻上大夫之獻不宜後於工然則大夫專爲自己獻不可後而不入也失之遠矣

獻工與笙取爵于上篚既獻奠于下篚明其異器敬也如是則獻大夫亦然上篚三爵〔疏〕正義曰李氏如圭云三爵獻賓介衆賓一獻工與笙二獻大夫三也敖氏云既獻工則奠於上篚既獻笙乃奠於下篚也不仍用獻大夫之爵者節異則不相因也既獻大夫而酢則奠爵於兩楹南又案注云獻大夫亦然者惟謂亦取爵於上篚耳

其笙則獻諸西階上謂主人拜送爵也於工拜於阼階上者以其坐於西階東也古文無上〔疏〕正義曰李氏如圭云獻笙固於西階上矣復記之者嫌亦於阼階上拜送敖氏云此記乃與經同者特因上文而言耳注云古文無上者胡氏承珙云案經言主人獻笙于西階上鄉射禮記其笙則獻諸西階上此亦當有上字故從今文

磬階閒縮霤北面鼓之縮從也霤以東西爲從鼓猶擊也大夫而特縣方賓鄉人之賢者從士禮也射則磬在東古文縮爲蹙〔疏〕正義曰李氏如圭云在堂上兩階之閒東西節也注云縮從也霤以東西爲從者李氏云縮霤者上當堂之

南霤南北節也凡東西爲橫南北爲從南霤則以東西爲
從謂之縮霤敖氏云縮如縮俎之縮縮霤者縮於霤也前
霤兩端東西鄉設磬當其下亦如之故於霤爲縮郝氏敬
云霤檐閒承霤也縮霤者當霤東西設之於霤爲從於堂
爲橫也云大夫而特縣方賓鄉人之賢者從士禮也者張
氏爾岐云周禮小胥掌正樂縣之位王宮縣諸侯軒縣卿
大夫判縣士特縣凡縣鐘磬半爲堵全爲肆宮縣四面皆
縣如宮有牆也軒縣去其南面判縣又去其北面特縣又
去其西一面特立一面而已鐘磬編縣之十六枚在一虡謂
之堵鐘一堵磬一堵謂之肆諸侯之卿大夫半天子之卿
大夫西縣鐘東縣磬士亦半天子之士縣磬而已此鄉飲
酒之本諸侯卿大夫合鐘磬俱有而直有磬者以方賓賢
俯從士禮也敖氏云比禮特縣則有磬鐘鏄及鼓鼙惟言
磬者以其爲縣之主而居首且可以取齊於霤故也陳氏
暘曰磬之爲器笞人謂之樂石立秋之音夷則之器也蓋
其用編之則欒而小離之則特而大叔之離磬則專虡之
特磬非十二器之編磬也古之爲鐘以十有二律爲之齊
量其爲磬非有齊量也因玉石自然以十有二律爲之數
度而已爾雅大磬謂之馨徒鼓磬謂之蹇周官磬師掌教
擊磬擊編鐘則知有編磬矣爾雅言大以見小磬師言鐘

以見磬大則特縣小則編縣儀禮鼗鼓倚於頌磬西紘則
所謂紘者其編磬之繩歟小胥凡縣鍾磬半爲堵全爲肆
鄭氏釋之謂編縣之十六枚同在一簴謂之堵鍾磬各一
堵謂之肆禮圖取其倍八音之數而因之是不知鍾磬特
八音之二耳謂之取其數可乎典同凡爲樂器以十有二
律爲之數度以十有二聲爲之齊量則編鍾編磬不過十
二耳謂之十六可乎嘗讀漢書成帝時於犍水濱得石磬
十六枚未必非成帝前工師附益四清而爲之非古制也
康成之說得非因此而遂誤歟古有大架二十四枚同一
簴簴通十二律正倍之聲亦庶乎古也盛氏世佐云編磬
之法經無明文可考鄭云十六枚取象八風而倍之也服
子愼云十九枚取十二辰加七律也唐李沖用二十四枚
取十二律倍聲也大周正樂用十四枚取五聲二變之倍
數也諸說紛如鄭公之言頗與樂緯四清聲合後世多祖
之蓋以十二律加四清合二八之數也四清者半律也十
二律皆有半而此缺其八且無變律朱子嘗譏其法太疏
略而用有不周則其非古制明矣馬氏端臨譏李沖所用
謂其上不失之四清下不失之二變然考朱子鍾律篇所
著十二律正變倍半之法有三十六聲去其不用者八音
亦當有二十八聲李氏僅取十二律正倍之聲而不及其

變與變半則猶未備也唯陳氏以周禮典同之文定爲十二枚其議發於范鎮最爲有據向書傳曰天子將出撞黃鍾之鍾右五鍾皆應入則撞蕤賓之鍾左五鍾皆應則鍾之應乎十二律也古矣大者如此小亦宜然陳氏之言始得之矣古文縮爲蹙者胡氏承珙云說文縮亂也一曰蹴也縮蹴同聲爲訓手部亦云縮蹴引也蹙與蹴同曲禮以足蹴路馬芻有誅釋文本又作足蹴文選羽獵賦注云蹙蹴古字通經典蹙亦有縮義小雅節南山蹙蹙靡所騁傳云蹙蹙縮小之貌是縮蹙二字聲義皆可通惟禮經縮名訓從今文作縮者正字古文作蹙者同聲假字故鄭從今文王氏引之云東西可謂之橫不可謂之從注說非也縮當從古文作蹙蹙近也磬當兩階之間其北則霤矣磬非不在霤而近於霤故曰蹙霤考工記工人夫角之本蹙於劓而休於氣夫角之末遠於劓而不休於氣鄭注曰蹙近也正與此蹙字同義縮乃蹙之假借耳江氏筠云此經本未及樂縣故記亦不於縣致詳其言此者特以經有笙入堂下磬南北面立之文本顯磬南之所在兼不辨磬之爲從爲橫亦無以見笙之去堂遠近故特明之謂爲論樂縣者非也敖氏謂此禮特縣則有磬鍾鑮及鼓鼙說爲得之其云惟言磬者以其爲縣之主而居首也則所見猶未達

耳

主人介凡升席自北方降自南方 席南上升由下降由上由便 疏 正義曰敖氏云此儀各一見於經云凡者似爲不見者言也二席南上升降當由下其降由上者由便耳若例指爲正禮則似失之且經于主人之酢云自席前適阼階上是其降亦未必皆自南方也乃言凡何與方氏苞云主人及介升席自北方經有明文而記復舉此何也主人之降席無文介之降席雖見於受獻而將徹俎賓主介降席皆不自其方故舉此以著升降之凡例而賓降席之方亦可於升席自西方比類而得之矣褚氏寅亮云此正禮也郞康成所云升由下降由上也其主人受酢而自席前適阼階上者以啐酒在席北端故由便而非正也然則此記是正禮何以注亦云由便升以下而上爲便降以自上而下爲便因其便而禮節生郞以是爲正焉猶身在席正中者言也若身在席北而必拘由下之禮則反躐席而不便矣故經從北降此則眞由便也注兩由便須如此分別看乃得敖氏云此儀各一見於經乃云凡何歟蓋與彼升降皆由下之說不合故并記駁之耳夫駁記以申其說何所不可 **司正旣舉觶而薦諸其位** 司正主人之屬也無獻因其舉觶而薦之 疏 正義曰敖氏云無獻

者異於正賓有薦者別於其黨**凡旅不洗**敬禮殺也疏正義曰凡凡尊卑也方氏苞云與酬者衆每人而洗日不暇給矣注說未安**不洗者不祭**不甚潔也疏正義曰敖氏云此承上文惟爲旅者言也若獻酒雖有不洗者亦祭之**旣旅士不入**後正禮也旣旅則將燕矣疏正義曰張氏爾岐云士本爲觀禮來敖氏云此士亦主人請之爲衆賓或有故而不及與賓介同來者也經不言士入之節而記見此則未旅以前皆可以入也士賤於大夫可以不獻然不與旅酬則與主人之贊同故不與旅則不入矣云旣者終言之也士亦謂當在堂下者也其入則以齒立於西方主人不迎盛氏世佐云此士謂有爵命者周禮典命職大國次國之士一命是也其入也以觀禮亦遵者之類也大夫尊當與於獻故其入以一人舉觶爲節樂作則不入矣士賤於大夫故不得與於獻然非主人之官屬故得與於旅其入當以司正舉觶爲節旣旅則不入矣王制云命鄉論秀士升之司徒曰選士卽此經所貢之賓也司徒論選士之秀者而升之學曰俊士升於學者不征於司徒曰造士大樂正論造士之秀者以告於王而升諸司徒曰進士司馬辨論官材論進士之賢者以告於王而定其論論定然後官之任

官然後爵之爵謂命爲大夫士也然則此士與衆賓固不倂矣敖氏一之誤甚且謂未旅以前皆可入皆非也其位亦在堂下東面北上與衆賓齒黨正職云一命齒於鄉里是也諸氏寅亮云敖氏謂不與旅則與主人之贊同其失與解大夫不入一也**徹俎賓介遵者之俎受者以降遂出授從者**以送之【疏】正義曰校勘記云注送上徐本集釋俱有以字○敖氏云授從者云出則是飲酒者之禮他人無事者皆不入門張氏爾岐云從者從賓介遵者來者也**主人之俎以東**藏於東方【疏】正義曰東適東壁也盛氏世佐云此於賓介遵者之俎云出授從者而主人之俎不云授主人之贊者則是受者爲主黨弟子無疑矣

樂正命奏陔賓出至于階陔作【疏】正義曰敖氏云此見命之之人與奏之之節也鄉射禮云賓降及階陔作張氏爾岐云命擊鼓者賓出至階其節也

若有諸公則大夫于主人之北西面其西面者北上統於公【疏】正義曰賈疏云若無諸公則大夫南面西上統於遵也敖氏云有諸公則大夫位於此尊諸公也

主人之贊者西面北上不與贊佐也謂

主人之屬佐助主人禮事徹鼏沃盥設薦俎者疏正義曰敖氏云西面北上統於堂也與及也不及謂不獻酒此贊者蓋以學中之有司及私臣爲之西面之位其在洗東南歟與謂與其禮也下言無算爵然後與則前此所謂不與者獻及旅酬也是句似有脫文位西面且不與旅酬亦飲酒於學之禮異者也特牲記云公有司門西北面東上獻次衆賓私臣門東北面西上獻次兄弟盛氏世佐云記文雖似錯襍然皆依經文之序鱗次櫛比固秩然而不紊也閒有數節之議該茲一記則或見於前或見於後俾讀者得以參考要未有淩亂隔越而不相比者此及下文一條以經文訂之當在樂正與立者皆薦以齒之下否則依既旅士不入之下今在此蓋脫簡也不與者謂薦與旅耳今乃綴之於末與與上文之言薦言旅者隔越不屬則所謂不與者竟不知其何所指矣敖氏疑有脫文而不知其爲脫簡姝未深考歟案主人之贊者總記助主人理事者與上若有諸公條皆屬總記不依經次故引於末此云不與與下云無算爵然後與則不與之爲不與旅酬不言可知盛氏謂上文隔越不屬則不與竟不知其何指亦未說記文而細繹之也敖疑脫文盛疑脫簡其失正同淩氏釋例云凡旅酬不及獻酒者不與鄉飲酒記主人之贊者西面

北上不與又云無算爵然後與是不及獻酒者不與旅酬
也禮記鄉飲酒義賓酬主人主人酬介介酬衆賓少長以
齒終於沃洗者焉孔穎達正義亦引鄉飲酒記證少長以
齒終於沃洗者是無算爵之節也考鄉飲酒旅酬辯卒受
者以觶降坐奠于篚注辯辯衆賓之在下者鄉射旅酬辯
遂酬在下者皆升受酬于西階上卒受者以觶降奠于篚
注在下謂賓黨也是旅酬不及衆賓以下也燕禮大射公
爲賓旅酬云大夫辯受酬如受賓酬之禮卒受者以虛觶
降奠于篚爲卿爲大夫旅酬皆如初並不及大夫以下至
爲士旅酬始云卒受者以爵興西階上酬士又云士旅于
西階上辯注祝史小臣旅食皆及焉蓋前主人獻士時祝
史小臣師及旅食者皆與故注云然也特牲禮祭畢飲酒
賓旅西階一觶長兄弟旅阼階一觶並衆賓及衆兄弟交
錯以辯特牲記又云主婦及內賓宗婦亦旅前主人獻酒
至衆賓衆兄弟內賓而止故旅酬亦不及衆賓衆兄弟內
賓以下也有司徹旅酬尸主人侑相酬畢至于衆賓遂及
兄弟皆飲于上遂及私人拜受者升受下飲卒爵升酌以
之其位相酬辯前主人獻酒辯及私人故旅酬亦辯及私
人也皆不及獻酒者不與旅酬與鄉飲酒記合也亦有獻
而不與旅酬者如鄉飲酒鄉射燕禮大射獻工獻笙鄉射

大射獻獲者獻釋獲者是也獻工獻笙爲樂而獻獲獻獲者獻釋獲者爲射而獻非正獻之禮故不與旅酬也燕禮大射獻庶子獻左右正內小臣亦不與旅酬者獻庶子獻左右正內小臣在爲士旅酬之後也**無算爵然後與**燕乃及之〔疏〕正義曰賈疏云以其主人之黨故無算爵乃得酒也敖氏云此遠下於賓黨也鄉射禮曰無算爵執觶者皆與旅酬觶亦主人之贊者也方氏苞云特牲記公有司獻次賓此則與酬而不獻何也彼以公有司而助己之私祭義近於賓此以公有司給公事義不得比於賓也特牲私臣獻次兄弟此無獻并不與酬何也士之私臣隸子弟也義同於兄弟此所興賢能將使出長入治之者也賓興之日可使私臣與賓客同獻酬乎事各異則義從而變也鄉飲義旅酬終於沃洗者與此經異何也彼所釋黨正之飲酒於序以正齒位也故曰六十者坐五十者立侍以聽政役而豆之數各以年爲差安得以混賓興之禮乎案鄉飲酒義終于沃洗者爲無算爵之節非與此經異也方氏誤與敖氏同

右記禮樂儀節隆殺面位次序

卷七終